著名蒙古族军旅作家巴根蒙古贵胄系列

巴 根 ◎ 著

僧格林沁亲王

内蒙古出版集团
内蒙古文化出版社

图书在版编目（CIP）数据

僧格林沁亲王 / 巴根著 . — 呼伦贝尔：内蒙古文化出版社，2014.7
ISBN 978-7-5521-0686-2

Ⅰ.①僧… Ⅱ.①巴… Ⅲ.①僧格林沁（1811～1865）—传记 Ⅳ.① K827=52

中国版本图书馆 CIP 数据核字（2014）第 144975 号

僧格林沁亲王
SENG GE LIN QIN QIN WANG

巴根 著

责任编辑	王　春
封面设计	鸿儒文轩
出版发行	内蒙古文化出版社
地　　址	呼伦贝尔市海拉尔区河东新春街4-3号
直销热线	0470-8241422　　邮编　021008
排版制作	鸿儒文轩
印刷装订	三河市华东印刷有限公司
开　　本	710×1000毫米　1/16
字　　数	351千
印　　张	22
版　　次	2014年7月第1版
印　　次	2024年1月第3次印刷
书　　号	ISBN 978-7-5521-0686-2
定　　价	65.00元

版权所有　侵权必究
如出现印装质量问题，请与我社联系。联系电话：0470-8241422

《僧格林沁亲王》开篇（序）

端木蕻良

一份打印的《僧格林沁亲王》故事梗概，送到我手中。作者名叫巴根，是内蒙古哲里木盟奈曼旗人，是该地区武警支队的政委，才40岁。该书30万字，即将由文化艺术出版社出版，要我为这部小说写篇序。按理说，我年老体衰，又有长篇压身，写序的任务是担当不起的，但对僧格林沁，我却有一种特殊的感情，我想就把这份情感写出来作为"开篇"吧。

在1982年前的秋天，一个月圆的晚上，我在关外大平原上"落草"了。待我长大些，便知道这地方在从前是蒙古族人民的聚居地，它被命名为"科尔沁旗"。科尔沁旗地面很大，除了正旗所在地之外，还包括在左翼前旗、左翼后旗、右翼前旗、右翼后旗。我就出生在蒙语叫做"常突额尔克"的地方，后来，转为汉语"昌图"，作为固定行政区域的名字，昌图后来成为府治，和洮河联成为洮昌道。

就是在这片袤渺诡序的土地上，我吃着高粱米长大起来。我知道西河沟那边，有一座荒废很久的祠堂。这就是僧格林沁祠堂，已经封闭了很久，几乎没有人进入；在县城东边高地上，有一处巍峨宏伟的喇嘛寺，正殿上有鎏金铁宝顶，从老远的地方都可以看到它迎着太阳闪闪发亮。据说，这就是僧格林沁读书（也就是诵经）的地方。

我从小就听我父亲对我们哥儿几个讲起僧格林沁的故事，对这位民

族英雄，怀有一种崇敬的心情。看到那荒芜了的破墙烂壁的祠堂，在我幼小的心灵里，觉得不能接受。

待我到天津读书时，参观了大沽口，又常去八里台，这些地方都是僧格林沁和他的部下对外国侵略军作战立功的地方。我假期有时从天津到北京去玩，去参观故宫博物院。那时，院内有凌烟阁历代名臣大将的画像展出，文臣最后一个是曾国藩，武将最后一个，就是僧格林沁。60年后的今天，我想我不会记错的。

特别是僧格林沁活捉巴夏礼，为我们民族争了气，我始终引以为豪。1940年初到香港时，我不由得想起了这个事实，使我这个从科尔沁草原上走来的孩子，确实感到别有一番滋味在心头。

满族认识到团结蒙古族的重要性，最早就以公主嫁给蒙古贵族，封为郡王（额驸），在郡王行列中，仿佛科尔沁旗郡王都是排在前头。在咸丰年间，僧格林沁已被封为亲王。清代是个宗法社会，祖宗规矩规定只有满族血统的，才能封为亲王，而僧格林沁却是蒙古族，可以看他地位的重要。

僧格林沁，人们都称他为"僧王"。在清朝末年，他可以说是一位举足轻重的人物，从他身上可以体现出清代对于团结各民族的传统政策的实效。同时，也暴露了清廷的积重难返、因循苟且的政治腐败治国无能。而僧格林沁则是和林则徐、陈化成这些英烈心心相通的。我曾说过当年我看过故宫的凌烟阁云台造像，记得还有秦琼的画影，这位千年以前的战将，死后竟被老百姓尊为"门神"。但是，近代抗敌过英法联军的僧王，却早已没有被人提起了。

不过，最近收到刘耀廷寄赠我一本他写的《加拿大、美国纪行》，其中的《不忘历史的国家》这篇里，提到他自己在任辽宁法库县长和市建委主任期间，积极恢复了一批文物古迹，其中包括僧格林沁碑。今天，年轻的巴根，竟然能为僧格林沁写出他的剪影来，这真可以说是很有意义的事！因此，我乐意为这部创作唱个"开篇"。

1993年11月于和平门红楼

不要忘了僧格林沁（自序）

僧格林沁殉国一个半世纪了。世事苍桑，昔非今比。然而，情行随便，亦是故国新颜，历史长河依然滔滔。前事不忘，后事之师。当今举国勉励于中华民族伟大复兴之梦，究其梦因，便是鸦片战争以来受尽外敌欺凌的血泪屈辱史。其间有诸多爱国仁人志士前仆后继以身尽忠。其中，僧格林沁是在第二次鸦片战争中唯一一次打败英法侵略者的清军统帅，可谓众多英雄中的佼佼者。他是大清忠臣，无法摆脱"当时"，于是留下了如今褒贬。好在历史是"学学"的，不在唇舌之间。高山、土丘、大江、小溪自现天下，不在谁嚼舌。

随着时间的演变，觉该书不尽如自意。为了弥补，前些年改编成30集电视剧，行家点赞"震撼人心，可歌可泣"。正在申请立项拍摄。相信正沐春风的文影界，终能令僧格林沁的英灵悦然一笑。

巴　根
2014 年 7 月

主要人物表

（按人物出场顺序）

布和特木尔——喇嘛，僧格林沁的伯父。

布和德力格尔——僧格林沁之父。

珠兰格日尔——僧格林沁之母。

僧格林沁——科尔沁郡王、博多勒噶台亲王，清代蒙古族将领。

奇达尔——僧格林沁少年时的伙伴。

乌日娜——僧格林沁少年时代的女友、恋人。

索特那木多布斋——科尔沁左翼后旗扎萨克多罗郡王。

金宝善——多罗郡王王府总管，后为僧格林沁王府总管。

旭慧——多罗郡王侧福晋，僧格林沁义母。

穆彰阿——大学士、军机大臣，鸦片战争中投降派首领。

文贞——僧格林沁福晋。

奕詝——清皇帝，爱新觉罗氏，为道光帝第四子，年号咸丰。

林凤祥——太平天国天官副丞相，太平军北伐军主将。

李开芳——太平天国地官正丞相，太平军北伐军主将。

吉文元——太平天国春官副丞相，太平军北伐军主将。

胜保——清将领，内阁学士。

巴夏礼——英国领事。

博颜讷木祜——僧格林沁之子。

懿贵妃——叶赫那拉氏，即后来的慈禧太后。

苗沛霖——太平天国内奸，受清政府官职，后投捻军，又暗投清将胜保。

1859年，中国抗击英法联军的第二次大沽口战役取得重大胜利后，英国的《泰晤士报》发表一篇颠倒黑白、极尽诬蔑之能事的文章，其中写道："怯懦的蒙古人用精心伪装的阵容和隐蔽炮队的办法来诱骗英国海军司令这样的老实人，北京朝廷以更狡猾的奸诈伎俩，让这些蒙古吃人妖魔去干这样不可饶恕的恶作剧。"他们还说要把这些"妖魔""吊在桅杆上示众"，以此解气雪耻。

马克思在《新的对华战争》中对这次战役评论说："中国当局反对的不是英国外交使节前往北塘进京，而是英国军舰沿白河上驶。中国当局曾请普鲁士先生由陆路入京，无须用军舰护送。那么中国人抵抗英国人的武装远征队毫疑义的也是有理的。中国人这种行动没有破坏条约，而只挫败了英国人的入侵。"

殊不知，组织指挥中国近代这场英勇抵抗侵略并取得重大胜利的战役的人就是僧格林沁——清代三朝重臣、一代名将、博多勒噶台亲王。本书将展现给读者僧格林沁恢宏壮丽而具有悲剧色彩的一生。

目录

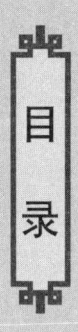

第 一 章	喇嘛心愿	●●● 001
第 二 章	爱河初潮	●●● 007
第 三 章	入学伊始	●●● 014
第 四 章	王妃义子	●●● 025
第 五 章	天赐良机	●●● 036
第 六 章	争夺王位	●●● 041
第 七 章	宫宴风云	●●● 055
第 八 章	衣锦还乡	●●● 062
第 九 章	圣命难违	●●● 074
第 十 章	拒受重贿	●●● 080
第十一章	僧王议政	●●● 085
第十二章	请缨出征	●●● 092
第十三章	咸丰登位	●●● 106
第十四章	广西事变	●●● 112

第 十 五 章	临危受命	●●● 121
第 十 六 章	冰河铁马	●●● 132
第 十 七 章	王宫春怨	●●● 144
第 十 八 章	亲王遇刺	●●● 156
第 十 九 章	水淹冯官	●●● 169
第 二 十 章	直言上奏	●●● 179
第二十一章	僧王教子	●●● 189
第二十二章	风云海防	●●● 200
第二十三章	国恨家仇	●●● 211
第二十四章	决胜大沽	●●● 222
第二十五章	暴风雨前	●●● 232
第二十六章	北塘之殇	●●● 239
第二十七章	棋枰论道	●●● 250
第二十八章	痛失天津	●●● 260
第二十九章	兄妹情深	●●● 267
第 三 十 章	擒巴夏礼	●●● 273
第三十一章	皇城剧变	●●● 283
第三十二章	皖北战役	●●● 292
第三十三章	再战皖北	●●● 301
第三十四章	三战皖北	●●● 312
第三十五章	鄂东大战	●●● 322
第三十六章	魂断曹州	●●● 331

第一章　喇嘛心愿

清嘉庆末年孟夏。

科尔沁左翼后旗吉尔嘎郎广福寺（蒙古名叫敖特沁苏木），在晨曦中披上了一层橘黄色花环，更给人一种神秘巍峨的感觉。大雄宝殿的叠山式尖顶直插云霄，伟岸耸立。金黄色的琉璃瓦与曙光辉映，光耀夺目，显示着佛光普照降福众生。大雄风宝殿后的大经堂为歇山顶式屋顶，四面斜坡的屋面上迎光的一面金色灿灿，斜光的一侧由浅黄渐变成深黄及褐色。大经堂顶上的饰鸱俯视这沉沉的草原，在毫无表情之中审视着在这里发生的人间活剧。

这时，广福寺朱漆大门吱吱响着裂开一条缝，从缝隙间挤出一个人影。这人身披喇嘛紫红色袈裟，手中捻着一长串额日克（捻珠），缓缓走出大门，又回转身轻轻地关上门。

看上去他约四十岁年纪，身材魁梧，面色红润，腹部微微隆起，头上泛着青青的光。他静静地走到大经堂侧的麦积塔前边，向石雕的释迦牟尼佛像双掌合十鞠了三躬后绕着塔转了起来。

这塔共四层。上三层呈方形，上一层呈圆锥形。塔顶的鎏金锅形铜冠上系有八铜铃。这铜铃在晨风中叮叮当当地响了起来。其声清脆如石上清泉潺潺，十分悦耳。

"大慈大悲的佛祖保佑我家族平安，保佑我后辈天赐良机光宗耀祖。"这个祈祷声只有他自己听得清，或者说根本没有声音，只有心声而已。

这个在拂晓中转经的喇嘛叫布和特木尔。转经是佛教的一种仪式。

它把这塔当成佛祖化身、极乐世界首转塔当成经人世，象征着涉苦海，乞求佛祖超度。他此生积善聚功，便可荫庇子孙，来世享荣受贵。

布和特木尔喇嘛绕塔转了七圈后，细密的汗珠挂在脸上，他已经微微上喘了。面对东方的曙色他长长地叹了口气，自言自语道："同样是博尔吉济特氏，同样是台吉（贵族），我们这一家为什么是这样的寒酸啊？难道是命中注定的？不，不，佛光是普照的，我不信我们这一家族没有出头之日。"布和特木尔喇嘛胸中积郁的愤慨只有在这无人的地方对苍天发泄。他在发泄的同时脑海里泛起他家辛酸的过去。

布和特木尔哥儿四个，他是老大。他们家也是博尔吉济特氏，是成吉思汗的大弟哈布吐哈萨的世孙，但是后来家境贫寒只属四等台吉。虽然处在黄金家族，也只好以给人放羊为生。

那时清朝历代皇帝在蒙古各部统治之地修建诸多庙宇，一时间在蒙古草原上庙宇林立，诵经声不绝于耳，人们把当喇嘛当成一种解脱，并以种种手段劝式家族的男丁到庙里当喇嘛。一些贫穷人家孩儿多养不起，只要把孩子送到庙里当喇嘛吃穿就不愁了。这样导致了蒙古族人口锐减。布和特木尔排行老大，当然首当其冲，当了喇嘛。布和特木尔开始当喇嘛时地位极低，但是他潜心攻读佛书，孝敬师傅，虚心请教师兄师弟，不久便粗通藏蒙经文，加上他为人敦厚乐于助人，便成庙里很受敬戴的喇嘛。但是，他不甘心这样的地位，总想有朝一日光耀门庭，不辱没博尔吉济特氏。

他把这希望放在了他的大弟弟布和德力格尔的孩子身上，由此每日里虔诚地为侄儿祈祷。

他的大弟弟布和德力格尔，为了生计到离家五十多里的协日他拉（意为黄色草原）屯（今哈日额尔格苏木百兴吐嘎查）给牧主胡吉勒放羊。胡吉勒原本查台吉的随丁，偶有小发，便雇用布和德力格尔为其放羊。台吉是堂堂的贵族，却因家道没落给随丁人家放羊为生，人们戏谑地称他是雅马台吉（牧羊贵族）。布和德力格尔为人忠厚老实，放羊尽心尽意，胡吉勒很是赏识。后来，胡吉勒与老伴商量把养女珠兰格日乐嫁给了布和德力格尔。婚后两口子恩恩爱爱，珠兰格日乐不久便有了身孕。有一日珠兰格日乐梦见日月扑进怀里。第二日，她随夫放羊在科尔沁左翼后旗吉尔嘎郎道布罗甸子时生下了双胞胎男孩。野外生双子且安然无恙，当喇嘛的布和特木尔感到这事真有些奇，尤其是之前梦怀日月。日月经天，

僧格林沁亲王

乃是宇宙精灵，万物之生源。哦，奇呢。真奇呢。

　　布和特木尔双掌合十默念佛祖，心想给侄儿起个雄武的名字呢，还是精文的名字呢。雄武的名字好。天帝成吉思汗是以雄武得统天下，我们成吉思汗的后代也必以雄武扬名于天下。布和特木尔当喇嘛后学的是藏文经，粗通藏文，便给孩子起了藏名，大的叫郎布林沁（宝象），小的叫僧格林沁（宝狮子）。

　　珠兰格日乐初做母亲，格外喜欢这双生儿，尤其是偏爱这长得虎头虎脑，两眼炯炯有神的小儿子僧格林沁。僧格林沁长到七岁便显出过人的胆量和聪慧。哥哥郎布林沁虽也机灵，但是较懦弱胆小。僧格林沁替哥哥与比他大几岁的孩子吵嘴打架毫不退缩，有时被人家孩子打得鼻青脸肿，还被骂作"雅玛台吉的孩子有什么出息！"这时珠兰格日乐暗暗抹眼泪，心痛地抱起僧格林沁擦伤口中，自叹丈夫贫穷辱没贵族身份，嫁家虽为富有但是出身低微。这个弱肉强食的社会要改变命运只有靠这两个孩子了。

　　"孩子，额吉给你讲个美妙的故事好吗？"有一天珠兰格日乐让两个孩子绕在膝前，用手抚摸着他们的头说。

　　"嗯，额吉。"

　　"很早很早的时候，在一个遥远的勃尔罕乌拉（山）南边是一片美丽的草原。这草原的主人是一个大英雄，叫也速该巴特尔。他有一个大部落，部落里人们共同放牧狩猎，和睦相处。也速该巴特尔有一个美丽的妻子叫额诃伦。她的脸像月亮一样明亮，心胸如湖泊一样纯洁宽阔，性情似小溪一样平缓。有一日她在溪边梳头，受到了另一个恶魔部落首领的羞辱。也速该巴特尔就拿起战刀带领他的雄武的骑兵，把这个部落赶出了草原。结果，这个部落里有个叫脱尔古台的人设奸计毒死了也速该巴特尔，并占领草原，到处搜捕额诃伦和她的五个孩子。额诃伦就带着她的五个孩子逃到了很远很苦的地方，每日里教育她的孩子将来为阿爸报仇，杀尽这草原上的恶魔。五个孩子中的老大叫铁木真，他从小懂事，胆小，又很疼爱他的几个弟弟。后来，他果然重振自己的部落，训练起勇武无比的骑兵，杀尽了草原上的恶魔，为阿爸报了仇，从那儿以后这草原就更美丽了。"

　　"嗯，这个人真了不起。"郎布说。

　　"额吉，我长大了也要像他那样杀草原上的恶魔。"僧格林沁滚动着

大眼睛说。

"好孩子，额吉就盼你们长大像个骏马那样昂首挺胸驰骋草原，像雄鹰那样奋起双翅翱翔蓝天啊。"

珠兰格日乐在孩子的心田里第一次播下抗争命运的种子。

僧格林沁未开启的心灵第一次于朦朦胧胧中勃动着热血冲动的因子。

烈日暴晒的一天，十来个孩子在一口井边堆泥玩。僧格林沁堆了个像房子一样的泥土地，并大声嚷嚷："这是我的宫殿，将来我在这里做诺颜（官），你们都得听我的。"

"穷鬼的孩子，还想当诺颜。除非太阳从西边出，黑狗用屁眼儿吃草。"一个巴颜（富人）的十岁孩子戏弄道。

"你骂谁？"僧格林沁抓起一把手泥土打了过去。

"你个狗样敢打人。"那个孩子跑过来一把揪住比他矮一头的僧格林沁推打着。僧格林沁张口一下咬住了他的手腕。那孩子"啊哟"一声猛地一推，一下子把僧格林沁推进了井里。

孩子们听扑通一声僧格林沁落井，吓得连喊带哭四散奔逃。

珠兰格日乐听到孩子们的喊叫声，急忙趴在井口往下一看，僧格林沁半身在水里，两手紧紧抓住吊在井里的木桶绳浮在水上喊："妈妈快把我拉上去，我害怕。"

珠兰格日乐又喊来几个男人下去把僧格林沁救了上来。

这井水深丈余，不用说一个七岁小孩，就是大人掉下去也有淹死的危险。可是僧格林沁却吊在井绳上安然无恙。全村人都感到很惊奇。有些好事的人便传开了，"僧格林沁不是凡人，掉井都淹不死，肯定是龙王爷救驾了。"也有人说是土地爷显灵救的驾。

后来，僧格林沁长大承袭王位后，村里人都不敢吃这口的水，并且用木墩子封了井口，好好地保护起这口井，一直封了一百来年，并保存完好。迄今，这口井水深不见底，水质清澈，水源极盛。

僧格林沁九岁这年春夏之交，一春至初夏无雪未雨，地皮龟裂不能犁田下种；河流干涸断水，草木不生，无数牛羊倒毙原野，农牧民饿死不计其数。这时僧格林沁已有了五个弟弟妹妹。家境更加不济，已到了吃了上顿愁下顿的地步。虽然外祖父母常常接济他们，但是布和德力尔和珠兰格日乐瞅着碗里的嗟来之食心堵难咽。望着几个饿得脸黄皮焦眼圈发青的孩子们，常常把苦涩的泪水伴着野菜嚼。

嘉庆皇帝下谕放赈救灾。但是一些贪官污吏不顾人民死活，侵吞赈灾钱粮中饱私囊。救灾粮款真正到老百姓嘴边时已十之去六七了。嘉庆皇帝此时并不糊涂，他想东北正是他们祖先的发祥地，这个地方要是因饥饿乱了起来，那是真正动摇统治根基。所以，他下旨宗人府和理藩院妥善处理东北的饥荒，对满蒙饥民尤其要倍加优抚。嘉庆皇帝尽管这样恩泽祖地百姓，但是毕竟杯水车薪，赈灾之事依旧捉襟见肘。

然而，老天爷并没有逼这里的百姓走绝路，到了盛夏便下了场透透的雨。虽然晚了点，但毕竟草木开始泛绿，大地开始滋润，万物复苏。科尔沁左翼后旗坨沼地多，适宜于耕种荞麦、糜子。而且荞麦、糜子又都是晚田，成熟期短。一般初夏季节种上，到了三个月后便成熟。种得最晚收得最早。夏天的这场透雨下在了种荞麦的季节。

布和德力格尔决定种点荞麦弄点过冬的粮食。他就向人家借耕牛。牛的主人嫌他穷，戏弄他说，牛群里有一个三岁牤牛，你能抓住就使唤吧。抓住没有调驯过的三岁牤牛谈何容易？布和德力格尔急得直跺脚。

"阿爸，牛再利害还能比人强吗？阿爸，你看我的。"僧格林沁手拿牛鞭子走到黄牤牛身边突然举起鞭子照牤牛脑袋抽了一下，那牤牛哞的一声向僧格林沁顶来。这时，他腾的闪到一旁，又朝牛头狠命抽了一鞭。凡牲畜都怕脑袋被打击，牛马更是。僧格林沁从小练就了一手好鞭法，鞭子抽得既准又狠。刚才这两鞭正好都抽在牛的弱部位鼻翼两侧，立刻使气势汹汹的牛鼻子发酸两眼流泪，浑身酥软胆儿直颤了，哪里再有力量反抗。正这时，小僧格一把抓住牛的两个犄角，把绳子套了下去。黄牤牛乖乖地听他摆布了。

布和德力格尔看到儿子僧格林沁没有费多大劲抓住了牤子，既喜又惊。

"哦，我这孩儿恐怕有神在助他吧。"布和德力格尔暗想。

当喇嘛的大后布和特木尔从侄儿僧格林沁伟岸的体魄、不屈的性格、勇敢的举动中觉出了什么，他就按照喇嘛教的一些释义焦思苦虑给侄儿僧格林沁的超凡的命运找理论根据。现在我们看得清，关于僧格林沁小时候的种种美妙言行的传播，都与这大伯的为侄儿竞争立嗣有关。

布和特木觉得侄儿有些来历，便算他的生辰八字，僧格林沁生于辛未年六月（1811），属相是羊。这样温顺绵弱，生命力极弱。僧格林沁又生在流水泄光的孟夏之月，属火命，水火不相容。然而僧格林沁掉进井

—005—

里非但没有火熄魂散，命归黄泉，而且安然无恙益发健壮。这充分说明有佛祖在暗中保佑他。佛保佑的人肯定是前世修善积德，今世来人间享荣华富贵。

布和特木尔喇嘛为侄儿的前途奔波，后来竟至运用各种政治手腕，甚至于不顾佛教的与人为善普度众生的教规，利用阴谋手段，就是从这时开始奠定了思想基础和信念的。后来，随着事情的一步步成功，布和特木尔喇嘛扶侄儿飞黄腾达的决心益发坚定。为此，他参与政事绞尽脑汁，左右逢源不失良机，真可谓用心良苦、不遗余力。

第二章　爱河初潮

草原上漫长的冬天过去了。

温和而徐徐的春风，使大自然的景物在不知不觉中改变了面貌。被茫茫的白雪封闭了几个月的草原万物，让春风所携带着的旺盛的力量唤醒了。草原上蒸熏出腾腾的雾气。草芽儿勃勃冒尖，重新用绿姿覆盖大地。

当人们还未赏够初春的新绿时，紫蓝色的马兰莲、车轴草，奶白色的百合、驼刺莲，红彤彤的山丹，秀拔的兰花，已争相开放了。坚韧的榆树、婆娑的柳树，挺拔的白杨也在草原的这一处、那一处郁郁葱葱地显示着力量与生气。

阳光更与冬天不同，它在冬天是灰蒙蒙懒懒散散的。到春天便一扫慵倦气并放射出蓬勃而温煦的光芒，把解冻以后汹汹涌涌奔腾而下犹如刚刚酿造的马奶酒一样碧波透明的河水照耀得金星点点。

人们抬头望去，天空犹如涂了一层青色一样，碧蓝碧蓝，深不见底。

布和德力格尔的一家也犹如草原万物一样，抖落了身上积雪，深深地长久地呼吸春的气息。

"僧格林沁，你为什么不说话？"

从一排柳树林中走出两匹马。马上的两少年中体态挺拔的是僧格林沁。说刚才话的是他的好伙伴奇达尔。奇达尔圆墩墩的身材，浑身有使不完的劲儿。

僧格林沁仍不说话。

"哎，伙伴，你今天怎么了？"奇达尔又侧身问了一句。

僧格林沁一躬腰，用脚后跟磕了一下马肚，像射出的箭一般向前奔去。

奇达尔愣怔了一下，随即旋风般地跟了过去。

草浪在马蹄下翻滚。

放马驰骋了一会儿。僧格林沁勒住马，奇达尔跟了上来。

"僧格，今天你到底生谁的闷气呀？你会弄坏身体的。"

"女人，你懂吗？女人。"僧格林沁发疯般地吼起来。

"哈、哈，女人，为了一个女人你生偌大的闷气。"奇达尔不无嘲弄地大笑。

"你懂个屁，她不是一般的女人。"僧格林沁用眼神剜着奇达尔说。

"你是说，乌日娜？"

"那还能有谁？"

"乌日娜究竟怎么了，竟惹你如此生气？"

"她阿爸要把她许配给人呢。"

"要许配给谁？"

"那还能有谁，就是巴拉腾那浑小子。"僧格林沁恨得直咬牙。

十三岁的少年，正是春天一样体内一切力量萌动和勃发的时期。而且，僧格林沁体魄格外的早熟。他一年前已和乌日娜认识并喜欢上了她。

乌日娜是离僧格林沁家二十余里奴图克（村）居住都尔本的女儿，与僧格林沁同庚。她喜爱僧格林沁健美匀称的身材和宽大的肩臂。

两人已幽会过几次了。说不清是爱情还是好奇心。

"乌日娜，我给你头发上插上这束兰花好吗？"僧格林沁说。

"那不行，我额吉说了，女人只让自己怕男人插花，别的男人不行。"乌日娜很认真地说。

"那，我只给插这一次。"

"不行，不行。"

"那，你把我当成你男人不就得了。"

"你真该死。"

"不，乌日娜，我真的喜欢你。你让我当你的男人吧。"僧格林沁边说边挪到乌日娜跟前。

两人可以互相听到心跳的声音，两个少年的气息碰撞融汇在一起。

"我也不明白，你问我母亲吧。她说行就行。"乌日娜忧郁地回答。

"那就这样吧。"

僧格林沁回到家后对他母亲说:"额吉,一个男人一旦喜欢上了一个女人应该怎么办?"

"孩子,你怎么突然问起我这个问题了?"珠兰格日乐看着孩子儿有些陌生。

"不,额吉,你回答我的问题。"僧格林沁梗直了脖子说。

"孩子,额吉怎么答复你呢?按感情说,应该是大胆地向所爱的女人袒露心迹。但是,谈起来并不容易呀。这需要很多人为的条件。你懂吗,孩子,条件。"

"额吉,这些我都不管。我喜欢上了东奴图克的乌日娜,我要娶她。额吉你给我做主。"

僧格林沁的这几句话一下子把珠兰格日乐说懵了。孩儿十四五岁结婚是普遍的。十二三岁萌发青春也在情理之中。这些她都理解。但是,她万没有想到孩儿所爱的竟是全旗首富之一的都尔本家的娇女——乌日娜。

她也清楚,乌日娜婀娜多姿,像草原上的萨日朗花一样谁见谁爱。而且,乌日娜能歌善舞,唱起来能使飞翔在空中的天鹅盘旋不走,使遨游在湖泊中的鱼儿浮出水面,使老人忆起童年,更使年轻人朝气勃发。

但是,这一切都犹如悬在高空中的月亮一样,人们只能欣赏和感叹其美丽洁白,而不能接近和触摸哟。

"孩儿呀,骏马虽雄健飘逸,但怎能奢望与高洁无比的天鹅匹配啊?不是一路呢。"珠兰格日乐把僧格林沁拉到胸前吻着他的额头说。

"不,额吉,乌日娜说了,只要她的额吉同意就行。"

"她额吉怎么能同意呢?她们家的牛羊多得数不清,只好用山凹来估计多少。乌日娜的父亲都尔本有三个儿子,只有这一个女孩子,爱得连挖出自己的眼睛给女儿玩都不心疼。他还早就说过,乌日娜非王公孩儿不嫁。孩儿,我们家怎么能进入他的眼线呢?"珠兰格日乐说这话时心里隐隐作痛。

"不,额吉,我身上流的是成吉思汗高贵血统的血液。我要征服她。我非她不娶。"僧格林沁倔犟的脾气上来了。

那天晚上,珠兰格日乐把白天孩儿说的话给布和德力格尔学了一遍。

布和德力格尔感到格外惊奇。他惊奇的是这孩子的眼光和胆略。乌日娜姑娘远近闻名,是个好姑娘。孩儿眼力不错,但是,他怎么竟有如

此的胆量和这样固执呢。

布和德力格尔对珠兰格日乐说："你对都尔本家只知道一半，更多的不清楚啊。他们祖先是有来头的。雍正皇帝把女儿和硕瑞柔公主下嫁给我旗第八任王爷齐默特多尔济。公主来我旗时随来了一大批宫女佣人。这都尔本的祖先就是随公主来的佣人，原本是汉人。他机灵善变，很讨公主的欢心。公主就给他赐了个蒙姓蒙名，解除了佣人地位。他在这里娶妻生子，一点点地发起来了。这都尔本大概是他的第四代了。都尔本现在正是红透了，我旗的闲散王公们都让他几分。他怎么能够把女儿嫁给我儿呢？"

"哦，嗯。我也是这么想的。"珠兰格日乐叹口气道。

"跟孩儿说明道理，让他就死了这份心吧。"

"他就是不听，我把舌根都嚼烂了。"

"唉，这孩子。"

……

僧格林沁知道乌日娜许配给巴拉腾后胸中燃烧起了熊熊烈火，他少年的胸腔要爆裂了。

"奇达尔，你敢不敢跟我去都尔本家找乌日娜？"僧格林沁问奇达尔。

"安达，你说哪儿去了。我哪儿不敢去呢。不用说都尔本的府，就是狼的窝、虎的穴我也敢闯呢。"奇达尔把厚厚实实的胸拍得啪啪响。

"那好，你就跟我来吧。"说完，僧格林沁又一次放马狂奔。奇达尔紧跟其后。

两马两少年消失在草原深处。

不一会儿，他们二人就看了都尔本家的红墙绿瓦。

都尔本在草原依山傍水的地方修建了王府般的宫殿院落。

清初以来，科尔沁的蒙古各旗王公仿照北京紫禁城或奉天皇宫纷纷修建王府，使汉族中原建筑艺术的杰作一个接一个的耸立在草原。蒙古族的毡包房建筑首先在王公贵族的居住中退在次要地位，甚至不被重视了。接着一些豪绅富户也如法炮制，请内地汉人工匠修起红砖绿瓦的宫殿。这样，蒙古族渐渐丢弃了漂泊不定的游牧生活习性，以一个浩特或苏木为中心建起了相对聚集和稳定的居住点，从而产生了蒙古牧民村落。

但是，蒙古人并没有放弃游牧，只是这时的游牧和古时的游牧不同罢了。建立宫殿或较固定房屋的人们在放牧时仍不审采取游牧方式。居住在宫殿中的王公贵族及富户们一到夏天便让佣人、奴婢赶牛羊逐水草丰美的草原去游牧，在夏营业地生活。普通牧民们就套起勒勒车全家去夏营地，到了冬季便又回到定居点。

像都尔本这样的人家本就无所谓游牧生活了。这些巍峨的宫殿怎么迁得动呢？

僧格林沁和奇达尔怀着一股青春的火到了都尔本的朱漆大门口前。

守门家丁拦住了他们。

"我们要去见乌日娜格格。"

"咳，咳，看你们这身没有退干净冬毛的驴一样的破衣衫还要见我们的格格？快走吧，快走吧。"

"你再污辱我们，我的拳头不饶人。"奇达尔怒目而视。

"奇达尔，好狗不与鸡斗。"僧格林沁制止住奇达尔。

"好哇，你们俩野小子敢骂我。我叫你们尝尝我的厉害。"那个家丁撸起袖子抡起手中的藤鞭打了过来。

奇达尔一个猛子抱住家丁咚的一声把他摔倒在地。

"阿尔太快冲。"另一个家丁刚从门里走出，立刻唆使看门狗扑向奇达尔。一身黑毛壮如牛犊的雄狗低低地吼了一声窜向奇达尔。

僧格林沁情急之中一跨步挡住了奇达尔。黑狗的大嘴一下咬住了僧格林沁的手腕。僧格林沁忍住剧痛，挥起右手抓住狗的耳朵狠命地一拧。黑狗咬下了一口手臂肉。僧格林沁和奇达尔同时抓住黑狗的脖子，把狗举起砸向了门前的石狮子。

聚在门口的众家丁一齐大喊："反了，简直是反了！"

"快，快上，抓住这俩野小子。"

众家丁一起扑向他二人。

"慢，你们都给我住手。"一声铜铃般的声音喝住了众家丁。

哦，是她，是僧格林沁要找的乌日娜。

僧格林沁毫不理会鲜血汩汩流淌的手臂，忘情地瞅着乌日娜。

"你们都给我回去。"乌日娜又喊了声。众家丁纷纷退进大门内。

"僧格，你的手怎么了？怎么流了这么多血？"乌日娜抓着他的手臂问。

"你看看这个。"僧格林沁指了指躺在石狮脚下的黑狗说。

"哎哟，你是被狗咬的，这还了得！我给你包上吧。"乌日娜毫不迟

第二章 爱河初潮

疑地哧啦一声撕下了衣角，小心翼翼地给僧格林沁包扎伤口。

殷红的血不一会儿渗透了绿衣角。

"你们二人来干什么？"乌日娜此时才想起。

"还不就是来找你的。"奇达尔抢先回答。

僧格林沁咬了咬嘴唇说："乌日娜，我们找个鬼儿狗儿没有的地方聊一聊不行吗？"

"那怎么不行。你们在这儿稍等，我回去牵马来。"乌日娜说。

"那不用了，我们俩骑一个吧。"僧格林沁用恳切的目光征询乌日娜的意见。

乌日娜脸上飞起红晕，并偷偷看了一下奇达尔。

"你就答应僧格吧。还犹豫什么。"奇达尔说。

"乌日娜，我问你，你为什么要嫁给巴拉腾？"同骑一匹马奔跑了一阵后，僧格林沁问紧搂住他腰际的乌日娜。

"谁说我要嫁给他了？"

"那还能有假？"

"我还不愿意呢。"

"你真的不愿意？"

"真的。"

"那你愿意嫁给谁。"

"这……"

"你快说呀。"

"我还不知道。"

"你给我下马！"

"我就不下。"

僧格林沁猛一转身挥臂与乌日娜一同滚下马来。

他抓住乌日娜的双肩猛地摇晃着喊："你要答应嫁给我，你快说。"

乌日娜咬住自己的下嘴唇用明澈如湖水的眼睛盯住僧格林沁因狂躁而扭曲了脸，一字一句地说："是雄鹰你就会得到我，是狗熊你就别想到我眼前。"

僧格林沁慢慢松开手，细编细细品味这句话的分量。

这是出自心爱之口的肺腑之言。这是对一种力量的激励。

哦，乌日娜，你好厉害呀。

不，我不能没有你，我要变成雄鹰，我像守山碇子一样守在你身边。

"乌日娜，草原人说出的话就像那挤出的牛奶一样，纯真而不能收回呀。"僧格林沁也一字一顿地说。

"是的，僧格林沁，背弃诺言不是人所为，但是请你记住我的话。"

"我记住了，而且刻在了心里。"

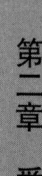

第二章 爱河初潮

第三章 入学伊始

在北京城，科尔沁左翼后旗扎萨克多罗郡王索特那木多布斋的王府家庙香火缭绕，经音悠扬。新到索王府家庙的布和特木尔正虔诚毕敬地念诵经文。他的嗓音洪亮，吐字清晰，节奏鲜明，使在场的其他喇嘛感到从科尔沁来的这位普通喇嘛并不简单。

布和特木尔能够来到这京城中的索王府诵经念佛，并非易事。自从康熙大帝削三藩、平息云南王吴三桂之乱以后，清王朝为了巩固其统治，采取了南不封王、北不断姻的政策。清廷对蒙古族王公贵族封王加爵毫不吝啬，给拥权执政的王公都在京城修府第庭院居住，以示恩宠又加以控制。

索特那木多布斋是科尔沁左翼后旗第十世扎萨克爵至多罗郡王。他的家庙建在王府的后院，风格属蒙藏汉结合的建筑。他每三年从家乡科尔沁左翼后旗的各庙里挑选精通藏蒙文、熟读佛经、出身又高贵的喇嘛到家庙里供佛念经。

这一年选进京的喇嘛，正好选到广福寺。广福寺中地位高的葛根、大喇嘛伊苏给等，知道到京城当差行动不自由，不如在广福寺有权有势，所以，都不愿意去。布和特木尔却与众不同，他不甘寂寞，总想有朝一日出人头地。他原想到西藏的大昭寺或青海的塔尔寺去深造，广学佛经佛学理，得到学位，以平凤愿。但是，他社会地位低，家庭贫苦，很难实现这个愿望。当他知道索王要选喇嘛进京供佛时，便毅然提出进京供职的请求。

广福寺的大喇嘛、葛根等人认为布和特木尔精通经文，又善于佛事，恭谨佛学，而且体态丰满，经音浑厚；虽然地位低些，但毕竟是台吉出身，便推荐他到京城索王府供职。这样布和特木尔告别家乡到了京都在索王府家庙当起了喇嘛。布和特木尔深知王府大院是个表面平静中暗伏肃杀之气的地方。稍不留心就会有身首异处的危险，所以他处处谨慎小心，勤于佛事。

佛祖保佑我，上苍赐给我良机。布和特木尔到京城后常常这样想，又常常这样告诫自己，不要忘了自己低微的身份，不要忘了抓住一切良机的初衷。他不久便得到了左右的好感。

索特那木多布斋郡王的所辖旗王府设在科尔沁左翼后旗吉尔嘎郎。旗王府是索王的先王的先王齐默特多尔吉郡王所建。齐默特多尔吉是八世扎萨克，是索王的大伯父。他把王位传给了弟弟巴勒珠尔。巴勒珠尔是索王的生父。齐默特多尔吉娶公主成为额驸，朝廷便选吉尔嘎郎地方先建了公主府，齐王便随之把王府也迁至吉尔嘎郎。从此科尔沁左翼后旗王府定在吉尔嘎郎。

索王长期在京城，有时也很想念家乡吉尔嘎郎的山山水水、亲朋故旧。有一日，他问王府总管金宝善："新来的家庙喇嘛是何人，你可了解？"

金宝善慌忙跪下答道："回禀王爷，新来的喇嘛叫布和特木尔。是四等台吉。"

"噢，是台吉出身？"

"是的，王爷，要论起来还是与王爷关系不远的世家呢。"金宝善眨眨眼睛，偷看王爷脸上的表情。

索特那木多布斋面带笑容继续问："他家境怎么样？都有哪些人？"

"家境穷些，哥儿三个，他是长兄，父母还健在。"

"他的经文学识和品格怎么样？"

"禀王爷，他来的时间还不长，奴才还不十分清楚。但是听人们讲，他很勤奋好学，为人和善。"金宝善答。

"好，你去把他叫过来。"

"嗻。"

金宝善在索王府当总管有年，深谙官场之道，更练就了一身察言观色见机行事及巧言善辩之本事，深得索王的欢心。索王的侧福晋旭慧也与他关系不一般。这样金宝善成了索王府中举足轻重的人物。

金总管善于机变，又恪守一条为人准则，不在人前言他人是非。他常常告诫自己祸从口出，少说为佳。所以，他极少言语。处处给人一种沉稳练达之感。但是，他不是那种听命运摆布、庸碌度一生的人。布和特木尔喇嘛来到王府后，他便悄悄观察，觉得此人忠实厚道熟诵经论，是可用之才，便和他接近起来。今天，见索王突然问起布和特木尔，他立刻感到有了个契机，便一改言他人不褒不贬的初衷着实把布和特木尔喇嘛赞扬一番。

布和特木尔一听索王要见他，心就扑通通跳了起来，他赶紧理了理长袍跟着金总管出来。

"见王爷要谦恭，但不要卑琐。王爷不喜欢唯唯诺诺的人。"金宝善悄声告诫。

"懂得，懂得。"

从家庙到索王的客厅须穿过后宫妻妾居住的黛秀宫，然后到王府正殿议政殿。议政殿的正门左侧，便是索王处理日常政务和会见一客人的至乐殿。与至乐殿相对的右殿就是索王的书房叫诣拙殿。布和特木尔来王府家庙时间不长，所以，还没有到过内庭深府。他边走边暗叹王府豪华精美的修建。

走过了一道道门到了至乐殿。

金宝善让他站在门外，自己走了进去。

"禀王爷，奴才领布和特木尔到。"

"快请进。"

布和特木尔趋身进屋，按宗教礼仪双掌合十深深鞠躬道："卑微的喇嘛布和特木尔给尊贵的王爷行礼，拜问王爷大安，祝愿王爷福寿昌隆。"

"免礼。"

此时，布和特木尔才缓缓抬起脸。

索王脸上掠过一丝不易察觉的笑容。他看布和特木尔体魄魁梧，方面阔耳，五官端正，而且方才的礼节和祝愿的话说得既得体又顺耳。

"赶紧赐坐。"

布和特木尔落座后，索王问起了他的家世。布和特木尔一一作答。结果两人的先世都出自科尔沁希如德奴图克台吉。布和特木尔是与索王未出五服的旗亲。论起年龄布和特木尔比索王小了些。

"论年龄，你是我老弟呀。"索特那木多布斋摸着颔下的胡须说。

"卑微的喇嘛怎么能和王爷称兄道弟呢。"布和特木尔赶紧站起说。

"这就不对了。你我是同族同宗，怎能以职位论尊卑呢。"索王说。

"那我就给族家王兄叩头了。"边说布和特木尔边跪了下去。

"自己兄弟就不必多礼了。"索王躬身扶起了他。

从此后，布和特木尔的身份骤高，常常出入王府与索王谈古说今，论文讲教，备受索王的恩宠。

一晃三看过去。按旧制，布和特木尔要回旗换别的喇嘛来。布和特木尔自然不愿离开这京城圣地和这享不尽富贵的王府。有一天，他惴惴不安地探问索王："王爷，弟弟在贵府家庙三年期限已满，按例该回去了。这三年之中有不恭不周的地方请王爷多海涵。"

"三年了？过得真快呀。"索王沉思片刻说，"你先不要着急走。例制都是人定的。"

索王确也不愿让布和特木尔走。因为，他毕竟是族亲，感到可靠。还有布和特木尔确实有佛教才学又通达人情世故，接人待物谦和有礼而不卑不亢。再换别的喇嘛，难得能有赶上他的。而且，索王的爱妾侧福晋旭慧也多次吹过枕边风，称赞布和特木尔如何如何。

布和特木尔看出索王有意继续留他便告辞回庙。

第二日，索王找来总管金宝善议这事。金宝善沉吟片刻说："王爷，奴才听宫内人说，雍和宫的大喇嘛圆寂后，还没有人补缺。王爷您奏请理藩院让布和特木尔喇嘛补缺不就可以了嘛。"

"噢，对啦，我怎么就没有想起这件事。"索王眼睛一亮，喜形于色。

索王就赶紧让人写了个折子呈递到理藩院。理藩院尚书额博济接到折子后觉得雍和宫本是以蒙古喇嘛为住持的寺庙。选大喇嘛必在蒙古族之中，而且索王是当今皇上的额驸，位高权重。所以他就顺水人情，同意布和特木尔为雍和宫大喇嘛。

就这样布和特木尔堂堂正正地当上了雍和宫的大喇嘛（管理宫务的行政职务），步入了满族精神统治者的高层行列。当了雍和宫的大喇嘛，布和特木尔的政治欲念益发强起来。

机遇便是一切，他想。机遇是上苍赐予的，上苍赐予人同等的机遇，能不能利用机遇在于人。谋事在人，成事在天。他得知索王无子，将来这王位继承人落在谁头上还是个谜。他便想到自己从小到大有奇特经历的侄子僧格林沁。只要侄子能承袭这王位，光宗耀祖不必说，他当伯父

的更是享不尽的荣华富贵，不枉此一生。想到这儿，他浑身火烧般的炽热，每一根血管里的血都在急促地流动。同时，他想到这事的渺茫。索王还有自己的亲侄子呢。但是，不能罢休，我必须全力去努力。当年成吉思汗不就在毫无把握的渺茫之中奋力斗争而终成大业的吗？为家族的未来，何不去争夺呢。要做长远的谋划，我一定要实现我的目的。他又感到些微的欣慰。因为，当了大喇嘛，便有了策划和行动的极好条件和机会。这良机焉能错过！他又想到了若与索王的近亲相比，他还有一段距离。他要让侄儿在这场继承王位的争斗中独占鳌头，必须让侄儿从另一方面超过所有竞争对手。略感安慰的是，侄儿僧格林沁生得伟岸英俊，又聪慧过人胆识超群。但是，仅仅这点还远远不行。侄儿还必须具备其他人所没有的条件。这时，他蓦然想到了学识。对，要让侄儿读书。

他为自己想到了让侄儿以学识来超过他人的策略而兴奋不已。

那时的蒙古王公不那么重视教育。尤其下层民众，一是无钱让孩子们读书，二是，即便富有人家也因种种条件所限，孩子们很少有念上书的。此时，僧格林沁虽然已十三岁，但还目不识丁。

正当布和特木尔下决心找机会让侄儿读书的时候，新的机遇终于来到了。

有一日，金总管对他说："过两天王爷让我回一趟科尔沁老家。你家中有没有事需要我办？"

"总管回去不知为什么事？"布和特木尔问。

"郡王庙的贵族子弟学校有些破旧了，王爷让我去筹银两维修，再招些孩儿们上学。"

布和特木尔心里咯噔一下，便说："总管，有一事想求，不知行不行？"

"有什么事尽管说，你我至交，还顾虑什么呢？"

"我的侄儿僧格林沁从小机敏可爱，经历又很奇特，这是你知道的，我想将来会有些出息，只是家境贫寒没有机会念书。总管大人这次回老家，修学兴教，真是天赐良机。能否开恩，让我侄儿进学读书。"布和特木尔说完以诚恳期待的目光看着金宝善。

"这事，我看可以办，因为你也是索王的亲戚，现在又是雍和宫的大喇嘛，谁还嫌你们穷呢。"金宝善很有把握。

"总管大人，此事若能成，卑职家族的万幸。我布和特木尔没齿不忘大恩。"布和特木尔边说边跪了下去。

"哎哟，大喇嘛，你何必这样呢？快起，快起。你的事不就是我的事么，你的侄儿不就是我的侄儿么，你这样客气做什么？"

"多谢总管了。"

过几日金宝善总管带着护卫随从拿着索特那木多布斋郡王的书信启程直奔科尔沁左翼后旗，十几日便到了吉尔嘎郎王府。

协理台吉、管旗章京等人出廓迎接。

迎入王府，稍作洗漱后设酒宴，以全羊席招待金宝善。席间互相寒暄、亲热异常、杯来觥往自不必说。

当金宝善说出来意，拿出索王的亲笔信后，众人们都啧啧称赞索王爷又给家乡万众办了件大好事，而且这件事又是关系子孙后代。真是功在千秋，荫及子孙。

协理台吉举起银质大酒碗至齐眉朗朗说道："我科尔沁部深沐皇恩，封王加爵，真乃我祖威德遍及天下源远流长之故。今王爷又深谋远虑，庇荫子孙，真是光耀祖先之举。祝我王爷洪福齐天，请满饮此斗。"

"满饮此斗。"

"我王洪福齐天。"

金宝善稍稍休息两日，便亲自查看了学址学舍后，到谢日拉屯，与布和德力格尔说要让二小子僧格林沁入学的事。两口子自然很高兴。

珠兰格日乐把僧格林沁叫到跟前问："孩子，你大伯喇嘛，托人让你去郡王庙入学读书。你可愿意？"

"额吉，你怎么能问我愿意不愿意呢。我怎么会不愿意呢！"僧格林沁歪着头反问。

"你愿意就好。但是，郡王庙学堂里都是高贵有身份人家的孩子，额吉怕吃亏呀。"珠兰格日乐说道。

"额吉，这不要紧，我会和他们处好的。"

"孩子，要听先生的话，刻苦读书。像我们这样的家庭出一个读书人多么不易呀。这全赖你大伯喇嘛。以后一旦有了出息，忘了谁都行，唯独不能忘了你的大伯哟。"珠兰格日乐嘱咐道。

"额吉，孩儿记住了。"

僧格林沁记住了母亲的嘱咐，更没有忘记走之前要去找心中的月亮乌日娜。

他去喊乌日娜出来，两人一见面天空立刻亮了许多。

第三章　入学伊始

"我要去读书呢。"僧格林沁望着天空的一片浮云说。

"那好啊，可是……"乌日娜把半截话咽了回去。

"可是什么？"

"你不知道，最近巴拉腾家人来过几次了，还带来了好多东西。"乌日娜咬着嘴唇说。

"那是什么意思？"

"这你还不明白，那是送给我的聘礼。"

"你不要不就得了。"

"你真憨，我父母都同意他们了。"

"这事你自己作主。不能听别人家的。"

"哪个姑娘嫁人不是听父母的？"

"那你就不等我了？"

"我要等你，但是，你什么时候才能回来？"

学校也不远，什么时候想你，什么时候回来。"

"你真直，到学校就由不得你了。"

这时，天边突然出现一股浓密的黑云，狂风大作。

"你快走吧，来暴风雨了。"乌日娜有些恐惧地望着天空说。

啪嚓一声裂帛般的闪电，在天空划了一道弧线，瓢泼大雨劈头盖脸地下来。

僧格林沁用宽大的身体护住乌日娜，把她紧紧搂在怀里。

互相只能听得见两颗心的跳动，却听不见隆隆的雷鸣。互相只能感觉感情的河流在交融，感觉不到倾盆大雨正在吞噬草原的一切。

大雨初晴的第二天，金宝善便把僧格林沁带到郡王庙学堂，又替僧格林沁交了入学银两，便打道回京。

这个学堂自然主修蒙文，但也可兼学汉文。很多孩子怕学不好汉文，都弃而不读。先生编班时间僧格林沁还学汉文不？僧格林沁回答："学。"

"你能吃得消吗？"

"能。"

巴拉腾已在这学堂入学两年了，"你只配拿羊鞭，还配读书？你还想读汉文，哈哈！雅玛台吉的小子。"巴拉腾揶揄道。

僧格林沁鼓腮，瞪了他一眼没有出声。

"嘻嘻，雅玛台吉。"

"好雅的台吉哟。"

"你看他身上穿的。"

"嘻嘻。"

僧格林沁的周围一片叽叽喳喳的嘲弄声。

他的心胸如煎烤般烧灼难忍。他真想冲上去，真想大喊大叫。但是，他忍住了。母亲的话在他耳边喃喃低吟。

"孩子，你读上书不容易，不容易。"

僧格林沁在课堂上终于忍住了。尽管那是需要那么大的忍耐力，承受那样的屈辱。

课堂下。僧格林沁默默地走到巴拉腾跟前什么也不说，只是用不深不见底的目光瞅着他。巴拉腾问："你要干什么？你想打架？"

僧格林沁仍不说话。

"巴拉腾，你怕他不成？"

"巴拉腾你和他摔跤。"

"摔他个狗吃屎。"

"你们俩摔。"

"比个高低。"

其他学生乱哄起来。

"你敢跟我摔跤吗？"巴拉腾咬着牙问。

"走。"僧格林沁嘴里蹦出一句。

摔跤是蒙古族男人的竞技活动，其间表现的不仅是力和智的较量，而且是男人尊严的显露。蒙古族男孩儿从蹒跚走路那天起就开始进行这种力和智的搏斗。他们在摔跤史上留下了许许多多或情意缠绵或悲壮惨烈的神话般的故事。

平展展的一块草地上，学生们围了一圈。

僧格林沁和巴拉腾在圈内开始了较量。

巴拉腾比僧格林沁大三岁，身材也比僧格林沁高大。他浑身呈古铜色，肌肉绷得紧紧的。是这个学校学生中的摔跤之王。谁都尝过他的厉害，谁都怕他。

巴拉腾是索王的叔伯兄弟辅国公孟克的儿子。都尔本要把女儿乌日娜嫁给巴拉腾，主要是这个原因。

同学们心想：僧格林沁必输无疑。

—021—

巴拉腾一步步逼近，突然抓住僧格林沁的双肩并顺势拦腰抱住，脚下一用力把他提了起来。

"好，巴拉腾！"

"巴拉腾，好！"

同学们一起喊。

巴拉腾非常得意，更加用力把僧格林沁抡了起来。

僧格林沁处在劣势并不慌。他在寻找机会。巴拉腾把僧格林沁抡了几圈，然后憋足了劲狠劲往下摔僧格林沁。就在这一刹那间僧格林沁的右脚绊了一下巴拉腾的脚踝。这一绊是僧格林沁积聚浑身的力量下的，而此时，巴拉腾抡僧格林沁已用尽了力气，脚下盘不稳，哪经得起僧格林沁的这一绊子，他身子一歪，与僧格林沁一起摔倒在地。

"巴拉腾输了。"

"僧格林沁先着地。"

同学们七嘴八舌地喊叫。

其实一跤谁也无法评判输赢。

两人站起后又怒目相对。犹如两个小牤牛在对峙。

"再来一跤。"

"再来一个。"

同学们又一起喊。

"以后，我再收拾你。"巴拉腾避开僧格林沁的目光，挤出人群走了。

僧格林沁了不起，敢和巴拉腾斗。这是僧格林沁给同学们的第一印象。

僧格林沁记住母亲的话，学习格外用功。一到节假日放假，其他孩子们回家或到山上玩儿，大一点的还结伙儿上山打猎好不热闹。但是，僧格林沁却把自己关在教室里刻苦读书。

蒙古文是拼音文字，智商高的孩子第一年掌握了拼音和拼写法，两年便可朗读课文了。僧格林沁学得更快，不到半年便学通了拼音和拼写法，能读简单的课文了。汉文初学的是《三字经》《百家姓》，他也能在入学不久便可倒背如流。

教学先生十分喜爱这个穿戴破旧，又于破旧的衣裤下透出少年勃勃生气和魅力的学生，尤其感到惊奇的是他的天分那么高，悟性那么高。在这一群学生当中，只有他教一知二。而且，爱提问题。有时，提的一些问题古怪深奥得连老师也一时不好回答。

有一次，先生讲蒙古史。讲到成吉思汗金戈铁马南征北战叱咤风云的英雄史时，同学们都听得呆了。当先生讲了一段，让学生们谈感想时，别人都讲蒙古骑兵的勇武绝伦和成吉思汗的智勇盖世，只有僧格林沁问先生："请问先生，您讲的这些都是事实，是我英勇无比的祖先创下的丰功伟绩。可是，我不明白，我们祖先建立的大元帝国为什么只有九十年呢？为什么退到漠北的蒙古各部四分五裂、不能统一呢？"

这一问，当时把先生惊得出了一身冷汗。

"小孩子，只要记住我讲的就行了。"先生当即把脸耷拉下来进一步训斥道："我们作为后世之人，怎么能枉议先辈的是非曲直？僧格林沁，从今以后不许你胡思乱想。"

僧格林沁感到很委屈。学问，学问，不思考问题，不提问题，怎么叫学问呢。但是还不能与老师辩论，只好"嗯"了声，站起来给老师鞠了一躬说："先生，晚生知错，今后再也不胡思乱想了。"

"这就好，坐下吧。"先生嘴头上虽然呵斥僧格林沁胡思乱想，但是心里着实喜欢这孩子的头脑深沉、善于思考和与众不同。一个十余岁的孩子，竟从历史的角度问起得失的原因，真是不可思议。从此以后，在无其他人在场的时候，教书先生经常和僧格林沁攀谈，教给他一些课堂上没有讲的知识。僧格林沁的知识面越来越广，胸襟豁然开启，知道了这世界是多么的广阔，多么的神奇。除这广袤无垠的大草原外还有更广阔的天地。有朝一日他如果能够到草原之外的天地看一看那该是多么的惬意啊。这时他的神魂已飞出草原，飞向天外。

金宝善总管回到北京后先给王爷复命，后到布和特木尔那里告知侄儿入学的事。布和特木尔十分感激。金宝善又说："你的侄儿僧格林沁真是一表人才，谁见谁喜欢。将来，能来北京见见王爷，王爷肯定会喜欢的。"

布和特木尔心中高兴，但是故作叹气说："我哪敢有这个奢望啊。"

"这有啥不行，等他放假的时候，让他来京城，寻机会拜见王爷不就行了。"

"这好，那就全拜托大总管了。"布和特木尔欣喜万分。

金宝善大总管祖籍也是科尔沁左翼后旗，他忠实于索王，索王又很信任他。但是金宝善明白要巩固自己的地位或提高自己的地位就必须广交朋友。所以，在这王府的上层人物中，他交往很广。他看出布和特木尔当了雍和宫大喇嘛后，索特那木多斋王爷更是另眼相看了，甚至亲近

得信任程度都已达到亲兄弟的程度。所以，他十分乐意为布和特木尔喇嘛办事效劳。而且，他已经给布和特木尔喇嘛办了件了不起的事——送僧格林沁上学。

第四章　王妃义子

多罗王索特那木多布斋娶仁宗皇帝颙琰的女儿和硕庄敬公主成为额驸。

和硕庄敬公主贤淑端庄，深得索王的欢心。然而，两人成婚两年有余，仍不见公主有身孕。为此，索王郁郁寡欢。公主也觉到自己肚皮不争气，有失帝王家的尊严。于是，她就劝索王再娶一房。后来，索特那木那布斋娶了工部侍郎阿尔屋的女儿旭慧为妾。旭慧也是一个贤惠的女子，到了索王府把索王侍奉得乐滋滋的。然而，旭慧也是不生儿的身坯，索王的脸上终于挂上了霜。和硕庄敬公主看到自己的一片心意又成泡影，夫君脸上布满乌云，心火又生，旧病复发。索王急召太医每日里诊病调治，然而那些名贵药品犹如喝米汤般毫无效果，爱妃日渐消瘦。

有一日，和硕庄敬公主把索王叫到床前，握住他的手说："王爷，我虽然在你身边短短几年，享尽了夫妻恩爱的甜蜜，但是，最使我感到遗憾的是，没有给你留下后代。我现在只有一个愿望，将来您选嗣后，一定要让他到我坟前喊声额娘，我就知足了。"说完，和硕庄敬公主两眼溢满泪水，流向香腮。她用力握了下索王的手便松开了。

索特那木多布斋俯下身子一看，公主已断了气。

后来，索特那木多布斋又纳了一妾也没有给他生半个儿子。无子继承王位，成了他心中的一块病。

道光初年，索王已年老体衰。这时，王族及朝内大臣们便秘密开议从索王近族中选嗣继王位的大事了。这话不胫而走，惊动了原本有这个

欲念的一个人。他就是雍和宫的大喇嘛布和特木尔。他早知道索王求子未得，迟早要选嗣继位。但是，他一直未露声色。这时，他觉得事不宜迟，而且必须步步紧逼才能成功。

有一日，他找到了王府总管金宝善："大总管，我的侄儿僧格林沁最近要放假，您说过要让他来京城，这事妥不妥？"

"有什么不妥的。让他来就是了。"金宝善此时也猜出几分布和特木尔的用意。

"那好，我就写信告诉他们。但是来京城后见王爷的事，大总管可要多费心咯。"

"这事，我想，这个事您能否先给侧福晋旭慧通个气，好有个缓冲余地。"布和特木尔想，如果突然把侄儿领到王府，在这个敏感时期必会引起人们的猜忌，不如先吹吹风，听听动静更为稳妥。

"你想得就是周到，但是，这事你不必担心，我过去多次给侧福晋讲过你侄儿的人品和小时候的奇遇，她还很高兴啦。有一次还跟我说，有机会领他来见见我。我说，他离京城那么远来一趟不容易。侧福晋听后很惋惜呢。"

听到这儿，布和特木尔感到侄儿来京的事已水到渠成了。他便写了封信寄到老家。

僧格林沁利用假期随着进京朝贡的喇嘛到了北京。布和特木尔也三四年没有见侄儿了。今日见到侄儿越发挺拔秀气更是高兴。他先让侄儿洗了个痛痛快快的澡，然后从里到外换上崭新的衣服。马凭鞍鞯，人凭衣。僧格林沁穿上了从未穿过的新衣，更显出英姿勃发，俨然一美少年。布和特木尔领着他在雍和宫里游玩。

僧格林沁简直不敢相信天底下竟有这般美妙的地方。母亲在神话故事里讲的天宫仙境莫非就在这里。那巍峨入云的佛塔，那金碧辉煌的宫殿，那重重叠叠的楼阁，那绕殿轻流的潺潺溪水，那在碧波荡漾的湖里盛开的莲花使他看得目不暇接、神迷眼花。

布和特木尔大喇嘛领侄儿转悠，逢喇嘛们便介绍这是他的侄儿僧格林沁。在其他喇嘛们的或啧啧赞叹或逗玩或祝福的话语中，他脸露得意神色。

布和特木尔喇嘛没有急于去索王府。而是让侄儿住在身边，每日里教给他宫廷规矩和礼节——见什么样的人怎样跪拜问候，连跪拜时不要东张西望的告诫都讲到了，并又教给他当人们问起你小时候的经历时要怎样怎样讲。

僧格林沁本来悟性极好，不几日便把宫中礼节学得天衣无缝。但是，他此时还不明白，伯父为什么费心劳神地让他学这些繁文缛节。他内心里有些反感，但是一看到伯父那刚毅的嘴巴和微闭着的眼睛，他就害怕，只好服服帖帖地去学去做。

这样训练了几日，布和特木尔觉得僧格林沁学得已差不多了，最起码不至于给他出丑丢脸，便选一吉日，领僧格林沁进索王府。

自然进王府先到金宝善总管处。金宝善总管左瞧瞧右瞧瞧，然后对布和特木尔说："大喇嘛，这孩儿不同凡响，你看，眉宇间有股英俊之气，印堂发亮有富贵之相。"

布和特木尔喇嘛与金宝善二人密谋一阵后，金宝善先走了。

不大一会儿传来侧福晋旨，让布和特木尔喇嘛带侄儿僧格林沁晋见侧福晋。

路上，布和特木尔一再叮咛："要记住，不要慌张，要按所学的那套去做。"

僧格林沁频频点头。

过了几道门几重院，僧格林沁记不清。当到了一个挂满纱幔帷帘两侧站满宫女的屋门口时，一位仆从告诉他到了。他就按伯父所教垂头站在那里。

布和特木尔喇嘛趋步向前朗声道："雍和宫卑职布和特木尔喇嘛拜见侧福晋。"

"请起。"

"嗻。"

"你的侄儿僧格林沁来了吗？"

"禀侧福晋，侄儿来了。"

"让他过来见我。"

"嗻。"

此时，僧格林沁急快地趋步走到纱幔前跪下，以清脆的童声说："族内侄儿僧格林沁冒昧拜见侧福晋大伯母。祝您老福寿齐天。"

一听这声音这祝词侧福晋心里先乐了。这孩儿年纪不大，又在偏僻村野长大，却这般懂礼节又这般不慌张，原来金宝善夸奖他如何如何不

过分。

"侄儿，请你到我跟前来。"

"嗻。"僧格林沁站起到纱幔前，两宫女把帷幔慢慢往两侧揭起。

僧格林沁此时才看到一个一身珠光宝气的女人坐在那里。

侧福晋看到僧格林沁，眼睛立刻一亮，上上下下打量起来。她暗忖，这孩儿体态丰满雄壮，四肢匀称，五官端正，尤其是那挺直的鼻梁衬托的两只眼睛里透出少有的英气。田野里长大的孩儿竟也有如此伟岸，如此招人喜爱的……

侧福晋抓住僧格林沁的手，让他坐在身边，摸着他的头问："孩儿，今年多大了。"

"回大伯母，侄儿属羊，今年正是本年了。"

"可曾念书？"

"现在正念着呢。"

"都念什么了？"

"蒙语文、历史、汉字百家姓。"

"你还念汉文？"

"是的。"

"你为什么念汉文呢？"

"我听说，我们大清国的臣民大部分是汉人，不懂得汉文怎么能报效国家呢？"

如果说，僧格林沁的仪表给侧福晋以欢悦的话；那么，那也仅仅是由于女人，尤其是没有孩子的女人的一种本能的爱心。但是，听刚才一句话，侧福晋震惊了。这孩儿竟有如此想法，将来必成大器。我命薄没有儿子。我如果有这么一个儿子该多好。

侧福晋又顺便问了些话，赏了僧格林沁一些食物。

这次晋见就这样结束了。

当日晚，索王回到内室。侧福晋迎夫王更衣，脸上显出闷闷不乐。

"你这是怎么了？有什么不高兴的？"

"王爷，奴婢心里不痛快。"

"不痛快就说嘛，说出来不就痛快了？"

"王爷，你我恩爱，都是王爷您宠我，妾终身感激不尽，只是你我没有一个绕膝撒娇的儿子。我心里憋得慌。"

"唉，这又不是你一个人的事，公主也不是一样嘛。这都是天命。"索王无可奈何地摆摆手。

"王爷，奴婢有事禀告，不知可否？"

"你说嘛。"

"我今天召见了布和特木尔喇嘛的侄子僧格林沁。那孩儿长得极福相极招人喜爱，我着实喜欢上了。"侧福晋说道。

"喜欢了有什么用，终究不是自己的。"

"王爷，奴婢想把他认为义子，你可答应？"侧福晋终于说出了想法。

"噢，这事可得慎重，我们认义子可不是随随便便的事。"索王此时表情严肃。

"王爷，奴婢懂得这个规矩。所以，我以我的名分认他为义子，而不是您王爷的名分。您将来认为这个孩子还可以，就认他；认为这个孩儿不行，你就不认他。就等于这事与你没有关系，他仍是你远房侄儿就是了。"

"我也听金宝善和布特木尔几次说过这孩儿从小很出奇。既然你见了他又喜欢上了他，我就准你所请。但是，一，只以你个人名分。二，不要声张。三，不要进行认子之礼。"索王沉吟片刻后说。

"奴婢遵旨。"侧福晋行半跪礼，喜形于色。

"时候不早了，该就寝了。"

此时，过来几个侍女替二人脱衣卸妆。不一会儿烛光暗淡，珠帘锦被塞窣。王府一片寂静。

第二日，布日特木尔喇嘛被召进索王府。大总管金宝善说："恭喜了。"

"不要开玩笑了。昨天承蒙总管相助，愚侄已见到了侧福晋，已经是大喜了，还望什么喜呢？"

"不是玩笑，让你来正是这事，今天早晨侧福晋告诉我，要认你侄儿为义子。让你赶快带来拜认。"

"真有这等好事？"布和特木尔喇嘛对这一点万万没有想到。这真是天赐良机。

按照索王所嘱，侧福晋没有举行王公大人们认义子那样的礼仪，只是让僧格林沁叩了三个响头，喊了声额娘。她赏给义子一雕雁翎花箭筒，一把玉柄短刀，一件对襟镶金丝边的小袄，一顶只有王公贵族孩子才能戴的插羽软帽，一双吉祥图案的高筒靴子，并留下他在宫中吃了些精制的点心。她还严格嘱咐布和特木尔和金宝善此事不要声张。

侧福晋认僧格林沁为义子后，布和特木尔喇嘛感到侄儿在争夺王嗣的道路上有了飞跃。他想这样的大事侧福晋不会擅自作主，必定和索王商议，那么证明索王是同意的。这就是一个重大的胜利。同时，布和特木尔又感到些忧虑。他也明白，侧福晋没有举行认子仪礼，而又不让公开，证明索王只让她以个人名分认这个义子，并不能代表索王。这就是说虽然是侧福晋的义子了，但还不是索王的义子。将来，真的选嗣时，还不是处在最有力的地位。这件事还一点马虎不得。但是，总归让侧福晋认了儿子。而且，这侧福晋是索王的最得宠的妃子。自从和硕公主死后，索王把对公主的思念与宠爱全部转移在她身上。将来，侄儿争夺嗣位时，侧福晋能不鼎力相助吗，索王也有可能不全听她的，但不可能不受影响。

布和特木尔正在这样忧思时，忽有圣旨传下：今日皇太后驾幸雍和宫烧香拜佛。

皇太后钮钴禄氏是道光旻宁的庶母。笃信喇嘛教。她每月初五必到雍和宫拜佛一次，每次弄得宫内上下打扫寺院，擦拭佛像，多置香炉，焚香净屋，预备茶食，忙得团团转。有时他也觉得繁琐些，然而乐此不疲。

准备停当后，打前站的太监执事来了，先到各宫殿查看一遍，又按皇太后旨意定了所要走和参拜的路线，然后对大喇嘛指点一番礼仪上的细节。正这时，太后驾到。前有三十六名带刀护卫骑着高头大马开路，接着是执佛十六名太监高举着锦拂跟着。锦拂队后边是手举锦罗伞的三十六名宫娥簇拥在八人抬的大轿左右，后面又是十八名手里拿着皇太后日常用品、饮食盒的侍女。太后仪仗到雍和宫门口，由四名近侍女婢扶太后下轿。站立宫门两侧的众喇嘛在葛根(活佛)的引导下诵经声大作，听起来十分浑厚悦耳。大喇嘛布和特木尔率先跪下，众喇嘛随即跪倒一溜，给太后叩头请安。

"众喇嘛请起。"太后边说边指跪在最前面的葛根对领侍太监说："快把活佛扶起来。真是折我的寿呦。"

领侍太监走过去扶起了葛根。众喇嘛齐声道："唵玛尼巴达蔑皇，佛祖保佑我大清国母皇太后寿比南山福如东海。"

皇太后在葛根和大喇嘛的陪侍下先到天王殿，烧了香叩了头。又让众喇嘛们念诵了一段祝寿经，便到各殿转悠。布和特木尔喇嘛殷勤地侍奉左右，见机介绍些庙里的情况。皇太后对雍和宫了如指掌，用不着介绍什么，但是听布和特木尔讲解又有一番风情。有的喇嘛讲解太过于渲

僧格林沁亲王

染和炫耀，有的则太死板，引不起人的兴趣。布和特木尔喇嘛讲解得既没有过分的雕饰夸张又很风趣幽默。太后听他讲解几次，但每次都有新鲜的词儿，使太后久听而不烦。

太后趣闻轶事几殿觉得有些累，便到宫里稍作休息。这时布和特木尔示意小喇嘛们按原先布置的立刻在桌子上摆满了蒙古传统的精美食品，主要是奶食米，其中有：嚼克（奶浮子）、乌鲁莫（奶皮子）、呼日达（奶豆腐）、希日套苏（黄油），还有特酿奶酒、炒米、自然风干的羊肉干。

布和特木尔躬身请太后用蒙古点心，并用银碗斟上奶茶双手捧给太后。

此时葛根喇嘛双掌合十说："嗡玛尼巴达蔑皇，尊贵的皇太后，奶制品乃是蒙古民族的最洁净的食品，它既是用牛羊乳汁制作的，也是用我们蒙古人的心血制作的。请太后品尝。"

"满蒙本是一家。我们也是很讲究这奶食品的，但是不如你们制作得这么精美罢了。"太后今天兴致很高，她边说边端起奶茶呷了一口，咂咂嘴说："这奶味道纯正鲜嫩，我猜是用头胎生的羊乳烧制的。"

"太后，真是圣明，这羊乳确实是用本宫饲养的科尔沁绵羊鲜乳。"布和特木尔大喇嘛毕恭毕敬地回答。

布和特木尔的话不假。自从他到雍和宫当大喇嘛持庙政以来，见到皇族、内戚、阁部大员、满族王公，外放大僚经常到这里或拜佛还愿，或游玩尽兴，或聚心腹以游玩之名谋划政事，他们这些人对关内的山珍海味、美味佳肴早已腻烦，来到雍和宫尝一下清淡洁白、酸甜可口的奶食品都胃口大开，赞不绝口。布和特木尔感到这是个结交这些显贵的极好条件，于是，他经常从索王府弄来能够保存的奶食，如奶豆腐、奶皮、黄油、炒米等。但是，鲜牛奶就不好办。他就想了个办法从家从家乡科尔沁弄了几十只羊，饲养在雍和宫后院，每日里挤羊奶专等那些达官贵人来时供他们喝奶茶用。

经太后的一番赞赏，布和特木尔感到自己当初的想法是多么正确和必要。

皇太后呷了几口茶，又品尝了几口奶皮子，便笑着对侍从的太监宫女们说："你们都尝一尝，味道美着呢。"

布和特木尔便端起托盘，给太监和宫女们挨个儿敬。太监和宫女们边吃边说："真好吃。"有的太监、宫女是从南方征召入宫的，他们生来

没有吃过奶制品。但是，既然至高无上的皇太后说好吃，谁还敢说不好吃呢。他们极力装着好吃的样子，咬得极小却嚼得极响。太后看他吃得津津有味，嚼得惊天动地，便很惬意地笑了。当然，有的太监宫女是打心眼里愿意吃。尤其是皇太后领班太监额博，他本是察哈尔蒙古部人。还有一名近侍太监刘永太，他是汉人，进宫多年，由起初的不那么爱吃到逐渐爱吃，后来竟成了瘾。

喝茶吃点心后，太后又幸游左右两翼的章静殿、寿崇殿、寿雪殿、遥雪殿等四大殿。

太后尽情地游拜半日觉得有些累，便要回宫了。

她对葛根和布和特木尔大喇嘛说："今天到雍和宫进香拜佛还心愿，全靠你们精心安排，望你们专心佛事、虔诚佛教、理好寺庙、修善积德多为我大清王朝诵经求佛，永保皇朝国泰民安。我这个心愿也就满足了。"

"请至圣至德的皇太后放心，我等喇嘛一定遵您玉旨，忠贞不贰，弘扬佛教，广施佛恩，普度众生，终日祷告我大清王朝日益强盛，终日祈求我皇帝万岁、万万岁。终日祝愿我皇太后福寿无疆。"葛根微闭双眼滔滔讲起这番话。

布和特木尔接着讲道："皇太后光临我寺，乃我寺众喇嘛的无比荣耀，而且，皇太皇刚才又谆谆教诲我等愚顽，勉励我等庸众，实乃我等大幸。我们怎敢不刻骨铭心，怎敢不披肝沥胆，为我大清王朝千年昌隆，万载光耀而祈祷呢。我想西天佛祖有知，必保佑我皇太后玉体安康，精神弥坚，此乃国家之幸甚，万民之幸甚。"

葛根和布和特木尔一番颂词说得皇太后心花怒放。

"二位，不要多讲了。我已老朽，哪敢有奢望呢。只要你们谨慎供职，佛天保佑我儿孙辈就可以了。"说完皇太后起身离座。

领班太监便高声喊道："皇太后回宫，起轿。"

浩浩荡荡的皇太后仪队缓缓离开雍和宫，前后连续有大半个街。

过了数日，皇太后宫内。老太监刘永太服侍太后休息后，回到值房。此时领班太监额博走了过来。

"我说老刘，今天皇后敬献的高丽苹果，她都吃了大半个。"刘永太回话道。

"那好，只要她老人家没事，我们也消停点。"

"哎，我说大领班，那天在雍和宫吃的蒙古奶食可真棒啊。"刘永太边说边咽口水。

"那还用说。那是布和特木尔大喇嘛从索王府里要去的，索王府专门从家乡科尔沁带来的制作奶食品的几位女女。做得又干净又好吃。"领班太监额博更知内情。

"我现在一想起就流口水，哪天咱们俩再去弄点吃？"

"这还不好办。"额博晃着圆圆的脑袋说。

"那你说什么时候去。"刘永太有些迫不及待。

"看来，今天不行了，明儿下午吧。上午我把宫内一些杂事处理完，下午我跟太后替你说一声。"

第二日下午，额博、刘永太二位太监到雍和宫。

布和特木尔喇嘛倾其所有接待了他们二人。

三人边吃边谈。

刘永太往嘴里送口奶皮子吧嗒着嘴问："大喇嘛，这些奶食都好吃，但是我爱吃的是这奶皮，它香而不腻，脆而不干，坨而不硬，单嚼有嚼头，拌炒米亦成块，请你讲讲这是怎么制作的。"

"你呀，只知道好吃不知其做法。我替大喇嘛给你介绍吧。"额博故作卖弄地说："做这奶皮子有季节，春夏奶子稀，不能做。只有晚秋至冬，奶子稠方可制作。"

"咋个做法？"

"把牛奶或羊奶挤出后，便倒在锅里温火煮烧。奶子烧沸时，用勺子扬几十下，然后减火降温，逐渐冷却。这时奶子表面结上了一层皮儿，麻麻点点的。第二日用筷子轻轻地挑起这结下的皮儿，两下里一合便成了半月形的奶皮儿了。"额博说得吐沫星子四溅。

刘永太听得张着嘴忘了合。

布和特木尔频频地点头称是。

"啊哟，这玩意儿制作还有这么复杂的过程呢。"刘永太说。

"听起来这手续倒是简单，但是掌握好火候最关键。做得好的蒙古妇女还不多了。"布和特木尔喇嘛笑着说。

"蒙古妇女还有做不好的？"刘永太很惊讶。

"有。我给你们讲个笑话吧。有一家娶了新媳妇，是个笨婆娘。她在家时吃过奶皮子没做过。到婆家就由不得。有一日她硬着头皮烧奶皮子。她一看奶子迟迟不开，就紧着添火。结果不久就闻出呛人的糊味。她也

不知道扬奶冷却。熄了火就等结皮。等第二日打开锅盖一看，奶子发酸了，皮没有结。她怕婆婆责怪，脸上挂不住，便用锅铲子铲下结下的煳锅巴端给了婆婆。婆婆一看这奶皮黑糊糊的，便问：'这是怎么了，这么黑？'媳妇回答说：'这奶子是黑花母牛的奶子，当然就黑了。'"

听到这儿，额博和刘永太笑弯了腰，笑得连呛带咳。

忽然额博想起一件事，说："大喇嘛，最近，我从宫里的太监那里听说，皇上下旨要让理藩院与索王共议立嗣一事，你可知晓？"

"唉，不瞒大领班说，这事卑职早有所耳闻。但是卑职虽是索王的亲族，但毕竟远了点，比不得人家亲兄弟。所以，有些事只可闻其有，不敢参其事啊。"布和特木尔诉苦。

"我记得，去年，你好像跟我说过，你有一个侄儿聪明过人，我还听人说还好像来过京城。"

"是的，真是感激大领班，还记得这件事。我这个侄儿叫僧格林沁，现已十四岁，已念了两年书了，确实是与众不同。来京城后，索王侧福晋见了他便十分喜爱，问长问短，还赏了很多东西，真是疼爱备至。"布和特木尔只差把侧福晋认侄儿为义子的事讲出去。

"大喇嘛，索王无子欲选族中晚辈立嗣的事，已半公开了。你也是科尔沁博尔吉济特氏，也有其操心的份儿啊。你也知道，我也是蒙古人，虽不是你们博尔吉济特氏，但也是圣明英武的成吉思汗的臣民。索王能不能选个称心如意的嗣子不仅是你们科尔沁部落的事，也是事关大清王朝啊。"额博太监一席话说得布和特木尔深为感动。他觉得有些对不住这太监，因为他对侄儿的事有所隐瞒。

"大领班的话极在理。我那侄儿僧格林沁也算得个人才，读书二年便已粗通文墨了。只是，我一个当喇嘛的，不便多问子嗣……"布和特木尔不愧是这个世俗场上的老手，引而不发。

"大喇嘛，你我结交有年，我跟你直说了吧。当今皇上圣明，十分孝顺，对太后的话没有不听的。所以，在太后这头儿我给你疏通关节。这怎么样？"

布和特木尔喇嘛听到此，便再也不顾自己的身份，扑通一声跪倒在地，给额博行跪拜礼。

"这干什么呀？简直是折我的寿啊，快起，快起来。"额博赶紧扶起布和特木尔。

僧格林沁亲王

—034—

就这样,一种许诺在奶茶奶酒的芳香中达成了。

布和特木尔喇嘛在侄儿的袭位斗争中又争取到了一个强有力的支持,多了一座靠山。

第四章 王妃义子

第五章　天赐良机

　　皇太后钮禄氏虽然不是道光皇帝的生母，但道光孝奉胜过生母。皇太后也颇宽仁为怀、严守祖训，并不干预朝政，乐得做个清闲自在的皇太后。心宽体胖，她的身体很好。依仗身体好，她有时也不够注意生活起居。

　　道光五年春季，春暖乍寒。太后饭后在园中散步，穿得薄，虽感有些寒意，但是欣赏满园初绽的花草树木时心旷神怡，完全没有注意到寒冷。当日无事，第二天太后便头发沉，身体发冷，心中烦躁。太监们赶快请太医院御医诊病。御医切脉诊病开了汤药。

　　太医院的太医们大部分是中医。往往开汤药治病。汤药量大需要一碗一碗地喝。吃惯山珍海味的皇太后一闻起汤药的怪味就想吐。勉强喝两口，致使药力不到，病就不能痊愈。太后就怨汤药又难吃又不管事。

　　皇太后硬撑了两天病情仍不见转机。道光皇帝亲自请安，又严命太医赶快治好。

　　这帮太医们慌了。这老太后不按时按量服药，药量不到焉能去病；但是这样下去一旦病情恶化，皇上怪罪下来那可是担待不起呀。历朝历代，因给皇族治病被砍头的例子还少吗？想到这儿，太医们后脊梁骨凉飕飕的。他们就到太后的侧殿与领班太监额博商量，求额博劝太后按医嘱服药。

　　额博瞅了瞅这些平时因给皇帝、皇后和贵妃娘娘看病而得意洋洋、目中无人的太医们今天却求到他头上了。

　　"啊哟，你们还有治不好的病？我看你们谁敢说太后病不好是因为不按你们的嘱咐吃药。"额博阴阳怪气地说。

"我的大领班，我们求求您了，太后病好了，也是我们大清国的福啊。你能看着太后不管吗？"

"你说什么，按你们这话，太后病治不好是我不管她。"

"哪儿是，都是我们无能，今天只求大领班劝太后吃药就行。"

"这么说还差不多。我试试看，不保准。"额博说完走到太后的病榻前。

"皇太后，现在感觉可好？"额博毕恭毕敬地问太后。

"好什么哟，喝了那又苦又辣的汤药肠胃都翻腾得受不了。浑身骨头像散了架一样一点力气都没有。"太后说话已微微上喘了。

"太后，奴才大胆劝太后一句，良药苦口利于病，您还是坚持吃为好。"

"你再不要提了。你有孝心，那就给我弄点容易吃不遭罪的药来。"太后显然一听汤药便烦。

一听到这儿额博只好喏喏退出。回到值房长吁短叹。老太监刘永太问："领班，你是这么怎么了？哭丧个脸。"

"还用问吗？为太后的病着急呢。"

"有那么多太医，你着什么急？"

"多了有啥用？都是白吃食的，这点风寒病都治不好。气得太后见那汤药就恶心。刚才太后跟我说，要吃不遭罪的药。我上哪儿去弄。"额博显出无可奈何。

"哎，我说领班，你不是跟我说过，雍和宫的大喇嘛布和特木尔还会诊病，自己碾制的乌日勒（硬粒药）吃起来觉不出任何味。你为什么不去找他。"刘永太一句话提醒了额博。

"啊哟，真是把我急糊涂了。怎么就没有想起他。好，我赶紧禀告太后，看她准不准。"额博风急火燎又到太后病榻前。

"太后，奴才刚才想起一个好医生。这人你也认识。"

"你说哪一个？"太后稍稍侧身问道。

"太后，我说的就是雍和宫的大喇嘛布和特木尔。"

"他一个当喇嘛的怎么会治病呢？你是不是拿我开心呀！"

"奴才万死，奴才怎么敢撒谎呢？布和特木尔喇嘛学藏经，同时学了藏医学。原在科尔沁时，还经常给人治病，在那一带很有名气。他还能够自己配制丸、粒、散药。来到京城后虽然不挂牌看病，但是谁求到他，他也会诊脉开药。奴才去年一次腹泻，病得不轻，太后您是知道的。宫内医生们都没有治好，唯独吃了大喇嘛开的药粒就好了。真可谓药到病除。

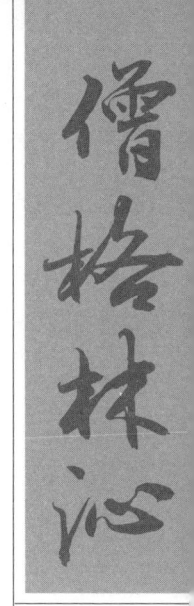

而且这药粒大小如黄豆粒已经风干,既好咽又觉不出任何苦味。"额博把布和特木尔会看病的情况说了一遍。

"布和特木尔真有这等本事?"

"奴才说的有半点假话,甘受五马分尸之刑。"

"不要说那些丧气的话,快去把他请来。"太后也求医心切。

"奴才还有一事回明太后。"

"还有什么事?"

"按我朝制,宫廷内只准由太医院医生看病,不准外请。尤其是,皇太后您的治疗都是经皇上钦定的,我外请他医,怕吃罪不起呀?"额博边说边擦汗。

"你个鬼东西。这事我定了,谁还敢说什么。就是有人敢妄议,我担着就是了,与你无关,你快去吧。"

"奴才遵旨。"

额博便立刻带两个小太监直奔雍和宫。

到了雍和国见布和特木尔额博劈头就说:"皇太后谕旨,让你进宫给她治病。"

这句话可让布和特木尔喇嘛吃惊不小。喇嘛教有等级森严的教规和严密的分工。初入寺庙的喇嘛开始打杂当徒。天分好、头脑灵、手脚勤的被大喇嘛看中后,便可学经。学藏传佛经,当藏文藏语水平到了一定程度,依个人志愿可修学藏医学。所以一个庙中肯定有几个能治病开药的喇嘛。这也便于寺庙的独立发展。一旦有了病病灾灾的不用求别人。喇嘛教鼎盛时期,一个寺庙就是一个没有女性的社会。它占有寺庙良田上百千顷,以供经济。喇嘛中分有几等,犹如社会等级。还设有学校,可学医、学画、学音乐、学舞蹈(宗教舞蹈如查玛)等。

布和特木尔在科尔沁广福寺当喇嘛时就学藏医。凭他的灵感,学得颇精,一般的病还能应付得了。但是,哪儿敢给一国至尊的皇太后诊病开方呢。一是,他毕竟是个普通的业余医生,没有多大把握。二是他怕一旦误诊误治,太后有个三长两短,他的脑袋不是搬家吗。不只是个丢掉这个袈裟的事。

"大领班,这事万万使不得。我虽然懂点藏医,但怎么能给皇太后诊治呢。这不是拿我性命开玩笑吗?"布和特木尔委实害怕。

"咳,你这个人,这么怕事。皇太后的病不那么重,只是她不愿吃又苦又辣的汤药，才找您开点蒙药。这还有什么风险的。"

"大领班，太医院集全国的医生大师名流高手，什么样的病没有治过？他们诊治都不见好，可见太后病得不轻。我这个才疏学浅的喇嘛怎敢呢。而且，一旦有了闪失，你也有推不脱的责任呀。"布和特木尔也提醒额博注意。你能拿一国之母的身体开玩笑吗？

"大喇嘛，你讲的也有些道理。但是，这些个我都跟太后说了，太后说，先让你看看，如果诊断较准确，就让你开方用药；诊断不准，就不开方。也不问你的罪。这还不行吗？"

"大领班，你知道大清规矩，给这宫内看病视疾，除了太医院，别人可是不能的。尤其这皇太后诊病须奏请皇上方可，这事皇上可知晓？"布和特木尔无奈搬出皇上使出了最后一招儿。

"我知道你要说这个，这个我也跟太后禀过了。太后说，皇上那头由她担待，不用你我担责任。这会儿怎么样，放心了吧？"

"太后命令难违，只好舍出这条老命。"布和特木尔只好这样。他忽又想什么，问额博："太后病是怎么得的你可知道？"

"大前天饭后，太后穿得很薄在园里赏花，当时兴致高，可能没觉出风寒。着了凉，第二日便发烧头痛。我想也就是遇着风寒感冒的事，大不到哪儿去。"

"噢，明白了。"

"还有一个秘密事要告诉你。后宫太后、皇后、贵妃们让医生诊病是不能面见的。她们躺在纱帐之内，让医生在帐幔之外跪着。她们伸出手腕在帐幔外，医生才可切脉。她们有时为了考验新来的医生，先让别的婢女伸手臂。如果真不懂切脉便即可露馅，被逐出宫。太后好用此法。你第一次给她治病，她肯定会用这招儿。你可要注意。"

"真感谢你了，大领班。如果你不讲此事说不定出大纰漏呢。我虽然懂得脉搏，但是初次进宫给太后看病难免会心慌意乱切不准脉。真的那样不就完了吗。"布和特木尔额头上立刻沁出密密的汗珠。

"这可是宫中的一大秘密，只可你知我知，我是看我们俩的交情告诉你的。"

"那一旦太后这次不用这招儿呢。那不又坏事？"

"这样吧。只要伸出的手不是太后的，我就轻轻地晃晃脑袋。只要是太后的，我就轻轻地点一下头。这不万无一失了嘛。"

第五章 天赐良机

"这样好，这样好，这就全看大领班的了。"

布和特木尔喇嘛到了太后病榻前。正如额博所说太后的确也考验了布和特木尔。但是他们二人按约定的暗号做得神不知鬼不觉。

额博躬身对帐幔内的太后说："禀太后，奴才把布和特木尔请来了。请太后看病吧。"

"好，先让他切切脉。"太后说完，一只纤细的手臂从帐幔里伸了出来。

布和特木尔赶紧跪了下去。小心翼翼地用右手三个指头轻轻地切脉。他虽有些心慌，但是也切重清，这脉搏稳定而有力，绝不像年迈之人的脉搏。为了慎重起见，他偷偷地望了一眼额博。额博的头在不易察觉中微微晃了晃。布和特木尔心中有数，便说道："恭喜太后。太后病好了。这脉搏不急不缓，血流顺畅，心跳稳定，犹如一个年轻人的活力旺盛。"

额博听着暗自发笑。

太后不说什么。从软帘里又伸出一只手臂。额博望着布和特木尔轻轻点点头。

布和特木尔摸着手腕处的脉惊讶状说："奴才禀太后，这只手的脉和那只手的很不同。奴才不知道是什么原因？"

太后缓缓说道："你就以这只手的脉来诊病就是了。"

布和特木尔会意，便煞有介事地说："太后的气脉虚弱，心血不足，现在太后肯定是四肢乏力，头晕恶心，胸闷不舒。此乃太后饭后偶遇风寒、寒气侵入所致。只要吃些去寒畅血顺气之药便可见好。"

"说得对，说得对。请快开方吧。"

布和特木尔喇嘛开了方，从药褡子中取出粒药捧给太监。

太监又递给太后，太后就用备好的温水送服，未等觉出苦辣便进了肚。太后连连说："这药吃起来痛快，痛快。"

这样太后足量服了三服药，病情就渐渐好了。

她对额博说："你拿些银子送给大喇嘛，感谢他。"

"太后，这就不必了。他给太后看病就是很荣幸了，哪敢受您银两？只要太后惦着他点，以后他有事，您恩赐帮忙就是了。"

"这也罢。"

从此后，太后得些小病就让布和特木尔诊治，布和特木尔也掌握了太后并没有大病，身体状况好，所以敢大胆用药，每次必能治愈，深得太后信任。

第六章 争夺王位

按道光皇帝的话说，索特那木多布斋郡王是个勤奉王事、谨守职责的官。由此，他颇受道光帝旻宁的宠信。此外，论辈分他还是道光皇帝的姐夫。正当他踌躇满志，想多多展示抱负的时候，忽然得不治急病，于道光五年（1825年）与世长辞了。

葬索王后，选索王嗣子承袭王位的事便成为当务之急。管理蒙古、藏、回诸番部事务的理藩院尚书穆彰阿按道光皇帝的旨意，亲自领衔开始议选嗣子一事。

理藩院尚书穆彰阿字鹤舫，敦佳氏，满洲镶蓝旗人，才华过人，年轻中进士，后累晋琥英殿、文华殿大学士，任过工部尚书、漕运总督。办事机变、灵活，勤于政事，颇受皇上青睐。但是，此公有个毛病，看人重门第，而又唯上马首是瞻，并且极喜奉承。

他按照皇上旨意，招来科尔沁左翼后旗代理政务的协理台吉乌日根、索王遗孀侧福晋旭慧、总管金宝善等，第一次商议选嗣一事。

穆彰阿说："奉皇帝钦命，由我主持选嗣子一事。这个事不仅是科尔沁部内大事，也是我大清王朝的大事。皇上有旨要我等一定要选准嗣子以承王位，诸位要秉公酌议。"

乌日根是个急性子，穆彰阿刚说完便接上话道："尚书大人，按大清惯例，由嫡子首先继位，无嫡子则由庶出继位。无子由侄儿替。今索王无子理应由其弟之子巴拉腾继承王位。请大人定夺。"

金宝善躬身缓缓说道："尚书大人，以奴才之见，乌协理大人的话似

有不妥。我大清历来有侄儿承袭的事，但不成定制。今索王无子，理应扩大选嗣范围，在索王族内筛选英才，以承先位。"

穆彰阿毫无表情地听着。

这时，侧福晋旭慧说道："大人，允许妾身请禀。王爷在世时，已认族内弟弟布和德力格尔的二儿子僧格林沁为义子。只是未来得及举行仪礼。今王爷谢世，理应以其义子僧格林沁承袭王位。"

"你这是胡说，我们族内从来没有人知道这件事，这是不能成立的！"乌日根急得站起来吼道。

"啊哟，王爷尸骨未寒，你就来辱骂奴婢，你眼里还有王爷吗？"跟着旭慧就抽抽搭搭地抹眼泪。

"乌日根，不得无礼。"穆彰阿用低沉的语调斥责道。

"穆大人，她说的僧格林沁是个四等台吉，其父为人放羊为生，这样人家的孩子承袭王位，实在是辱没我博尔吉济特氏高贵的门第。族内各大人是不会同意的。"乌日根并不理会穆彰阿的斥责。

金宝善仍以他特有的缓慢语调说道："乌协理这话就不对了。凡是台吉都是先祖成吉思汗的后代，都是一个血统，哪能必论卑贱呢。他家虽然贫寒，但是没有改变高贵的血统啊。"

乌日根气哼哼地瞅着金宝善。

穆彰阿一看这阵势，针尖对麦芒，对哪一头他都有些不好办，所以他想一想说道："选嗣一事非同小可，今天争执不下。待我禀报皇上再议。你们都回去吧。"这样，第一次面议毫无结果。

当晚科尔沁左翼中旗达尔汗亲王府的内室里，达尔汗亲王正与福晋乌云、科尔沁左翼后旗协理台吉乌日根进行着密议。

这左翼中旗王公与左翼后旗王公原本都是哈布图哈萨尔的一脉相承的世孙。蒙古统一后，各部落均由博尔吉济特氏统治。进一步开疆拓土后，成吉思汗便分封子弟。科尔沁部是成吉思汗大弟弟哈布图哈萨尔的世袭领地。后来他便也分封自己孩子们并授以领地。

对左翼后旗王位继承这种大事，其他王公岂能坐视不管。如今，最为关注此事的便是这位素以科尔沁各部盟主自居，现任哲里木盟盟长的达尔汗亲王。达尔汗亲王旗内出过三代国母，最著名的为太宗皇太极的孝庄妃。孝庄妃后封孝庄皇后，扶持儿子顺治临朝，为孙儿玄烨承大统奠定基础。此后，科尔沁左翼中旗备受皇帝恩宠，其程度远在左翼后旗之上。所以，无形之中，达尔汗王爷成为科尔沁各旗的盟主。

这位达尔汗亲王特别关心嗣位之事还有一个直接原因就是，乌日根协理台吉与他是娶姐妹俩的姻亲。这姐妹二人是蒙古贵族之女，姐姐乌云先嫁给达尔汗王爷。这一年妹妹来看姐姐，正值科尔沁五旗在科尔沁右翼中旗的哲里木地方会盟。在盟会上召开了那达慕大会。乌日根台吉力战群雄夺得了摔跤之冠。达尔汗王爷喜欢乌日根的勇武剽悍，就和妻子商量把妻妹许配给乌日根。

乌日根又是索王的堂弟，索来看不起贫穷落魄的布和德力格尔一家。他一向与堂哥辅国公孟克来往密切。所以，为其儿子巴拉腾嗣位不惜一切争斗着。今天他来与连襟达尔汗亲王商量。

"今天，穆彰阿的态度如何？"达尔汗王问。

"不阴不阳的看不出。"乌日根答。

"穆彰阿是理藩院尚书，在这问题上皇上也要听他几分。这事只能求他，才能成功。"达尔汗王说完瞅了瞅福晋乌云。

"王爷，你和他来往不也行吗，何不去找他。"乌云提醒。

"好，明天备些礼，我亲去拜访他，听听他的口气。"

第二日，早朝后，达尔汗亲王就到了穆尚书的府第。

"亲王大驾光临，真是不敢当啊。"穆彰阿施礼说。

"尚书太客气了。"达尔汗王回礼道。

落座后，达尔汗亲王清清嗓子说："尚书大人，索王病逝，这立嗣一事可有眉目？"

"不瞒王爷，这事有些难办。本旗的几位大人所见不一，争吵不休。我本想今早禀明皇上定夺，不想因西北匪患一事议而未决，我没有机会奏本。"穆彰阿如实相告。

"噢，原来这样。但不知他们都提出哪些人选？"达尔汗王故作不知地问。

"协理台吉乌日根提的是索王弟孟克公爷的儿子叫巴拉腾。王府总管金宝善提的是索王族弟布和德力格尔台吉儿子僧格林沁，而且，索王侧福晋也极力主张僧格林沁为嗣子。"穆彰阿说道。

"尚书大人，索王有亲侄在，舍近求远，选他人不合情理。而且我还知道，这孟克公爷虽然没有实职但是谨公守法，教子有方，很有民心。"达尔汗王提高语气说。

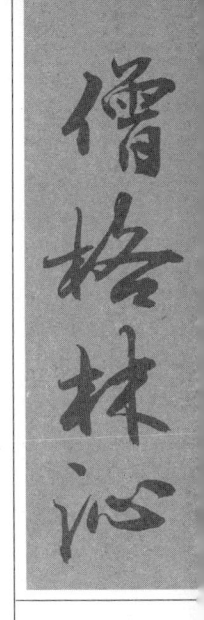

"王爷，其中还有个问题。索王侧福晋说，索王在世时已认这僧格林沁为义子了。这事情就复杂了。"穆彰阿说出原委。

"这事我也听说了。但是，穆大人，你知道王公子必须举行仪式告知族内。索王在世时并没有说这事。我们都不知道，这恐怕是侧福晋受人唆使的吧，不足为凭啊。"

"我也有点怀疑。"穆彰阿附和道。

"这个事好办，只要让她拿出索王认子的凭据就可知道真伪了。"达尔汗王提醒穆彰阿。

穆彰阿点头称是，"也对。我就按王爷所嘱去办。"

"这事全靠尚书大人鼎力相助。我就告辞了。"达尔汗王起来一挥手，侍从们便捧出绸包着的锦匣。

"穆大人，这是从祖籍科尔沁带来的土产，不成敬意，请笑纳。"

"王爷，卑职怎敢无功受禄啊。"穆彰阿边说边接过锦匣子交给女侍。

送走达尔汗亲王，穆彰阿进里屋打开锦匣一看眼睛顿时亮了。匣子里是一副天石（即叶蜡石，产于巴林左旗一带）鼻烟壶。这天石有些来历。据传当年成吉思汗举行统一蒙古各部的宴会，他举酒祭天，祈祷蒙古各部永远团结、勇武强盛。这时，有人向他进献一块奇石。视之，像奶子一样光泽夺目、透明；触之，如锦缎般滑腻。成吉思汗很高兴，遂盖在酒具上，结果珠联璧合。他便仰天大笑说："此乃滕格里朝鲁也（天赐之石的意思）。"从那儿以后，蒙古族匠人就雕琢或镂空成烟壶、酒具、茶具和一些玩赏用品，用来赠送朋友或进献皇帝、权贵。一时间，天石制品成为最珍贵的礼物。

叶蜡石中最上乘的叫"冻儿石"。质莹洁而透明如冻儿。珍贵者有白果冻儿、兰花冻儿、青田黄等，其中最为名贵的叫"鸡血冻儿"，亦叫"鸡血石"。鸡血石在冻儿石体内呈鲜血斑块或全红如鸡血颜色。在这"鸡血石"上顺其纹路奇观稍加雕琢便可刻出山水、盆景、亭台、楼阁、人物、场景、花鸟、虫鱼、动物群像等达到朦胧奇幻随意想象的生动程度。所以，那时，皇亲贵戚中传有"得一鸡血石雕刻如得一城"之说。穆彰阿早有所闻。

今见这鼻烟壶呈淡褐色，玲珑剔透、光彩照人。壶嘴下方有一块呈圆形的鲜红斑块，犹如喷薄欲出的红日在雾蒙蒙的海面之上。壶身左下方一美女彩裙飘逸翩翩起舞，令人遐想万千，神荡心驰。

"啊，真是稀世珍宝。"穆彰阿把玩这鼻烟壶爱不释手。

那天从理藩院告辞回府后，索王府总管金宝善和侧福晋旭慧立即派人叫来了布和特木尔喇嘛。

"大喇嘛，事情有些不妙。协理台吉乌日根力荐孟克的小子巴尔腾。穆大人未作表态。"金宝善详告了商议情景。

"这可如何是好？"布和特木尔有些沮丧。他知道，乌日根是个胆大好斗、倔强的人，想干一件事脑袋掉了也不怕的主儿。他如果不同意，事情就凉了一半。

"事情已经到了这步，只好努力了。不是鱼死便是网破。"侧福晋说。

"索王素与宗人府旻温大人交好。纪太贝勒的福晋与我来往还可以，我去求求他们。你们二人在这头想别的办法。"说完侧福晋便先走了。

"大喇嘛，你不是给皇太后看过病，与她的领班太监额博关系密切吗，何不去找他。"金宝善提醒布和特木尔。

"我也想过这件事，但是皇太后不干预朝政，说了恐怕不济事。"

"这你就迂了不是，她毕竟是皇上的庶母，圣上孝顺，哪能不听皇太后的话。"金宝善的官场经验终比布和特木尔丰富些。

"那我就先找额博商议一下。"布和特木尔说。

布和特木尔当即找到额博。"额大公公，小喇嘛有要事相求。"布和特木尔满脸挂着焦急的神色说。

"什么事，让你这般焦急？"

"你可能也听说了，索王选嗣子继位一事争夺激烈。本旗有人要让辅国公孟克的儿子继嗣。我想求公公在太后面前说说这事，能不能让太后帮帮忙。"布和特木尔说明来意后，额博说："你我交情几年，我理应帮忙，可是皇太后是个清心寡欲淡漠政治的人，历来不干预政事，这事她不一定答应。"

"那这就看你大领班的了。如果这事成了，我博氏家族永生永世也忘不了你。"说着布和特木尔又要下跪。

额博忙拦住说："不要客套了，我见机行事就是了。但是，没有多少把握。"

"只要大领班肯帮忙，我就感激不尽了。"

额博送走布和特木尔后，趁太后晚饭后散步当中，额博故意引话让太后想起布和特木尔。

他说："太后，下个月到雍和宫拜佛的日子临近了。该做些做备。"

—045—

"有什么更多准备的，按惯例就是了，不要太靡费。"太后说道。

"雍和宫布和特木尔大喇嘛说，这次要好好准备，让太后高兴高兴。"额博提起布和特木尔。

太后便问道："小额，那喇嘛最近可好，他的医术还真可以的。"太后并没有忘记大喇嘛。

"禀太后，最近他正愁着呢。"额博见机会来了便赶紧说。

"愁什么？"

"太后，您知道，三额驸索特那木多布斋郡王没有儿子，他死后皇上下旨正选嗣子继王位啊。"额博答话。

"唉，我那三格格（公主）红颜薄命。三额驸也够可怜的，死后连个续香火的都没有。"太后黯然神伤。说完又问："这和大喇嘛有什么关系，他愁的是为哪般？"

"禀太后，说来话长。这布和特木尔喇嘛也是三额驸索王的族内弟弟，没出五服。他有个侄儿叫僧格林沁，年庚十五。过去我也见过，长得极英俊福相，谁见谁喜欢，又念了三年书，文武皆备。他七岁时候掉深井没淹死，九岁时候抓牤牛耕地，一时传为佳话。他读书时过目成诵。十四岁那年来京城住过一段，索王也很喜欢，便认为义子。布和特木尔想，这次选嗣子应该也有僧格林沁的一份儿。"额博把事情的来龙去脉一一说给太后听。

"三额驸收了义子，我怎么不知道？"太后有些感到意外。

"他当时可能考虑自己还体健力强，没有急于公布呗。"额博解释道。

"那么让小僧格林沁参加选嗣不就行了。"

"禀太后，这事麻烦就在这里。索王的亲属中有人反对从远亲中选嗣。所以，布和特木尔喇嘛发愁呢。"额博说完叹了口气。

"这等事理应告禀皇上处理，我们是不能管的。"太后还是坚持她那不参与朝政的初衷。

"禀太后，奴才斗胆说一句，选这索王嗣子可也是选您老寿星的外孙子呢。您就不想选个称心如意的？而且这王位继承人选好了能成为圣上的左右臂；选不好，外引民怨内引祸乱，那可是大事啊。"额博摇着头说。

"你这鬼小子，今天哪来这么多饶舌。不过也是，我那三公主死得早，真找了个不争气的嗣子她在九泉之下也埋怨我这个额娘的。"太后想起公主就伤感。

"老寿星，您高见，就是这个理。"

"好吧，我跟皇上说，先扩大选嗣范围，把僧格林也纳进来。"太后终于答应要跟皇上提此事。额博心中暗暗高兴。

第二日，正值道光皇帝到寿康宫请母安。

"母后，最近贵体可安，孩儿请安来了。"道光跪下说。

"皇儿快起，额娘正有事要找你呢。"

"母后，有什么事，对孩儿吩咐就是了。"

皇太后面带伤感地说："皇儿，你三姐夫索王死后，我常常想起你的三姐庄敬公主。孩儿命好薄啊，都没给我留下一个外孙。"说到这儿，皇太后便用手帕掩鼻唏嘘起来。

"母后，孩儿请您节哀，贵体要紧。索王夫妇虽死，但是荣耀已极。也不枉此一生了。"道光劝母亲。

"皇儿，我一向严守祖制，不干预朝政，但是，这选你三姐夫索王嗣子的事，不仅仅是个政事，其实它也是给我选外孙啊，给你选外甥呢。你可考虑过？"太后认认真真地说这番话。

"禀母后，孩儿明白。孩儿现在正让科尔沁旗人会同理藩院合议此事呢。"道光如实说道。

"这好，但是，你要给母亲选个英俊利落、文武双全的外孙啊。"太后一字一顿地说。

"孩儿定遵母后之命，但是索王也有亲侄儿，恐难尽如母后之意。"道光皇帝有点忧虑。

"这不很好办吗，你要让他们在三额驸家族中不出五服的都定为选嗣范围，精挑细选，不就可以了。"太后以不容置疑的口气说。

"孩儿遵旨。"道光听到此，不好再说什么了，所以只好告辞退出。

次日，早朝。

紫禁城里响起了打五更鼓的梆子声。东方刚刚启幕泛白。新的一天就要开始了。

太和殿里灯火通明，庄重肃穆。文武大臣们文左武右以品序高低位列两边，个个紧闭嘴唇，肃然而立。

此时，领侍太监高声喊："皇上驾到。"

众文武齐刷刷地跪下去山呼："吾皇万岁、万岁、万万岁！"他们花翎顶戴上的宝珠在宫灯照射下闪闪发亮，犹如一颗颗挂在空中的星星。

道光皇帝头戴满式皇帽，帽顶上戴颗红光灼人的宝石，额前镶着祖母绿宝石。身着锦绣九龙黄袍，外罩挽袖短袄，一身威严，端坐在龙椅之上，俯视群臣道："众爱卿请起。"

文武群臣起立后仍旧依次站立。

此时，理藩院尚书穆阿出班说："微臣，领皇上之命，与科尔沁旗人等首仪为索王立嗣子一事。臣以为，从索王众亲侄儿中选一德才皆备者最为妥。请皇上赐旨。"

"选立索王嗣子事关重大，众爱卿可广议此事，以便朕定夺。"道光皇帝说。

"奏皇上，"御前大臣科尔沁达尔汗亲王从右边班列中走出说："科尔沁左翼后旗扎萨克郡王承袭一事，使我科尔沁诸旗均为关注。臣闻众王爷的意见都是从索王亲侄儿中选人为宜。而且，按我大清例制，有嫡、庶、近、远之分。请皇上明察。"达尔汗亲王说完抬起头扫视了一下左右文武两列官员。

协办大学士礼部尚书汪延珍是汉人，而且出身贫寒。虽位高权重，但一听人们讲门第、远近心里便产生反感，尤其对满、蒙贵族内部还要分等级远近颇不以为然。他便说道："微臣以为，国家兴盛需广揽人才，选索王嗣子虽属王族内部的事，但也是为我大清皇朝选股肱重臣。所以理应扩大选嗣范围，以贤能者继位。"他特意把"贤能者继位"一句说得很重。

接着还有几位大臣列奏，有同意近选的，也有同意扩选的，争论不休。

此时，站在左班最前边一直缄默不语的宗人府令亲王旻温以老态龙钟的声音奏道："皇上，我认为，汪大人的话有道理。只要是一族便是亲眷，便是贵族，为什么不可以入选呢。老臣请皇上尽快定夺。"旻温是道光皇帝的兄辈，说话直言不讳。

道光此时感到，时机已成熟，便清清嗓子说："众爱卿所论都是为我大清江山所计。但是，选索王嗣子实属为我江山筛选人才之举。非贤良不举。所以，朕意，从索王族内不出五服的亲眷中选嗣子。但是，不得随意扩大滥竽充数。"道光皇帝边说边向左右看看。

一听皇帝下旨，大臣们默然了。皇帝已下了决心，谁也不敢再说什么。

这样僧格林沁当然列为选嗣子对象之一。

道光五年八月，由理藩院和索王府告知科尔沁左翼后旗王府主事人等，要从索王的未出五服族内推荐嗣子人选入京受考待选。

这时，协理台吉乌日根已回旗。当接到京城通知后，他先通知那些近亲之人，然后召集旗议政会，商议选索王嗣子对象一事。

会上，多数人都不同意把僧格林沁列为对象。管旗章京（蒙古语称梅林）巴雅斯古愣说："此事，我看不必多议，圣上已有明旨，要从未出五服内的族内选嗣，贤者可继。所以，僧格林沁当然在内，谁敢违抗圣旨，行大逆不道之事？"

这番话果然起了作用。乌日根本想再说些么，一听这圣旨就不敢发作了。他眼珠一转心生一计说："梅林大人说得也对。但是索王未出五服的族内侄儿有几十人，怎样筛选呢？"

这时，孟克公爷说："赛男儿三艺，优胜者为对象。"这孟克为人倒还忠厚，但是庸碌无能，耳朵极软。按他本意，无心争夺王位，只想自己安享晚年后，孩儿巴拉腾弄个公爷做做就可以了。但是，乌日根等人一煽动，他就没有了主意，也只好跟着起哄。他想赛蒙古族男儿三艺——射箭、赛马、摔跤、他儿子马拉腾是内行。所以说出了这个主意。

"公爷说得在理，但是只考武，不考文也不可。而且孩儿们都还小，统统考三艺未必妥当。所以，我想三艺只考摔跤这一项，另考文一项。才能选出文武全才。"巴达愣贵梅林借题发挥。

乌日根一听这话暗忖，这也倒可以。一是僧格林沁今年只有十五岁，是最小年龄的，摔跤他肯定摔不过那些二十左右的汉子。他一旦在比文上取胜，那也无妨，因为，我们蒙古族历来以武为尊。他僧格林沁只要武的不行，就不用想入选袭王位。想到这儿，他便大手一挥说："我看就这么定了，先进行摔跤比赛，然后进行文字比赛，优胜者作为选嗣对象。"

旗议政会就这样定下了。

经统计筛选有五十七人够资格参赛。多数是上等台吉子弟。

比赛，先进行摔跤。望着那些人高马大，身上长满疙瘩肉的壮小伙子们，巴达愣贵心里直打怵，为侄儿僧格林沁捏把汗。他和布和德力格尔是堂兄弟，为侄儿的事出力当然在所不辞。他暗暗祷告佛祖保佑。

然而，出乎他意料，摔跤的第二轮过去了僧格林沁仍未淘汰。

这时，乌日根恨得把牙咬得格格作响。他直骂："妈的，这些饭桶眼瞅着人高马大，咋就这么笨呢，为什么就摔不倒比他们矮半头的僧格林沁。如果是遇到我早把他抛到半空中。"

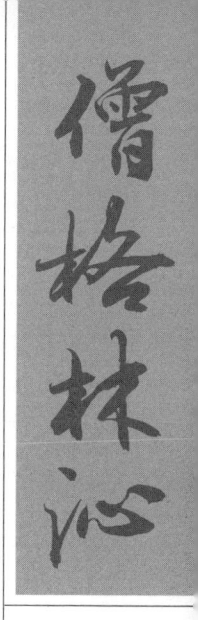

第六章 争夺王位

—049—

他着急得牙都咬碎了也没有办法。僧格林沁四轮下来后便争夺冠亚军了。即使僧格林沁输了也不打紧，因为进京参选的对象是十六人。他早已在其数额内。

与他对峙的又是巴拉腾。僧格林沁心中暗暗使劲儿，你原本是我的情敌，现在又成了我的政敌，我决不会输给你的。我要赢你，赢你。为了乌日娜，为了我自己。

在场人们看来，凭巴拉腾这个体格可以把僧格林沁抱起摔出场外。

二人对峙了一阵，忽然，巴拉腾使出凭生力气把僧格林沁的头夹在右肋里，猛一转身来了一个抱头摔。但是，僧格林沁并不慌张，他悠着巴拉腾的劲力，当巴拉腾移脚的刹那，他轻轻地一绊抬起的脚，就把巴拉腾压在身子底下。气得巴拉腾一咬牙，仍然狠命地夹僧格林沁的头不松开。

围观的人有的喊："巴拉腾，夹死他。"有的喊："你输了，你快放开。"

僧格林沁毕竟力气没有巴拉腾大，被巴拉腾铁夹般地夹在腋下喘不过气来。

巴达楞贵在一旁看着这情景，气得不顾身份跑进场内吼道："巴拉腾你给我松开。"巴拉腾一看梅林训斥他，赶紧松开了手。僧格林沁脸色刷白，躺在地上喘着粗气。

此时，忽然从人群中挤出一少女，疯了般地跑到僧格林沁跟前，蹲下身子，扶起僧格林沁的头，用衣角轻轻地给他擦脸上的汗和土，并呼着僧格林沁的名字说："你没伤着吧？"

僧格林沁睁开眼一看，噢，是她，是乌日娜，僧格林沁一激奋，霍地坐了起来，"乌日娜，你怎么来了？"

"我和阿爸一起来的。"

"那你快走吧，你阿爸会责怪你的。"

"那你咋办？"

"我没事。"

还未等他们二人站起来。看见这情景，已气得发抖的都尔本指使他的两个佣人跑到乌日娜跟前，把乌日娜架走了。

僧格林沁急得大喊："你们把她放下。"他想站起来追，但是浑身无力又瘫倒在地。

协理台吉乌日根乜斜眼对都尔本说："都老爷，你的女儿不是有主儿

—050—

了吗？怎么今天这个样子？"

都尔本像被蝎子蜇了一般抽搐了几下身子，直晃脑袋。

在跟前的其他王公们也七嘴八舌起来。

"这孩儿要好好管教呢。"

"呸，败坏门风。"

听着这些话，都尔本恨透了女儿乌日娜，当着这么多人的面给他丢丑，回去后一定要好好地管教她，再也不能像过去那样娇惯了。

选嗣子对象虽然出现了一些波折，但是终于圣命难违，他们选了十六名青少年进京待选。

接待事宜全由索王府总管金宝善安排。

第二天，金宝善特意领着僧格林沁到雍和宫里见其伯父，布和特木尔喇嘛又重新把侄儿梳洗打扮一番，然后换上了侧福晋送给他的衣帽，领着去见侧福晋义娘旭慧。旭慧见小僧格林沁又长高了许多，自然非常高兴，就留在身边住，教他宫中的礼节。

来到京城的这十六名孩儿大多是王亲贵戚，便也各走各的门路并不消停。

布和特木尔喇嘛心中仍无把握。他知道功亏一篑之理，便又找到了皇太后领班太监额博说："大领班，我侄儿已经来京了，这事成不成在此一举。还望大领班放在心上。"

"箭已射出去了，是无法回头的。皇太后这儿由我负责。"额博拍了拍布和特木尔的肩说。

"对大领班的恩德终生不忘。"

额博到皇太后的跟前满脸堆笑说："老寿星，布和特木尔喇嘛的侄儿蒙您的恩惠已列入选嗣对象，现已到京城了。一同来的还有十五名。请老寿星您还要进一步关照了。"

"这当然，但是须想些好办法。"

这时，额博俯在皇太后的耳边嘀咕了一盏茶工夫。

"你这猴小子鬼点子真多。"皇太后听完嗔怪地笑着说。

次日，早朝刚毕，太监禀报，皇太后身体不适想见皇上。道光皇帝一听便慌忙来到寿康宫。

皇太后侧躺在床上，脸挂倦容。

"孩儿请母后大安。"

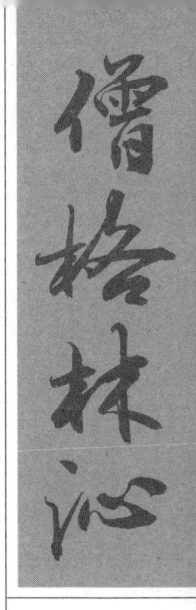

"皇儿，请起。"

"嘛。"

"其实，我本没有什么病，只是昨晚做了个梦，不知是吉还是凶，心里总是有些害怕。所以，请皇儿来的。"

"不知母后做的什么梦？"道光皇帝问。

"昨晚四更天的时候我在恍恍惚惚中做了这样一个梦：我走在宫外，突然见东南方向上空飘起了黑云，一会儿工夫罩上京城，一片漆黑。我正害怕的时候，从东北方向发出一道亮光，不一会儿把黑云赶跑了。我高兴地随白光信步走去。没走几步，便见一只玉石白绵羊在眼前闪闪发亮。我捧起来细瞅便惊醒了。是凶是吉，如今想起来还心惊肉跳的。"太后说完微微上喘，很痛苦的样子。

"母后不必多虑，我想此梦并不是什么噩梦。明日我叫钦天监的大臣们圆圆就是了。"道光皇帝说道。

"这好，可是不准那些爱咬舌头的人胡说八道。"

"孩儿晓得。"道光便告辞了。

皇太后的最后一句话就是告皇帝这梦只能圆好不能圆坏。

道光皇帝回宫后立刻叫来钦天监的监事和监正等人以及内阁几位学士让他们圆皇太后的梦。

这些人们煞有介事地沉思着。皇宫内顿时一寂静。这样约有一刻时辰，钦天监监正郭瑞廷清清嗓子说："皇上，此梦是个吉兆。东南方向上空飘起黑云正合东南沿海一带的匪患之乱。东北方向发出的亮光将黑云驱赶，这正预示东北方必然出贵人扫清匪患保我大清天下。"

钦天监监正郭瑞廷是个大儒，学富五车才高八斗，又钻研天象。但是，处于那样一种职位，他便学会了看皇帝脸色行事、顺竿说好话的本事。因为他满腹经纶，精通天文地理，人们便很信任他。他一圆梦，别人就不会提出异议。刚才听他这么一圆，其他人便纷纷地附和："此言正合梦理。""钦天监监正高见。"等等。

道光皇帝也脸露喜色接着问："郭爱卿，太后拣白玉石绵羊又作何解释？"

郭瑞廷略一思索便奏道："皇上，皇太后拣白玉石绵羊乃是暗指这个贵人是羊年出生的。"

此时，大学士孙玉廷说："皇上，索王的嗣子选择对象十六个青年前日到京。他们都来自东北。是不是暗示这些人中必有贵人是属羊的？"

大臣们一致赞同说："科尔沁正在京城东北，此说正在理数。"

道光皇帝听了也高兴。就向母后告诉圆梦的结果，母后当然更高兴。

道光皇帝也就是更加重视选索王嗣子一事，决定非要亲自过目选定不可。他下旨理藩院于后日在乾清宫亲自考问选嗣对象。

当日，理藩院把十六名青年排列在乾清门外候旨。皇帝按名册一个一个点名。大多数青年不会说汉语，理藩院便请一名蒙古官员当翻译。

道光皇帝一个个过目问话。十几个过去了，没有一个中意的，更没有属羊的。有的长得一表人才，却笨嘴拙舌；有的未等问话，便汗流满面吓得直哆嗦。其间没有一个懂汉语的。

道光皇帝有些厌倦，便问："还剩几个？"

穆彰阿忙回答说："只剩一个年龄最小的。"

"快让他进来。"

此时，僧格林沁不慌不忙地走了进来跪下叩头："奴才僧格林沁祝吾皇万岁、万岁、万万岁。"

"你起来。"

道光一看这孩儿稚气未脱，却挺拔秀慧，眉宇间含刚锐之气，面阔耳方，天庭光彩照人，下肢略长四肢匀称，两眼深藏智慧。

皇帝暗忖真是一表人才。

"你今年多大了。"

"孩儿今年十五岁，是属羊的。"

"属羊的？"

"是。"

"可曾念书？"

"念三年有余。"

"都读些什么书？"

"蒙古文书有蒙古史。汉文书有《百家姓》《三字经》，《诗经》也读了一些。"

"《诗经》是何人之作？"

"《诗经》是孔圣人集民间乃至众人之作而成。"僧格林沁不急不慌地回答得头头是道。

"索王生前认你为义子是真的？"

"是真的。"

"有何凭证？"

"有王父赐给我的祖传七星短剑为凭。"

道光听到后脱口而出："此儿乃是天降于我的王佐之才。"

道光便下令："僧格林沁为科尔沁左翼后旗扎萨克多罗郡王，旗政由僧王特派协理台吉代理。"

这里须补叙的是，短剑为据一事缘何而来。索王本未见过僧格林沁，也没有亲认为义子。但是小僧格林沁为何敢撒皇帝的谎？这都是金宝善与侧福晋旭慧定的计谋。他们跟皇太后这样说的，对皇上也只好如法炮制了。好在皇帝真的看中了僧格林沁，并未深究索王认子一事。

第七章　宫宴风云

　　清朝从顺治开始,每年进行两次例行宴会筵宴蒙古王公、喇嘛。第一次是年初即正月十二日元令节。第二次是岁尾即腊月二十三。

　　道光五年旧历腊月二十三日。北京城里一清早开始便鞭炮轰鸣。人们正在过小年,祭天祭祖,热闹异常。

　　皇城太和殿屋檐下,挂满了大红灯笼。太和殿的巨柱之间挂上了各种各样制作精美的装饰灯。太和殿这个皇权的最高象征披上了节日盛装,在恢宏庄严的氛围中透出节日的喜庆色彩。

　　蒙古各王公大臣,各大召庙的葛根、活佛、住持喇嘛,雍和宫的大喇嘛以上品位的喇嘛均聚集在这里等候皇上驾临赐宴。

　　约辰时一刻,太和殿中鼓乐齐鸣。道光皇帝在众太监宫女的簇拥下来到太和殿。他今天格外兴奋,瘦削的脸上红晕满布。

　　蒙古王公大臣、众喇嘛立即跪下山呼:"吾皇万岁、万岁、万万岁!"山呼已毕。皇帝随侍太监喊道:"皇上有旨,诸位请起,开宴。"

　　众人起身纷纷找各自的座位。此时宴桌上已摆上了满蒙大席烤乳驼、烤全羊。

　　太和殿里弥漫着诱人的肉香。

　　道光皇帝威严地扫视了一下阶下左右说:"各位王公、喇嘛众爱卿,自我大清皇朝列祖列宗奉天承运一统天下的过程中,蒙古各部鼎力助天,不遗余力,真乃一脉相承源自同宗。朕自登基五载以来,谨奉祖训,未敢忘怀各蒙古王公大臣、喇嘛诸卿对我大清皇朝的披肝沥胆之举。今天,

借这宴会，朕召集各位，以示慰问嘉勉。请各位开怀畅饮，为使我皇朝永世昌隆举杯同饮！"

"谢圣恩！"众人举杯齐眉又一声齐呼，震得大殿回声震荡。

三杯过后，一太监又喊道："诸位，皇上有旨，今日乃是喜庆宴会，不议朝政，诸位不要拘谨礼节，可活跃气氛，谈各地趣闻轶事、风土人情，也可互致问候。"

"谢皇恩。"

这样，宴会的气氛立刻活跃起来。

道光皇帝也离开御座走下金阶，先是到科尔沁左翼中旗扎萨克达尔汗亲王宝彦都尔湖跟前说："达尔汗亲王爱卿，贵部祖先为我大清皇的一统天下最先归附并转战并内外，功勋卓著，又出三代国母，犹如日月经天。朕感念至极，敬爱卿一杯。"

达尔汗亲王举杯一饮而尽说："谢圣上隆恩普照，微臣一定恪尽职守肝脑涂地在所不辞，决不辱没先祖立下的功名。"

"这就好，这就好。朕最近听说，贵部族泰民安，一派盛景，可是真的？"道光又问道。

"禀圣上，是真的。由奴才一时糊涂导致的垦荒之乱因圣上英明决断处理之后，旗内确实是盛平了。"达尔汗亲王赶忙回答。

道光元年，达尔汗亲王宝彦温都尔都广招流民垦荒，又抗旨不遵，被革去扎萨克。后又复职。道光皇帝在嘉勉之时也没有忘记提醒注意，显出道光皇帝的明察秋毫之处。

道光皇帝又转身向鄂尔多斯郡王特力尔问："朕听说，贵部所领旗内有一奇观叫响沙，是不是真的？"

"禀圣上，圣上真是博学多闻，臣所辖旗内确有响沙湾。此沙看起来与一般沙漠无二，然而，人们只要坐上去往下一滑，这沙便隆隆作响，犹如千军万马在奔腾，因此叫响沙湾。"特力尔回答。

"真是世间一大奇观。朕得闲暇时，一定去看一看。"道光皇帝微笑着说。

"奴才恭候皇上驾幸。"特力尔弯下腰说。

这时，在一侧的僧格林沁郡王异常兴奋又有些紧张。因为他年小，又第一次参加如此隆重的御宴。但是，他心里还是有底。嗣位这几个月来，他没有急于行使权力，过一过当郡王的瘾，而是把管理王府内外诸事交给大总管金宝善,又请养母旭慧协助。他自己则请老师学习宫中礼节,清廷法规,孜孜不倦;他自己则请老师学习宫中礼节、清廷法规,孜孜不倦;又请武师演习武术,闻鸡起舞。凭他的聪明又处在年少而当郡王的亢奋之中,所以这几个月的学习顶得上几年习读。他想皇上肯定会注意他,并与他攀谈,他必须语出惊人而又不骄不躁。

果然不出所料,道光皇帝向着僧格林沁面带笑容地说:"少王,今日你我以君臣之礼相见呢?还是以舅舅甥之礼相见呢?"

"禀圣上,以小臣之见应以君臣之礼相见。"僧格林沁略一思索躬身回答。

"这是为何?"

"这是因为,今天的宴会乃是我大清皇朝祖制所定,是朝中的大事,并非圣上家中宴会。所以小臣怎敢以家礼拜见皇上呢?"僧格林沁不慌不忙地答道。

周围的各位王公、喇嘛们见这小王爷如此有胆识而说得入情入理,都很惊异,纷纷把目光投向了他。

"少王,在郡王任上几个月,面对这繁重的政事,是否有些胆怯?"道光进一步逼问。

"禀皇上,我大清初创之时,列祖们十几岁就随太祖鞍前马后,冲锋陷阵,刀光剑影毫无退缩,血雨腥风毫无怯意。卑职在这太平盛世恭职还怕什么呢?唯恐不能谨奉王事,辜负皇上圣恩。"僧格林沁说话时语气朗朗,不紧不慢。

"对旗政可有谋划?"道光皇帝称不谈政事却直接问起了政事。

"小臣正欲启奏皇上,我在旗时只是一个牧童学子,对本旗不甚了解。现在在京城耳目闭塞,怎敢妄议旗政,所以,想回旗里一趟,了解旗情民意,处理些旗务再回京城侍奉皇上左右。请皇上恩准。"

这时,道光皇帝真的高兴了。他想,这捡来的外甥不白给,小小年纪上任不久敢当着这么多资深的老王公大臣的面,与我皇身对答如流,不怯不慌头头是道,应该说是个雄鹰,是个搏击蓝天的雄鹰。

"诸爱卿,少王僧格林沁人小志大,然而初涉政坛,望诸位鼎力协助,共扶社稷。还望少王,戒骄戒躁,善学众王公长辈的理政之长,为振兴我大清江山鞠躬尽瘁。"道光欣喜之余举起酒杯大声说道。

众王公又同声齐呼:"遵圣旨。"

第七章 宫宴风云

"谢皇上错爱，也衷心望各位王公、喇嘛父辈不吝赐教。"僧格林沁受到皇上嘉勉自然颇为得意。

这时，达尔汗亲王有些不服气。他想，小小年纪口出狂言，真是初生牛犊不畏虎。如果不敲打敲打他，我这个哲里木盟盟长今后怎能节制得了他？想到这儿，他骨碌了一下眼说："少王，索王兄在世时，并没有提过你在后旗草原上放羊的事，此事可是真的？那里的水草可丰美？"

达尔汗亲王说起僧格林沁放羊的历史，实际是揭他出身低微这个短。有的王公听了便暗暗窃笑。

僧格林沁有些激动。但是，他极力控制住情绪，以极低沉的口吻说："叔王，晚辈确实是在科尔沁左翼后旗草原上放过牛羊。叔王会记得蒙古太祖成吉思汗自小历尽贫寒艰险，在放牛赶羊之时磨炼意志，在饥寒交迫之时顽强搏斗，终于成就大业。这都是天意所为。"僧格林沁说完有意扫视左右。

这几句话比喻极其恰当，绵里藏针、软中带刺。一时噎得达尔汗亲王欲怒未敢，因为道光皇帝已轻轻地点起头来。

理藩院尚书穆彰阿自道光走下御座以来，一直跟在皇帝左右。在这众多王公、喇嘛之中，倒也有不认识的，他的职责是作介绍。这次宴会他是组织者。他收了达尔汗亲王的厚礼，想阻止僧格林沁嗣位却未成。如今他见皇上如此器重僧王，僧格林沁又如此不卑不亢对答如流："少王才思敏捷，老夫深感钦佩。只有一事不明，索王选嗣子时传闻很多，其中有人说，少王早就被认为义子，并得到索王祖传宝剑。此剑如果带在身边，能否让老夫一睹。"他是想以此来给僧格林沁在皇上面前一个难堪。

"尚书大人，父王所赠宝剑是祖传的圣物，已供奉在家庙神位之上，哪能随意带在身上。另外，今日乃是我皇上赐宴以庆盛平，为臣者不需要带剑。"

穆彰阿万没想到僧格林沁如此善辩，他讨了个没趣不吱声了。

道光皇帝也看出这几个人有意为难少王，他本想斥责制止他们，但是他们都是他信任的重臣，不好在这喜庆时刻扫他们的兴。而且，这僧格林沁的对答也胜他们一筹，无须皇上替他说话。所以，他只笑而不说什么。他回身走到雍和宫的葛根（活佛）跟前。

葛根双掌合十先祝福说："我佛保佑吾皇洪福齐天。"

"活佛，西藏的达赖、班禅朝觐接待事宜可有打算。"道光问葛根。

"禀皇上，按皇上旨意与理藩院的穆大人共同筹划的，一切就绪。"葛根回答。

"我朝历来尊奉佛教，你们要善理佛事。"

"遵旨。"

道光皇帝继续到各宴会前唠上几句。

僧格林沁经这一番折腾后稍感轻松。他就与其他王公边饮边谈些各地的水土人情、历史掌故等。

宴会接近尾声，道光皇帝重新登上御座后庄重宣布："今日各王公大臣及众喇嘛济济一堂，充分体现出蒙古各部万众一心继承祖训保我大清的景象。尤其是科尔沁左翼后旗扎萨克郡王僧格林沁少年有志深孚朕望，特赏戴三眼花翎，任为御前行走。"

僧格林沁忙跪下叩谢皇恩。

接着一群蒙古盛装的宫女在欢快的曲调中跳起了蒙古筷子舞、盅舞。少女们翩翩起舞，王公、喇嘛们醉眼蒙眬犹如置身于仙山珠阁之中。

道光皇帝在不知不觉中多喝了几杯酒，已有几分醉意。他望着这些羽衣霓裳犹如在云雾飘缈中的宫女们，突然想起了什么，侧身向不远处的僧格林沁："少王，朕听说你还没有婚配，是吧？"

僧格林沁此时也正在专心看舞，他还是第一次看如此令人心旌荡漾的歌舞。他委实有些飘飘然，皇帝突发这一问，一时他不知道怎样回答，结结巴巴地说："皇上，奴才、还未、不，只是……"

"哈哈哈，少王，你对政事对答如流，对这婚姻之事确如此笨嘴拙舌，毕竟还是年少啊。"道光皇帝看着僧格林沁的窘态，不禁失笑。

布和特木尔大喇嘛当然也参加了今天的宴会。但是，他是极重礼节等级的人，他自忖在这众多王公大臣面前，他还不够出头露面的地位。但是，他一刻也未停止注意侄儿的一举一动和皇帝以及众公大臣对侄儿的态度。

他一怕侄儿语言唐突或浅薄惹皇上不高兴，二怕一些王公大臣在皇上面前揭他们家族的短处及他的一些活动内幕。他在表面的稳重之下心跳急促，后背上的汗已湿透了袈裟。尤其是当皇帝问话那阵，他把心提到了嗓子眼儿上。当科尔沁达尔汗亲王和穆彰阿责难他侄子的时候，他恨不得把挂在胸前的额日克掷过去揍他们一顿。但是，他想象的险情均未出现。他确实是虚惊一场。当皇上宣布嘉许侄儿又加为御前行走衔时，

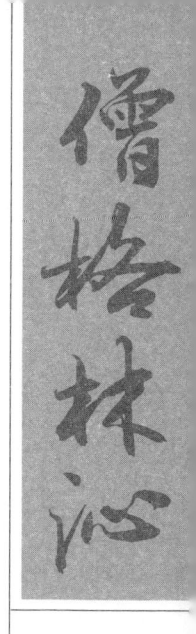

他的提着的心才落地,他暗暗地长长地舒了口气,甜甜地呷了口酒。然而,他万没有想到皇上突然问起侄儿的婚姻大事。对侄儿与都尔本的姑娘乌日娜私下定亲之事,他已有所耳闻。他想到,侄儿耿直坦率,一旦说出自己私下定亲一事,那就麻烦了;而且,只要皇上问哪一个大臣的婚事,都是有为其指婚之意。别人想让皇上择婚,以炫耀身份和攀龙附凤却没有那福分。这侄儿哪懂得这些,一旦不知天高地厚,拒绝皇上的一番好意,那不是毁了自己一生的美好前程吗!想到这儿,布和特木尔直眨双眼向侄儿示意,但是侄儿毫无理会,仍是傻呆呆的。

道光笑了一阵后又说道:"少王,你若没有婚配,我这个当舅舅的可要给你这个外甥当月下老了。"

听到这儿,布和特木尔未等僧格林沁说话,急忙插话道:"奴才,大胆禀皇上,奴才是少王的伯父,奴才知道少王至今未婚配。如果皇上隆恩指婚,实在是家族的万幸。"

道光皇帝早就认识布和特木尔,但是,今天人多他并没有注意他。

"大喇嘛,朕认识你有幸,你有个好侄儿。"道光说。

"奴才终日只知供佛念经,对孩儿教诲不够。"布和特木尔毕恭毕敬地说道。

僧格林沁并不知道,皇上问到婚姻之事,就有可能给他择婚,经他叔叔点破他才感到事情的严重性。来京之前,在摔跤场上乌日娜不顾众目睽睽扶起他的情景立刻浮现在眼前。我怎么能够抛弃她而另娶呢,不能,不能抛弃她。那样我算什么人呢?

想到这儿,他鼓起勇气,不顾布和特木尔犀利的目光,向皇上回答:"皇上,奴才虽然没结婚,但是已经与心上人订了终身,望皇上开恩,成全奴才。"

道光皇帝微微一怔问"噢,你心上是何家之女,品貌如何?"

布和特木尔恨不得走前去把侄儿的嘴堵死。他听皇上追根问底,又抢先答道:"皇上,他所说的只是幼年玩耍时的事,父母家人都没同意,怎么能说订终身呢。"

"可是真的?"皇上问僧格林沁。

"禀皇上,她是我旗都尔本老爷的女儿叫乌日娜,我们二人青梅竹马。"僧格林沁一横心顾不得什么了。

一听都尔本的女儿,皇上沉吟片刻后以不悦的口气说道:"少王,你年纪尚轻,首先应以政事为重,这婚姻大事嘛,不必着急。以后慢慢再议。"

道光的这句话实际是已不承认僧格林沁私订终身之事。僧格林沁听后脑袋嗡的一声,差点晕过去。他还想说点什么,但是一看皇上一扫刚才的喜悦之气,一脸严肃的表情使他把到嘴边的话咽了回去。

这次宴会对其他人来说是喜庆的,宴会期间对僧格林沁来说也是喜庆的,只是到最后时刻,道光皇帝对他婚姻的关心使僧格林沁顷刻而陷入悲哀和困惑之中。他想不明白,皇上为什么这样关心他的婚姻。他也想不明白叔叔布和特木尔为什么如此惊慌,为什么这样怕皇上。他不知道怎样结束的宴筵和怎样回到家的,完全是凭自己的感觉与皇上和众王公告别回到王府。

第七章　宫宴风云

第八章　衣锦还乡

　　僧格林沁回到王府，昏昏沉沉地在寝室和衣而卧。经皇上的提醒，他愈加想念起乌日娜。乌日娜的倩影在脑海里反反复复地出现。
　　离开科尔沁左翼后旗家乡已有半年多了。这半年是多么长的半年哟。一想他将在这京城王府深宅大院一直呆下去，呆到老，呆到死，就有一个种恐怖感袭遍全身。他想念广袤无垠的草原，想念父母双亲，想念嬉戏打闹无忧无虑的哥哥弟弟妹妹和小伙伴们。
　　越想念这些，越感到这王府是个大大的坟墓，他将葬身于此。
　　谁把我推进这坟墓的呢？他也弄不明白。是我自己？我因贫寒受辱之时，为了摆脱这命运的不公，确实是想过要出人头地改变自己乃至家族的命运。
　　然而，这一切都得到了以后又怎样呢？
　　僧格林沁的心胸像塞满了驼毛般凌乱，理不清楚。
　　他正在胡思乱想之时，一女仆过来说："王爷，雍和宫大喇嘛来了。"
　　僧格林沁腾的下床，慌忙理了理衣冠。此时，布和特木尔已走进了屋里。
　　布和特木尔直视僧格林沁，使僧格林沁的头皮发麻。
　　"伯父这么晚来，不知有何吩咐？"僧格林沁问。
　　"你今天在宴会最后回答皇上的问话，真是令我失望。"
　　"伯父，孩儿不知道有什么过错？"
　　"你还敢问我你有什么过错吗？僧格林沁啊，僧格林沁，你是怎样得到这个王位的？是谁让你得这个王位的？你想过没有？"

"伯父……这个……这个……"

"这个什么？我跟你直说了吧，没有我，就没有你的今天。而且我的成功，都是因为皇上的恩典，懂不？是皇上的恩典。你不想这些，胆敢当着皇上的面口出不逊之言，成何体统？孩儿，你懂不？皇上给你指婚是你一生最大的荣幸啊。"布和特木尔说着激动地站了起来。

"伯父，孩儿明白了，孩儿当这王爷，就是说明孩儿失去了自由啊。孩儿与乌日娜几年前就订了婚，难道为了讨好皇上就不顾这人间感情了吗？"

"你给我住口！"布和特木尔真正怒不可遏了。

"不，伯父，我不能做背信弃义的事，我和乌日娜说好了，我要娶她。"

"啪"，一个响亮的耳光，布和特木尔喇嘛抡起长长的胳膊把僧格林沁扇得晕头转向。

"你个没有出息的东西，我这些年的心血算是白花在你身上了。不，我不放弃。你要听我的，你再不听我的，我可以毁了你的前程。"布和特木尔喇嘛用手指点着僧格林沁的鼻子吼道。

"伯父，别的一切我都答应你的，唯独这件事，我决不答应。"僧格林沁捂着腮帮子梗着脖子说。

"你，你，真是个没出息的，我决不答应你的，你想要毁掉我的这个家族？天啊，我们这个家族为什么生出这个孽种啊！"布和特木尔狠命地捶着自己的头嘶喊道。

布和特木尔喇嘛责骂僧格林沁的同时，已想好了下一步打算。他想，这孩儿倔强，但是，皇上的话他不会不听。对，要利用这至高无上的皇权来降服这初生不畏虎的牛犊。想到此，布和特木尔瞪了瞪僧格林沁，一甩袈裟袖子头也不回地走了。

僧格林沁愣在那里，久久未动。

他心中愤懑地问自己，这一切究竟是为了什么？

我到底得到了什么？这花翎顶戴换来的是什么？

他自己只有问号，没有回答，也没法回答。

无论如何先回一趟老家再说，他在困惑之中下了决心。

他向皇上递上了第一份奏呈："奴才僧格林沁自蒙圣恩袭爵以来，尚未回旗理政慰民，以示皇恩。尤为忧虑的是本旗广福寺年久失修，殿堂

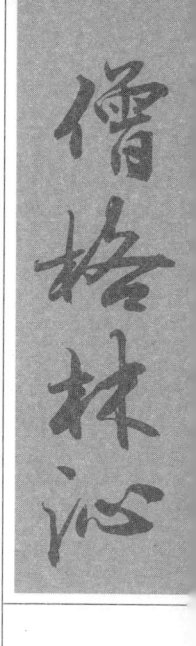

毁损严重。先王在世时已有修缮之念。奴才意欲回旗巡视并修复广福寺，请皇上恩准。"

其实，僧格林沁并不知道广福寺情况，更不晓得索王修庙之事。这都是从其伯父布和特木尔嘴里听与人。僧格林沁在苦闷之中正好利用这借口，回家看看父母，看看乌日娜。

布和特木尔喇嘛绞尽脑汁，奋斗钻营几年的目的已达，喜不待言。如今看到道光皇帝如此器重侄儿，小小年纪便封为御前行走又赏戴三眼花翎，更是乐得合不拢嘴。此时，他便想到了当年艰难的生活，更想到了那些不把他们四等台吉看在眼里的王公大人们。但是，他侄儿却如此不懂事，使他十分恼火。他得知侄儿要回旗里的消息后，便决定随行。一是尝一尝衣锦还乡的滋味，同时也修复祭奠祖坟以慰列祖列宗在天之灵；更主要的是监视侄儿不要和乌日娜见面，阻止这场婚事。

道光皇帝看了奏折就准奏了。又让理藩拨银万两修复广福寺及旗王府，另外赠僧格林沁白马两匹。

写完朱批，道光还嫌不足，又挥毫写下了"广福寺"三个字。并在朱批下又以蝇头小楷写道："另，赠广福寺匾一幅，以示佛光远达。"

得皇上恩准后，僧格林沁做了几日准备，并把王府诸事交给总管金宝善。然后，他与伯父布和特木尔，带着随从警卫人等三十余人从京城出发直奔科尔沁左翼后旗。

一路上沿途各府衙官员殷勤接待，自不必多言。当到旗界东土默特左旗时，后旗协理台吉乌日根、管旗章京缺吉，军务梅林巴达楞贵等人在这数百里之外迎接。

协理台吉乌日根自从为巴尔腾争位失败后，一直等着有朝一日会被僧王下令削职为民。

僧王袭位第二天，就在京城王府举行了盛大的宴会。僧格林沁拒不受金宝善等人关于必须好好整治反对他继位的人的建议，宴请了所有到京城待选的人，包括乌日根。乌日根已经豁出去了。他想，你僧格林沁肯定不会放过我。就是你不在意，金总管和布和特木尔喇嘛也不会与我善罢甘休。与其俯首受辱，还不如直腰硬挺。但是僧格林沁在宴会上，对同辈兄弟们和蔼可亲，喜笑如初，毫不介意过去所受的冷落与嘲笑，使众兄弟们颇为感动。宴会气氛融融，僧格林沁对长辈们一一敬酒致意。

当敬到乌日根跟前时，僧格林沁举杯说："乌日根协理，你代先王理旗政，勤谨有余，晚辈代先王谢谢了。今后还望你佐小王理政如初。"这几句话说得乌日根也颇为感动。他对僧格林沁这样豁达大度是不曾料到的。他接酒以愧疚的声音说："小王爷，卑职乃一愚鲁之人，多有得罪，望小王爷恕罪。"

"话说哪里去了，你我都是同宗同族，都是大清臣民，为国为民没有不化解的恩怨啊。"

这句话说得入情入理，乌日根本是个直爽之人，哪有不动情的。他端起酒杯一饮而尽。

回到旗里后，他也勤政胜于过去，唯恐有失，罪上加罪。但是，心里总不释然，总想，僧格林沁是玩缓兵之计，是故作姿态，早晚要收拾我的。

今日，来这数百里外接王爷，这本是协理的职责，并没有讨好之意。

"我们受全旗百姓的委托，在此恭迎王爷。"乌日根说。

僧格林沁下马，一一扶起跪迎道旁的众人说："僧格林沁刚刚继位，还没有给旗里的黎民百姓立有寸功，便受此恭迎，实在不敢当。"

到了旗王府所在地吉尔嘎郎时，父母双亲也出廓等候儿子。僧格林沁很远便下马走到父母跟前跪下请安。母亲珠兰格日乐扶起儿子，泣不成声。她心里清楚，今天这是多么不易啊。"孩子，让妈妈好好看看你，看你胖了还是瘦了。"珠兰格日乐捧起孩子的脸说。

僧格林沁也泪流满面地说："孩儿不孝，未能及早回来拜见父母，让父母二老挂念。"

"不，孩儿，你毕竟没有忘记我们，你终于回来了。"珠兰格日乐吻着僧格林沁的脸颊，喃喃自语。

第二日，僧格林沁便召集协理、管旗章京、梅林、参领及广福寺的住持葛根，召开旗政会议。

僧格林沁端坐在王府议政殿的正中座位上。

乌日根协理把到会的各位一一介绍给新任王爷僧格林沁。大部分僧格林沁都是第一次见面。僧格林沁说："各位，我任职不久，对旗况旗政还不甚了解，请各位按职俱实讲来。"

协理乌日根首先讲全旗概况，即：人口、典籍、经济状况、民情等等。

管旗章京介绍家族分布、族内事务等等。

梅林讲旗内外防务治安状况。

广福寺的住持讲寺庙状况。

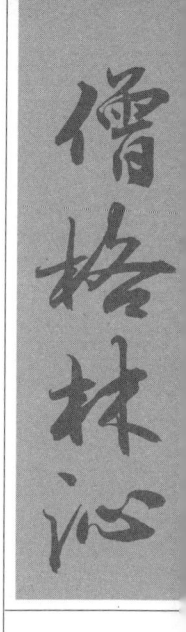

第八章　衣锦还乡

僧格林沁认真听，一一记下。

听完汇报，僧格林沁发话道："我承蒙圣上恩宠继承王位，其中也有在座各位的功劳。所以，我现在宣布协理台吉乌日根留任原职，管旗章京缺吉以下人等也仍任原职不变。另任金宝善为管旗章京，仍留北京王府供职。"

乌日根带头，大家立刻跪下叩头谢恩。

乌日根万万没有想到僧格林沁小小年纪竟有如此胸怀。他声音沙哑地说："谢王爷不罪之恩，奴才定为王府效犬马之劳，决不生贰心。"

把王府的事务料理出头绪后，僧格林沁便率众人到了广福寺。

广福寺的三百余名喇嘛夹道跪迎。僧格林沁让两名侍卫抬着道光帝所赠牌匾，仪态严肃地走进寺内。寺内立刻奏响了悠扬浑厚的号角。

广福寺的主持在大雄宝殿内跪接道光皇帝所书"广福寺"匾额。挂匾仪式结束后，进行了盛大的"查玛"仪式。

查玛是寺庙重要宗教仪式，也是一种喇嘛教舞蹈形式。通常是在寺庙落成或有重大的喜庆之日进行。今天广福寺得获得至高无上的皇帝书写匾额，当然是受宠无比，必须进行查玛仪式以示庆贺了。

在震耳的查玛曲声中，查玛的28位神各戴面具由夏那嘎（众天神）、拉木（女神）、都吉勒（阎王）、阿吉勒（印度神）、包格（鹿神）、乃木乌兰（红脸神）的率领下依次出场跳起了雄浑神妙又粗犷的舞蹈。好勃贩（骷髅）扮演者，头戴骷髅面具跳起了表现奉阎王之命来人间捉拿灵魂归案故事的舞蹈，其形态逼真而令人感觉阴森恐怖。鹿神舞表演者，头戴鹿头状面具，做出寻找和惩治妖魔的形象和动作，表现出鹿这个和善动物的机警和可爱的形象。白衣的老寿星舞蹈，形态慈祥可敬。拉木女神体态婀娜，轻摆柳腰，慢移莲步，翩翩起舞，似白云飘浮，如鲜花摇曳。当舞步急促时，又好似盛开的花簇突遭狂风，枝干猛晃，花瓣纷飞。这是查玛舞中最令人心荡神驰的部分。

僧格林沁虽在草原上长大，也知道喇嘛教有个"查玛"这个仪式，但是却从未见过这么隆重的查玛舞仪式。这查玛舞真正把佛教的神灵之感融汇于舞蹈音乐之中，把宗教信仰与娱乐结合起来，寻求宗教至善至美的境界。它名为一种宗教仪式，实则是一种很巧妙的歌舞曲调艺术。一种社会形态孕育一种文艺形式。在以佛教为最高信仰的蒙古族地区，查玛乃是最完美的宗教与文艺结合的形式。

僧格林沁陶醉在这艺术的享受之中。

查玛仪式结束后，僧格林沁与广福寺的大喇嘛以上品位的众人商谈修复庙宇及新召喇嘛一事。

雍和宫的大喇嘛布和特木尔当然是这个事情的主持者。

他原本是这广福寺的一般喇嘛，那时他虽然学识出众，但是谁能想他会在今天被奉为上宾呢？然而，他毕竟是从这广福寺出去的。这寺的葛根、住持，大喇嘛们对他还是不错的，所以他对修缮寺庙之事十分真诚。

他首先发话说："皇上亲自硃批修庙银两，亲书寺名。这真是我寺佛门弟子的莫大荣宠。所以，修缮广福一事必须认真对待，不能有半点差错。"

广福寺的修庙之事就这样很顺利地开始动工了。

僧格林沁接着巡视了后旗的南部边界各地。他先到了著名的大青沟游览。这大青沟是瀚海之中的一大奇观。北方三月，大青沟外树木刚刚泛绿，花草才出芽。但是，沟内已树木葱茏，花草茂盛，沟底溪水潺潺淙淙，鱼儿浮游，使人犹如置身于江南林涛水色之中。这沟深达十余丈，有各种树木百余种，植物上千种。沟内豹、熊出没，狼狐嗥叫，鸟禽飞翔，真乃集江南北国的动植物之荟萃的奇妙景观。僧格林沁为本旗有这样自然景观感到自豪无比。他想回京以后，一定奏明圣上，让道光皇帝也来看看这沙漠之中青沟奇色。

僧格林沁在旗南部边界巡视，突然看到了不少搭起的简易草棚。他问这是干什么的。乌日根回答说这是烧荒垦地的流民搭的临时住所。只见那些穿着褴褛、满脸污垢的农民们纷纷以惊慌的目光看着这小王爷，不知要有什么厄运降临。

僧格林沁是刚刚从穷人堆里出来的人。他看着这些贫苦农民，想起了自己从前的家，想起了自己的父母，鼻子阵阵发酸。尤其是当他看到那些光着脚丫、拖着鼻涕、依偎在父母身边向他投来惊异目光的孩子们，他的眼泪扑簌簌地流了下来。

我小时候，不也是这样吗？虽说没有流落异乡，但是那种给人放羊种地、看人脸色吃饭，受富人家孩子嘲笑欺辱的情景，立刻历历涌上心头。如果能有个温饱的家，谁还来这荒原野地受这份罪呢？他们是被生活所迫啊。

跟在身边的乌日根协理对僧王说："王爷，这些流民不很驯服，常常滋事，不严加管束不行。"

第八章 衣锦还乡

僧格林沁瞪了一眼乌日根说："他们也是人，是生活所迫呀。对他们只能抚慰。"

梅林巴达楞贵是僧格林沁的族家叔父。他看出这小王爷触景生情，同情可怜起这些贫苦流民。他想这与他的贫寒经历有关。但是他不能在众人面前流泪，显出他的稚嫩和脆弱。

"王爷，这些流民目前虽然苦些，但是，当开荒种地收成后，日子就好过了。王爷不必伤感。"巴达楞贵说。

"协理，这样开荒的流民究竟有多少，你可心中有数？"僧格林沁问。

"回王爷，大概有五六千户。两万余口人。"乌日根回答。

"我看不只这些。"管旗章京缺吉发话。

"流民初入本旗开荒的时候你们可知道？"

"少量流入的时候，并不知道，多了就知道了。王府开始派兵丁驱赶，但是后来越赶越多。"

"有没有人为了牟取地租获得暴利，故意纵容他们开荒种地的？"僧格林沁问他们几位。

"这事……"乌日根欲言又止。

"这事到底有没有？"僧格林沁看出些蹊跷。

"回王爷，小的还不十分清楚，待查明后俱实回奏。"乌日根有些紧张。

巴达楞贵斜了他一眼。

僧格林沁对巴达楞贵说："你把那个穿羊皮袄的年轻人给我叫过来。"

巴达楞贵把那人叫了过来，此人约三十五岁上下年纪，古铜色脸上布满皱纹，见王爷叫他，有些紧张。

"你是什么地方人？"僧格林沁用熟练的汉语问。

"山东的。"

"因何远离家乡到此？"

"济州一带去年大旱，颗粒未收。饿死了很多人。听说这里土地肥，牛羊多，好过日子。所以，我们就结了帮来了。"

"来这儿以后情形如何？"

"这儿确实比咱们那儿好过日子，人口少，土地多。"

察看两天后回到休息地。僧格林沁召集了第二次旗政会议。

会上他心情有些郁闷。昨晚，他的伯父布和特木尔喇嘛来见过他。

"孩儿，伯父我今天来这是有个事要给你讲讲。"布和特木尔今天拿出家族之长的架子直接以训诫的口吻说。

"伯父，有什么事情讲，孩儿听着呢。"

"孩儿，我们这一家是个贫苦人家，你当了这一旗之主确实是不易。但是，你可想过没有，你现在不是从家贫苦人家的孩儿，你是一旗之尊，是皇上亲封的郡王，御前行走大臣。你必须有符合这个身份的言行。"布和特木尔喇嘛的一番教训，使僧格林沁有些不知所措了。

"伯父，孩儿不知有什么过错。请您老明示。"僧格林沁强压心中的不快说。

"你听着，你记住你的贫苦出身，我不反对。这是因为，这可以砥砺你的意志，使你发奋图强，有所作为。但是，生活在这个讲门第尊卑的天地里，你绝不能被你的出身所拖累啊。"布和特木尔的语气严厉而可怖。

"伯父，这话咋讲，孩儿还是不太明白。"

"你在巡视流民营地时，表现出过于的同情，使人们都看出你的懦弱的秉性。这在政治舞台上是绝不可以的。另外，流民开荒一事，朝廷早有所闻和明示，实则是认可这件事。那些台吉富豪们得利之事并非从今天才开始。你怎么能一下子就解决得了呢？"布和特木尔此时才透出问题的实质。

"伯父，孩儿着实同情那些流离失所的贫苦人家。我看见他们的孩子就想起了我小的时候。人非草木，孰能无情啊。在这个事情上孩儿真不知有什么过错？"

"感情，能值几个钱？"布和特木尔喇嘛腾的站起。

"你听着，从今以后你待一切事物必须冷静，一切都要从政事角度考虑，感情要抑制，抑制，懂吗？否则的话，我花费几年的心血就要付诸东流。"

这一番训斥简直把僧格林沁这个少年击昏了。

僧格林沁没有想到一向持重而慈祥的伯父会有如此的冷酷性格。此时，他想起了在回乡的路途中伯父几次对他讲的处理旗政不要过急，有要紧的事必须与他商量的嘱咐实为命令。

"伯父，当这个王爷连这点自主都没有的话，孩儿就不想当了。"僧格林沁语出惊人。

"你说什么？你简直是我们博氏家族的败类。我冒着杀头的危险，呕心沥血才把你扶上这个位置，你却说这样的丧气话，你还对得起祖宗？

你还想去过你那跟牛羊屁股的日子吗？"布和特木尔喇嘛气得又指着侄儿的鼻子骂。

是啊，一想起那种受人白眼、嘲笑、奴役的日子，僧格林沁心里就打战。当这王爷几个月来，这日子过得太舒服了，和以前相比简直是天上和地下一样。从这一点考虑，伯父说的话不无道理啊。但僧格林沁还渴望一种自由，并不仅仅是权力与荣耀。他面对伯父，心里极为复杂。他既感激他，又十分惧怕他，如今又恨他。因为怕父的话是无法摆脱的。

"伯夫，容孩儿考虑考虑。"

"知错就好，刚才我有些过火。但是，伯父只是为了你和我们这个家族呀。请你不要介意。"布和特木尔也感到自己有些过头了。

"伯父，那么这些开荒盘营的流民，让各苏木逐步一一据实登记造册，建立流民户籍，统一管理。二是，查处一些诱惑流民开荒获利的三等以下台吉和豪强以示惩戒。三是,制定颁布今后严禁流民开垦荒地之令，若有违者严惩不贷。"布和特木尔喇嘛着实十分老练。

"孩儿遵命。只是有一点不理解，为什么只惩办那些三等以下台吉呢？"

"孩儿，这你就又迂了。你身在千里之外的京城，旗里政事全靠这些台吉们管理，你把人都得罪了，谁还替你理政训民呢？"

僧格林沁原本是个善良纯洁的孩子，如今当了王爷他已经不能按着自己个性去说话做事了。

"孩儿，照伯父说的话办就是了。"

僧格林沁在修庙理政的敏忙之中，并没有忘记乌日娜。他想尽办法要见到她。他极想知道乌日娜现在怎么样？但在叔叔布和特木尔形影不离的眼神之中，他不敢向其他人打听乌日娜。

政事理出了头绪，他可以稍作休息了。

有一日晚间，半轮残月在飘浮的云中，忙碌喧嚣了一天的王府开始平静下来。僧格林沁脱掉官服，换了身便装，独自一人踏着半明半暗的月光走进了母亲的房间。

"孩儿，这几日确实有些疲惫，但不是身体的，而是心灵的。今天只想和母亲唠唠家常，解解闷。"僧格林沁依偎在母亲的怀里说。

"这好，这好。这些天阿妈也想，像你小时候那样抱你亲你，可是没有机会啊。"珠兰格日乐在孩子的脸上尽情地吻着。

"阿妈，孩儿有一件事要问。"

"你说吧，阿妈听着呢。"

"阿妈，乌日娜最近情况怎么样？"

珠兰格日乐听到此，稍一愣怔了一下便摇了摇头。

"阿妈，你快说呀，她现在到底怎么样了？"

"孩儿，她……"

"她怎么样？"

"唉，孩儿，她是好孩子呀，她父亲把她许配给孟克的儿子巴拉腾，并且都已订下了娶亲日期了。"

"阿妈，这事乌日娜同意吗？她是怎和样表示的？"

"孩儿，你不懂，自古以来，儿女婚事由父母做主，哪有女儿自己订终身大事的道理呢？乌日娜与你有意也是白费心意。"

"不，阿妈，我喜欢乌日娜，我要娶她为妻，对此谁也不能阻挡。"

"孩儿，这事恐怕很难呢。我打听了一下，据说王公们的婚事大都是皇上指婚。你叔父说，皇上已有意要给你指婚，这是莫大的荣幸啊，孩儿你要好好想想呢。"珠兰格日乐亲着僧格林沁的额头说。

此时，僧格林沁明白了，这一切都是那样的不可避免，那样的不可抗拒。

这日晚，僧格林沁辗转反侧不能入睡。

第二日，僧格林沁起得很早。他穿好衣服，在院里散散步，想用这清晨凉爽的空气排解郁积在心中的晦气。

"禀王爷，大门口有个叫奇达尔的人求见。"一仆役突然跪在跟前说。

"奇达尔？好，好，快请进。"

奇达尔跨大步进了进来，还是原来那个大大咧咧，一切不在乎的奇达尔。

"僧格林沁，不，应该叫你王爷了，我是不是要给你叩头啊？"

"奇达尔，你个浑兄弟。你想叩头，你就叩吧。叩上个七七四十九天，我才高兴呢。"僧格林沁抓住奇达尔的手大声说道。

"还行，还没有什么王爷的架子，但是，我见你难呢。听说你要来，我想去接你，王府人说，平民百姓不能靠近，我只好不去了。今天我是来王府门口的第七次了。好在今天看门的人我认识。"奇达尔直言快语。

"奇达尔，都是为兄的不是了，请你原谅。快到屋里说话。"

"不，不用了，我这身脏兮兮的样子，怎么敢坐在王府的软椅上呢？我只想问你，你和乌日娜的事怎么样了？"

"这，我还没有见到她呢。"

"你想见她并不难，就看你有没有诚意。"

"这说哪里去了，我日夜想见到她。"

"那好吧。明天你到查干套力盖甸子上去吧，她在那儿等你。"

"那好，我一定去。"

"你如果食言就是连灰狼都不如了。"

"奇达尔，谢谢你了。"

"少来那些虚的吧，人家乌日娜为你一切都不顾了。"

"我不会忘记她的。"

僧格林沁与乌日娜见面时，天上下着蒙蒙细雨。

乌日娜长时间地打量着僧格林沁，并不说话。

"乌日娜，你为什么不说话？你有什么委屈都跟我说吧。"僧格林沁说。

乌日娜仍无话。

"你说话呀，你现在究竟怎么样？"

"僧格林沁，我现在最想知道，你到底是什么想法，请你先回答我。"乌日娜咬着嘴唇说。

"我要娶你。"

"你说话算数？"

"算数。"

"哼，我爸说，蒙古人一旦当了王爷，都由皇上指婚，尤其你是皇上的外甥。"

"这，这，不。这事我要自己作主。"

"僧格林沁，恐怕这事由不得你了。"

"乌日娜，照你这么说，你是想断绝这件事？"

"不，我是想听听你的心里话，请你不要欺骗我，说说你的心里话。"

"乌日娜，你听着，我一定要娶你。"

"那好，苍天在上，我乌日娜非你不嫁，我要等你，一直等下去。"乌日娜边说边扑进了僧格林沁怀里。

僧格林沁把她紧紧地搂起来。

"僧格林沁，我把这只玉手镯给你留作纪念，你今后只要见到它，就像见到我一样。"乌日娜从手上脱下碧绿光滑的手镯子送给僧格林沁。

僧格林沁轻轻地拭摸着玉手镯,轻轻地说道:"乌日娜,我决不会食言,我要娶你。我也要给你一件礼物。"

他边说边从腰上摘下镶金刀鞘白玉石柄的七星短剑递给乌日娜。

"啊,这刀真漂亮。"

"这把宝剑佩在身边会镇邪祛灾,永远保佑你平安无事的。"

"嗯。"

"明日我就要启程回京了。"

"那我们什么时候能再见面?"

"我回去再次奏明皇上,得到恩准后就来接你完婚。"

"嗯。"

此时,一只孤雁"嘎嘎"叫着向北飞去,其声清纯而凄凉。

第九章　圣命难违

北京的盛夏闷热难耐。太阳把烧灼般的光洒向大地,炙烤着万物生灵。

僧格林沁身穿白软绸绸领衬衫,右手握着黑色纸扇在书房内来回踱步。

王府各宫殿,高屋厚顶,回廊环绕,通风良好,是很凉爽的。但是,也顶不住酷热。僧格林沁不停地扇着手中的黑扇。他不仅仅是扇这屋内大自然导致的炎热,而更想扉除胸中郁积的憋闷之火。

他从科尔沁回到京城后,即奏请皇上纳乌日娜为妻。不料,此时皇上已从布和特木尔口中得知,这乌日娜的父亲是随公主到科尔沁的宫仆之后,祖先又是汉人。道光皇帝得到布和特木尔的禀报后连连摇头,"此事万万不可。"

道光皇帝很不高兴这小郡王的固执和不明事理之举,便以不容置辩的口吻说:"僧格林沁听着,朕封你为郡王,实对你抱有厚望。你应谨守我朝例制,怎能自纵情欲私订终身?朕,决不许你小小年纪固执胡为。你的婚姻之事,由朕安排。"

僧格林沁伏在御案前听着皇上的话,心中隐隐作痛,他默默念叨,乌日娜,乌日娜。

这几日他一直烦躁不安。梦中几度幽会乌日娜,惊醒之时一枕黄粱。

僧格林沁为不能娶自己的心爱的人而苦闷之时,皇帝正在想给僧格林沁选择与他身份和人品匹配的女子。他首先想到了皇族内。但是,在皇族内与僧格林沁辈分相等的公主、格格嫁的嫁、死的死,确实没有合适的。凭僧格林沁人品才学真应该给他嫁个公主封为额驸那才是最美满不过了。但是上哪儿去找呢。

道光皇帝先后有过十女。此时已有五女。大女十四岁殇。二、三女均死于襁褓之中。四女封寿安固伦公主，于道光六年仅十三岁便下嫁给奈曼旗扎萨克郡王德木楚克扎布。现在宫中的第五女还只有六岁。

道光皇帝没有可下嫁的公主，只好钦命宗人府宗令在满族贵戚这中选一貌美贤淑女与僧格林沁成亲。

宗人府宗令接旨后，就在京城里的满族上层官员中查访询问，得知内务府族人经拜有一女叫文贞，年及开屏，贤淑端庄，且从小教习琴棋书画无所不能，女红礼仪无有不通。宗人府宗令就把查到的情况禀报了道光皇帝，皇帝大喜，立即指婚给僧格林沁。

接圣旨当晚，僧格林沁很早便和衣倒在床上，两眼盯着屋顶发呆。眼泪从眼角流到耳根，不大一会儿濡湿了软枕。他真想到户外大喊："苍天啊，我为什么是这样的？"

他现在恨一切，恨周围的人，恨这世界，更恨他自己。

他突然翻身下床，从怀中掏出乌日娜给他的玉镯，久久端详，轻轻地擦拭，然后把它放在几案之上，点燃了两根香，跪了下去。

"乌日娜，我对不起你啊。圣命难违，我只好把你永远铭刻在心里，祝福你遇上一个比我更强的男人，一个好男人。"他说完把香折为两段，把玉手镯用红绸包好放在贴胸衣袋内。

翌年冬。

僧王府装饰一新。朱漆大门两侧挂上了大红灯笼，门上贴有满蒙汉三种文字写的大红喜字。从大门往里进至第二道门两侧的树上都挂满了红绿纸条纸片，把这枯树都打扮成了枝叶繁茂。第二道门里便是正殿前的天井。这天井约有十丈见方。天井里的树木也都同样披上了盛装。四周的回廊上挂满了七七四十九盏大小灯笼。装束一新的宫女们穿梭在这花团锦簇般的宫殿之中，使人看起来如临仙山琼阁之中。

僧格林沁的新房布置在正殿的东厢房。正殿叫做勤政殿。叠山式重檐建筑。从殿外看去景象巍峨，殿内则宽敞而稍显幽暗。檀香木、楠木制作的紫褐色家具陈设，使这殿内愈加古色古香。东厢房门额写着"玉妍"二字，房内地上铺有阿拉善王送的地毯。这地毯以蓝、黄驼三色为基调，边上绣有云纹和海浪图形，中间是褚红色的团龙飞凤嬉戏图案。房间的

其他摆设也都极其考究和奢华，满、蒙、汉传统艺术叠加在这里，多少使人感到不伦不类。

僧格林沁表情呆板，与今日的气氛不那么和谐。他身穿完全是蒙古式样的长袍礼服，没有戴帽，两条辫子梳得整整齐齐。因在京城，不能完全按蒙古族的传统婚俗办婚礼，只好采取满蒙结合的办法。僧格林沁穿戴整齐后在主婚人的引导下骑着高头大马到新娘家接新娘。新娘文贞按满族礼仪把头发高高地挽在头顶，并用七十颗珍珠连成的头环束紧，在上正中插了一朵大红花，两侧插有小花绿叶，把一个银盘似的粉脸衬托得娇美无比。文贞在伴娘的搀扶下轻移莲步，飘飘然然走来。僧格林沁也迎上前去，先躬身给伴娘献上了洁白的哈达和美酒，两位伴娘接起酒杯沾了沾唇把杯递给身后。僧格林沁又把一条狐皮围脖轻轻地围在新娘脖子上。新娘莞尔一笑，由伴娘指点坐进了大红软轿里。

接到家后，僧格林沁与文贞拜地，拜父母双亲。拜天拜地的时候，僧格林沁默默念叨："乌日娜，今天这是我的心与你拜天地呢。你可听见我的心声？请你原谅我吧。我不是我自己的，我是个庙宇的泥人像？"他只顾想心事，叩了三次头，还不起身，还在那里叩头，在场的人不禁失笑。主婚人赶紧示意丫环把他扶了起来。僧格林沁这才知道自己失态了，木讷的脸上显出窘态。

隆重的宴会开始了。在京及从外地特意赶来的蒙古王、公、喇嘛、满、汉大臣上百人聚在僧王府贺喜。

酒席上摆上了蒙古族最为考究的烤全羊、蒸驼峰、烧牛头。

宴会一开始，金宝善大总管手捧名单簿，大声念前来贺喜的达官贵人的名字和礼品。

正在此时，一位太监大摇大摆地走进大殿喊道："僧格林沁接旨。"

一听到有圣旨，在场的所有人等手忙脚乱地全都跪伏在地。

僧格林沁当然快走几步面对太监跪下说："奴才僧格林沁候旨。"

大太监从跟随在后的另一名太监手中接黄缎卷轴，展开朗朗念道："僧格林沁今日喜结良缘，朕致庆贺。又加文贞为一品福晋。钦此。"

"谢恩，吾皇万岁、万岁、万万岁！"众人一齐欢呼。在这喜庆的气氛中又加上几分庄严。太监宣旨后，又从随从手中接过一红绸包着的盒子递给了僧格林沁。僧格林沁小心翼翼地跪接，又一声"谢恩"，递给身边的人站起，请太监入席。大太监一转身一挥手，跟随的小太监当然不能在这正殿里吃喝,只好退出。等小太监退出,大太监说:"恭喜僧王爷,喜庆之日又受皇上隆恩,给新夫人加一品福晋,真正是双喜临门啊。"

"请公公入席,畅饮几杯。"僧格林沁再请太监。大太监并不客气,坐在僧格林沁的左侧吃喝起来。

酒至半酣,大总管金宝善命宫女们奏喜庆曲调,唱起了欢快的蒙古民歌。

深厚悠扬的马头琴和口弦琴、低音回旋的四胡,奏响了激荡人心的悦耳之声。宫伶随乐放开歌喉唱道:

羔羊美酒摆满了宴席,
举起酒杯呀向天致意,
为主人的美宵良辰,
我拉起了马头琴,
唱起喜庆的婚礼歌。
喜鹊的翅膀啊,
生来就是一双,
为新人放上沙恩特,
这是成吉思汗的规矩。
牛羊的犄角啊,
生来就是一对,
为新人放上沙恩特,
这是成吉思汗的规矩。
金马拴在玉柱上,
银毡铺在草地让,
哈达放在佛龛前,
喜酒敬献尊贵的客人。
像太阳那样明亮,
似红花一样鲜艳,
举杯吧,满殿的贵客,
为这吉日良辰。

婚宴结束后僧格林沁在众侍女的搀扶下走入洞房。

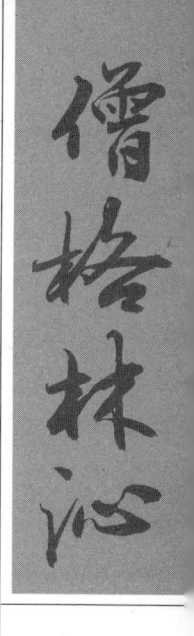

第九章 圣命难违

洞房内烛光摇曳，软帘婆娑，倩影飘摇。

侍女们七手八脚地脱下僧格林沁的新郎装，给他披上了驼毛轻裘睡衣。

待侍女们退出后，文贞轻盈地走到僧格林沁跟前细声说道："王爷，一日忙碌一定累了。待妾给你敬杯酒。"此时，已在洞房内摆好了酒席桌。文贞斟满一杯酒双手捧给僧格林沁。僧格林沁厌恶地看了一眼文贞，并不去接，而是自言自语道："喝，喝个够，喝个痛快。"他拿起银制长脖酒壶咬起嘴就咕嘟嘟地喝了起来。

文贞又羞又气，欲要制止又不敢。僧格林沁喝完一壶，又在屋里四处找酒。吓得文贞跪在地上说："王爷，妾初次进王府，不懂规矩，有什么不对的地方，请你责罚奴婢就是了，为什么这样喝酒糟蹋身体呢？"

"你说什么，我糟蹋自己，这与你何干？哈哈哈。"僧格林沁纵声大笑。

文贞听到这儿，也顾不得什么了，她大着胆子说："王爷，我从今天开始活着就是你家的人，死了是你家的鬼，我为什么不能劝你呢。"

"哈，哈，你劝我，皇帝劝我，伯父劝我，爸妈都劝我。你们都是串通好了的。"僧格林沁把桌子擂得咚咚响。

文贞搞不清楚，自己到底得罪了他什么，在今日这喜庆的夜晚竟遭如此对待。她感到了莫大的委屈，便"嘤嘤"哭起来。泪水不是从眼窝里流出来，而是从心底里涌出的。

僧格林沁在室内寻酒，摇摇晃晃地到处乱撞，终于禁不住酒劲发作瘫软在地上。

文贞止住哭泣，想把僧格林沁扶到床上。可是僧格林沁身材高大，她怎么使劲也扶不动。她想喊仆役丫环，然而羞于启齿。她一横心不顾一切地拦腰抱住僧格林沁使出浑身的劲儿向床上拖，终于把僧格林沁拖到了床上。她浑身汗水淋淋，但是，心里感到惬意爽快。

第二日清晨，僧格林沁酒劲已过，徐徐醒了过来。他闻到一股从来未闻过的香粉味。他想这香味儿是从哪儿来的？他觉出与往日不同。

他活动了一下身体，浑身酥软无力。脑子渐渐地清醒了过来，他极力回忆过去的片断。

"啊，王爷，你终于醒过来了。"一个银铃般的声音叫道。

此时，他已明白过来了，昨日的情形开始浮现了出来。他重又闭上眼睛，极力回忆昨日的婚宴情景。

"王爷，请你喝口奶茶，解解酒。"又一声甜甜的声音。

他睁开了双眼，文贞那初绽的海棠花般的圆脸在眼前展现。她含情脉脉地望着他，眼里滚着清澈的泪，犹如挂在花瓣上的晨露。

僧格林沁重又闭上了眼睛想，这朝露般的眼波多么像乌日娜呀。她就是乌日娜不成？

"王爷，你快喝点奶茶吧。"

僧格林沁接过奶茶大口喝了下去。一股清新透骨、沁人心脾的感觉流遍了全身。

"好清爽啊。"他脱口而出。

"这样奴婢就放心了。"文贞一扫委屈的神色。

"你一夜守着我没睡？"

"王爷，你醉成这个样子，奴婢怎么敢睡呀。"文贞说着眼圈又发红了。

僧格林沁望着文贞红肿的眼，心里不知是什么滋味。

能怪她吗？她和乌日娜不都是一样任天由命吗。我为什么要责怪她呢。想到此，僧格林沁望着文贞的脸说："文贞，我实在对不起你。"

"不，王爷，我明白，你是喝多了。"

"好，文贞，但愿你总认为喝多了就行。"

"你让我怎么样都行。"

"文贞，你也是一个不幸的女子啊。"

"这话我不明白。"

"以后你会明白的。"

"这是为什么？"

"因为我不是一个好男人。"

"不，你是个好男人，我永远是你的。"文贞情不自禁地拥入僧格林沁怀里。

僧格林沁心潮激荡，他一时忘记一切，把文贞揽入怀里，两人尽情地温存抚摸。文贞玉洁温滑的肌肤使僧格林沁心荡神摇。僧格林沁雄健弹性的身体使文贞的心如醉如痴。

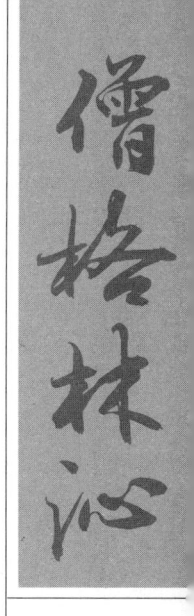

第十章　拒受重贿

极目远眺，绵亘千里的锡林郭勒草原是一片无边无际的浅绿色的海洋。它远与天相接，与云相连，空旷渺茫，雾霭氤氲。收眼近望，草浪翻滚，牛羊如星星般点缀其间。红、黄、紫、蓝各色花儿，争芳斗艳。迷人的草原，令人心旷神怡。

僧格林沁骑着一匹高头大马，在众多随从侍卫的簇拥下缓辔徐行在草原上。他陶醉在这草原的旷达飘逸无际的美景之中。他虽生长在草原，对草原有极深的感受和依恋之情。但是，那时是孩童时期微观切肤的梦幻般的感受多，不同于今日——以御前大臣又加领侍卫内大臣、正黄旗满洲都统的显赫无比的身份视察自己所辖的草原及繁衍生息在这里的万民。他以俯视自己领地的心情从宏观上看这草原，自然与小时的感受迥异了。

博大的草原以她宽阔的胸怀任剽悍的马背民族驰骋，并以自己绿色的乳汁哺育了诸多匆匆而过的部落，锻铸了他们飘忽不定之中的雄性和灵气。他在遐想之中突感这草原最大特点就是无阻无隔无墙无界。任你放眼远眺，纵马驰骋。草原无墙，草原民族的心灵也是无疆无界。感叹之余僧格林沁又想起了从京城出发时接到的一纸诉状。状告正黄旗辅国公干珠尔巴诺门罕依仗权势，违背朝廷封禁规定私开牧场，占草原上万顷，赶走了大批牧民，引起民怨沸腾。

以前，也有人将此事行告发到理藩院。干珠尔巴诺门罕得知后，找理藩院尚书穆彰阿通融。穆彰阿把此事压了下来，未作处理。干珠尔巴诺门罕见朝中有人庇护，更是横行无忌。

僧格林沁经过这几年的磨炼，在他身上早已看不出当年牧羊少年的影子。性格愈加刚烈，他对皇帝的知遇之恩感念不忘。他想，这次一定秉公断案，为民除害，为整饬朝纲出力责无旁贷。僧格林沁在马背上默默地提醒自己。

僧格林沁没有想到，当他一从京城出发，便有人将消息传递到了正黄旗辅国公干珠尔巴诺门罕府内。

干珠尔巴诺门罕想，皇亲国戚我也见得多了，看起来车仗威仪下道貌岸然，其实，还不就是那么回事——见了银子就眼睛发亮，天下哪有不吃腥的猫。待我好好应付这一品都统大人，看他能把我怎么样。

僧格林沁的行营设在正黄旗王府内。因为僧格林沁是御前正一品大臣，警卫仪仗十分庞大，行营戒备森严。都统府属官统领舒通额、骁骑校何建鳌以下将校十余人也随住行营。

骁骑校何建鳌领侍卫骑兵营。他把个都统行营警卫布置得犹如面临大敌般的严密。三步一哨，五步一岗，刀剑林立。巡哨将校往来穿梭。

僧格林沁下榻在王府议政殿。

这日，正与统领舒通额品茶议事。

骁骑校何建鳌进殿禀报："王爷，干珠尔公爷求见。"

"噢，说曹操，曹操就到。宣他进来，看他有何举动。"僧格林沁看了一眼何建鳌说。

干珠尔巴诺门罕进殿后跪下请安："正黄旗辅国公干珠尔巴诺门罕叩见都统大人。"

"请起。"

"嚓。"

僧格林沁端说干珠尔巴诺门罕。这干珠尔中等匀称的身材，修剪得体的两撇胡子衬托白净面皮，两眼不大却黑白分明。他身着四品武官服，倒也威武整齐。

在僧格林沁威严的目光下干珠尔巴诺门罕极力掩饰着惊慌。

"赐坐。"僧格林沁发话。

坐下后，干珠尔巴诺门罕又起身说道："王爷远途跋涉，鞍马劳顿，真正辛苦了。"

"承蒙关怀，本王身强体健，这点算不得什么。"

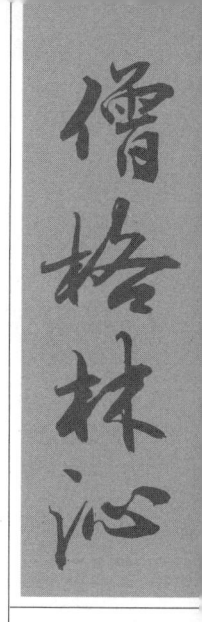

第十章 拒受重贿

"这真是我旗万民之福啊。"干珠尔巴诺门罕顺竿爬上来了。

"干珠尔巴诺门罕,你来本行营就是为了请安?"

"奴才是为了请安,另备些薄礼请王爷笑纳。"干珠尔巴诺门罕讪笑着说。

"孝敬本王都是些什么珍珠宝贝,拿过来看看。"

何建鳌便喊:"宣干珠尔巴诺门罕辅国公随从人等进殿。"

四个随从两人捧一个红木匣鱼贯而入。

僧格林沁打开盒一个个看。第一个盒内装的是近尺高的释迦牟尼金佛像。第二个盒内是银制的卧牛。第三个盒内是白玉石绵羊。第四个盒内是蒙古贵族妇女最讲究的头饰。

干珠尔巴诺门罕真是奉迎拍马、贿赂送礼的高手。这四件礼品选得如此的精心并都含寓意。送这佛像是暗喻僧格林沁继承王位得益于佛门弟子布和特木尔喇嘛。僧格林沁焉有不尊崇佛祖之理。这卧牛喻含量僧格林沁九岁缚牛称雄之壮举。有人还不曾忘记他小时候的举动,当然会讨僧格林沁喜欢。白玉石绵羊乃是指皇太后的梦里所见之物,僧格林沁又是羊年所生,羊又是吉祥之物。第四盒内的头饰又是什么意思呢?蒙古族妇女最讲究头饰,僧王的福晋文贞是美丽绝伦而聪慧之人,她虽为满女,但是为了讨得夫王欢心,常常插戴蒙古妇女首饰。

看着这四件礼品,僧格林沁暗忖,这干珠尔巴门罕真是绞尽脑汁,而且,他对我的身世了解得如此的仔细,真是可恶至极。

僧格林沁突然站起身,拍了一下坐椅的扶手喊道:"来人,把干珠尔巴诺门罕给我拿下。"

几个亲兵过来把干珠尔巴诺门罕拿住摘去了花翎顶戴。

"王爷,奴才何罪之有?"干珠尔巴诺门罕吓得脸色灰白。

"大胆,干珠尔巴诺门罕你私放牧场,违抗圣旨,盘剥旗民,贿赂朝中官员。难道你还不知道这是杀头之罪?"僧格林沁指着干珠尔巴诺门罕的鼻子数落他的罪行。

"王爷饶命,奴才知罪,私放牧场的事确实有,只是这行贿朝中官员之事奴才确实不曾有过。"

他不敢供出穆彰阿。穆彰阿绝不会认这账,到那时,他又加个诬陷朝廷重臣之罪,那不是灭门之罪嘛。

僧格林沁冷笑了一声问:"送来的四件物品就在这里,你还敢抵赖。"

"奴才知罪，这只是孝敬王爷的小礼物，并没有别的意思。"

舒通额听到这差点笑出声来，这干珠尔巴诺门罕倒会狡辩，把行贿说成是"孝敬"。

"把干珠尔巴诺门罕关进大牢听候处断。"

"王爷饶命，王爷饶命。"干珠尔巴诺门罕叩头如捣蒜之时被亲兵架走了。

"王爷，干珠尔巴诺门罕贿赂理藩院大人之事他是不会承认的。"

"不承认也罢。这样的事谁还承认。待我们回京后奏明圣上再说吧。"僧格林沁又处理一些其他事项便回转京都了。

回京后稍作休息。写好奏折，在一日早朝上呈给了道光皇帝。

道光皇帝看完奏折问穆彰阿："穆爱卿，正黄旗辅国公干珠尔巴诺门罕私开牧场违禁之事你可知晓？"

穆彰阿出班跪下说："皇上，正黄旗里有人向理藩院告过此事。卑职派堂主事阿林额查办。结果事儿不大，当即告诫干珠尔巴诺门罕不要再开牧场。以后再也没听到什么非议。"

"干珠尔巴诺门罕无视封禁的规定，私开牧场，横行旗里，引起民怨沸腾，你胆敢说小事？在尔等眼中何为大事？"道光皇帝厉声责问。

"奴才知罪，奴才进一步查办。"穆彰阿感觉事情有些不妙。僧格林沁一上任正黄旗都统后，他心里就有些打鼓。僧格林沁正受宠，办事认真而不讲情面，一旦他与干珠尔巴诺门罕的事情败露，皇上责怪，虽不至于丢乌纱，但是名声败坏，今后仕途上就有些不顺了。但是，他刚才从皇上的口气中听出，皇上并不知道事情的底细，所以，松了口气。

"理藩院诸卿听旨。"

理藩院左右侍郎、堂主事、司务厅以上上朝人等一字儿跪在穆彰阿的屁股后边。

"干珠尔巴诺门罕违禁开垦引起民怨，割去辅国公爵，永不再录用。家产抄没入库。堂主事阿林额查办不力降两品序，由吏部另行委用。理藩院其他人等渎职不勤，罚俸三月以示惩戒。"道光皇帝立刻发旨理了这事。

理藩院众人齐声道："谢恩！"

道光皇帝又道："僧格林沁供职忠贞不贰，勤于王事，此次查办干珠尔巴诺门罕违禁之事严细而不徇私情。拒受赠礼尤为可嘉。为嘉勉其功，

僧格林沁

第十章 拒受重贿

慰其劳顿，将干珠尔巴诺门罕所赠之四件礼品赐给僧格林沁。"

僧格林沁的奏折里把干珠尔巴诺门罕行贿之事作为一条主要罪行来写的。但是道光皇帝并没有视为罪名。那时，下官给上官送礼之风盛行，君臣上下都不把它视为罪行。只要受礼之人不掩盖送礼人的罪恶，皇帝便不追究。这个规矩，僧格林沁还不甚明白。

穆彰阿虽没有受到皇上严惩，但是当着众朝臣幕僚的面受到严责，心里直骂僧格林沁不是东西，以后更处处与他作对。

第十一章　僧王议政

道光十八年（1838年）隆冬，京城下了一场厚厚的雪。有一日晚，林则徐在馆驿里坐在火炉前，手捧好友龚自珍的《咏史》吟哦。那诗写道："金粉东南十五州，万重恩怨属名流。牢盆狎客操全算，团扇才人踞上游。避席畏闻文字狱，著书都为稻粱谋。田横五百人安在，难道归来尽列侯？"

"好诗，好诗，自珍兄的诗意风发，锐利深沉，益发见功力了。"林则徐历来十分佩服这弃官不做而以诗文为乐的好友。

他正读诗感叹之时，随从进屋禀报："林大人，御前大臣僧格林沁郡王来了。"

林则徐乍一惊，随即道："快快有请。"

话音刚落，僧格林沁已步入大厅。

"僧王爷大驾光临敝府，本官有失远迎。"

"哪里，哪里。林大人鞍马劳顿，尚未休息，我便来打扰了。"

二人互相行礼寒暄。

林则徐有些感到意外。他和僧格林沁熟识，也很佩服，僧格林沁年少而为人耿直，勤于政事且性情豪爽。而且，他听说，僧王也支持他的禁烟之举。但是，御前大臣突然拜访他这驻外总督，不知何意。

"僧王爷，深夜造访本官不知有何吩咐。"林则徐比僧格林沁大二十余岁，又是前朝官员，无论是资历还是年龄僧格林沁无法与他相比。但僧格林沁毕竟是蒙古王公，林则徐不能不恭退三分。

"林大人，我年小资浅，理政无功。这些年来耳闻目睹林大人治理湖

广功勋卓著，尤为禁烟之举深得民心，深受皇上常识，故此前来贵府与大人叙谈，以诉衷肠，别无他意。"僧格林沁直言来意。

林则徐一听惊喜交加。惊的是这少王爷竟有如此肝胆，喜的是在这蒙古王之中也有这样坦诚支持他这汉员的保国安民之举的人。

林则徐便说："僧王爷年少有为，老夫早有所闻，刚才所言对老夫过奖了。老夫愿听王爷指教。"

"林大人，赴两广查禁鸦片可有筹划？"

"本官意欲先查其实情，而后根据其情节再寻良策——整治。如今在千里之外不好妄议良策。"

"林大人，皇上委你重任，能否查禁烟害以安民强国在此一举。我虽身为大臣，但是不能随林大人前去一试，深感遗憾。望大人好自为之。我虽资浅不能左右局势，但是，在朝中一定为禁烟之举力争。"僧格林沁一番话说得十分中肯。

林则徐听到此颇为激动地说："僧王如此敬重老夫，可谓老夫的忘年之交。请僧王放心，本官定感念皇上器重之恩，不遗余力查禁烟害，决不畏葸退缩，辜负圣上知遇之恩。"

"林大人如此慷慨，晚辈无甚可说了。启程之日理应相送，但是，有诸多不便，请大人不要介意。"

听到此，林则徐又看出僧格林沁的过人之处。外任官员赴任，除朝中有关部院大人相送外，私交深的其他官员也可相送。僧格林沁深夜造访倾诉衷肠，表明了他支持林则徐禁烟，但是启程时不送，又给人以他与林则徐无甚私交的印象；他支持禁烟，只从国家民生所虑，毫无个人之念。

林则徐暗忖这少年王爷果然有些不凡之处。

僧格林沁还有更深层的考虑是，这朝廷之中满汉官员矛盾很深，他如果在大众之前表现出钦敬林则徐，会惹来一些满、蒙大员的猜忌，他们会瞅准儿机会整治他这个根基脆弱的少王爷。那时，他哭也来不及了。所以，他既向林则徐表明支持之意，又不让他人窥出其敬佩林公之心。处在那个政治旋涡之中，没有这种纵横捭阖制衡之本事会很快被淹没的。

"少王爷之意老夫明白了，深夜造访勉励已使老夫感激不尽，怎么能奢望十里长亭之送呢。"林则徐拱手道。

"请大人多保重，晚辈告辞了。"僧格林沁行礼后走出大厅。

送走僧格林沁，林则徐感慨万端。

林则徐原在湖广总督任上，这次是道光皇帝急召他入京，另任为两广总督、钦差大臣，急赴广东查禁鸦片。道光皇帝作出这个决断颇费了一番口舌，引发了诸多积深的矛盾，使禁烟派、弛禁派、不禁不弛派，各成营垒，公开交锋。

鸿胪寺卿黄爵滋主张严禁鸦片，严办偷运的官吏、奸商。他列举的白银外流、烟民增多的严峻事实，使道光皇帝十分震惊。是啊，自他登基以来，鸦片输入已困扰清王朝多年了。朝中大臣各说不一，近来还常听到王公贵戚们偷吸烟毒成瘾的事，使他十分气愤。他便召集御前会议，专议此事。

太常寺少卿许乃济说："皇上，微臣以为，黄大人的禁烟之奏不可行。我意应弛禁。闭关不可，徒法不行，洋烟有出无入，食鸦片者几遍天下，事实证明禁烟失败了，故应承认鸦片为合法贸易。"

直隶总督文渊阁大学士琦善说："皇上，黄大人所奏禁烟之事有害无益。我大清圣朝宽大，对外夷来我天朝理应礼待，不可贸然行事，以致引起刀兵相见，有损圣朝之至达四海。至于许大人所奏弛禁之事也不可。我朝法度严明。怎能明令外夷公开运烟营利。损我库银外流，有伤政体。所以，应采取其他妥善之策为妙。"

琦善是蒙古博尔吉济特氏，满洲正黄旗人。他方才一番话既反对禁烟，又不同意弛禁是何意也？他是置国计民生于不顾只从上层统治阶级少数人的利益出发的，因为偷运鸦片使他们从中获取了大宗收入，禁烟则不能，弛禁则也不能有如此利益。所以，他是想保持现在这种偷运之状态。

军机大臣王鼎听到琦善的一番怪论气不打一处来，他说："皇上，鸦片之害不仅使库银外流造成国贫民穷，而且，国人吸食鸦片精神萎靡，体弱不堪甚至毙命，长此下去，民无壮丁，国无兵源，又由何人保我大清江山。禁烟之奏万不可废。"王鼎这番话真是看得透。王鼎是汉员，在五个军机大臣中位列第三，凭其学识和忠贞受到皇上赏识。

这一班大臣们唇枪舌剑互不相让。

僧格林沁一直没有发话。他感到为难。他明显看出对鸦片采取不禁又不弛的态度的大都是满蒙大员，势力颇大。禁烟这一头多数是汉员，势小而理直。他也知道，满汉官员之间存在着深刻的矛盾和斗争。按说，他应该站在满蒙大员这一头。但是，他总感到偌大个清王朝素以天朝自居，

第十一章 僧王议政

竟甘受外夷之辱，鸦片之害，国银外流，兵民困病，真是奇耻大辱。据此，他十分同意禁烟之论，想一发胸中之论，然而又怕皇帝听不进忠直之言，偏听满族大员的谬论。思前想后僧格林沁十分为难。然而，他毕竟是个少年，血气方刚，终于忍不住上前奏道："奴才启奏皇上，以臣之见，禁烟之论在理。我大清皇朝百余年天下威德服四海，至今怎么能容忍英夷以毒品贻害国民，掠夺白银，挖我社稷之角。请皇上明令严禁鸦片输入，苛办吸食之官员，关闭鸦片通商口岸，剿拿偷运之内外奸商，肃清沿海盗匪，以振国威安我民心。"

僧格林沁说得很激动。在旁听着的王鼎、黄爵滋等人也很激动，他们难得在满蒙王公之中竟有如此有识之士支持禁烟之议。王鼎供职军机处以来常与僧王接触，平素也颇钦敬僧王直率敢言的性格。今天听他这番言论，更感这少年郡王与那些饱食终日无所用心的王公或那些争名逐利只顾自身而鼠目寸光之辈殊异。

此时，首席军机大臣文化殿大学士穆彰阿跪奏道："皇上，以奴才之见，琦大人所言极是，禁烟必使外夷愤慨，行起干戈使我圣明不安，这弛禁有损圣朝之威也不可行。以臣之意，鸦片之害尚未大伤，可观些时日，待有万全之策再议。"穆彰阿一听这深受道光器重的僧格林沁也同意禁烟，禁烟这一派气势逼人，便不得不亲自出来挽回颓势了。

道光皇帝是清王朝由盛转衰时期的皇帝，仅就他本人而论，还不是个十分昏庸之主。他想中兴这皇朝，不枉皇帝一场。今天他听黄爵滋的有详细数据的奏折和王鼎、僧格林沁等人从大清王朝巩固强盛所考虑的意见，感到鸦片流入中国贻害无穷，应该禁绝。想到此他清清嗓子道："众爱卿，所言各有见地。但是，太常卿少卿许乃济身为我朝受俸多年之大员，不以国家社稷为重，提出弛禁之谬论，蛊惑人心，有伤政体。深违朕意，即著革其爵位交刑部严议。"许乃济吓得两腿发软，自觉不自觉地跪了下去；但他毕竟多年为官，训练有素，还未忘喊："谢皇恩。"

过来两个武士摘去了花翎顶戴。把许乃济架了出去。

道光皇帝的这一招真厉害，那些反对禁烟的官员吓得面如土色，尽管殿内不热，但是冷汗已顺着脊梁往下流。

道光皇帝先来了个杀鸡给猴看，然后又道："众爱卿，鸦片之害无穷有目共睹，然有些人所言悖理，使朕失望。朕意已决，准黄爱卿所奏，即命湖广总督林则徐为钦差大臣即日赴广东查禁鸦片。打击英夷之嚣张

僧格林沁亲王

—088—

气焰，严惩内外勾结之奸商歹民，从中渔利之官弁。务使禁烟之举克日成功，除去朕之心腹大患。"

道光皇帝终于首次定下决心查禁鸦片。他之所以在那么多满、蒙、汉官员之中偏偏点这林则徐，是因为林则徐在湖广总督任上首先实行黄爵滋主张，专门配制鸦片断瘾丸，强迫吸者戒绝，又大举搜查，缴获烟枪、土膏，两湖禁烟大见成效，两湖人大多拍手称快。

林则徐开展轰轰烈烈的禁烟运动，并在虎门销烟后，英国政府决定向中国派遣远征军。

林则徐、邓廷桢积极筹备海防，决心以武力抵抗武力侵略。

有一日，道光皇帝在乾清宫召集御前大臣、军机大臣、一些部院尚书等要员商议林则徐所奏加紧海防准备迎击英夷武力进攻之折。

道光皇帝说："林则徐督办查禁鸦片以来成效卓著，今他奏英夷有武力进攻之迹象，建议应加强各地海防，修筑炮台坚固关口，派得力之将强化防务。各位爱卿面议。"

首席军机大臣穆彰阿开言道："林则徐查禁鸦片虽有功，然而，他好大喜功，扩大事实。英夷已在我天朝威德之下不敢正视东方，哪敢兵戎相见。林则徐所奏加强海防之事乃是糜银费饷之举动，奴才以为万不可行。"

接着王鼎说："皇上，愚臣以为，少穆之奏乃事实也。英夷烟贸被绝，他本是掠夺成性，焉能就此善罢甘休。他若真的贸然派兵侵我海边，我若无准备怎么能抵挡其锋芒。请皇上恩准林则徐所奏。即派员拨银两加强海防为上策。"

僧格林沁奏曰："依奴才之见，应一并关闭各关口，停止对外之一切贸易，以免祸患。同时，加强海防，多设炮台，坚决回击英夷之侵犯。"

琦善、潘世恩、奎照等相继发表意见，各说不一。

道光皇帝听众人之见，待差不多都发完言后说道："众卿，禁烟之举成功，英夷不敢正视我朝，安敢有武力侵犯之动。朕意，停止对英夷一切贸易。至于加强海防之奏，待观事变之后再议。"

实际上道光皇帝承认禁烟成功，但是，没有同意林则徐的加强海防以武力抵抗侵略之议。这充分说明了道光皇帝的矛盾心理和不十分明察时局之处。

鸦片遭禁，又断通商，大英帝国怎肯善罢甘心，于是英政府决定派

第十一章 僧王议政

遣远征军。英海军到达广东沿海后，肆意挑衅，受到了林则徐、邓廷桢、关天培等人的严厉打击。但是其他各地防务薄弱，英军沿海北上以后，一些海岸炮台相继失守，局势十分危急。面临这危急的局势，道光皇帝听信投降派将领的谗言，认为这是林则徐、邓廷桢等人查禁鸦片措施不力引起外夷猜忌所造成的。这样他就革职查办了林则徐、邓廷桢。对此，引起清王朝内部一些大臣的愤慨和议论。

首发其议的是军机大臣王鼎。

他说道："皇上，林则徐查办鸦片为国为民，严厉打击英夷之气焰，深得民心，均为我王朝之昌盛不衰，其精神可彪炳史册。望皇上念其功劳，从轻处理。"

僧格林沁接着说："皇上，林则徐当初查禁鸦片，是受皇上圣旨，是为我大清王朝万年之永固的大计，自查办鸦片以来，令外夷肝胆俱裂，国内奸商盗民不敢妄动，实为功勋可嘉。请皇上开隆恩，免其不妥之罪。"

僧格林沁的这段言论使在场文武大员颇为惊讶。一个年纪不大的郡王竟敢面对皇上的谕旨如此直率地发表不同见解真是胆大已极。他们都认为道光皇帝会大发雷霆训斥他。

奇怪的是，道光皇帝并没有发怒训斥这小外甥王爷，而只淡淡地说："众爱卿，对外夷之事十分复杂，不可妄动引起诸多麻烦。至于林则徐、邓廷桢二人仍按原旨办理，不得有改。令琦善妥办广东之事，不得有损国体，其余各有关事宜请切顾及国体国威，妥为处置。"

琦善这个钦差大臣到广东后便开始他"卓越"的外交策略。继而便就有了广州屠杀。

僧格林沁身为御前大臣目睹这些痛心疾首，但是，他不能起到多么大的作用。按他的想法，对外夷妥协忍让是多大的耻辱啊。堂堂的大清王朝面对这外夷的侵略掠夺竟如此手足无措，步步退避，实在可恨。他十分敬佩林则徐、邓廷桢的坚贞不屈英勇抗敌，他真想奏请皇上恩准，亲赴前线与他们一起赴汤蹈火为国效忠。但不久他便听到了一个个将领战败身死的消息。

厦门，颜伯寿战败。

定海，裕谦战死。

吴淞口，陈化成阵亡。

清王朝终于在《南京条约》上签了字。

僧格林沁仰天长叹，此时他还没有看出这百足之虫死而不僵的封建帝国的没落之势，但是他毕竟感到了前所未有的屈辱。

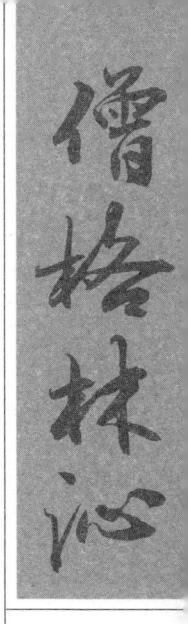

第十二章　请缨出征

　　清王朝在第一次鸦片战争后度过了表面平静的十年。这十年中，僧格林沁几经改任要职。此时，他正就任镶黄旗蒙古都统。
　　近几年虽然没有大的起义或民乱，但是小股起义或土匪之乱从未停止过。其中在京城附近密云一带被贫困逼迫的农民结伙上山以抢劫为生一事曾震惊朝廷。此外，还有一些兵痞流寇聚众占据山头打家劫舍，骚扰百姓。他们昼伏夜出，聚则多达上千人，分则几十人。聚集时袭击县衙大户，也敢同一些护县兵丁交锋。分散时小股行动，暗杀仇人，绑票诈骗，极尽残忍手段。朝廷几经派员肃清，都没有根除，僧格林沁便主动请缨出战。
　　道光皇帝欣然应允，宣布给僧格林沁以临机处置先斩后奏之权，还令兵部对僧格林沁所调之剿匪兵员的军饷应供应充足，不得有误。
　　僧格林沁随即点将出征了。
　　他让亲兵营中军由舒通额率领，又令郭尔勒斯协理台吉那木图克率兵五百为先锋，科尔沁达尔汗旗辅国公那木斯来率兵为左翼，奈曼旗萨布里协理率兵为右翼，浩浩荡荡地向密云出发。
　　这是，僧格林沁第一次率领如此众多的兵马亲赴前线。他骑着一匹银白马名曰千里雪，腰佩宝刀，斜挎箭囊，十分威武。银白马的辔环上的铜铃有节奏地叮当作响，给这肃杀的气氛中增添些许悦耳之声。
　　僧格林沁的前后左右有十六名亲兵簇拥护卫。这十六名亲兵所骑均是清一色的枣红马，益发把僧格林沁的白马反衬得如神马驹般耀眼夺目。

十六名亲兵的前边，一高头黑马上，一个身材魁梧的旗手高擎着绣有"僧"字的纛旗。旗在晨风中猎猎作响。

大军行至密云穆家裕附近。

穆家裕北靠燕山，南临一片开阔地，村西有一条河流在山脚下流过，村北通向燕山深处只有两条小径，极便于流匪扎营。参领舒通额对僧王说道："王爷，这穆家裕是匪徒的老巢。匪首王三杆儿就将这里作为大本营。我想，我们先派一部分兵力来个突袭，给他个迅雷不及掩耳，然后一一追剿便可获全胜。"舒通额是武进士出身熟读兵书，颇有韬略。

僧格林沁听了他的意见点了点头，就命令先锋营管带郭尔勒斯协理那木图克立刻突袭穆家裕。

那木图克率军直冲穆家裕，结果，穆家裕空空荡荡，匪徒们无影无踪。

王三杆儿占据的大地主穆云飞的大院内，除了几个年老的杂役之外，再没有壮丁人等。那木图克抓来几个杂役问王三杆儿的去向。那些杂役说，王三杆儿头一天听到大军追剿的消息后，便把聚敛的金银珠宝、粮食、器皿装上箱子、口袋，用几大马车拉进山里，而后又驱赶着抢来的美女奴婢走了。至于去了哪儿，他们也说不清。

那木图克又问："那么村里其他老百姓都去哪里了？"

那些杂役面露惧色，支支吾吾地不回答。

那木图克发怒道："大胆奴才，有话直说，支吾什么！"

"禀大老爷，我们实在不敢说，怕掉脑袋呀。"那些杂役跪下叩头如捣蒜。

"饶你们无罪，快快如实讲。"那木图克缓了语气。

"禀大老爷，前几次大军来打土匪，土匪一听消息就溜了。剿匪的大军为了邀功请赏，杀无辜百姓很多，有的还奸淫民女，比匪徒更甚。因此，土匪一跑百姓们便知道大军要来，也就跑到深山躲起来了。"

那木图克协理听这番控诉，脸上委实有些挂不住，便呵斥道："你胡说，官军肃清匪患者是为了朝廷和黎民百姓的安危，安有骚扰百姓之举。"

"大人饶命，奴才等知罪。"那几个杂役吓得叩头不迭。

"你们再胡说，割了你们的舌头！"那木图克用马鞭指着几个杂役威胁。

这时，僧格林沁等人赶到了。

那木图克禀报了刚才得知的情况。

僧格林沁听完后说："你把那几个杂役放了。然后找几个农民来，我亲自询问。"

"嗻。"那木图克答应一声，便率兵找农民去了。

不久找来个一花白胡子走路颤颤巍巍的老汉和两名四十岁上下病恹恹的汉子。

那老汉身体虽颤，精神却好，见了僧王也不下跪。

骁骑校何建鳌喝道："大胆奴才，见王爷为何不下跪？"

那老汉也瞅何建鳌，直挺挺地站在那里说道："大不了是个杀头。死了倒干净。我早就活够啦！"

何建鳌欲上前，僧格林沁制止了他，下马走近老汉跟前问道："老人家，你对官军如此仇视，定有缘故，我不怪罪你，请你如实讲来。"

老汉用浑浊的眼睛审视僧格林沁片刻说："这位大人，我也不怕你们杀我，我活着也没什么滋味了。去年，你们官军来剿除匪患，结果，匪徒没抓住，反而抓良民百姓。我儿子被你们抓走了至今杳无音信，儿媳受辱后跳井自杀了，只留下我这个孤老头。"老汉说着泣不成声。

"何将军，你速速查核像老汉这样受官军之害的还有多少家。查实后如实禀报。"僧格林沁向何建鳌吩咐道。

"是，王爷。"

僧格林沁对老汉说："老人，请你先回家去。我所带的官兵如果再借剿匪之名坑害百姓，我定斩不饶。"

老汉半信半疑，也没行个礼，转身颤巍巍地走了。

何建鳌在一旁嘀咕："这老汉也太不知礼节了。"

僧格林沁说道："悲极则无惧呀。"

僧格林沁先下令扎营，后下了道严令："军卒一律在营内食宿，不得擅自到民宅骚扰百姓。违者一律斩首示众。"

不到半日工夫，骁骑校何建鳌已经核查受到官军之害的百姓达数百家。

几次剿匪，官军为邀功请赏，前后约抓走或残杀这一带的百姓近百名。奸淫妇女、抢劫财物不计其数。老百姓恨这剿匪官军胜过恨土匪绺子。

僧格林沁听罢禀报，叹口气对舒通额等人说："水能载舟亦能覆舟。官府对百姓不抚恤而如此残害，难保有一天不暴发民乱，危及朝廷安危，到那时悔之晚矣。"

"王爷，事已如此，该如何处置？"参领舒通额问。

"副参领全顺。"僧格林沁喊道。

"卑职在此。"全顺上前施礼。

"你速去密云县衙，让县衙出银两抚恤受害人家，并劝躲藏的百姓还家归田。"

"卑职遵命。"全顺策马领亲兵往县府飞奔而去。

县衙经过几天散发银两安抚百姓之后，躲避在深山里的百姓陆陆续续地回了家。当他们看到如今这个官军并不像前几次那样欺压百姓横行无忌，心里多少有些踏实起来。

民心稍安。僧格林沁便召集各将军，共商剿匪之计。

统领舒通额说："王爷，依我之见，这匪徒一部分混在百姓之中，不好辨认。所以，我想让我们的兵丁装扮成百姓，掺杂其中观察和辨认匪徒。然后一一捕获。"

副参领全顺说："还可派小股官兵在各村口、山道要塞之处巡查过往行人，有可疑之人即刻拿问。"

萨布旦协理说："查明匪徒藏匿的山林严加封锁，断其水米之源，使这些匪徒不胜困乏，必然出山，那时候就可以一一擒获。"

僧格林沁听完诸将的议论，沉思片刻说道："众将说得对，本王命令：那木图克协理率本部兵马把守各村路口、入山之道，严加盘查过往行人，对一切可疑的人即行拘捕，查明身份。敢有反抗者格杀勿论。萨布旦协理分派本部懂汉语的人装扮成百姓，掺杂庶民之中侦缉匪徒，一一捉拿。统领舒通额统一节制兵马以防匪众突袭本营。"

僧格林沁将兵马分派已定，便到内室唤随军主簿林爽奕蒙古象棋夏特日（也译为谢塔尔）。夏特日是广泛流传于蒙古族中的传统的棋艺项目。它的套路和形式与中国象棋相近。每方有棋子十六个。棋子有骆驼、马、狮子。相当于将帅的棋子叫诺颜（汉语意译为官）。夏特日按棋子名称的形状用木或骨雕刻而成。诺颜雕刻成一人物。其他各动物也都立体雕塑，看起来形象生动，体态多有变化，性格突出，栩栩如生，富有草原生活气息。如棋子马，就有奔马、走马、卧马，还有母子马组雕。骆驼有雄性的，也有哺乳的母子骆驼组雕。

僧格林沁自幼便喜爱下夏特日。它不仅可在繁忙的公务之余休息消遣、解除疲劳，又可在其套路多变、下法不定、千变万化、奇妙无穷之

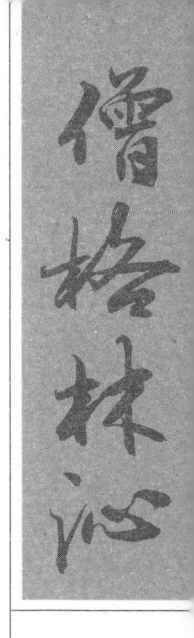

—095—

中锻炼思路、提高脑力、强身健体。所以,在第一次率兵出征之时,僧格林沁也没有忘带它。

正当僧格林沁连赢几盘之余高兴之际,骁骑校何建鳌神色紧张地进到大厅。

僧格林沁问:"何事如此慌张?"

何建鳌跪道:"王爷,奴才刚才查看各营地时,发现先锋营前锋校扎木苏强奸民女引起民愤,奴才不知如何处置,特前来请禀王爷定夺。"

扎木苏是僧王府总管金宝善的外甥,自小聪慧过人且狡诈多变,深得金总管的爱怜,十余岁的时候就接到京城抚养,像自己亲生的一样宠爱,他因天资聪慧,学什么像什么。这次僧王亲征,金宝善特意让外甥随征,一是让他随军锻炼,二也想表白金宝善对僧王忠贞不贰的心情。起初扎木苏还比较守规矩,还敢有什么非礼之举。但是,到这密云荒芜之地,剿匪已过十余日,他开始忘乎所以,先是与亲兵们喝酒猜拳,后来竟产生奸淫之念。前一日,他酒后领两个亲兵,潜到民宅。这是一户张姓人家。丈夫贩盐为生。外出不在家。媳妇姓李,三十余岁,颇有姿色。扎木苏便施暴强奸了该妇女。这女人,近几天见到僧王带的官军纪律严明,没有欺压百姓之举,所以被污辱后大着胆子向巡哨的何建鳌告发哭诉。何建鳌就立刻拿问扎木苏。扎木苏非但不认罪,反而恶语顶撞。要是换个别人,何建鳌早就收拾他了;但是这扎木苏不同,是僧王府总管家金宝善的亲外甥。而金宝善又是当年极力扶持僧格林沁继王位的第一人。何建鳌对这些很清楚,所以,他虽十分生气,还是没有擅自处理扎木苏,只好来请禀僧王定夺。

僧格林沁听罢何建鳌的禀报,拍案而起说:"大胆奴才,敢违抗本帅之命,施暴民妇,快快押进来。"

扎木苏敢于顶撞何建鳌,是他认为僧王对这点小事不会对他咋样。他想,僧王不看我的面还不考虑我舅舅金宝善的面子吗?所以,起初并没有当回事。但是,当他听到僧王声"押进来"的吼叫时,他开始害怕起来。

待他颤颤抖抖地跪下后,僧王发问:"扎木苏,你可知罪?"

"奴才酒后失德,请王爷饶过这一次,今后再也不敢了。"

"当你随征的时候,你舅舅对你都说什么了?"

"嘱我打仗要勇敢杀敌,平素要严守军纪,不得随心所欲。"

"这几条你做到了哪一点,还没有与匪徒交锋,你便敢做出这种伤天害理之事,本应斩首示众。但是,念你年小,留你一个全尸,何建鳌,你带他去赐酒令其自尽,然后晓谕各营,严加管束部下,再有违令不遵者格杀勿论。"僧格林沁说番话时,心里是非常生气和激动的,但是他强压心中的愤慨极力装出平静的样子。

一听到这儿,扎木苏先是一愣,接着心一横说道:"王爷,奴才罪该万死。但是,就这样死了太不值了。也对不起生养我的父母和养育我的舅舅,请王爷开天大的恩德,容我参加剿匪战斗,让我死在疆场上,也不枉男儿一生。"

人之将死,其言也善。僧格林沁听他这番话,觉得还有些男子汉的气概。心有所动,但是又一想,不可。我初次带兵作战,对营兵管束不严,有令不行,今后还咋能带出威武之师。军令即出,绝无改悔之理。慈不掌兵。借仁慈之名,行朝令夕改之实,乃兵家之大忌。想到此,他一咬牙,方正的脸绷紧说道:"孩儿,你方才这番话还有些男儿气概。但是,本帅是为朝廷带兵作战,为民除害。绝不能以私情废了法度军令。你还是去吧。如果有志,十八年后还是一条好汉。"僧格林沁发完话后转过身去。

扎木苏长跪不起又道:"谢王爷,奴才,死无怨言,但是只有一事相求,求王爷回京城只说孩儿死在疆场上或暴死兵营,孩儿便心满意足了。"

"答应你的请求,你去吧。"僧格林沁一挥手,扎木苏站起身主动向大帐外走去。

僧格林沁的眼泪在眼眶里滚动,他极力控制住没有让它掉下来。其实,这扎木苏从小在金宝善家长大,金宝善视若亲子。这孩儿自小聪明顽皮很讨人喜欢。由于经常出入王府,僧格林沁也注意上了他,认为长大定有出息。但是,因金宝善的过分溺爱和王府上上下下的宠娇,使这孩子养成了傲慢而倔强的桀骜不驯的性格。今天,终于导致杀身之祸。僧格林沁的悲伤还有一层原因就是,回去怎么向大总管金宝善交代?金宝善对他恩重如山,他还未来得及报答,却亲自处死他的心爱的外甥。金宝善会怎么看我僧格林沁。

"罢了,罢了。国与家终不能两全。我僧格林沁只要对得起上苍,对得起良心罢了。"僧格林沁握剑柄的手在微微颤抖,心灵也在颤抖。

赐死扎木苏后,僧格林沁召集众将领,听禀侦缉捉拿匪徒和封锁山路交通情形。

舒通额统领禀报说："王爷，这几日已捉得可疑者百余名。经末将查问验明，查出真匪徒六十三人，囚禁在县牢里。"

"可捉得匪首？"僧格林沁问。

"这些匪徒们互相包庇不肯供出匪首。末将请这里的老百姓辩论，他们说出了两个小头目。王三杆儿等大头目均未出现。"舒通额回答。

"严刑拷打，务必让其供出匪首的隐匿之处。"僧格林沁严令道。

"末将遵命。"

经舒通额等人严刑拷打讯问，一些小匪徒们终于供出了王三杆儿等人隐藏的山林洞穴。

僧格林沁便进行了偷袭的周密部署。

他们让两名小匪徒带路，于天明时刻向山里进发。

王三杆儿等人虽有严密的警戒措施，但是没有想到僧王的部队摸得这样准。还没等他们睡醒，官军便冲进了山洞。

官军趁这匪徒们还没有拿起武器的当儿大施军威乱砍搏杀，一时在这山里鬼哭狼嚎，尸首遍野。

僧格林沁在一山坡住马指挥。

不到半天工夫使藏在这里的土匪被杀的杀，跑的跑，缴械投降的投降。经辨认和寻找，王三杆儿活不见人，死不见尸。

僧格林沁又命众官兵仔仔细细地搜山。一直搜到到快要黑了，仍未见踪影。

僧格林沁只好收兵回营。

王三杆儿逃跑了。

王三杆儿原本是贫穷本分人家的孩子，父母早逝，他成孤儿东游西荡时被土匪夏铁鞭收留。夏铁鞭收其为义子并教他武艺，使之成为最得力的助手。夏铁鞭在一次逃脱官军进山时不慎坠马而亡。匪首有老二、老三，互相争夺头把交椅，争执不下便各拉一伙人各奔东西，另占山头去了。王三杆儿就召集留下来的一部分人，凭其义父的威望当起了匪首。他原名叫王宣乐，后来在一次与县衙捕快头目交手中，三杆子打死了两个捕快头目，因此威名大震，人们给他起了个绰号叫"王三杆儿"。这样，天长日久人们倒把真名给淡忘了。

这次王三杆儿凭其矫健的体魄和娴熟的武艺及熟悉山路捷径的优势，趁其他匪徒们东窜西逃的混乱局面，手握大刀连连砍杀两个官军后，爬上北山峰逃之夭夭。

他恨死了僧格林沁。心里直骂："僧妖，你等着，你三杆儿爷绝不会轻饶了你，后会有期。"

王三杆儿后来跑到山东，参加了捻军起义，直接与清廷和僧格林沁对抗，屡屡杀败官军，一时传为佳话，这是后话。

僧格林沁这次虽然没有捉拿下匪首王三杆儿，但是终于捣毁了匪巢，歼灭了匪众。于是，他给县令交代了防范事宜后便班师回京。

回京后，先给皇上禀报了剿匪的经过。道光皇帝很高兴。当即下旨："科尔沁郡王僧格林沁率军剿匪，有勇有谋，一举肃清京郊之匪患，功勋昭彰。朕特赏给四团正龙补服一套。"

多年作乱京郊的匪患，在僧格林沁的手里一举剪除了，朝廷众文武有服气而伸拇指的，也有嫉嫌而撇嘴的。

僧格林沁对此并不介意。他主要是考虑明天怎样跟金宝善谈扎木苏的事。

从皇宫回王府。福晋文贞与大总管金宝善等人在门口迎接。互相寒暄之后，金宝善的两眼只在僧格林沁的随从人中溜来溜去。

僧格林沁会意，这是金宝善在找他外甥扎木苏，只是王爷刚不便问及孩儿之事。

此时，舒通额道："各位请回府。王爷征战刚回，还未休息除劳，三日之内不得打扰。"

听到参领这话，人们便陆续请安后散去。只是，这总管就是不受这个限制了。金宝善径直跟僧格林沁到了内室。

僧格林沁脱下战袍换上了宽松的便装后，看金宝善还恭候在那里，只好说："大总管，你也回去料理他事，不必侍候了。"此时，金宝善不得不请安退出。

福晋文贞走到僧格林沁跟前娇声问道："王爷率师剿匪一定很疲劳，奴婢一直很担心安危。今日得见平安归来，奴婢的心才落了下来。"

僧格林沁望着娇艳的妻子，长长叹了口气说："我倒没有什么，只是这……"

"王爷刚刚征剿匪徒取胜，皇上又赏穿补服，难道还有不快之事吗？"文贞显出不解的神情。

"夫人，你不知。扎木苏被我赐死了。"

"啊，那到底为何？"福晋瞪了大了眼睛问。

"这孩儿违背军令，丧失道德，竟敢在光天化日之下强暴民妇。"

"这真是伤天害理。但是，你是王爷、主帅、发令鞭笞责罚就行了，为何非要杀头呢？"

"如果那样说得过去，我何必还杀他呢。"僧格林沁望着夫人责备的目光辩白道。

"杀他，你怎么向总管交代呢？你讲过，他是你的大恩人啊。"文贞的声音都变得尖尖的。

"我正为此事发愁呢。"僧格林沁道出了原委。

"奴婢本不该多嘴，但是，我以为王爷过于严厉，会招致众亲非议。得不偿失啊。"

"妇人之见。"僧格林沁一听福晋的话中有责备之意，便有些发怒。一见僧王发怒，福晋就不敢再说什么了，只是摇头叹息。

第二日，僧格林沁叫仆役去唤金宝善到内龙。

昨日回去后，金宝善就知道了一切。他与出征回来的其他兵丁一问，兵丁们开始不敢说，后来在他的逼问之下兵丁们只好如实相告，只求不要让王爷知道。

金宝善听到凶讯差点晕了过去。稍一定神后，他心里只骂僧格林沁忘恩负义。孩儿虽有不对，但毕竟是年纪尚小，为什么就不饶过这么一次呢。你不看僧面看佛面。难道就不想一想当年你是怎么当的王爷。如果没有我金宝善，哪儿还有你的今天。我不是你的同族，我找你的伯父布和特木尔大喇嘛去。看你怎么对付他。

金宝善到雍和宫鼻涕一把泪一把地哭诉此事，求布和特木尔主持这个公道。

布和特木尔听完金宝善的哭诉后，略一思忖后缓缓问道："大总管，扎木苏强暴民妇之事可是真的？"

"不会有假，兵丁们谁敢撒这个谎呢。"金宝善回答。

"总管，你任两代王爷的总管，把一个王府管理得有条不紊，深得王府上下的欢心和赞誉，你靠的是什么。"布和特木尔不动声色地问。

"这还用说，听从王爷的训诫，按祖宗法度和规矩办事呗。"金宝善不假思索地答道。

"这不结了。你是个聪明人，如今却有些糊涂了。你想想这僧王初

— 100 —

次率兵出战，如果没有严厉的法度和军令，怎么能管束得了官兵。对胆敢违抗军令者不加严惩，谁还听他的。这样官军就变成了一群乌合之众，还能打胜仗剿灭匪乱吗？"金宝善听到此才明白布和特木尔绕了这么大弯子引他上钩。然而，他又觉得布和特木尔说的在理上。

他心里松动，嘴上却仍不服地说："这些个道理我也明白，但是扎木苏毕竟年少无知，能饶则饶也无妨么。"

"总管，你还是有些糊涂不是。扎木苏随军出征是以将校名义还是以孩童玩耍之名出战的。他是以将校的身份出征，那当然就和其他将校兵丁毫无二致。触犯军令当然也与其他将校同样办法处置。怎么能强求王爷以私废公，不能施法以平等呢。"布和特木尔喇嘛不愧为一个较有远见的喇嘛，这一席话说得金宝善自愧弗如。

"大喇嘛，我刚才有些悲愤得糊涂了。经你这么一说明白过来了。我刚才一番话只当没说，请你不要外传。"金宝善也怕非但不能洗怨反而招致责罚，捉鸡不着蚀把米，这样更不合算，所以赶紧表态。

"大总管，你放心，你我是患难之中的肝胆之交。这点事我还能说出去吗？"布和特木尔说。

"那就谢谢大喇嘛了。"金宝善告辞回家，把悲愤压在心里，等候王爷动静。

当仆役去叫他时，他已明了王爷肯定要找他谈扎木苏的事情。

进屋请安后，僧王离席走到金宝善跟前行半跪之礼。吓得金宝善赶紧双膝跪下说："王爷折煞奴才，这是为何？"

"总管，我虽为王爷，但是按辈分你是长辈。你又对我恩情深似海，我时刻不忘报答大恩大德。但是，军令难违，我不能以私情废法度。所以，赐死了扎木苏。所犯之罪你一定听到了。你如果怨恨于我，那今天就在这里责打我吧。"僧格林沁的这一招儿确实是厉害。

金宝善赶紧额头触地说："王爷，对孩儿之事，我已知道了，逆子违抗军令强暴民妇理应斩首。王爷念其年幼留个全尸就已是开了大恩了。奴才教子不严也应受责。哪敢怨恨王爷呢。"

"大总管不愧为先王麾下老臣，识大体明大理。扎木苏的尸首已运回。由王府拨银千两找个向阳宝地择个吉日安葬了吧。"僧格林沁边安慰边盼咐处理后事。

"奴才一定按王爷之命去办。"金宝善起身告辞。

僧格林沁妥善处理完扎木苏的后事，心里多少安稳一些。他仰靠在书房的椅子上想当这王爷以来的所经所历，这些年尽管有坎坎坷坷，但是毕竟没有大的挫折。孩儿博颜讷木祐也已十余岁了。唯独让他揪心挂肚的是乌日娜。与乌日娜已有十几年没见面了。

他当了郡王以后，都尔本一改初衷，同意女儿嫁给僧格林沁，孟克公爷也说不出什么，委实让乌日娜高兴了一阵子。但是，皇上指婚给僧格林沁，乌日娜得知后大病一场，茶饭不思，每日里精神恍恍惚惚的，急得都尔本一家团团转。后来，僧格林沁结婚了。都尔本怕女儿想不开，万一有个三长两短，日夜守在身边。然而，出人意料的是乌日娜得知僧格林沁已经完婚，反而平静了下来。此时，孟克在儿子巴拉腾的催逼下，上门逼亲。

"告诉他们，我谁也不嫁，让他们死了这份心。"乌日娜对媒婆平静地说。

"孩子，你怎么能这样呢，你年纪这般小，这是不值得的。"媒婆劝说。

"不要啰唆了，这是我的事，我自己说了算。你们再也不要费口舌了。"乌日娜仍很平静地说。

"这孩子，唉。"媒婆摇头叹息。

无论谁怎样规劝，乌日娜就是没有嫁给巴拉腾。

随着时间的推移乌日娜成了老姑娘。

都尔本老两口爱如心肝的宝贝女儿竟是这样的红颜薄命，老两口只有长吁短叹。

忽有一日乌日娜对母亲说："阿妈，我想到庙里当尼姑。"

"啊，你要当尼姑？孩子，这怎么可能呢。"母亲惊得不知所措。

"阿妈，我已想了很久了，请你答应我吧。"

"我的女儿，你好命苦啊。"母亲抱住乌日娜的脖子恸哭。

乌日娜没有眼泪，只是轻轻地喃喃道："阿妈，答应孩儿吧。孩儿此生无所求了。只有这么一个请求，你答应我吧。"

"唉，我苦命的女儿，阿妈能有什么办法呢，能有什么办法呢。"阿妈的眼泪濡湿了乌日娜的秀发。

"阿妈，你答应我了。我的好阿妈。"乌日娜脸上绽出了惨然笑靥。

从此，科尔沁草原的一座庙里多了一个俊俏但面容憔悴的姑娘。

这些消息，僧格林沁都是让他的心腹随从们探听到的。

每次听乌日娜的情况，僧格林沁就几日茶不饭不香。文贞感到奇怪，但是，她不明就里，只好认为夫君有些抑郁伤感的毛病。

今日，处理完扎木苏的后事，僧格林沁又深深怀念起乌日娜。乌日娜的音容笑貌直在脑海里浮动。

"唉，这都是命啊。"他自言自语道。

"她现在不知怎么样了？"他又想。

一仆役慌慌张张地跑进来禀报道："王爷，大门口来了个蒙古大汉，还领着一个十来岁的小女孩要见王爷。门卫们不让他进，他就和门卫吵。现在和门卫打起来了。"

"蒙古大汉？"僧格林沁满腹狐疑，快步走出书房直奔大门口。

是他，是奇达尔。

"你们给我住手。"僧格林沁大喝一声。

围打奇达尔的众兵丁纷纷退下。

奇达尔拍了拍身上的尘土站起，他以愤怒的目光瞅着僧格林沁，牙缝里蹦出："僧格林沁，你好狠心啊！"

"奇达尔，我不知道你来呀，快，快请进。"僧格林沁握住了奇达尔的手往里请。

"先慢，我还给你带来了一个人。"

"是谁，在哪儿？"

"在这儿。"

一个衣着虽旧但却整洁的姑娘正在一旁嘤嘤哭泣。

"萨娜勒，快过来见王爷。"奇达尔招呼那姑娘。

姑娘抹了抹眼泪，低头走了过来。

"快给王爷叩头。"

姑娘跪下叩头。

"不要多礼，快起。"

姑娘起身羞涩地看一眼僧格林沁。

啊，好面熟啊。僧格林沁心里一怔。

这姑娘长着一双细长而稍微上挑的眼睛，眼仁黑白分明，眼波如湖水般清澈，顾盼之间流露出令人心颤的企盼。挺直的鼻子上挂着细密密的汗珠，娇娜之中透出坚韧性格，薄薄的嘴唇紧闭着似有无限的话要说。

僧格林沁打量着姑娘，几乎惊呆了，十余年前的乌日娜不就是这样吗。

这到底是怎么回事。

僧格林沁从忘情的愣怔之中清醒过来，慌忙领他们进王府。

僧格林沁把他们直接领到自己的书房，招呼丫环领姑娘去梳洗休息后，急不可耐地问奇达尔："奇达尔，你怎么跑到我这儿来了？你领来的姑娘是谁家的孩子？"

"我是专程送这姑娘的。对姑娘的母亲，你可能忘记了。但是，她并没有忘记你。她独守着青灯古佛，每日里只念叨你。"

"你说的是她，乌日娜？"

"那还有谁？"

"唉，我真是对不住她呀。"

"这姑娘就是她的亲生骨肉。我偷偷地养她到如今，这次又按她的嘱咐把她送到你这儿来了。乌日娜别无他求，只求你把这姑娘抚养成人。"奇达尔突兀地跪下去又说："僧格林沁，你就答应她吧。她好苦啊。她此生不能亲自陪伴你，只好让女儿来陪伴你，她的心是多么的纯真而深沉啊，就与洁白的鲜奶一样。面对这样一个女人，我们堂堂的七尺男子汉们都应该低下头去承认我们的怯懦啊。"

奇达尔的这番话使僧格林沁的心犹如掉进油锅般的难受。他哽咽着说："奇达尔，我的良心并没有泯灭，我深深懂得乌日娜的一片真心啊。有时，我真恨我自己。我还不如在科尔沁草原上放羊，我可以比这还要自由些。但是，这一切都是命中注定的。奇达尔，你懂吗？这都是命啊。"僧格林沁泪流满面。

奇达尔也控制不住自己的感情展开双臂抱住僧格林沁的脖子呜呜地大哭起来。

二人痛痛快快地哭了一阵。

奇达尔松开两臂问僧格林沁："那么，这孩子你留下了？"

"留下，留下，我为什么不留下呢。我对不起她母亲，但是我绝不能再对不起她。"僧格林沁抹了一下眼泪说。

"这就好。还有一件事，我要留在你这里，留在这姑娘身边，你可同意？"

"奇达尔，你说到哪里去了，你我在一起，我俩可以经常谈小时候的故事，那多开心呀，只要你愿意留下，那我是求之不得呀。"僧格林沁眼中闪着兴奋的光。

"但是，我还有个请求，我不会当官，我只给你打杂就是了。"

"你愿意干什么，就去干什么，这个王府之中谁也不会去管束你的。"

"我的好朋友，你是个王爷，但仍是我的好朋友。"

第二日，僧格林沁和福晋文贞二人唠家常。

"文贞，我小时的朋友奇达尔领他的姑娘来投奔我了，我要留下他们。你看如何？"

"王爷，这有什么不行的，偌大的王府还怕多了两个人？再说，你有时心情忧郁，家乡的朋友在跟前会好些的。"文贞真诚地希望丈夫整日里高高兴兴的。

"我的好福晋，我还想，认他女儿为义女，你同意吗？"

"王爷，这真好，我们只有儿子，没有姑娘，把她女儿认为义女，我们该是多么美满啊。"文贞喜形于色。

"好，咱们就这么定了吧。"

"就这么定了。还有，我要先看看我的义女长得可水灵？"

"不会有错，保准让夫人满意。"僧格林沁哈哈大笑。他这是难得的一次开怀大笑。

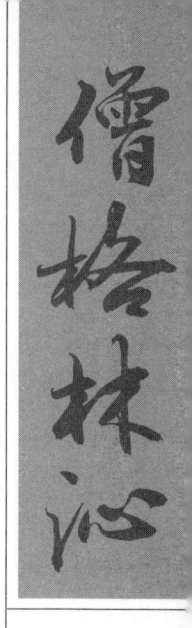

第十三章　咸丰登位

　　僧格林沁认义女，王府上下忙着办喜庆宴席。布和特木尔喇嘛得知后，急急忙忙地赶到王府。
　　"孩子，伯父听说你认义女，这女孩儿是谁家的？"
　　"我小时候的朋友奇达尔的女儿。"僧格林沁坦然回答。
　　"奇达尔是什么人？"
　　"跟我一样的放羊娃。"
　　"他为什么把女儿送到你这儿来？"布和特木尔一句句逼问。
　　"伯父，这点你还不明白吗？我是王爷，御前大臣，他把女儿送我我这儿来，不也跟着沾光吗。"
　　布和特木尔听到此话，脸立刻发烧难忍。他真想像从前一样上前给僧格林沁一个响亮的耳光，但是他现在不敢了。僧格林沁现在是备受皇上宠信的御前大臣，他虽为伯父，也不能做得太过分啊。他微微闭了一下眼睛，捻着手中的额日克以低沉的语气说："你长大了，又受皇上宠信，作为伯父的我对你已无用了。但是，你毕竟是我的亲侄儿，我有义务劝告你，在这京城官场之中生活，不能感情用事啊，藕断丝连是不行的。应处处以宫中的礼仪规范自己的言行才是，绝不能因小失大呀。"
　　僧格林沁此时也觉出刚才的话确也过分，戳伤了伯父的心，就说："伯父，孩儿记住你的话了，但是认义女这事是经我深思熟虑的，不会有差池，请伯父尽管放心好了。"
　　布和特木尔这些年已品出僧格林沁平静表面下的倔犟性格。他一听

—106—

僧格林沁决心已定，便知没有可能回转。他叹了口气，什么也未再说就走了。

僧格林沁望着伯父踽踽独行的背影，黯然神伤。僧格林沁还没从伤感之中回过神来，骁骑校何建鳌走上来禀报道："王爷，皇上派人来让你火速去圆明园觐见。"

僧格林沁丝毫不敢耽误，急急地换上朝服，骑马飞奔圆明园。

近几个月来道光皇帝病魔缠身，时好时坏，大部分时间在圆明园慎堂视疾养病。皇后及御前大臣们遍请各地名医看病施药不见好转，他们又请了高僧、道巫实施法术也未见效。道光皇帝的病情日甚一日。

昨日，他忽感头脑清醒了许多，疼痛也见轻了很多，精神为之一振，便斜靠在病榻之上。

皇后在一侧侍奉。

道光皇帝对皇后说道："久病不愈，今日忽感清爽，我感到这绝不是好兆头，莫非朕真的气数已尽，今日这是回光返照不成。"

"皇上，你想到哪里去了。这病缓有日，今日愈见好转，乃是一大幸。哪有什么不祥之理。"皇后也看出道光的两眼格外的发亮，然而额头和眼圈发乌，脸上无光。但是，为了安慰皇帝只好捡好话来说。

"像你说这样当然好。但是朕快到古稀之年，本是死也无憾了。可有几件事朕未能妥善处置，甚为忧虑。"道光皇帝悲戚戚地说。

"皇上在位三十年，治国有方，驭下有术，理民有恩，万众威服，可谓中兴我大清江山，还有什么事如此焦心。"皇后也颇善辞令。

"谈什么中兴哟。对祖宗基业守都没有守全呐。外夷屡犯海关，侵我领土，索要赔银。近来又闻广西一带刁民起事。我本想率兵进剿，但是这病缠身，连刀都拿不动了。"道光皇帝边说边长长地叹了口气。

正在此时，一太监进来禀报："皇上，军机大臣穆彰阿大人求见，说有要紧之事禀告。"

道光声音微弱地说："请。"

穆彰阿进殿后跪奏道："皇上，奴才刚接到广西巡抚郑绪和的邸报。有个叫洪秀全的道贼集众造反了。"因为事关重大，穆彰阿也没有考虑皇帝是重病在身的风烛残年之人，经不起这突如其来的打击。道光一听这凶讯，急火攻心一歪身便昏了过去。

守在左右殿的众太医急急忙忙进行抢救，一直忙活半天道光才渐渐

—107—

地苏醒过来。太医们又给道光调服了一些药，道光稍感舒坦后便觉自己不久于人世，便发旨，召以下大臣到御前听旨：御前大臣僧格林沁、载垣、端华，宗人府令载铨，军机大臣祁寯藻、赛尚阿、阿汝霖、陈孚恩、季芝昌，内务府大臣文庆。这些大臣们得到皇上急召后，或骑马，或乘轿急急忙忙地陆续来到病榻前请安。

道光皇帝气喘吁吁断断续续地说："众爱卿，朕自三十年前登基以来，亲躬理政，不敢有半点疏忽，虽无中兴之伟功，但是，守这祖宗基业也算对得起列祖列宗了。只是近年来疾病缠身，不能治愈。现在朕感到气数已尽了。你们速去紫禁城正大光明殿，从殿额后取来密匣。"

众臣跪伏在地齐声道："臣等谨遵圣命，即刻就去。"

大臣们急忙跪到正大光明殿，从殿额后取来了匣子，当着道光皇帝的面打开一看，只见黄缎子上写着七个大字：传位皇四子奕詝。

道光皇帝原本比较喜欢聪明而性情刚直的六儿子奕訢。父皇的这些想法虽然没有给任何人说过，但是，盯这皇位几十年的奕詝已明显感到了皇父越来越喜欢六弟。这无疑是个信号。他把这心中的危机给他的老师侍读学士杜受田讲了。

杜受田是个饱学之士，又工于心计和政治手腕。他想，将来奕詝当上皇帝，我就是皇帝的老师，一生荣耀不愁不说，也可在这清朝历史上书上一大笔。读书苦学一生拼搏就是为了青史留个名嘛。再说，一旦奕訢当了皇帝后看这四阿哥不顺眼，那我这个老师不也跟着倒霉吗？所以，他苦思冥想，想出一些计谋。

有一天，道光皇帝问奕訢："你最大的愿望是什么？"

奕訢略加思索后说："父皇，孩儿最大的愿望是继承祖先业绩，治国安邦，不辱没先祖们的丰功伟业，不辜负父皇的格外宠爱。"

回答完后，奕訢面露得意神色。

道光听完心里咯噔一下，觉得不是滋味。这孩儿继位心切，言语之中已露端倪了。

他转身问四儿奕詝："你最大的愿望呢？老四。"

奕詝不加考虑地回答道："皇阿爸，孩儿最大的愿望就是祝阿爸福寿双全，使我大清永远昌隆。"

道光一听心里感到一股暖流淌遍全身，舒坦无比。

人一到老年，最大的愿望就是健康长寿，多看几年精彩纷呈的人间，即使那里充满着酸甜苦辣。当皇帝的处在至上至尊地位，所以，更不想离开这人间。他们每日里想的便是怎样延长生命，最愿听的是别人对他们健康长寿、万寿无疆之类的祝福。

道光所问，本想试一试两个孩子的志向。然而，不料这原本在他心目中胜过哥哥的六皇子，却如此心急火燎地表明承大统的愿望。顿时，这老皇帝感到犹如被人咬了一口般的难受。"我身体还好着呢，与先祖乾隆比年纪还小着呢。你着什么急哟。"他想。

听到四儿子说出了他最愿意听的话，自然浑身舒坦。

从这时开始，他的注意力渐渐转向了四儿子奕詝身上，杜受田看在眼里，喜在心上。

又有一次，道光皇帝领着一些王公大臣和几个儿子到郊外围猎。

那天正值春暖花开，万物复苏。各大臣和皇子们兴高采烈地捕杀狼、狐、狍、獐等野兽和各飞禽。围猎大半日，道光感到有些累，便下马站在一高坡处观看皇子们追逐野兽。此时，从不远处的树林中惊出一个母鹿带着幼鹿狂奔逃窜。六皇子奕訢策马追赶。当这两个鹿跑到奕詝跟前时，道光禁不住喊道："奕詝快放箭，快放箭！"

然而，奕詝勒住马既没有放箭，也没有追赶，眼睁睁看着两个猎物从鼻子底下跑掉了。

道光很生气，责问道："四皇子，你为什么不放箭，白白放掉了两个猎物？"

奕詝慌忙下马跪下说："皇阿爸我不忍心啊。"

"围猎本就是射杀野性，你有什么不忍心的？"道光逼问。

"皇阿爸，刚才跑过去的是一只母鹿和它的幼仔。如果射杀了母鹿，幼鹿失去母亲；如果射杀了幼鹿，母鹿失去幼仔。孩儿实不忍心看到它们母子失散的悲痛啊。"奕詝话里带着凄婉悲伤。

道光听到这儿暗想，四皇儿，心怀慈悲，重仁义，将来如果以仁义治天下，必得民心，我大清江山可保啊。

他轻轻地点了点头说："四皇儿言之有理，快请起吧。"

奕詝叩头谢恩。

杜受田在一侧满意地捋了捋胡子。

僧格林沁瞥了一眼杜受田，不经意地眨了一下眼。他心想，杜受田不愧为饱读史书，深研细钻历代帝王典籍，得其精要，真能揣摩和窥测

人的内心活动，而且做得恰到好处，不露痕迹，实在是过人。

　　道光皇帝围猎回去后，就按雍正皇帝定下皇位继承人后先不公布，而由皇帝一人写好继承人的名字，放入秘匣内，藏在正大光明殿匾额后。当皇帝预感离世之时，才当众打开宣读公布的例制，在一黄绫上写下了皇四子奕詝的名字。

　　一太监宣读了传位密旨后，道光皇帝挣扎着说道："众爱卿，尔等都是朕的股肱大臣，社稷之栋梁，朕深知你们的忠心天地可鉴。朕已近古稀，重病在身，自知不久，遂立太子，承继大统。尔等应竭力辅佐，协其治国理朝，永保祖宗基业，切记切记。"说到此，他喘了一会儿气又说，"西南刁民之叛乱，是朝中之心腹大患，尔等应速议剪除平息之策，不得有误。僧格林沁在密云剿匪深得其法，可当平乱之大任。望不负朕望。"说罢，一口痰上来道光皇帝死去了。

　　道光皇帝过世后，顾命大臣就按其旨意辅佐奕詝继了皇位。更年改元，称咸丰元年。

　　咸丰登基时年已十九。他胸怀壮心，立志整顿朝纲，做一个中兴的英主。他晋封奕訢为恭亲王，封奕譞为醇郡王。晋封指点迷津的老师杜受田为协办大学士。他还为表示自己整治朝纲的决心，免去了军机大臣穆彰阿的职，并将其由一品降为五品顶戴，以六部员外郎候补。

　　他仍任僧格林沁为御前大臣，并委以掌銮仪卫事大臣的要职。

　　咸丰忙活很多时日，总算按自己的意志把朝政理出些头绪，心情很愉快。有一日他在众宫女太监簇拥下在御花园中赏花。

　　快活之余，他想：自己年纪很轻便登基当上了皇位，当了皇帝以后又很顺利地处理了任免一些大臣的重大事情。他很自信，凭他的才华把这个大清皇朝治理得井井有条并不成问题。他边观赏满园的花卉，边想今后应该如何做个英明皇帝，成为中兴清朝的一代英主的事情有。正在兴头上，一太监进来禀报："皇上，杜受田大人和僧格林沁郡王有要事请禀。"

　　咸丰点头说："让他们稍候，我即刻就回。"

　　咸丰回到养心殿。杜受田、僧格林沁行过大礼后，侍坐一旁。

　　咸丰问："二位爱卿，有何要事奏禀？"

　　杜受田先说："皇上，广西的洪秀全、杨秀清二贼，创立拜上帝会，以这种洋教蛊惑民众，其势益发壮大。据广西府道密报，他们孕育着更大的叛乱举动。"说完杜受田从怀中取出一张纸双手呈给咸丰并说："这是密报来的反贼之首洪秀全的诗，是一首反诗。"

咸丰接纸一看那上面写着：

> 手持三尺定山河；
> 四海为家共饭和；
> 擒尽妖邪投地网，
> 收残姝究落天罗。
> 东南西北平皇极，
> 日月星辰奏凯歌；
> 虎啸龙吟光世界，
> 太平一统乐如何。

咸丰看完骂道："此贼真是大胆，竟敢想与朕争夺天下，此人不除后患无穷。"

僧格林沁说道："皇上说得对呀，洪杨二贼反叛之事，先皇也知道。只是因为，先皇归天，皇上登基，无暇顾及此事。如今朝纲已肃，理应商讨扫逆除贼之策了。"

杜受田又拿出一张纸呈给咸丰说："臣还接到了流传在广西一带的藏头诗。"咸丰接过一看，上面写道：

> 满月众星伴
> 水清鸣玉蟾
> 山巅完各足
> 夜沉只待旦

咸丰看罢脸色煞白，瞠目半晌才说道："宣广西各府县及总督、巡抚提督总兵人等，密切注意逆贼动向，侦知其聚集地点，速速报朝廷，不得有误。"

杜、僧二人说声遵旨退出。

第十三章 咸丰登位

—111—

第十四章　广西事变

　　咸丰元年某日，紫禁城披上了隆冬的银装。太阳呈灰黄色毫无生气地挂在半空，春雪与阳光相映发出刺目的光。养心殿的周围，皇城侍卫们手握刀剑而立，三步一卒五步一弁。侍卫头领们表情严肃，手握剑柄来回巡哨。这个平素里宫女、太监进进出出、文臣武将来去匆匆显得十分热闹的大殿，今日却显得格外冷清与肃杀。

　　咸丰皇帝正召集御前大臣、大学士和军机大臣商议广西军事局势。

　　这是咸丰自登基以来，第一次如此隆重而重要的军事会议。

　　他最近以来连连接到各省邸报，称各地变乱迭起，防不胜防。尤其是广西方面情况最糟。地方督、抚、提督、总兵们的奏折雪片般飞到京城，叠在皇帝的书案之上。咸丰苦思不得良策，只好召集了这次御前军政会议，想听一听各大臣的意见和了解一下情况。同时，他想，他虽然未有统兵打仗之经验，但是，有运筹帷幄之韬略，加之这班忠臣勇将的辅佐，剿灭匪患是有把握的。

　　咸丰环视阶下说道："众爱卿，尔等都是前朝老臣，社稷栋梁。朕今日特召集你们召开这军事会议，是为了专议各地匪情及广西局势。各地匪患蜂起，广西尤甚，使朕寝食不安。望各大臣熟议并谋划剿除之良策。"

　　咸丰说罢，文渊阁大学士、兵部尚书裕诚抖动着花白胡须，以浑厚的声音说道："皇上，据广西方面的急报，洪秀全、扬秀清二逆贼创所谓的拜上帝会，在紫荆山一带各村寨聚集众贼徒三千余人。他们在周围各县烧、杀、抢、掠，并煽动民众造反起事。广西派副将伊克坦布率兵进剿，结果兵败被杀。至此,贼势越大,搅得各府、县纷纷告急。不速派员督剿,天长日久必成大患。"说完裕诚退回原班。

清朝例制,当皇上进行早朝之时,一般情况下各大臣都必须跪下奏本。皇帝特别召集的御前会议,就看情形而定,通常只要先跪下请安后便可站着奏本。这主要取决于皇上的兴致和神情以及所奏内容的喜与忧了。还有一条就是看朝臣的地位。位高权重者或受皇上宠信者也可站着奏禀。裕诚是前朝重臣,又是大学士,在一人之下万人之上,所以,他就可站着奏本。裕诚退下,接着文化殿大学士、军机大臣赛尚阿出班。赛尚阿人高马大,站在右班足足比别人高出一头。他先跪下说:"皇上,奴才请禀。"

"爱卿请起。"咸丰发话。

赛尚阿说道:"皇上,奴才近日一直翻览军机处所接大小奏折。最近,各地刁民变乱迭起,外夷又蠢蠢欲动。如湖广交界有雷再浩造反;广州有数万民众阻止英夷入城镇,湖南李洪杀知县,掠县府,屠县城;俄国人乘舰潜入黑龙江一些岛屿。但是,他们势力及危害都不那么大,严令当地府、县防剿便可。唯有这洪、杨二贼起事,开始便显露出心怀叵测,不得不早做防剿。"

协办大学士杜受田捋了疏疏朗朗的胡子,清清嗓子奏道:"皇上,微臣得知这洪秀全绝不是村野草莽之辈因饥饿为糊口而聚众起事。他是广东花县人,自幼读书屡试落第,在绝望之中误入洋教,并根据洋教教义创立所谓拜上帝会。他四处流窜宣传异教,后又与广西桂平人杨秀清勾结,以紫荆山为巢聚众反叛。尤其可恶的是洪秀全杜撰《原道救世歌》、《原道醒世歌》、《原道觉世训》等书,为其拜上帝会的统领之据,最能蛊惑人心。微臣以为,须速派得力大员督剿才是上策。"

"你们说了半天,都说贼势大,后患无穷,速派得力大员督剿。我也明白这些道理,但是,你们说应该派谁去呢?"咸丰皇帝皱了皱眉问。

此时,僧格林沁上前跪奏道:"皇上,洪、杨二贼起事,真乃我朝廷心腹大患,必欲除之。奴才愿率兵前往督剿。"

这年僧格林沁整四十岁。正处在沉稳练达而精力充沛的好时光。他念念不忘先皇备加恩宠,到如今这社稷危亡之时应该挺身而出了。

咸丰听僧格林沁请战,说道:"僧爱卿请出征实为可嘉。然而,爱卿身负京城卫戍之重任,这第一步就不必亲征了,再看看事态发展再说吧。

—113—

众卿可保举其他的人。"

杜受田说："皇上，臣保举一人定能当此重任。"

"请你快快奏来，是何人？"咸丰急于想听到。

杜受田故意一顿，一字一板地说："林则徐。"

"林则徐是前朝老臣，朕知他查禁鸦片颇为得力，后因故革职发配。现在不知道在何处？"咸丰忙问杜受田。

杜受田回答道："道光二十二年，林则徐流放伊犁。三年之后，先皇念其忠勇干练，又重新起用。委以陕甘总督，次年迁陕西巡抚。又一年，改任云贵总督。林则徐在各任上尽心尽力，多次受先皇嘉奖。因此，多年在外，任上鞍马劳顿，颠沛流离，致使身体渐渐不支。终于在先皇二十九年实在不能支持，奏准先皇辞官回故乡养疾。现赋闲在原籍福建侯官县里。"

"那么，林则徐如今病情如何？"咸丰急问。

"据臣所知，林则徐经静心调养，病情有所好转。"杜受田回答。

"能否为朕率军出征呢？"咸丰最关心的是这一点。

"臣以为可以。"杜受田肯定地回答道。

咸丰脸上立刻露出高兴之色，他即发话道："传旨林则徐，复原职加为钦差大臣，火速赴广西全权办理督剿事宜，务将两广一带刁民匪患肃清。另由兵部宣旨两广各督、抚、提督、总兵，令其所率之兵，统受林则徐节制调遣，同心协力剿贼，不得有误。"

咸丰皇帝下了令，各大臣只好遵旨，想说点什么的也闭口不谈了。

这次御前军事会议，以林则徐任钦差赴广西督剿而结束了，咸丰皇帝长长舒了口气。

走出养心殿，军机大臣彭蕴章挨近杜受田跟前说："杜大人，你只为朝廷安危计，没有考虑林公病久体虚，还怎么能够攀鞍驭马、统兵打仗呢？"

"彭大人，我也深知林公的病情，但是，在这国家危难之时，非林公不除剿匪患、安定社稷呀。我想对此，林公是会理解的。"杜受田说道。

"唉，但愿林公安然，不负皇命，一切顺利。"彭蕴章语气凄凉地说。

"但愿林公安然，一切顺利。"杜受田轻轻地重复这句话。

二人互相瞅了瞅，摇了摇头各自走开了。

把他们二人的举动，僧格林沁看得清楚，也猜想出所谈内容。他知道林公病情非同一般，但是自己请缨出战，皇上不准。僧格林沁叹了口气也走了。

雪后初晴，天气格外冷。值哨的侍卫们的胡子、眉毛、帽檐儿上都结了一层厚厚的白霜。养心殿里，待这帮大臣走后，咸丰很兴奋。他想，这次军事会议开得不错，自己任林则徐为钦差全权办理两广督剿事宜，是一个果断之举。林则徐素以治军严谨、文武足备著名。咸丰在登基前就见过他，但是印象不深；这次亲自委以重任，林则徐若确能剿贼立功，将来他面见林则徐要大奖赏，以激励各大臣奋发有为，助他中兴这大清王朝。

林则徐任钦差，动身赴广西督剿农民起义军的消息，却使一人很感到意外和忧虑。这人就是洪秀全。

洪秀全中等身材，细长的眼睛，浓浓的眉毛，英武之气在眉宇间。他消瘦的脸上挂着忧愁的神色。妹妹洪宣娇看出哥哥的忧虑，走到哥哥跟前问道："哥，起义之日就要到了，今天你不高兴，到底忧虑什么呢？"

洪秀全瞅一眼妹妹，用手轻轻地抚摸妹妹的秀发说："妹妹，你哪里知道，这义旗还未正式举起，我们就遇上了强敌啊。而且，此人是哥哥平素最敬仰的人啊。"

洪宣娇疑惑不解。

洪秀全十分了解林则徐。林则徐当年抗英销烟威名远播。洪秀全那时二十六岁，青春好年，风华正茂。他由衷地钦敬林则徐，几次想去投奔林公一展胸中抱负，但因种种原因未能成行。后来林则徐被贬又发配新疆，洪秀全心中只骂清廷腐败，忠臣良将遭陷害，深为林公惋惜。今日，当他从一个大清国民变为"叛逆"之首时，当年所钦敬的林公则成了他的敌人，并且第一个出征进剿。这如何使他不忧虑呢？他更深知林则徐熟读兵书，精于用兵；加之在两广禁烟抗英深得民心，这无疑是个很难对付的劲敌。起义刚一开始便遇这样的劲敌，如何不使他忧愁呢。洪秀全攥紧拳头来回踱步思谋迎敌之策。

在赴广西途中的林则徐与洪秀全的想法截然不同。他另有一番感慨。禁烟事败，受到诬陷，被发配伊犁，使他心力交瘁，他恨朝廷腐败，也恨自己命运不济，满腹文韬武略无处可施，处处受制于人。但是，他毕竟是清王朝培育起来的一品总督，他怎么能容忍洪秀全的造反呢？这次咸丰皇帝加以钦差命赴广西，虽属在危难之时才想他林则徐，但皇上毕

竟想到了我林则徐。证明我林则徐在众臣之中还是数一流的帅才。并且两度任钦差受命于危难之时，这对一个臣子来讲是何等殊荣。想到此，林则徐精神为之一振，身体也顿感舒坦了许多。

他接圣旨后，让夫人取来一品总督服，让贴身丫环给他穿戴整齐后，对着镜子前后左右照了照，自忖，我林则徐虽然老了，但是，穿起朝服，当年的虎威犹存，何愁剿灭匪患，为朝廷再立不世功勋。

"老爷，你身体刚刚有所好转，还没有痊愈就率军远征，妾真为你担心啊。"林夫人站在一旁看着林则徐虽然兴奋但是病态犹存的面容，轻轻地说。

"夫人，这些年，你为我受累了。则徐多年奔波在外，未能尽到一个丈夫的责任，但是，大丈夫受俸朝廷，应为朝廷分忧解愁，马革裹尸在所不辞。在这朝廷危难之时，怎能苟安在家，儿女情长呢。"林则徐深情地望着妻子满眼泪花的脸说。这样，他就不顾家人的劝阻，不顾沉疴久病，在一时的亢奋状态之中出征赴广西。由于剿贼保国立功心切，他日夜兼程，马不停蹄。

然而，上天偏不随人愿。林则徐出征起初身体还没有什么大的不适，但是由于心情过急，又加之不能得到适当休息，当行至广东潮州普宁县时又泻肚又发热，一病不起，他只好停下养疾。然病情日重一日，不几日他便眼窝深陷，两腮塌凹，喉咙发堵，水米不能进了。

林则徐已感到报国有心，老天不应，便口述一封给妻儿家小的信，火速送家中。然后林则徐把随从人等召到病榻前硬撑着病体说："我这几十年为大清皇朝呕心沥血而唯恐不能尽忠。我深受皇上隆恩，两度任钦差，也不枉了这一生。只是此次出征理应剿灭刁民之乱，安我社稷，然而病魔缠身不能随意了，这是终生之唯一的遗憾。望众将齐心协力精忠报国。"说完，林则徐两眼溢满泪水闭上了双眼，眼泪滚下来挂在两颊上。

部将随从一起痛哭失声。

林则徐在赴广西的途中病殁，使朝野震动。咸丰皇帝忧愁不能饮食。

僧格林沁得到噩耗后，以手加额悲叹道："朝中失一栋梁矣。吾失一神交良师也。少穆兄凛然正气，忠直斗奸、禁烟护国、扬名华夏，是朝臣之风范也，痛哉林公。"

僧格林沁让仆人摆上香案，斟满一杯酒举过头顶哽咽道："林公，你安心去吧，你的忠正浩荡之气撼天地泣鬼神，服万民，僧格林沁敬仰已久，今只以此酒祭奠你，你的英灵常在我心中。"他把酒洒向空中。

洪秀全得消息后，心中叨咕：林公啊林公，你去了。我不知是喜还是悲。但是，毕竟避免了你我交战。如果你我交战那将是何等的悲哀啊。

咸丰皇帝与众臣再次商议后只好重新派大学士首席军机大臣赛尚阿加钦差驻广西督办军务。

赛尚阿领命到广西之前。洪秀全、洪秀清等人领导的起义起经过周密的准备后于金田村正式爆发了。

太平军战士从金田出发后，首先向东进发占领了江口圩。广西提督向荣调兵遣将企图围歼太平军。

太平军转战至永安，并在永安城设大本营，颁行各种制度，洪秀全被推为天王。天王封以下各官爵：东王杨秀清、西王萧朝贵、南王冯云山、北王韦昌辉、翼王石达开。这便是太平天国最初的六王。

赛尚阿到广西调遣大军围攻永安城。太平军在粮尽的困境中突围，大破清军，连斩四个总兵，乘胜进攻桂林。向荣死守桂林，桂林未克。太平军转攻全州，兵压湖南。攻长沙，萧朝贵战死。转攻克岳州。咸丰三年进攻湖北占领武汉三镇，然后以五十万之众、一万艘船只沿江东下，连克九江、安庆、芜湖、太湖、最后攻克南京。

占领南京后，洪秀全便在此立都，正式成立太平天国政权。南方基本有绪后，洪秀全、杨秀清便商议北伐直捣清朝老巢之大计。

洪秀全端坐在天王宝座之上，神态威武。他缓缓说道："我们虽定都天京建起朝纲，但是清廷根基未动，那妖首咸丰仍盘踞北京。我意应派遣猛将精兵北伐，直捣北京，东王，你看谁能当此重任？"

杨秀清想了想说："北征之事关乎我天朝生存和灭清妖之大计。必须派威能服众、武能畏敌之大将方可。我意北王韦昌辉可担此大任。"

"东王，多虑了，杀鸡焉用牛刀。"洪秀全捻了捻胡须表示不同意。

"那么，请翼王率兵前去如何？"杨秀清又征询洪秀全的意见。

"翼保卫天京重任在身，不可远征。"洪秀全还是不同意。

"那么派谁由天王定夺吧。"杨秀清刚毅的方脸上带着无奈的表情说。

"我看，可派天官副丞相林凤祥、地官丞相李开芳率军前往便可获胜。因为南京被占，清兵战兵屡败已草木皆兵闻风丧胆，他们哪儿还有强大的生力军敢与我天朝军队对峙。"洪秀全对清军不屑一顾地说。

杨秀清微微皱了一下眉头说："天王，还可再加一个春官副丞相吉文

第十四章 广西事变

元同去为好。"

"好，就这样定吧。"

林凤祥、李开芳、吉文元三骁将率兵五万自扬州出发北伐。

北伐军出发时，大将罗大刚对洪、杨二人献计说："欲图北伐必先定河南，大军宜驻汴梁。尔后渡河。如果不建大本营，孤军深入而无后援，遇到雄关险隘攻不能克，遭前后夹击那可是大危险啊。请二王三思。"从后来的实践看，罗大刚的这个进军河南建起北进根据地一步一步北伐的主张是正确的。但是洪、杨不听良计。

杨秀清说："将军所言虽有些道理，但是精锐大军直捣清廷老巢摇其根本，我便另派良将做后援，万无一失，将军不必多虑。"罗大刚便不再言语。

太平天国北征军以迅雷不及掩耳之势，如一把尖刀直插滁州，克凤阳，据亳州，直指河南，所向披靡，锐不可当，仅用月余时间便逼近中原重镇开封。

北伐军逼近开封，引起了咸丰为首的清廷的巨大震惊。

咸丰皇帝在乾清宫急召各臣商议退敌之策。

此时，虽然处在盛夏之季，但是巨大的乾清宫里冷气袭人。咸丰皇帝一改一到夏天不那么注重朝服而喜穿比较随便的轻衫薄衣的习惯，今天穿上了厚重的朝服，正襟危坐，益发显出他少年皇帝的威严仪容。说起来，咸丰皇帝也是一表人才，瓜子型脸上有神的眼睛，挺直的鼻梁，薄薄的嘴唇，眉宇间透出灵智之光，脸色略显苍白，虽中等身材，但身着团龙皇袍，头戴红顶、外沿高耸的御冠，高高端坐在乾清宫御座之中，俯视阶下，更加平添了几分威武、几分神秘。

咸丰提高声音说道："广西洪、杨之乱以来，几经派员督剿，结果屡战屡败，致使洪、杨二贼在南京定都，夺我半壁江山。他们竟然还不满足，派军直犯我京师，触我根本。贼势如此猖獗，均因一些督剿大臣临阵无计或畏葸不前，坐失良机，给敌以攻城略地之机会。更有甚者，竟有人投敌叛变。朕虽严处了赛尚阿办理广西军务不力之罪，但是也未能阻止一些大臣世俸高禄而不念报效朝廷，见敌即退只顾保全自家性命，使朕深感失望。"

这顿训斥使在场的大臣们吓得个个面如土色，大气儿不敢出。心里有些愧疚的大臣，更是怕得浑身如同筛糠。这皇帝老儿在气头上要想杀一个人犹如鸡啄米，只是点个头罢了。

咸丰见他这番发怒，确实是震慑住了这些大都是满头银丝的大臣们，心里稍有点得意地想：你们这些老人们不要小瞧我年轻不识数，我可是不好惹的。心理上得到一些满足，咸丰放缓语气说："众卿，长毛贼前部已抵开封，应如何退敌，请速议。"咸丰皇帝自己没有招数，只好听各大臣的。

大臣们你瞅我，我瞧你，半响谁也不贸然开口。兵部尚书裕诚因职责所系只好硬着头皮奏道："奴才禀皇上，长毛贼围困开封有日，因开封城防坚固，粮草充足，守城将士尚能战斗，料长毛贼近日还不能攻克。臣意，即派得力大员在黄河北岸怀庆府一带设防，堵其北犯之路为上策。"裕诚不愧为兵部尚书，所言还是很有见地的。

"皇上，裕大人说得对，臣请率军前往黄河北岸，截断太平军北犯之路。"咸丰顺声看去又是僧格林沁。

这年，僧格林沁因主持道光皇帝梓宫迁葬，恭谨从事颇为妥帖，赏加三级，又命其督办京城卫戍巡防事宜，这就是说，皇上把京城的保卫大权交给了他。

咸丰听僧格林沁置京城防卫于不顾，要亲临前线，心中不悦地说："僧爱卿，你身负京城防卫之重任。京师乃根本重地防范稽查均关重要，不能远离京师出征。"

僧格林沁退在一旁不好再吱声。但是，心里想，皇帝只知道这京城重要，但是他不想：京城如心脏，然而一旦把胸腔豁开了，这心脏还如何保全呢。

文渊阁大学士时任直隶总督的讷尔经额出班请战："皇上，奴才愿率军进兵怀庆一带黄河北岸，堵截北犯之贼，请皇上恩准。"

"甚好，请你速调集直隶精兵火速赴黄河北岸，定要阻其过河北犯。朕随后派大军接应。"咸丰皇帝下了旨。讷尔经额克日调兵赴河南。

林凤祥、李开芳、吉文元包围开封，攻城多日不下。三人商议进军之策。

李开芳说："凤祥兄弟，攻开封多日不能得手，开封城池坚固，城中粮草甚丰，守城清妖顽固，看来不好拿下呀。"

林凤祥挑了挑粗大的眉毛说："开芳兄，开封不能久留呀。按天王旨意，不能计较一城一池之得。我意即刻撤围，渡黄河占怀庆，直逼京师。"

李开芳听说后说："这样最好，但是，我们大军一撤，城中之敌出城尾随，

当我们渡河之时夹击怎么办？"

"这好办。大军撤围采取渐撤之法。人撤旌旗不撤，迷惑敌人。撤围之前做好渡河一切准备。最后撤的一部在一夜之内全部过河。当敌人发觉时，你我已在怀庆城下了。"说完林凤祥放开粗犷的喉咙大笑。

李开芳听后说："兄弟真不愧是天王爱将，足智多谋啊。"

"老兄，什么时候学会恭维话了，真是稀罕。"林凤祥开了句玩笑。

"你还不知道啊，我满肚子都是那玩意儿，就看给谁了。看不上的我一个字也舍不得呀。"他们二人的逗笑使站在一旁的吉文元也扑哧一声笑了。

林、李、吉三将在当地掘煤工的协助下找来了大量运煤船只，神不知鬼不觉地撤离开封城下，渡过黄河天险，包围了怀庆府。

怀庆府守将翟得亮还在梦中，被守城将士的呼喊惊醒，慌忙整衣缚带领随从爬到城墙一看，立即惊得瞠目结舌。这城外太平军黑压压的一片，如海潮涌来，欢呼声雷动。他们是从天而降的？昨日还在黄河那边，仅一夜之间就围得我铁桶相似。他们是飞过了滔滔的黄河天险？他立刻召集部将们，分头守城，加固各门，多准备滚木礌石，准备以死守城。

第十五章　临危受命

　　大学士直隶总督讷尔经额率军浩浩荡荡地赶到河南时，太平军已渡过黄河重重包围了怀庆府。怀庆府破城在即，讷尔经额十分吃惊地说："长毛军进军如此迅速，如何是好。"

　　内阁学士会办河南军务的大将胜保献计说："逆贼虽然包围怀庆府很多天，但是未能攻克，其锐已钝。孙子兵法云：彼围渡可反围之。我意末将率兵从怀庆南向北进攻。大帅可领恩华等将军从东、北两面夹击，留其西面。待逆贼撤围逃入山西境内时，与山西方面共同前堵后截可获全胜。"

　　胜保是瓜尔佳氏满洲镶白旗人，自幼熟读兵书，深得孙子兵法之要，后来任钦差督剿太平军。听了胜保的话，讷尔经额点点头说："胜大人的话有道理。"

　　清兵对包围怀庆府的太平军形成网开一面的反包围之后，太平军的处境就艰难了。

　　李开芳对林凤祥说："林老弟，清军从三面包围了我们，只留西侧，这是逼我们西进啊。按天王所嘱，我们攻不下怀庆，不能在这里久留啊。"

　　"李兄说得对，我们在城外与清军血战一场，消灭他的生力军，然后直逼山西，由山西再进直隶。这样可以甩开清军主力。"林凤祥对敌分析后说。

　　"凤祥，此计虽好，但是，这次围我们的清军两倍于我，突围如何能轻松得了？"李开芳忧虑地说。

"李兄，兵不厌诈。前几次战斗中我们缴获了许多清兵服饰，我们用这清兵服装不妨化装成前锋部队，以骗过清妖，突围出去，你看这样行不行？"

林凤祥的这一计谋使李开芳直说好。

当日晚，万籁俱寂。在中原大地上笼罩着一股即将爆发大战的阴云。但是，谁也猜不出这沉沉的黑幕之下到底掩盖着什么。一切都是死一般的沉寂。

林凤祥望着怀庆城墙上的灯笼火把像鬼火一般蹿来蹿去。望周围，包围他们的清军巡哨兵举起的火把把营盘照得通亮。这是敌人的有意挑衅和嘲弄啊，他林凤祥很想跃马挥刀冲杀过去，但是数万将士的生命和天朝北伐的重任攥在他手里，他不敢贸然。

午夜时刻，林凤祥、李开芳、吉文元在大帐里商议突围之策。

李开芳说："时辰到了，应立刻命令全军发起攻击，先打乱敌人的布防，然后向西突围。"

"说得对，时间不多了，立刻动手吧。文元弟负责对付东门的清妖，开芳兄负责对付南门的清妖。"林凤祥下达了简短的命令。

太平军在三位将军的部署下先向外突围攻击，经过一番混战打乱了清军阵地后，各部先锋部队化装成清兵，骗过了所围的清兵，直奔山西。

山西巡抚哈芳，原想长毛军北进，会直奔北京，不会向西来犯晋地。他出于这么一种考虑，所以毫无准备。太平军向西突围，从垣曲出曲沃，攻平阳城，很快进入了洪洞县。

北伐军进入山西境内，连克豫晋数城的消息传到南京王府，洪秀全大为高兴。他急召杨秀清，命其速派援军北上，为林、李大军做后盾，一举攻克清妖老巢北京。

杨秀清接旨后，只派两万兵力由曾立昌、许宗杨率领进入山东策应北伐主力。得知天王派兵北援，林凤祥，李开芳二将十分欢喜，决定立即东进，出临洺关，返入直隶。临洺关在直隶省邯郸县北，是兵家必争的著名关隘。

此时，从怀庆府退下来的钦差大臣讷尔经额正驻守在这里。

这天正值酷暑，但是天上乌云密布，冷风习习，孕育着一场暴风雨。讷尔经额在帅府正厅上召集前线诸将校商议围剿之事。

"大帅，林、李二贼从怀庆突围之后向西逃窜之中连克晋东数县，然

僧格林沁亲王

—122—

后为了和进入山东的曾立昌、许宗扬二贼汇合，转兵向东直逼临洺关。贼意在于攻下临洺关后，挥兵下保定，威逼京师，长毛贼的这一招儿真是厉害呀。"胜保对太平军进军态势作了一番分析。

"胜大人说得有些过于长他人志气，灭我军之威啊。林、李二贼转战河北并不是主动所为，而是被我们追剿西窜逃命。哪还胆敢北犯京师呢。"有一个总兵对胜保的分析不以为然。

大将恩华说："钦差大人，以卑职之见，先不必揣测敌人动向和所图，应先把临洺关防务搞好，使长毛贼插翅也逃不过此关，才是万全之策。"

听了诸将的各抒己见，讷尔经额有些拿不定主意，但是作为统帅又不好就这样议而不决。想到这儿，他发令道："各位将校，按本帅原部署，严加防范林、李二贼北进，不得有误。倘若有临阵逃脱者，格杀勿论。"讷尔经额发完命令，在众将茫然不知所措的神态中，走回内室。

凌晨时，突然有一队人马来到临沂洺关城下。守城将官一看，这一队人马举的是大清的旗，穿的是与他们一般无二的官军军服，便问道："你们是干什么的？"

"我们是胜保大将军的部属，今奉大帅之命前来协守临洺关，请你们快开城门让我们入城。"城下来兵大声喊。

守城将官半信半疑，又问道："你们可有军书验明？"

"你这个混蛋，有军书在此，你还能看得见，我们是来协助你们守城的，你们却这样怀疑和戒备我们。那好，我们马上回去，明日禀报讷帅和胜大将军再说。到那时，看你等还有什么话可说！"这段话使守城将校有些害怕了。他想，如果是真听从讷帅之命前来协助守城的官军，我不让他入城，那可真是杀头之罪啊。想到此，他便命令守门官军打开城门，迎接"援军"入城。

城门一打开，装扮成清军的太平军一声呐喊，挥刀乱砍，一举攻入临洺关。霎时临洺关内喊杀声震天动地。

沉沉入睡的钦差大臣讷尔经额被这混战声惊醒。他立刻出来让亲兵打探喊杀声从何处来。

一侍从回答说："钦差大人，大事不好了，长毛大队人马已经攻入城了。"

"混蛋，你们都是混蛋！"讷尔经额气急败坏，跳起脚来骂部属。

"大帅，长毛军离帅府不远了，请大帅赶快出城吧。"亲兵劝讷尔经

额快走。平时气势汹汹、目空一切的讷尔经额此时像一个泄了气的皮球一样，堆缩在太师椅上。两名亲兵会意，迅速上前架起讷尔经额就向外跑。

讷尔经额在混战之中由几名侍从和亲兵保护，终于逃脱了。

太平军采取实实虚虚、虚虚实实的战法，攻克了临洺关，尔后乘胜前进，克沧州、占静海、取保定进军张登镇。

太平天国北伐军进入张登镇，使清廷乱成了一锅粥。

"天国军队快打到北京城了。"

"清朝气数已尽，今后是太平军的天下了。"

"太平军来了天下要太平了。"

"太平军反清复明，我们又重见天日了。"

"咸丰皇帝已逃到盛京去了。"

种种传闻不胫而走，京城里的权贵们恐慌至极。有的已做好了出逃的准备，把一些金银珠宝包裹起来，备好车马随时准备逃出京城。一些皇亲国戚和大臣们纷纷向咸丰皇帝哭诉，一定要派得力人员堵住长毛，否则京城一破江山休矣，家中老少休矣。

咸丰皇帝急急忙忙召大臣商议。他开口便骂那些军机大臣无用，全是饭桶。几经派兵，节节败退，竟让他们打到门口来了！然后下令，摘去败军之将讷尔经额的花翎顶戴，撤其文渊阁大学士之职。讷尔经额摸摸脖子，脑袋尚在就有些轻松，说声谢恩后退出。失败下来的将领惩办了，那再派谁堵击北犯之敌呢？

杜受田毕竟是皇帝的老师，不管皇帝怎么发火，他也敢出来讲话。他说："皇上，科尔沁郡王僧格林沁，在先帝时，剿除密云之匪患，深为得力，受到先皇嘉许。他智勇备足，我意只有派僧郡王率兵堵截长毛，加强京城防务，才能有制胜的把握。"

咸丰皇帝几次阻止僧格林沁的请战，都是为了京师的安全。但如今不同了，长毛已打到门口了，此时不用何时用，他瞅了瞅僧格林沁。

僧格林沁向前跪下说："皇上，臣愿意率兵出战。"

"甚好，甚好。此次出战定要堵住长毛，保我大清江山，爱卿身系社稷之危亡，朕特命你为钦差大臣，赠我祖传之纳库尼素光刀，对前线畏葸不前之将领和调遣不从之官员，可以先斩后奏。"咸丰从御座的一侧拿出纳库尼素光刀，由太监递给了僧格林沁。

僧格林沁心里明白，这纳库尼素光刀是清太祖努尔哈赤所佩宝刀。

僧格林沁亲王

—124—

努尔哈赤为鼓励皇太极进关作战奋勇杀敌，把纳库尼素光刀赠给了他。后来成为各皇帝的承大统的一个象征物。今天，咸丰把意味着皇权象征的宝刀赏给僧格林沁，显然把堵截太平军保护大清江山的希望完全寄托在他的身上。

僧格林沁临危受命，受此殊荣，十分激动地说："皇上如此加恩于奴才，奴才一定为保大清江山肝脑涂地，不打败太平军绝不活着回来。"

咸丰皇帝又说："朕另命惠亲王绵愉为大将军，共同协力督剿长毛，不得有误。"惠亲王绵愉跪下受命。

僧格林沁受命第二日便调兵遣将，命八旗前锋营统领舒通额率部二千做先锋，迅速赴紫荆关设防。护军营参领全顺率部二千为左翼，健锐营参领曲云彪率部二千为右翼，随先锋部队成犄角进兵。僧王亲率哲里木、卓索图、昭乌达三盟骑兵五千做中军。八旗步军营和察哈尔骑兵在都统达洪阿的率领下押后阵，大军粮草供给由所到县府筹备。两万大军刀戟林立，旌旗蔽日，人喊马嘶，浩浩荡荡地依次进兵。

太平军北伐部队听到清廷以僧格林沁为主将前来赴战的消息后，林凤祥、李开芳召集众将商议对策。

林凤祥脸上挂着一层忧虑。自北伐近半年来，他们已转战五省，行程达五千里；攻克了大小城镇、关隘数十座，斩清朝总兵以下将军、参将等几十名；杀土豪劣绅，解救被困百姓无数，威震中原。与此同时，太平军也得到发展和壮大。但是，所攻克的城镇无一能守住，成为匆匆过路大军，到现在仍未在晋豫大地上建起一个较为巩固的大本营。如今，渐入冬季，南方将士禁不住北方寒冷；而且，冬季的棉衣还没有筹备。此时，他才真正感到无后方面孤军深入的艰难和危险。作为北伐军的主帅，身负天王的重托，他怎么能够不忧虑呢。此时，他想起了黄巢，想起了李自成。他是多么不愿见到那种悲剧的再现啊。

李开芳是个比较沉稳的人，喜忧不露声色。但是，他也心急如焚。东王杨秀清派遣的后援部队还没有和他们接上头，不知被阻滞在哪里。他看出林凤祥的焦虑，便先开口说："老弟，清妖倾其全力派大军堵截我们，来势凶猛啊。我知道蒙古骑兵凶猛剽悍，我们不可轻敌哟。"

"开芳兄，我正想这事呢。"林凤祥又沉吟片刻后说，"我意应该避敌锋芒，击其空虚。"

"你我想到一起了。据探子报告，天津空虚，没有大军驻防。我们先

打下天津，补给部队略作休整后，再攻北京不迟。"李开芳说。

"好，就这么办，进军天津。"林凤祥下了命令。

太平军以迅雷不及掩耳之势，一举占领天津门户杨柳青，天津知县谢子澄得知太平军攻占杨柳青，匆匆忙忙调集所有兵丁做守城准备。

僧格林沁大军云集紫荆关后，见林、李率部避实就虚进兵天津，便立即率大军尾追而来。他知道天津的守军不多，就凭那知县谢子澄守不了几天。所以，他严令先锋舒通额率骑兵日夜兼程，赶到太平军进攻天津之前到达天津，加强天津守备，不得延误。

舒通额接命令后，摸了摸络腮胡子，扣紧了军带，对副将吴河运说："我率兵在前，你把后，马儿跑得快的尽其力先走。跑得慢的你再收容前进。等我先到天津西营寨，抵挡长毛贼，你随后就来。大队人马一起进兵，恐怕赶不上了。"

副将吴河运点头同意。

十一月份的津郊平原一片橘黄色。寒风吹打着萋萋荒野，奏响了低沉凄凉的怪调。由于这一带几经兵马践踏，村庄破落，垣断壁残，十室空四五。黄昏降临时，本应炊烟袅袅，牧歌吹唱的村庄，此时，却死一般的寂静。只见错错落落的几户烟筒里，冒出很不情愿的炊烟。

已经急驰了两天两夜的舒通额，满脸灰尘，一摸络腮胡子，人们只看清他两只眼睛是明亮的。他站在村庄南的一高坡处想了想，对左右将校说："本想在这村住马休息一下，但是，我看来不及了，命令全体将士，那井边喝足了水，继续前进。"

舒通额他们经这两天两夜急奔，把二千人的部队拖散在数十里的长线上。紧随舒通额的只有几百名兵将了。这两天两夜，除了让马稍作休息和吃草、饮水外，人没有一顿埋锅造饭吃。这就显出蒙古士兵饮食习惯对马上长途行军作战极为有利的优势。蒙古族从其游牧生活的需要出发，把牛、羊肉煮熟晒干，把糜子面炒熟，随身携带，随时食用。这晒干的牛、羊肉不易变质，又轻便；有水时与炒米一起泡着吃，无水时干嚼既饱又解渴。奶制品就更是天然的美食了。营养极丰富而味道甘甜可口，不易变质，又不怕冻。行军打仗，携带这种不必水煮火烤的食品，从袋里掏出送进嘴里边走边嚼，极大地加快了行军进兵的速度。当年成吉思汗铁骑驰骋欧亚大陆，所向披靡，也得益于这些看似简朴而极富营养且又便利的食品。

舒通额所率之兵，就是按僧格林沁所嘱，每人装了一皮囊干食，饿了就在马上嚼上一顿。所以，他们能以极快的速度赶到天津。按照舒通额的命令，兵丁们在井口争先恐后地喝足了水后，又饮足了马匹，然后继续向前飞奔。

到了天津城下已到半夜。此时，大雨加雪刚停。天冷刺骨。天津周围一片汪洋。舒通额从探子口中得知，天津仍在清兵手中，长毛军还未来得及攻城。他摸了摸络腮胡子舒了口气。他让兵们喊城上守军答话。城上守军一听统领舒通额先期到达天津，立即跑墙去告诉谢子澄。谢子澄一听来了援军喜出望外，赶紧命守城军士开门迎接。县丞张林平却说："知县大人，且慢。前不久，钦差讷尔经额大人守临洺关时，被太平军骗开了城门。临洺失守，讷尔经额大人被皇上革了职。今天这深更半夜，突然来了援军，其中是否有诈，不得不防啊。"

县丞这席话说得谢子澄顿感醒悟，以手附额说："幸亏你提醒得好。否则临洺关之败又在天津重演。"

"我意无论是官军还是长毛军，都等明天看清验明后再作处理。"县丞说。

"一旦真的是援军，长途骑马奔波，疲劳饥饿加上天又这么冷，如宿在城下，明日进城拿我们出气怎么办？"谢子澄为官多年狡猾着呢。

"对此大人不必忧虑，一会儿我上城上与他说明原因就是了。"

县丞上了城门楼上喊："率兵将军是何人？"

"是统领舒通额将军。"

"舒将军何在？"

"老子在这里听着呢？你是何人，竟如此说话！快快开城门。"舒通额又饿又冷没好气地说。

"舒将军，小人是天津县丞张林平，奉县令谢大人之命上城问话。前日，钦差讷尔经额在临洺关被骗开城门，受皇上严责，今日卑职们看不清你们，不敢造次，望舒将军原谅。委屈你们在城外露宿了。明日天亮一定以好酒好肉款待犒劳驱寒。"县丞在城上喊。

"小小的狗官，竟敢怀疑老子是长毛？你听着，必须立即开城门。叫那谢子澄出来亲自迎接大军入城，否则入城后我先拿你们是问。"舒通额气得大骂。

听到舒通额发起火，张林平有些害怕了。他知道舒通额是堂堂从一

品统领，带兵打仗在外，借口杀个县令犹如宰个狗。他这个小小县丞更不在话下。想到这儿，他眼睛一眨又想出个推脱责任的主意。

"舒将军，我小小县丞不敢违拗县令之意，待我回衙，禀报县令后再回禀大人。请大人稍候。"说完赶紧溜下城门奔县衙。

舒通额气得直咬钢牙，暗想，进城必杀这贼，以解心头之恨。

回到县衙，张林平如实地向谢县令禀报了答话经过，听罢他的禀报，谢子澄既有些害怕又有些犹豫。开城门迎接吧，假如真的是官军而且又是这令人望而生畏的悍将舒通额，明日进城问他刁难之罪，这不要他的命吗？实在想不出办法，他只好问县丞："这可如何是好？"

县丞闷了半天献计说："大人，你自己上城墙，让他们把统领印送上城里验证。"

没有别的法子，就只好这么办了。

谢子澄急急忙忙跌跌撞撞地爬上城墙，伏下身子喊："统领舒大人容禀，卑职天津县令谢子澄，在此向大人请安了。刚才县丞言语唐突多有冒犯，请大人谅解。为了全城安全和慎重起见，请大人把统领之印送上城来。待卑职看过后，即开城门迎接大驾。"谢子澄毕竟比张林平高明些，说的话很委婉动听。

舒通额听谢子澄的话还有些入耳。便说："你放下绳子来我把大印送上去。"

谢子澄和张林平看过大印之后，倒抽一口冷气。这是真真切切的一品统领之印。

"快快，快放下吊桥，打开城门迎接大军入城。"谢子澄池下令边整衣冠，在城门口迎接舒通额。舒通额进城门接受谢子澄的跪拜后便问，"哪位是县丞张林平？"

"卑职张林平在此跪见大人。"张林平不知是吓的还是在城楼上站久了冻的，说起话来上下牙只打战。

"请你起来，让本将看看。"舒通额说。

张林平战战兢兢地站起。

舒通额驱马走到眼前上下打量了一下后突然抽出所佩宝剑劈了过去。张林平的大半个脑袋在一道寒光之中咚的滚落在地。

吓得谢子澄和守城兵卒跪下一大片叩头。"请大人饶命，卑职对部下教束不严，敢于刁难大人，实在罪该万死。"谢子澄身子抖动如筛糠般地说。

"这次饶你不死。与长毛贼作战你要为大军做前导，戴罪立功。"舒通额说完径直走向城内。

这时，林凤祥、李开芳已取消攻天津计划，放弃杨柳青退兵静海县。原因是，正当他们厉兵秣马做攻城准备之时，天公偏偏与他们作对，下起了大雨夹雪。冷风苦雨拍打着薄衣单衫的太平军将士，本来不习惯北方寒冷的将士们被雨淋风吹冻得瑟瑟发抖。因雨雪，天津周围河水猛涨，一片汪洋，步兵无法涉足。林凤祥、李开芳仰天长："老天啊，你偏要灭我天兵啊！"

重伤在身的吉文元咬咬牙说："二位仁兄，我们叹息也没有用啊。我们三人出征七个月来，孤军深入，今日又与天王失去联系。我们只好拼死一战，报答天王和共同起义的众弟兄了。"

"只好这样了。暂时驻守在这里，派人与天王联络，等待援兵。"林凤祥说。

"只怕，未等援兵到，清妖先包围我们啊。"李开芳忧虑地说。

"你说得有道理。但是，弟兄们冻饿到如此地步，不驻下待援也不行啊。"林凤祥望着李、吉二将摇了摇头。

太平军北伐部队在寒冷和饥饿之中修筑防御工事待援。

舒通额到天津的第三日，僧格林沁的大队人马也开进了天津。僧格林沁随即升帐，问天津防务和太平军情况。舒通额把所了解的情况详细禀告了僧格林沁。

僧格林沁听完禀告说："长毛贼退守静海等地乃是为了渡过寒冷季节，养精蓄锐等待援兵，以图再进。我们不能等他们恢复元气、羽毛丰满，要迅速布兵包围静海、独流等地，断其供应，待有利时机，一举歼灭。"

会办督剿大臣胜保说："僧帅说得对，我们北方人马惯于寒冷，敌则畏惧寒冷，所以，以我之长击敌之短，利用他们惧冷之机包围歼灭。另外，派神炮营，用六尊神威大炮轰击长毛大营，毁其防务，灭其威风。"

"我看，先用大炮轰击其营盘后，再派精锐骑兵冲击骚扰他们，一可探其虚实，二可让他们不得安稳徒劳其神。"统领达洪阿说。

"诸位说得对，明日就进兵静海与独流，形成包围。然后由先锋统领舒通额率神炮营和精锐骑兵，先炮击后冲击其营盘。"僧格林沁下了令。诸将听令后各自准备。舒通额刚要走出，僧格林沁叫住了他。

"舒将军，你怒斩县丞张林平之事可是真的？"僧格林沁威严地问道。

第十五章 临危受命

"是真的。"

"这是为何？"

"大人容禀，大军奔波劳顿在饥饿寒冷中到城下，他却刁难末将，不开城门迎接，让众将士在雨雪之中露营野外，末将一气之下杀了他。"舒通额回答。

"舒将军，你斩一个县丞不打紧，但是你杀的不是县丞，而是一颗恪守之心啊。你想想，他们事先未得通知，深更半夜到城下叫门，而且又有临洺受骗的教训，人家起疑心是正常的。证明他毕竟还有个守城尽责的心思。你身为大将，不从大局着想，只从一时气愤出发，滥杀地方官员，是何等的错误啊。"僧格林沁声色俱厉而言语谆谆。

"末将知罪。一时气愤，没有想更深。请大人责罚，末将毫无怨言。"舒通额跪下请罪。

"明日出发前，将张林平的尸首装殓，好好安葬，并由你自己去抚慰其家眷。今后遇事一定要着眼大局，不得乱使性子。"

"末将照办。"舒通额站起退出。

第二日开始，僧格林沁率大军层层包围了静海、独流两地。然后，开始攻击太平军的驻地。太平军的驻地上炮声隆隆，浓烟四起，断砖残瓦横飞，人马奔跑呼叫。

林凤祥在炮声中指挥若定。他让将士走出民房，躲进村口树林里。清军炮轰一阵后，见太平军已退，第一梯队骑兵在天津县令谢子澄的率领下冲向村口。刚刚到村口树林里，太平军的伏兵齐出，一声呐喊冲了过去。骑兵在平原开阔地上作战进退余地大，是个优势，但是在茂密的树林里就施展不开了。太平军用绊马索绊倒马，挥刀砍人或躲在树上、林后、草丛里，放暗箭射人射马。一时间人喊马嘶，尘埃遮天，战斗十分激烈。

太平军虽然受冻挨饿体力不支，但是在林凤祥的指挥下个个奋起虎威英勇战斗。林凤祥手握长枪连挑数名清兵。正在此时，他看见一个身着七品服的将官骑马挥刀杀了过来。林凤祥大概看出这是个清朝县令，便挺枪跃马迎了过去。谢子澄迎面来一个高大英武、装束不凡的将军，便也认出这是太平军首领，他举刀便砍。林凤祥举枪一挡，谢子澄的大刀直冒火星，顿感虎口发麻。他暗想来将气力不凡，忙掉转马头又一刀砍了下来。林凤祥镫里藏身，伏在马侧躲过一刀。当马错过的一瞬间，他用枪直刺谢子澄的心窝。谢子澄还没有反应过来，银枪已刺透了前胸。他"哎哟"一声滚下马来。林凤祥又一枪正好刺在谢子澄的咽喉上。

规模这样大的战斗打了几次。清军伤亡不小。清军副参领薛焘、前锋校娄锋被太平军俘虏斩首。头颅挂在竹竿上示众。

这日，僧格林沁与随军主簿王仁下蒙古象棋。他在挪棋子过程中衣袖带倒了杯子。杯子里的水洒在棋盘上。

僧格林沁瞅着洒在棋盘上的水在楚河汉界上流来阻隔了界限，他眼睛一亮，一推棋盘说："快去请胜大人进帐议事。"

不一会儿胜保就到了。

"胜大人，围困长毛多日无功，你看症结在何处？"僧格林沁问胜保。

"症结在于静海和独流两地间交通未断，长毛贼可互为倚靠，互相联系，使我们的进攻不能奏效。"胜保分析说。

"你说得对。那么，我们用计切断这两个地方的联系，使他们两地都成为孤军，不就好办了吗？"僧格林沁说。

"我也想过，但是用什么办法切断两地的联系呢？"胜保侧头问。

"水，用水。你看这地图。静海与独流均在运河之下。我们在运河的这地方掘开大堤，引水至静海和独流之间，就切断了两地联系。"

"此计非常妙，真可以抵上千军万马。"胜保连连夸赞。

这样，僧格林沁就下令掘开运河大堤，水淹静海与独流之间，切断了太平军的相互联系，使太平军的处境更为艰难了。

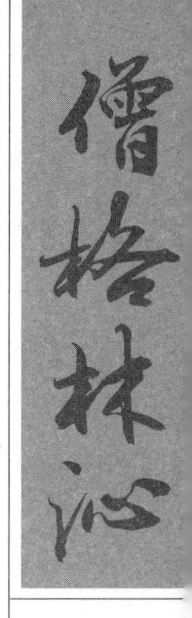

第十六章 冰河铁马

僧格林沁、胜保率军堵截太平军虽然还没有获全胜，但毕竟堵住了太平军进军京师的道路。近日他们又将太平军围困分割在静海、独流两个弹丸之地，可以说清军已稳操胜券。

咸丰皇帝得到邸报后，心情比较宽慰。他暂时忘却了长沙一战，湘军大败在太平天国大将胡以晃、赖汉英手下，主帅曾国藩一气之下投进长江，想一死洗辱的事情。曾国藩自己上书皇上自责，请求严议。咸丰皇帝在气头上要严处曾国藩，军机大臣文庆看出这曾国藩虽然失利，但是对朝廷办事还是很卖力气的，且办团练有方，加之湘军尚有战斗力，所以文庆力请皇上加恩宽免，让曾国藩重振旗鼓，再战洪、杨。

曾国藩得到恩免后，倍加卖力。但咸丰五年，在西线与太平军翼王石达开大战一场，结果又是几乎全军覆没，他再次重演投江自尽，再度被部下阻住。他只好给咸丰写了个臣"屡败屡战"的自我解嘲的奏折，留下了玩弄文字的千古笑柄。

咸丰皇帝的心情因天津之战小有胜利而稍感轻松，便在养心殿翻看各地呈来的邸报。然而他越翻越来气。他既恨长毛造反，又恨这些几代享受俸禄的文臣武将都是酒囊饭袋。传来的是一连串的坏消息：湘军头目罗泽凯兵败身亡，湖南提督塔布齐在九江失利战死。南昌总兵马继美城下被斩，湘军团练副将周凤山在宁州败北，湘军主帅曾国藩兵败投江虽未死但也丢尽了脸，浙江道台刘于淳只知喝玩乐搜刮民财，哪敢和太平军较量……南方，稍感放心的是还有一个钦差大臣向荣和总兵张国梁支撑着残局。怎么让这些大臣们拼力死战,歼灭长毛保我大清江山呢。咸丰苦苦思索,想了半天也没有想出什么妙计。他便焦急地走出养心殿。

这时,北京城刚刚下了场小雪。雪后初晴,其寒无比,随侍太监赶紧将一件貂皮大袍放在咸丰身上。到室外一见冷气,咸丰皇帝的头脑清醒了许多,他信步走去。走着,走着,他突然听到一轻轻的吟唱之声。他驻足循声望去。在十几步远的一亭台下,一宫娥手扶槛杆亭亭地立在那里,因为背朝着他,他一时看不出是哪一位。但见,她身着绿底上绣有红团花的薄棉袍,发髻高高地挽在头顶,立在这晶晶莹莹的雪地上,绿衣红颜映白雪,娉娉婷婷楚楚动人,犹如月宫中的嫦娥。

咸丰皇帝看这雪中美人的背影,愣怔片刻,便起步向前要看个究竟。

听到身后踏雪的沙沙声,这女子慌忙回头。一看是皇帝来了,她立刻跪在雪中口称:"奴婢忘情,不知皇上驾临,有失大礼,奴婢罪该万死。"

咸丰一看乐了,这不是懿嫔兰儿了吗。咸丰平时也较喜欢多才多艺善解人意的兰美人。但是,今日雪中突遇,才真正看出她的魅力。原来她竟有这等销魂动人之处。咸丰扶起兰儿说:"美人儿,在这雪地里不怕冻着了,赶快随朕回宫。"

"奴婢谢恩,只是,这皇城宫中的雪景实在令人陶醉。皇上为何不多看看这雪景呢。"兰儿娇声娇气地说。

当皇帝的万众之尊,只爱听奉承话和顺从的话。而且,每日里听的都是顺从和奉承话。时间长了,也就不觉得什么了。尤其是在后宫众多妃嫔之中,没有一个敢违拗皇上旨意的,这样久了,一些皇帝倒产生了一种逆反心里,愿意听妃嫔们的不同意见,喜欢多少敢于说出心里话或敢于撒娇使点小性子的妃嫔。殷纣王对妲妃,唐高宗不对于武则天,唐明皇对于杨贵妃都是这样的。咸丰皇帝也不例外。他就是比较喜欢兰儿娇中带泼,柔中带刚,曲意奉承而又敢于直抒己见的个性。他从中受到一种从其他妃嫔身上体味不出的刺激。就刚才来讲,皇帝说"雪中防冻随朕回宫",放在别的妃嫔身上,便会乖乖地回宫。这样,咸丰虽然也说不出什么,但绝不会有更大的快意。兰儿就不同了,她婉转地提出要尽情观赏雪景,而不是一味顺从。

咸丰皇帝在兴头上,也就高兴地答应了,说:"既然兰美人有兴致,朕也不妨一起观赏这雪景吧。"然后又说:"兰美人,你方才唱的是什么曲子?那么娓娓动听的,为何不给朕再唱一段,助助兴啊。"咸丰搂着兰

—133—

儿的双肩说。

兰儿轻轻依偎在咸丰的胸前缓缓地唱着：

> 白雪盈盈
> 心瓣儿飘飘
> 皇宫内院
> 孤影窈窕
> 锦屏儿开
> 珠帘儿滴露
> 寒宫玉兔
> 何时了
> 幽思缕缕
> 叩轻风
> 满目乾坤
> 未尽时
> 巍峨宫阙
> 隔无阻
> 但愿
> 人儿长久……

咸丰皇帝听得如醉如痴，紧紧地把兰懿嫔搂在怀里。

这兰儿就是后来统治中国四十余年的"老佛爷"——慈禧太后。

天气毕竟寒冷。虽然，两人的热血沸腾，终究是肉身抵不住冷风，两人携手回到了宫中。此时，咸丰又冷静下来，想起了还没有说出的心事。

"皇上，你进了屋里，就有些神情沮丧，是不是有什么心事，不妨说出来，让奴婢也听听，分担一下皇上的忧愁。或许，奴婢还能替皇上出出主意呢。"兰儿说。

"你不知道，朕这几日正为这南方的战事愁着呢。前日接到僧格林沁和胜保的奏报，把长毛北窜的部队围困在天津一带，朕心情稍安。但是，朕真怕他们把被围住的敌人放跑了啊。"咸丰说了忧愁的心病。

"奴婢想来，这事好办。古人驾双臣民之策是恩威并施。皇上，您应该严惩那些临阵退缩畏葸不前者作战不力者，同时应重重奖赏那些作战勇敢、对朝廷尽忠者。"

"我也想过，但是，怎样奖赏才好呢？"咸丰直直地看着兰美人，眼波之中带有说不清的情味。

"皇上，奴婢以为对臣下奖赏不能一次达其极。一次达其极，他就满足了。就像吃饱的狗不撵兔子一样。奖赏也要一步步来。比如，你刚才讲僧格林沁和胜保作战尚属努力，要奖赏他们，这是对的。但是，对他们二人奖赏也要区别对待。僧格林沁一品郡王，您要晋爵只有给亲王之爵。但是，妾以为尚不到其时。此人忠贞有余又重名誉，皇上何不给他个巴图鲁（英雄）之誉来激励其斗志呢。胜保是二品大员，可晋为一品大学士。这样他们二人各得其所，不怕他们不尽心尽力剿灭长毛。"兰美人攻不紧不慢，不慌不忙地说出了这番话。

咸丰皇帝一听乐了，这兰儿竟有如此的主见。

"好，好，就按你的建议去办。传旨，僧格林沁，胜保率军督剿以来身先士卒，堵击长毛功勋卓著。为励其志，尽快剿灭北窜之敌，特赏僧格林沁'湍多罗巴图音'称号。晋加胜保一品大学士。另赠僧格林沁御用貂冠一顶，黑狐腿马褂一件，绿玉烟壶一只，白玉四喜扳指一个。"

圣旨下达到僧格林沁、胜保的大营之中，僧、胜二人当然大喜。二人立即召集众将领商讨进兵，谋划歼灭太平军之大计。

此时，已进入咸丰五年正月。僧格林沁的中军帐里聚集了副参领以上数十名将军和地方官员。僧格林沁面在正中位置，左手第一人是胜保，右手第一人是都统达洪阿，接着是舒通额。依次左右排列是骑兵统领科尔沁达尔汗旗辅国公那木斯来、都统西泠啊、副统领奈曼旗协理萨布旦、卓索图协理西萌嘎、兵部侍郎瑞麟、护军营参领全顺、健锐营参领曲去彪、副参领吴河运、骁骑校何建鳌、张吉顺。

僧格林沁扫视左右说："众将官，长毛林凤祥、李开芳二贼所部被我围困，他们已经到了强弩之末。我们应怎样攻其营盘，一举灭敌，请众将各抒己见，议出个万全之策来。"

察哈尔都统西泠阿抢先说："禀大帅，以末将之见，应逐步缩小包围圈，逼敌就范。"

"大帅，林、李二贼虽然被我围困数月，但是尚有数万之众，一旦作困兽犹斗，还是个大麻烦。我想，我们稍作缓解围困之状，给敌以假象，待他们突围之时，个个分割歼灭。"舒通额说。

—135—

听到舒通额的意见，胜保微微点头说："舒大人说得有道理。我们逼敌过急，使贼拼死一战，就有以一当十的可能。稍缓围困，网开一面，使敌意志松懈，误以为我缓解之时，再以迅雷不及掩耳之势突袭其各营，必获全胜。这就是兵法所云以退为进之计。"胜保说完向左右看了看。

"好，我们就这么办。各将听令：都统达洪阿率兵后撤至堆屯重新设防。若敌有动静立即从南向北截击攻敌。统领舒通额待贼向南逃窜之时，迅即从西攻敌侧背。兵部侍郎瑞鹿麟将军撤出连屯以东，待贼开动即从北攻其主营盘。那木斯来统领在运河大堤设防，不使贼沿堤南窜。其余各将随大营行动，联络接应各路兵马。此次大战关系重大，各将务必协力同心，将敌歼灭在此，为朝廷消除心腹大患。待战事结束，我一定禀报皇上按功行赏。若有作战不力放敌逃脱者，圣上所赐'纳库尼素光刀'绝不饶恕。"僧格林沁调拨已定，各将按照部署行动。

两月后，被围困三月有余的北伐军营盘异常安静。连日来大雪纷飞，真是千里冰封万里雪飘。北风呼啸着卷起雪花，无情地扑打在太平军将士的身上、脸上。这些南方将士不禁寒冷，加之薄衣轻装，个个冻得脸色紫青，在朔风中瑟瑟发抖，入正月以来，太平军冻死、饿死的越来越多。盼援兵已无望，他们陷入了极度艰难的困境，要不是靠当地百姓的接济，他们早已不战自溃了。然而，此地不比江南鱼米之乡，老百姓本身也不富裕，长时间接济太平军，已不堪重负了。

这日，林凤祥与众将官商议进退之策。

林凤祥被焦虑与劳碌折磨得眼窝深陷，眼圈发黑，颧骨突出，胡子如蒿草般卷曲着。身为北伐军主帅，见到冻死或饿昏在雪地上的弟兄们，他心里像针扎一般痛啊。他现在已无心进攻北京，他只想为这两万多弟兄们找一条生路，以图再起。留得青山在不怕没柴烧。但是，出路在哪里？僧格林沁所率军队如狼似虎，尤其是那精锐骑兵，进似旋风，退似潮退，委实凶悍难当。僧妖，凤祥我今生今世，终有一天砍下你的头，以解心头之恨。林凤祥想到此说："各位兄弟，这两日，清妖因我们的军队有所松动，我们应充分利用这一良机，迅速冲出重围。"

"凤祥弟说得对，死守此地，敌不来攻，我也可能冻死饿死。所以应立即突围才是上策。"李开芳说。

"好，事不宜迟，今晚乘夜黑风大之机向南突围，突围若成退到山东境内，与天王取得联系，等待援兵以图再次北进。"

"凤祥兄,你和开芳率军突围,我殿后,以防清妖追击。"吉文元说。

"可以,你率二千兄弟押后。"

当晚,雪后狂风肆虐,白茫茫的雪原如翻腾的大海。太平军衔马摘铃,一队队从静海出发向南疾进。太平军兵马行到天亮之时,前方已有清兵堵住去路。林凤祥、李开芳大吃一惊。

林凤祥转身对将士们大声喊道:"众弟兄们,前有清妖堵截,后有清妖追兵,我们别无选择了,只有决一死战,杀开一条血路冲出去,绝处逢生啊。"

说完,李开芳率先大喊一声:"冲啊!"便策马冲向清军。

清军都统达洪阿举剑向前一指,清军骑兵如离弦的箭一般掩杀过来。清军兵精,又以逸待劳,自然战斗力正盛。他们冲入太平军,左右冲突,挥刀举枪乱砍乱刺。太平军虽然一夜行军又困又乏,但是哀兵振威其势大增。他们个个奋不顾身,勇往直前。

都统达阿本想太平军已疲弱不堪,不堪这精锐骑兵的一击。但是,他估计错了。太平军几经骑兵的冲击,队形不乱,进退有序,左右呼应,接战若定。达洪阿不得不惊叹:困乏到如此境地的军队,竟也这等勇猛顽强!可见率军之将不是庸才。我定要见见这林凤祥。想到此,他率亲兵冲入混战之中,只找举有林字帅旗处奔去。

林凤祥突见一队人马奔他而来,立刻猜出这是清军主将与他接仗来了。达洪阿冲到不远处勒马横刀,用刀尖指着林凤祥问:"这位将军,是不是林凤祥将军?"

"我就是林凤祥,你是何人?"

"本人是都统达洪阿。"

"达洪阿大人,凤祥我转战数载,横扫半壁江山,攻城略地过关斩将,今日不想遭你等奸计,只有拼死一战,不想与你多舌。"

"林将军差矣。你部孤军深入,弹尽粮绝,又遇天寒,士气锐减。如今前有堵兵,后有僧大帅大兵尾追,你挺翅难逃。本官早闻将军英勇,僧帅又爱惜将才,林将军何不下马投降,以享荣华富贵。"达洪阿劝降。

"不许你胡说。谁胜谁败尚无定论,你竟敢口出狂言。"林凤祥斥达洪阿。

达洪阿哈哈大笑说:"死到临头,还如此嚣张,你若有种与大爷独战五十回合如何?"若平时按林凤祥脾气和武艺不怕与达洪阿独战,但是

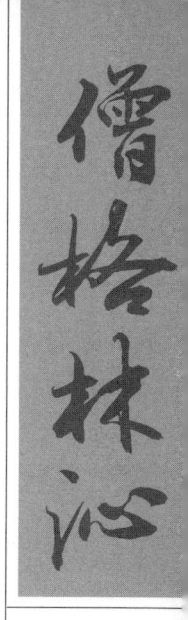

此时他勒马未动,他不能这样恋战啊。众弟兄一夜行军,只有速战冲出包围才有生路。达洪阿提起与他独战其用意就是阻止主帅指挥突围。想到此,林凤祥突然大喊一声:"将士们冲过去捉住这清妖之首,重重有赏。"他左右的亲兵策马冲了过去。达洪阿没想到林凤祥会有这么一手,也只好迎了过去。

混战了半日,太平军渐渐有些不支了。此时,清军的右路大军也开始赶来,从两翼攻杀太平军。形势十分危急。正当林、李二人焦虑之时,押后的吉文元部赶到了。他们三人在一缓坡处稍作商议后决定,还是由吉文元率兵阻住右翼之敌,由林、李二人继续全力向南突围,突围出去一人是一人。

达洪阿从混战中抽身站在一个高处调兵遣将。因为占有优势,胜券在握,他悠然自得,所率亲兵也很懈怠。

林凤祥的部队中有个小校叫刘挺基。他自小练武,练得一身好武艺,而且尤其精于射箭,可百步之外射落柳叶。弟兄们把他与战国时的神箭养由基比,较称之为"小由基"。他在混战之中左右开弓射杀清军将校,随着箭响清军将校纷纷中箭落马。他突然看到了站在高处的达洪阿。但是,他猜出这人前后左右簇拥一大堆亲兵,而且在那里挥动令旗,肯定是个大将。如果把他射死了,那该多么过瘾啊。我刘挺基就不枉称小由基。想到此,刘挺基拈弓搭箭拉成满月,瞄准达洪阿心窝"嗖"的一箭射了过去。

达洪阿站在高处,离混战之处最近的也有七八十步。哪儿想,有人射暗箭。但是,他毕竟是武举人出身,而且是征战多年的将军,箭射到身上时本能地一侧身护住了要害。这一箭射进了他的左肩窝,痛得达洪阿大叫一怕,差点栽下马来。达洪阿的坐骑一惊狂啸着跑下高处。达洪阿已无力勒马,只好忍痛状在马鞍之上,任马奔跑。亲兵们惊魂甫定,随主帅急奔。

这一惊一奔不要紧,达洪阿的马到哪儿,哪里将士们就知道主帅受伤了。军心大乱,有的则回转过来要保护主帅。这样一来,阵脚也乱了。太平军将士们忽见清兵大乱,乘势奋力砍杀突围。

小由基刘挺基忽然灵机一动,策马边跑边喊:"清军主帅被我射死了,弟兄们快冲呀,清军主帅被我射死了,弟兄们快冲呀,快冲呀!"太平军将士听到喊声精神一振,一起大喊着猛力冲杀。

林凤祥、李开芳、吉文元利用清军阵脚大乱之际,组织众将士一直向南突围。在清军的层层包围之中杀开了一条血路，撕开一条口子，突围成功了。

待达洪阿的亲兵们截住惊马，把达洪阿扶下马，拔出其箭，包扎好伤口，达洪阿疼痛稍缓，重新布兵追杀时，已经晚了。

僧格林沁、胜保率大军赶到，达洪阿抱负伤之体伏在地上请罪。

僧格林沁严斥达洪阿："你身为主将，不知严加防范突袭，遭暗箭，尔后又自冲阵脚摇动军心，致使垂死之贼得以逃脱，按军律理当斩首。但本帅念你素有战功，宽免一次。暂免先锋之职，待你养好伤后再议。"

达洪阿叩头谢恩。

僧格林沁与胜何挥军向南尾追太平军。

太平军冲出重围，整顿兵马时，发现这次突围大战牺牲了五千多弟兄。林凤祥、李开芳、吉文元三人下马朝北叩了三个头说："死难的弟兄们，你们的牺牲换来了众多天朝将士的死里求生，凤祥、开芳、文元给你们叩头了。愿你们早日升入天堂。"

太平军以最快的速度直奔阜城。

到阜城后，林凤祥仍留吉文元殿后阻击僧格林沁的尾追部队，他和李开芳率军攻阜城。

阜城守将乐永泉慌忙督军守城。这乐永泉平时欺压百姓，无恶不作。阜城老百姓编了几句顺口溜形容他的残暴和贪婪：

　　阜城有个乐永泉
　　刮得百姓瓦无全
　　美女脸上涂锅灰
　　只怕撞见乐永泉

阜城百姓恨死了乐永泉，当得知太平军攻城，他们之中有胆量的暗暗聚集起来，商议做内应，杀守门将士开城迎入太平军，一起过太平日子。那日晚，太平军攻城正急时，城内百姓忽然齐声呐喊冲向城门，挥刀砍死了守门清兵，开了城门。太平军将士一拥而入，占领了阜城。老百姓向太平军哭诉乐永泉的残暴，太平军找出还未来得及逃走的乐永泉砍了头，为阜城人民除了害。阜城人民又编了歌词：

第十六章　冰河铁马

太平军好

杀清妖

阜城来了太平军

乐妖只好奔阴间跑

　　掩护主力攻城的吉文元,见阜城已拿下,十分高兴。此时,僧格林沁人马已追到。吉文元怎么抵挡这大军,只好向阜城撤退。僧格林沁率军猛追。吉文元到阜城城下,城上林凤祥令军士放吊桥开门迎文元。但是,已来不及了,清军大队人马尾追杀了过来。吉文元见状放弃入城,绕城向南奔去。僧格林沁紧追不舍,终于在城南十多里追上吉文元,实施了层层的包围。吉文元死战不能得脱。他的战袍都被血染红了,手中的大刀豁了锯齿般的口子。他所率将士大都战死,身边只剩下十九名亲兵。

　　"天王啊,看来文元再也不能见到您了。祝您保重,祝天朝万古长存。"说完吉文元扔下大刀,从亲兵手中接过一杆长戟,策马冲入重重包围之中,左挑右刺,连杀几个清兵,同时身中数枪呕血坠下马,当即被清兵乱刀砍下头来。其他亲兵也都战死,无一投降。

　　僧格林沁见斩了吉文元十分高兴。命大军包围阜城。但是,又晚了一步。林凤祥、李开芳见阜城必定不保,不如早走为妙。二人商议立即放弃阜城,向山东东光县进军。

　　到达东光县连镇后,他们杀牲祭奠了吉文元。三军将士悲声恸哭。祭奠毕。探子飞报,天王派出的援兵已到山东境内,但是又被清兵阻拦。二人便决定,林凤祥率主力死守连镇,休整兵马待援。李开芳率一部分人马前去接应援军。

　　李开芳率部出发。

　　林凤祥斟满一杯酒递给李开芳说:"开芳兄,你我转战数载,亲如手足,一直没有离开过。这次,你却要单独去接应援军,为弟的我真不忍心啊。"说完满眼泪水夺眶而出。

　　李开芳接过酒一饮而尽说:"凤祥弟,为兄也不愿离开你呀,但是有什么办法呢,文元已死,能率军完成此重任的只有你我二人了。"

　　"请兄多保重。"

　　"老弟多保重。"

　　李开芳率兵走了。

僧格林沁即令胜保率一部人马紧追李开芳而去。胜保率军紧紧尾追李开芳不给喘息的机会，一直追到山东高唐州，并把高唐州围了起来。

僧格林沁部队包围连镇似铁桶，水泼不进。这次他吸取上次静海之战放走太平军的教训，只围而不打，想困死饿死太平军。这样围了几月，确实是达到了目的。

太平军断粮了。他们只好扒树皮挖野菜充饥。城内的树都没有皮了，野菜也挖光了。他们只好分期分批宰杀骡马吃肉，又坚持了一些时日。在这死亡的边缘之中，林凤祥咬了咬钢牙，决定冒死突围。死在敌人刀下，总比这饿死、困死强啊。

这一日，太平军突开城门呼喊着冲了出去。其实此时，太平军能够举起刀枪战斗的只有五千余人了。

僧格林沁挥军阻击。五千疲弱之兵再英勇也难以冲击这养精蓄锐多时的数万雄兵。太平军将士前赴后继，纷纷倒下去。

僧格林沁下令不要杀死林凤祥，千方百计要活捉他。其目的，一是若劝其投降成功，动摇李开芳，好解决高唐州战事。二是，劝降不成可押解到京师，给皇上献俘，在众朝臣面前炫耀他僧王爷的武功。

此时的林凤祥已是一个快饿昏的老虎，雄心犹存但气力不足。他连砍几个清兵，用尽了全身力气，眼前一黑，一头摔倒在地。清兵簇拥而上，紧紧地捆住了林凤祥。

僧格林沁让亲兵带林凤祥到帅府，他令人解开林凤祥的缚绳，让林凤祥梳洗一番，又给了饮食。待林凤祥吃饱有了精神后，僧格林沁开帅帐，让亲兵带林凤祥来。

"林将军，真是英雄威仪，仪表不俗啊。本帅与你周旋几年，深知将军文治武功具备。只可惜随洪、杨二逆，误投长毛贼。"僧格林沁说。

"凤祥今日被捕，只求快死。请你少费口舌。还有，不得诬我天王天朝。"林凤祥怒目立眉，胡须直竖。

"林将军，本帅十分爱惜将才，你若弃暗投明，归顺与我，本帅保荐你做参将，仍掌兵权，在本帅麾下作战。你意如何？"

林凤祥哈哈一笑说："僧格林沁，我本为人，怎能与你清妖为伍呢。"

"大胆逆贼，敢当众辱骂钦差王爷。"骁骑校何建鳌拔剑欲砍林凤祥。

"住手，不得无礼。"僧格林沁喝退何建鳌。

"林将军，你还年轻，就这样死去，多么可惜啊。而且，洪秀全所据

— 141 —

南京被我江南、江北大营所围，危在旦夕，破城之日玉石俱焚，你会悔之晚矣。"僧格林沁仍不死心。

"你不要多说了，我林凤祥生来就不知道何为投降。"

"林将军，你死了，你自己走了，但是家中二老、妻儿他们可怎么忍受得了这悲痛呢？"舒通额插话。

"你说这话倒提醒了我。我若投降了你们清妖，我家中二老和妻子儿女就无脸在天朝生活下去了。我死在这里，他们会为我感到自豪的。"林凤祥泰然回答。

听到此，僧格林沁彻底绝望了。他说："那好，随你愿。明日即把你解送进京，由圣上亲自处置你。看你还有什么话说。"

"这随你们便，我本未见过那咸丰，生前虽未能杀了他，却见他一面，记住他的长相，到了地府再杀他不迟。"林凤祥的话像刀子一般，直扎僧格林沁和胜保的心肺。

僧格林沁大喊一声："快把逆贼押下去。"

林凤祥被押解走了。

咸丰帝为了表彰僧格林沁已斩了吉文元，活捉到林凤祥——对太平天国北伐军的三个将领解决了两个的大功，发旨嘉勉一番，又赏给奥威瓦佛一尊，白玉翎管一只，白玉扳指一个，黄瓣珊瑚一个，豆大荷花一对。

当皇帝派军前慰问的大臣出发来山东时，僧格林沁的福晋文贞把儿子博颜讷木祐特意交给钦差，带到了僧格林沁身边。

僧格林沁见到孩儿心情自然十分欢悦。

他把孩儿搂在怀里问道："你母亲身体可好？"

"禀阿爸，阿妈身体可好了，她说就是有些想阿爸。"

"孩儿，你懂什么，不得乱说。"僧格林沁嗔怪道。

"这二年都读些什么书啊，我长期在外作战，没有顾得上关心你的学业。"

"阿爸，我读了好多书了。有兵书、史书，还有诗歌。"博颜讷木祐歪着头回答。

"汉文可有长进？"

"那还用说，不行一会儿我读给你听。"

"学些满文没有？"

"学了点，但是，教满文的教师极不认真。"博颜讷木祐以不快的表

僧格林沁亲王

—142—

情回答。

　　清朝到了中晚期，统治者自身就不重视学习和使用满文满语了。但是，僧格林沁有自己的打算。他想皇帝们自己不重视不打紧，可是不允许别人不重视。他想表现绝对效忠于皇帝，必须在这方面也处处注意才是。所以，他对孩子学满文之事也十分关心。

　　"孩儿，满文乃是我朝本文，不学是万万使不得的，今后你要好好学习。"

　　"孩儿听爸爸的就是了。"

　　"你这次来军中，你阿妈可有所嘱？"

　　"噢，差点给忘了。阿妈让我随军习武参战，助父亲一臂之力。还说不能懒散违了军纪，违了军纪说阿爸会责罚我。"博颜讷木祐说。

　　僧格林沁听到这儿，心中十分怀念妻儿文贞。文贞自当福晋以来把个王府治理得头头是道。而且她上敬父老双亲，左右笼络总管人等，对下治理宽严得体。王府上下没有人不夸福晋的。尤其是让僧格林沁最感放心的是福晋对孩儿的教诲。

　　"文贞啊，我的好文贞。我过去心中只有乌日娜，往往冷落了你。我心中对你不住啊，待剿平长毛国泰民安之时，我一定会天天陪伴你，让你好好高兴高兴。但是，此时还不是时候，今天虽然斩了太平军两个首领，又活捉了一个。但是，高唐州还有个李开芳。而且，洪、杨二贼在江南正嚣张呢。我身为大帅，怎能先家而后国呢。好在你是这样的明大理，有大度。把孩儿送到军前，让他随军习武，继承父志，将来成就大业，这是多么深谋远虑。你可真是应了巾帼不让须眉的古之赞语啊。"

　　僧格林沁抚摸着博颜讷木祐的头思潮起伏。

　　"孩子，你妹妹萨娜勒怎么样？她可好？"

　　一听萨娜勒的名字，博颜讷木祐脸微微一红说："父亲，妹妹也跟我一起学习呢。她可听话呢。"

　　僧格林沁的眼前猛地浮现出一个穿藏青色尼姑服，面对青灯古佛的苍白的脸和含有无限哀怨的眼神。

　　乌日娜，乌日娜啊！他还是忘不了乌日娜。

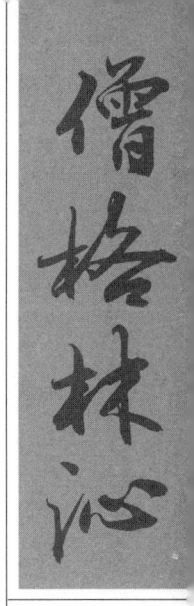

第十六章　冰河铁马

—143—

第十七章　王宫春怨

　　僧格林沁要进京向皇帝面禀战情。他先派参领全顺押解林凤祥进京向皇上献俘。
　　"全顺将军，林凤祥是长毛贼首领，朝廷要犯，一路上务必倍加小心，不得出纰漏。还有林凤祥也是一条汉子，各为其主，在押解途中不得虐待，要把他好好地送到京城，任皇上发落。"僧格林沁对全顺嘱咐道。
　　"请大帅放心，末将一切照办就是了。"全顺说。
　　"在沿途各地务必严加保守秘密，不得张扬。警卫护送及押解人员必须以精干为主，不能过于铺张。"
　　"是，王爷。"
　　僧格林沁打发全顺押解林凤祥起程后，又把军务暂交给统领舒通额，然后动身奔京师。
　　"阿爸，你真了不起，屡败长毛军，又活捉他们的主帅。"跟随父亲骑马前进的博颜讷木祐对父亲说道。
　　"孩儿，你还小，你还不懂很多的东西呀，现在为父的似乎是胜利了。但是，咳，怎么说呢？父亲我原本就没有想过这些。好了，不要谈这些，回到京城后，你要给妹妹送什么好东西让她高兴高兴呢？"
　　"阿爸，我妹妹最喜欢风筝，我要给她买个最好看的风筝。"博颜讷木祐说。
　　"傻孩子，现在还不到放风筝的季节，你给你妹妹送风筝干什么？"
　　"阿爸，你说得不对，人喜欢一种东西，是不管什么条件的。"

僧格林沁一听孩子这句话吃惊不小。是啊。孩儿虽然年纪小，但是，说得在理呀，当年，乌日娜那样痴情地待我这个放羊娃，她完全是出自最纯洁的感情啊。

"孩子，你奇达尔叔叔最近身体可好？"僧格林沁问。

"奇达尔叔叔身体好着呢，只是常常喝醉酒，骂王府里的上下人等。"

"噢，他都骂些什么？"僧格林沁问博颜讷木祐。

"我也没有听得很清，只是听到些你们不要忘记王爷当年的寒酸什么的。"

"噢。"他骂得倒不错，僧格林沁心中暗想。但他又想，奇达尔酒醉耍点脾气倒也无大碍，但是，长此下去乱了王府法度断不可行。一定要管束他才是。

僧格林沁一路人马在沿途各官府的接送之中顺利地到了京城。

在僧格林沁到京城前两天，全顺已押解林凤祥到了京师。

第二日早朝上，刑部尚书许乃春出班奏本说："微臣禀皇上，按皇上御旨，僧格林沁派全顺押解长毛北犯军贼首林凤祥到京，请皇上裁夺如何处置。"

"朕命僧格林沁献俘，同时进京领赏，他何时到京？"咸丰面露兴奋之色问。

"禀皇上，僧格林沁按皇上旨意布置完前线军务，二日后便到。"全顺回答。

"那好，先把逆贼林凤祥关在刑部大狱，待僧格林沁到京后审问。"咸丰发旨道。

僧格林沁到京后，先给皇上请安。咸丰不免褒奖了一番，然后他决定第二日在刑部大堂会审林凤祥。

刑部大堂是审问朝廷要犯的场所，布置得阴森可怖。一般情况下，对犯上作乱造反起义的民众这类要犯，由刑部尚书或侍郎审问；如果是对朝廷震动大的要犯，经审问定案后，需禀报皇帝，对官吏犯罪，则由都察院的左都御史会同吏部尚书、刑部尚书等进行三堂会审。可谓是最高级别的堂审，皇帝亲自审问要犯的例子很少。咸丰皇帝要亲自审问林凤祥，一是出于年轻皇帝的好奇心，二是他想了解这长毛贼首到底是什么模样的人，造反的目的是什么。

林凤祥被带到刑部大堂。咸丰皇帝高高坐在堂案之后。

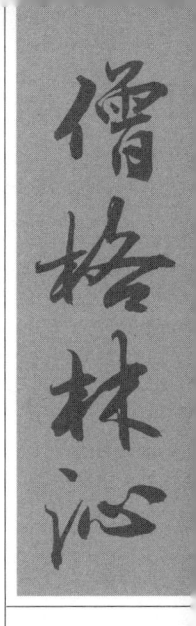

"贼首林凤祥，你见了皇上为何不跪？"

"快跪下！"左右班列的衙役们一齐大喊。

林凤祥哈哈大笑。震得大堂里嗡嗡的。

"咸丰，你听着，我是天王的臣下，我只有对天王下跪。怎么能够给你这妖首下跪呢。"

"把他按下去。"刑部侍郎郑立三喝道。两个衙役走上前把已瘦弱不堪的林凤祥强按了下来。

"你原本是我大清臣民，为何不守本分，安居乐业，反而犯上作乱？"咸丰开始发问。

"什么？安居乐业，你们官府欺压，盘剥我们百姓，使我们食不果腹，衣不蔽体，生活在饥饿之中，挣扎在死亡线上。这叫安居乐业？"林凤祥的话针针见血。

"大胆狂徒，敢于顶撞皇上，快来人掌嘴。"刑部尚书许乃普吼了起来。两班衙役上前抡开巴掌扇林凤祥的脸。林凤祥立刻口吐鲜血。掌了一会儿嘴后，咸丰皇帝又问："朕问你，洪秀全到底用什么妖术迷惑了你们，使你们不遗余力地替他卖命。"

林凤祥吐出一口血说："咸丰妖首，你哪懂得我们追随天王打天下，是为了我们自己有饭吃有衣穿，过上平等的日子。天王号召我们起义，就是为了我们百姓。哪像你只知骑在老百姓头上作威作福，不管万民百姓的死活。"

听到这儿，咸丰气得差点跳了起来。但是他强压怒火继续问道："林凤祥，朕爱你是个将才，不与你计较口出污言秽语。只要你肯投降，朕就免你不死，还可命你为朝廷将军，让你戴罪立功。"咸丰深知，对付正在不断壮大威胁朝廷的长毛军，必须有了解内情的降将反戈一击。而且降将多，也可以从内心上瓦解长毛军。所以，他虽然受到辱骂，但是仍从皇权最高利益出发，强忍怒火劝降林凤祥。

林凤祥听罢咸丰的话，头一扬说："咸丰，你们就死了这份心吧。我生是天朝的人，死是天朝的鬼。焉有投降清妖之理！"

"林凤祥，你还年轻，只要依了皇上，就有享不尽的荣华富贵，为何执迷不悟。"僧格林沁送林凤祥进京产，今天也参加了堂审。他虽然早已看出林凤祥是硬骨头，劝降是个徒劳无益的事，但是既然皇上劝降，他也只好敷衍一句。林凤祥鼻子里哼了一声，根本不答话。见林凤祥不吱声，咸丰皇帝有些不耐烦地发旨："先将林犯押回大牢，等待发落。"

把林凤祥押走后，咸丰问僧格林沁："僧爱卿，你可曾审过他？"

"禀皇上，奴才审过，而且也劝其归降。但是此犯软硬不吃，是个冥顽不化的家伙，奴才以为劝降徒劳无益。"僧格林沁回奏。

"朕杀他容易，但是，如今南方几省长毛益发猖獗。江南、江北两大营又被攻破，朕深为忧虑。如果得几名降将可掌其内情，破敌就容易了。"咸丰道出心里话。

"奴才也是这么想，但是，此犯已铁心效命于洪、杨。恐怕不会归附于我朝廷。"僧格林沁说。

"那好吧，立斩此犯，由刑部尚书郑立三监斩。"咸丰皇帝终于下了斩首令。

当日午后，太平天国一代名将北伐军主将林凤祥被斩首示众。在南京的洪秀全、杨秀清等人得知后痛惜不已，追封林凤祥为求王。

咸丰皇帝处死林凤祥后，京津直隶一带就基本安定了。太平天国军队离北京最近的尚远在山东高唐州。咸丰皇帝想，总算没让太平军打到我的紫禁城，这全赖僧格林沁的功劳，加封他为亲王的火候到了。但是加封亲王之前，先听听大臣们的意见，免得背后咬耳朵。咸丰首先找他的六弟恭亲王奕訢。

这奕訢没有当成皇帝，心里总是疙疙瘩瘩的。但是，他牙缝儿不敢放出来一丝怨言。他博览史书，深知这老子与儿子之间、弟兄之间争起皇位来，都是你死我活的。远的不说，他的列祖列宗们哪个不是在刀光剑影血雨腥风中坐上皇帝宝座的？在这个问题上哪还有一丝儿亲情骨肉之念啊！所以，他对四阿哥咸丰皆毕恭毕敬唯恐忠贞不够。

咸丰当皇帝之初，对他的六弟倍加防备，处处给些颜色敲打敲打他。后来他看出六弟对他还是很忠诚的，所以，他开始起用六弟。从咸丰三年开始，让他当了军机大臣，委以负责外藩事务的重任。在军机大臣的任上，奕訢处处小心谨慎，并显露出理政的才能。

奕訢到养心殿拜见皇上后，咸丰赐坐，并说了些体贴话。

"六皇弟，今天召你进宫，有要事相商。僧格林沁率军剿除长毛贼有功于朝廷，我想加封其为亲王，你意下如何？"

"皇上，僧格林沁这两年来督办剿匪事宜确实是恭谨从事，奋不顾身，理应嘉尚。至于封亲王亦无不可，请皇兄下旨就是了。"奕訢观察咸丰的

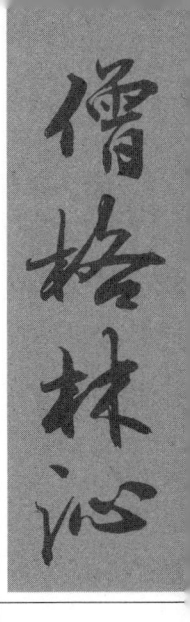

僧格林沁

第十七章 王宫春怨

脸色变化说。

"你最近听其他大臣们对僧格林沁有非议的没有？"

"皇上，对此臣没有耳闻。"

"皇弟，你有所不知。大学士桂良、琦善奏本说，僧格林沁掌握京师守卫、防匪之重任，今又带重兵在外，有拥兵自重之嫌。朕派都察院副都御史查访，结果并无实据。但是，我从此看出有些大臣对僧格林沁不服啊。这次加封亲王，如果又引起朝臣们的非议，不利于南面和山东的剿长毛之大计。所以，我才与你商议。"

"皇兄，臣早就知道，桂良、琦善等人对僧格林沁怀有妒忌之心，这是缘于穆彰阿。湘军首领曾国藩是穆彰阿门生。去年，皇上要责罚曾国藩屡战屡败时，琦善等人就私下议论，皇上厚一个薄一个。但是，自从僧格林沁在阜城连战皆捷以来，这些人都闭口了。此时，加封僧格林沁为亲王不会有人反对的。"恭亲王奕訢作了一番分析。

咸丰点了点头又问："僧格林沁的儿子乾清门三等侍卫博颜讷木祐不久前也到督剿前线，此人如何？"

"禀皇兄，博颜讷木祐秉其父性，仪表不俗，在其母文贞福晋的教诲之下深明大义，文武皆可，将来必定能成朝廷栋梁。"奕訢回答。

"朕意，此次晋颜讷木祐为御前行走。让僧格林沁移得胜之师，前往高唐，替回胜保。你意如何？"

"这样最妥。让僧格林沁儿子博颜讷木祐在御前走，一是可以牵制僧格林沁，免生贰心；二是，由此还可以堵堵其他大臣的嘴。皇兄真是英明。"把咸丰皇帝没有挑明的意思，奕訢在恭维之中捅破了。

次日，咸丰皇帝在乾清宫正式召见僧格林沁与其他大臣，当场宣旨，晋封僧格林沁为博多勒噶台（有智慧）亲王，其子乾清门三等侍卫博颜讷木祐为御前行走。僧格林沁、博颜讷木祐跪下谢恩。然后又晋舒通额为都统，全顺升为统领。何建鳌等其他将官也各有奖赏。

咸丰接着又发旨："僧格林沁亲王立即移得胜之师前往高唐，督办军务，务必尽快扫清山东境内的长毛贼寇，以配合南边剿匪战事。胜保在山东督办军务，进攻高唐迟迟不下，深负朕望，著其回京交刑部严议。胜保军营人员均由僧格林沁统领。"

僧格林沁受命回王府。王府上下忙碌着为其设宴庆贺。福晋文贞也十分高兴。一是因为夫王晋为亲王——自满洲入主中原以来，科尔沁左

僧格林沁亲王

翼后旗王爷之中僧格林沁是第一个活着被封为亲王的人，而且在整个蒙旗王公当中，封为亲王的也寥寥无几。他作为科尔沁左翼后旗第一个亲王之福晋，焉有不高兴之理。二是，儿子博颜讷木祐由乾清门三等侍卫晋为御前行走，作为母亲怎么能够不为孩儿欢喜呢。所以，今天她特意命王府管家准备平时所不备的上等佳肴，不是招待别人，而是招待自己的丈夫僧格林沁。

"王爷，今天我们双喜临门，奴婢特意准备了一些你平素喜欢吃的饭菜，现在母亲在上，我们先敬母亲一杯。"文贞待酒菜上好后端起酒杯说。她说的母亲，其实是僧格林沁的义母索王侧福晋旭慧。此时，僧格林沁的父母已回到科尔沁左翼后旗。僧格林沁也端起酒杯敬养母。旭慧先接过僧格林沁的酒杯，口中念念有词并用右手的小指沾了点杯中酒先向上弹去，意为敬天，又沾酒向下弹去，意为敬地；第三次平弹，意为祭祖；尔后，才把酒端到嘴边轻轻地呷了一口，把杯递还。

"奴婢也敬额吉（母亲）一杯。"说这话的是僧格林沁三年前娶的小妾瓜尔佳氏，名叫婷龄。婷龄长得婀娜多姿。刚嫁给僧格林沁时年仅十四。因她年少，文贞待她如亲妹。起初这婷龄也很敬重福晋，姐姐长姐姐短的颇为亲切。后来她知道，这福晋也是皇上所封。封侧福晋也必须由王爷本身下命，她就开始求福晋给王爷说说正式封她为侧福晋。文贞就跟僧格林沁替婷龄说了几次，僧格林沁没有表示什么。他这两年一直带兵在外，就把这事给忘了。婷龄却认为，这都是福晋文贞没有替她说情，就忌恨文贞。从此开始她的性格由温柔转乖僻。文贞也看出婷龄不是以前的纯洁无瑕的婷龄了，不过她想，这也不打紧，人哪能都那么温顺乖巧呢，有些脾气也是可以理解的。但是，婷龄并不就此打住。这两年，僧格林沁受皇命征战在外，很少回家。婷龄随着时间的推移越来越耐不住独守空房的寂寞了。她正值初潮花儿乍绽的年龄，又加原本水性杨花咋禁得了这春心空对月的冷寂呢。她暗暗物色目标。第一个纳入视线的是王府侍卫长副参领苏日他拉。苏日他拉是密云剿匪之时犯军条被僧格林沁处死的扎木苏的弟弟。僧格林沁处死扎木苏后，总感到有些对不住金宝善。金宝善也总想家族中有人到王府当差，将来金家也有个靠山。他就找布和特木尔大喇嘛，让他跟僧王说。僧格林沁就同意了。这样，苏日他位便到王府当差。经过一些年观察了解后，僧格林沁觉得苏日他拉人还老实，又机灵，还可靠，就把侍卫王府的重任交给了他，

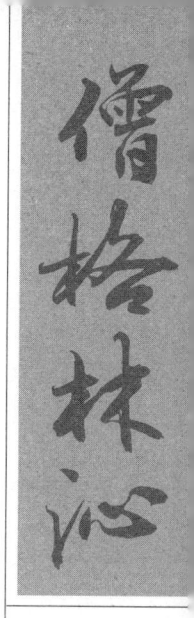

第十七章　王宫春怨

并奏请皇上任副参领的武职。苏日他位中等个儿，方脸，两只有神的大眼，肩阔臂长。穿着副参领的军服，浑身处处透出青春的力量。他还未婚，他对僧王的厚恩感激不尽，所以处处谨慎行事，严加守卫王府。

有一日，他正当值。在王府中巡查走过婷龄的门口，婷龄叫他道："苏日他拉你过来一下。"

"奴才不知婶夫人有何指教？"苏日他拉行半跪礼问道。

"有个要紧事，与你商量，在门口不便，请你进屋来谈。"婷龄说。

进屋后苏日他拉站在那里又问："不知婶夫人有什么指教？"

婷龄穿着一个无领半透明薄衫，把头发很随便地挽在脑后，鬓边插了个绿叶粉花，淡施脂粉愈加显出少妇的魅力。苏日他拉是未触异性的少年，今天见婷龄的这般打扮，脸发烧，心儿跳，不敢正眼看。

婷龄看看苏日他拉的害羞之状，格格笑了两声，掩着嘴说："看你那窘态。随便点不好吗？你先坐下，我给你沏杯茶。"

"奴才不敢当。"

"哎哟，这有什么，你也不是外人，我看你当差尽责不辞辛苦，赐你一杯茶喝。"婷龄端起茶杯递到苏日他拉跟前，苏日他位接下茶后又放在桌子上说："婶夫人，奴才还有事要办，您如果没有什么事，奴才就告辞了。"

"你先别走，我问你一件事，你今年二十有一了吧？"

"禀婶夫人，奴才正是。"

"你那为什么还不娶亲。"

"王府侍卫事关重大，这二年僧王征战在外，奴才不敢有半点懈怠，没有时间考虑婚姻之事。"苏日他拉说的是实话。

"你倒是很忠实于王爷。真难为你了。可是，你一个堂堂的男子汉就不想这……"婷龄把后半句话故意打住未说。

"奴才忙于供职效忠于王爷，至于婚姻之事的确也想得少。"

"你真傻，我是说这男女之间的事。"婷龄用含情脉脉的丹凤眼直直地勾着苏日他拉说。

苏日他拉听到此就有些明白了，立刻吓得出了一身汗。他结结巴巴地说："婶、婶夫人，奴才胆儿小不敢有非分之想。"

此时，婷龄按捺不住欲火烧身，解开薄衫的纽扣说："苏日他拉，你看我长得怎么样？皮肤白不白？"

僧格林沁亲王

苏日他拉慌忙跪下战战兢兢地说："婶夫人，奴才不敢，奴才该死。"

婷龄用手摩挲着苏日他拉的脸和脖颈说："你给我起来。"

"奴才不敢。"

"你再不听我的话，我就生气了！"婷龄狠狠地说。

苏日他拉勉强站起。婷龄扑进苏日他拉的宽大胸怀里。此时，苏日他拉浑身血液上涌，心跳咚咚，两腿直颤。他虽十分慌乱，但是毕竟没有昏头，他知道这件事背后的严重后果。一旦涉足，必有杀头之祸。这一想法一闪，他咬着牙推开了婷龄说："请您自重一些，您是王爷的夫人啊。"这一举动使婷龄羞愧加气愤得脸色煞白，两眼射出扭曲了的仇恨的目光。

她指着苏日他拉的鼻子气哼哼地骂："不识抬举的大胆奴才，敬酒不吃吃罚酒。你答应也罢。如果不答应，我就立即喊人告你图谋不轨，看你怎么办。"

这一说，苏日他拉由热变冷，浑身起了一层鸡皮疙瘩。她如果真的这么一闹，我苏日他位浑身是嘴也说不清了。而且看出这泼妇能干得出。但是答应了她，对不起僧王的栽培，而且，一旦事情败露引起杀身之祸，那是不敢想的呀，罢了，罢了，进退维谷，反正是个死，倒不如留个清白在在人间，也对得起天地良心。想到此，苏日他拉以低沉的声音说："婶夫人，奴才是个清白之人，绝不会做出这等事。奴才也请婶夫人饶恕我。我不会忘您的大恩大德。"

婷龄此时已彻底明白苏日他拉不会答应的。她脸横倒在卧榻之上大哭大叫："来人啊，快把这奴才给我拿下！"听完哭喊声，宫女和当差的侍卫、杂役们纷纷跑来，当弄明是怎么回事后，一看是侍卫长苏日他拉，谁都不敢向前拿他。腿快的跑去禀报了福晋文贞。文贞跌跌撞撞地跑到婷龄房内。

婷龄一头扑在文贞怀里哭泣诉："福晋姐姐你替我作主，刚才这奴才欺负奴婢。"

文贞即下令："你们快把这逆奴给我拿下关起来。"听到福晋的命令侍卫们才上去捆住了苏日他拉。苏日他拉咬紧牙关，脸色铁青，一言不发。

这件事发生在僧格林沁回京前的两个月。文贞与僧格林沁的义母旭慧夫人商量后，觉得这事有些奇怪。他们十分了解苏日他拉为人老实，不近女色，胆也小。而且，这王府之中年轻貌美的丫环使女如云，他若

有淫心何不去勾引她们,而胆敢冒这天下之大不韪?另外,这婷龄近来有些不同往常。每日里打扮得或花枝招展妖艳无比,或轻描淡画薄衣轻衫。对此,旭慧和文贞都有些察觉。不过,当时觉得年纪轻轻的少妇爱打扮也在情理之中,所以并没有责备她什么。然而今天终于弄出了这等丑事来了。她们二人商议后,决定先不张扬,也不禀报王爷,以免他发怒焦虑影响军中大事。这也体现出这两个女人的远见高识。待王爷回府当面禀报,听候王爷的发落。

所以至今,僧格林沁还蒙在鼓里。回京后一直忙于给皇上奏报战事和处置林凤祥之事,一时没有注意王府之中不见了副参领苏日他拉。

今天这家宴上,他看出义母旭慧、福晋文贞、小妾婷龄脸上虽挂着微笑,但是好像心中隐藏着什么不快。

婷龄敬酒给旭慧。旭慧未接,说:"老身年迈不胜酒力,你这一杯就免了吧。"婷龄只好收杯。

"奴婢敬夫君一杯。"文贞赶紧掩饰这尴尬局面。

僧格林沁接过酒杯说:"我长期在外,家中之事全托母本部门和福晋料理。你们也很辛苦。今日我们共饮一杯,以庆贺团聚。"说完,他先一饮而尽。

正在这时,副总管那彦太进来禀报说:"禀王爷,科尔沁部进献神马十匹,三岁羯羊百只,三岁犍牛二十头,乳驼十峰,岁银五千两,关东烟二百包,长白红参十斤,鲜蘑十五袋,狐狸皮五十张,貂皮上十张,熊掌二十对……"听到那彦太念流水账没完没了,僧格林沁不耐烦了,挥一挥手说:"算了,别唠叨了,不就是那些例行贡品嘛。神马十匹交苏日他拉好生喂养,其余你收下开账,而且好好招待送贡品的那些人。"

一年前,总管金宝善去世了。去世前他捉他推荐那彦了副总管。这那彦太人儿虽好,但是胆小怕事又没有主见,屁大点事也要禀告。今天科尔沁送来的这些贡品都是按例所送之物,除十匹神马供僧格林沁骑用之外,其他的活牲和菜类以及皮张等都是供王府日常生活所用。

一听把神马十匹交给苏日他拉,在场的人们都一怔,互相看对方。旭夫人毕竟年老经历多,她对僧格林沁说:"王儿,请你到内室,母亲有话单独与你说。"僧格林沁丈二和尚摸不着头脑,愣愣怔怔地跟着旭夫人进了里屋。

旭夫人就把两个月前的事一五一十地告诉僧格林沁,僧格林沁怒气

僧格林沁亲王

直冲脑门，他强压怒火问旭夫人："母亲，您老怎么看这件事？"

"我一直有些不相信苏日他拉会干这种事。我问了他几次，他都只字不讲，只求快快办斩首，了断此事。这更使我起疑。"

"母亲，你还看出婷龄有什么不妥之处吗？"

"没有什么太过之处，只是变得有些怪癖而且刻意打扮。"

"这小蹄子是不是加害于苏日他拉？"

"这事也很难说。没有第三个人看见。他们到底是咋回事，谁也说不清。"

"母亲，待孩儿先审问苏日他拉再定夺。"

"只好这么办了。"

僧格林沁叫人带苏日他拉。带到他后，屏退左右，单独留下苏日他拉。

"苏日他拉，这屋里只有你我，你把事情的原委给我说清楚。"僧格林沁以平静的语气说。

"王爷，你对我恩重如山，我死无怨悔，只求您快快斩了我。"

"不明真相，我怎么能滥杀无辜？"

"不，王爷，事情很明显，奴才只求快死。"

"苏日他拉，金总管先后把你哥儿俩托付给我，我不能再做对不起他的事了。如果那样我就枉做这个王爷了。"

听到这儿，苏日他拉哽咽着说："王爷，请您理解我的心情，速速斩了我，我在九泉之下也会感谢您。"

僧格林沁听到"理解我的心情"这句话，心里豁然明朗了。

"孩儿，叔王我明白了。你是为了我王府的名声和安宁，不惜牺牲自家性命。我怎么能加害于你呢。"

"叔王能够理解孩儿，孩儿便满足了。"苏日他拉泪流满面。

僧格林沁叫人把苏日他拉带了下去，他便叫来福晋文贞商议如何处置这件事。

文贞说："这事还须和母亲旭夫人商议。"二人便到旭夫人房内。

旭夫人说："这件事张扬出去不好，就这样压下对谁也不惩罚也不行，今后王府还不就越发乱了？你们二人想个稳稳妥妥的办法才是。"

"对苏日他拉，我倒有办法。让他先到山东军中在副都统全顺麾下当差。只是对婷龄这个小妖精想不出如何处置。"僧格林沁皱着眉说。

"夫君的顾虑是对的。婷龄是宗人府祥厚王爷的亲侄女儿，一旦这事

让他知道了，他会埋怨王府对部下管束不严。我看这样处置如何，在婷龄的面前说把苏日他拉充军到前线永不得再回王府，暗里严责婷龄洁身自爱，不得再有差池。这样两头摆平，平息此事。"文贞说出自己的想法。

僧格林沁骂道："只是便宜了这小妖精！"

"不，王儿，待事情平息妥置后，你再慢慢处置这小淫妇也不迟。"旭夫人提醒僧格林沁。

第二日，僧格林沁便把苏日他拉叫到屋内，说明以充军名义将他送到山东剿太平军的全顺军中，并仍让他当副参领。苏日他拉一想，这样既跳出了这是非之地，又有在战场上杀敌立功机会，当然十分高兴。他和扎木苏是一母所生同胞兄弟，其性却如此不同，其结果如此迥异。扎木苏为淫欲丢了脑袋，他面对女色勾引却不为所动，义正词严，洁身自爱。

僧格林沁严责婷龄。虽没有点明不轨行为，确也使其知晓了对事情原委僧格林沁有所了解。按僧王的脾气，有十个苏日他拉也斩不够的，但是苏日他拉却保住了脑袋。名曰充军，这和到前线沙场打仗没有什么区别。婷龄不敢说什么，只有哭和点头的份儿。

僧格林沁处置这件事后，突然想起了什么。他问夫人文贞："萨娜勒姑娘年龄也不小了，你可考虑过她的婚事？"

"王爷，这事，我真想要跟你好好商量呢。只是，还未来得及。"文贞回答。

"你可有打算？"

"王爷，这姑娘聪慧美丽，十分懂事理，博颜讷木祐十分喜爱她，他们二人可是形影不离呀。"

僧格林沁听后心中一惊，但却不露声色地说："夫人，萨娜勒虽不是你我所生，但是，她毕竟是你我义女，与博颜讷木祐是兄妹关系，兄妹咋能……"

"王爷，人人都知道她是你朋友的女儿，又不是本家本姓，有什么不可以？"看来文贞也极喜欢这孩子。

"你也这样认为，你好糊涂啊。天下好女子有的是，为什么非义兄义妹之间成婚。而且，我早把萨娜勒当成亲生女儿了。她和博颜讷木祐的事断不可行。"僧格林沁脸露怒色。文贞就不敢再说什么了，只是轻轻地叹了口气。

"我倒有个主意。"僧格林沁说。

—154—

"什么主意？"

"你看苏日他拉怎么样？"

"虽然经过这次风波，我对这孩子心里有数。他是个不错的孩子。只是怕萨娜勒不愿意，她舍不得离开博颜讷木祐。"文贞忧虑地说。

"你不是说，这孩子很懂事吗？你就把这事理讲清，她会同意的。"

"我试试吧。"

"博颜讷木祐那头我跟他说。"僧格林沁说。

当晚，文贞把女儿萨娜勒叫到自己房间说："孩儿，你渐渐长大懂事了。妈与你商量件事。"

"妈有什么事尽管吩咐就是了。"萨娜勒舒展长长的睫毛说。

"孩子，妈知道你与你哥博颜讷木祐感情好。妈过去并没有在意。你们现在都长大了。妈不得不提醒你们。你们俩是兄妹呀，不能有非分之想啊。"

萨娜勒的脸一直红到耳根，她低头一言不发。

"孩子，你可听清妈的话了吗？"

"嗯。"

"孩子，你看苏日他拉人品怎么样？"

"我并不十分了解他。"萨娜勒低低地说。

"孩子，苏日他拉这孩子人品不错。这次到山东军前任职是你爸的意思，将来还可以回来王府来。我看你们二人还是很般配的。"文贞说完望着女儿的脸。

萨娜勒久久不说话，眼里溢满了泪水。

"孩儿，妈不强迫你。你可以好好想想。"

"妈，女儿我还有什么说的呢。一切由你们安排就是了。"萨娜勒扭过头去擦眼泪。

"我的好孩子，不要哭，父母给你选夫婿决不会错的，苏日他拉确实是个好男儿。"文贞走去轻轻抚摸女儿的秀发。

"妈！"萨娜勒扑到文贞怀里痛哭。文贞也心中作痛，眼泪不由自主地落了下来。

第十八章　亲王遇刺

太平天国北伐军副帅李开芳坚守高唐州。胜保率领大军屡攻不下，很伤脑筋。

这一日，胜何正在帅帐之中苦思良策，忽然有人进帐报告："胜大人，朝廷都察院副都御史英瑞大人驾到，离此只有十余里。"胜保听罢一惊。都察院是掌查核百官、振饬纲纪的衙门。这时派大员到军前，绝不是为了督军打仗的。本帅攻高唐虽无大功，也没有什么不妥获罪之处，皇上为何派都察院的左副都御使来军前，莫非有人在皇上面前说我的不是？胜保猜测不着，只好整衣冠准备迎接英瑞。

不久英瑞便到了。未等胜保寒暄问候，英瑞虎下脸道："胜保接旨。"胜保慌忙跪下。

"胜保，自率军督剿高唐一带长毛贼以来，智勇不备，致使高唐如今在贼之手，使我大军不能南下协助攻贼之老巢。为严惩作战不力贻误战机者，以儆效尤，著革去胜保协办督剿军务之职，解回京严议，钦此。"

"谢皇恩。"

胜保万没有想到事情来得如此之快和出乎意料。他围困高唐长达数月，用尽了一切办法；但是，太平军深得高唐城内外民众之心。城内百姓助军守城，城外百姓不时组织起来袭扰围城官军，使胜保绞尽脑汁苦无良策。他不是那种庸碌无能率军无方的将领，也并非胆小到畏敌。他很想借此之机一显身手，青史留名。但是，这太平军实在厉害，使他屡屡败其手下，搞得他焦头烂额。然而，对自己的效忠卖命，皇上却不理解；

今日给他个撤职查办的御旨，胜保感到冤屈。

英瑞宣布圣旨毕，侍从们上前摘去了胜保的花翎顶戴。

僧格林沁日夜兼程，此时到了离高唐州只百余里的镇桥关。他令人马在这里休息，准备第二天再起程。

被围在高唐州的李开芳得到情报。胜保因攻高唐不力被革职查办，僧格林沁重新统率山东境内所有清军向高唐开来。听到这一消息，李开芳吃了一惊。他知道这僧格林沁十分耐战，所率科尔沁、卓索图、昭乌达、察哈尔马队凶悍迅捷，在河北、河南、天津一带平原作战时深受其害。僧格林沁率军攻高唐凶多吉少，如何对付实在是有些伤脑筋。

凤祥贤弟，你惨遭杀害，使我犹如失去了头颅。如今，愚兄被围数月，内断粮草，外无援兵，欲商退敌之策，身边苦无谋臣良将啊。李开芳此时想起同舟共济亲如手足的林凤祥，鼻子一酸眼泪流了下来。李开芳在院中踱步苦思突围之策。

"禀丞相，守西门的参将明大河箭疮复发刚刚死去了。"

李开芳听此话一怔，一看是别将"小由基"刘挺基。

"又死了一员骁将，这样下去如何是好。"李开芳自言自语。

在天津突围战中，刘挺基一箭射伤清军都统达洪阿救得大军突围成功，林凤祥即给他记了头功并晋为副将。他看出李开芳为这突围之事焦急如焚。

"丞相，是不是为这突围之事焦虑？"

"正是。小由基，你年岁虽小，也是一员将军。你也得该学会出谋划策了。"李开芳拍拍刘挺基的肩头说。

小由基眨了眨眼睛反问："丞相，这些督剿清妖之中，谁最使我们伤脑筋？"

"那还用说，当然是僧格林沁。"

"如果把他杀了怎么样？"

"你又说孩子话不是。杀他谈何容易？而且，就是杀了他，我们突围不出去也还不是一样吗？"

"不，杀他一是为李丞相报血仇，为几万死难的兄弟报仇。二是，杀了他，使几万清妖一时群龙无首，或许出现转机。"刘挺基认认真真地说。

"咳，没承想，你小子还真的动了脑筋，这两条说得还有些道理。但是，我问你，我们被围在这孤城中，怎么能杀这僧格林沁呢？"

第十八章 亲王遇刺

"丞相，我有个想法，你先听听这样可不可以？"

"你先说说看。"

"我随叔父贩马到河北。那一带老百姓中流传最广的故事叫荆轲刺秦王。由此，我想起我们何不派个武艺高强的剑侠杀这僧格林沁。"

"我的小由基，你想得太天真了。不用说，现在我们被围得水泄不通，冲不出去人；就是没有被围，派出人去，那僧妖周围几十名亲兵日夜护卫，我们怎么能近得了他。那不是白白送死吗？"李开芳摇了摇头。

"丞相，我们在这高唐州生死难卜。我自小学得一手太极剑，又练就了这神箭，也学了点攀壁的轻功。为了报血海深仇，我愿意潜出城去，在半道截杀僧妖。"

李开芳上前抱住刘挺基的双肩说："我的小由基，你的勇使我钦敬，但是我能忍心让你再冒荆轲刺秦王之险？我再不愿听那首'风萧萧兮易水寒，壮士一去兮不复还'的挽歌了。"

"丞相，你说得不对呀，为了数万太平军兄弟，牺牲我一个人我在所不惜。"刘挺基十分激动。

"不要再讲了，你下去吧。"李开芳脸拉下转过身去。

刘挺基一看李开芳发了火，只好施礼退出。

李开芳当晚一夜辗转反侧未能入睡。第二日，便召集众将校商议对策。众将到齐，只不见刘挺基。他便问左右，刘副将为何不到。此时，刘挺基的一个侍卫进帐呈给李开芳一封信说："丞相，这是刘将军昨夜交给小弟的一封信，他嘱咐必须今早才交给您。"

李开芳打开信一看一拍大腿说："小由基此去休矣。"众将校不明白。李开芳便把昨日的情形给大家讲了一遍，大家都感惊讶和深深惋惜。

那信上写道："李丞相，小弟去了。不成功便成仁，为了众兄弟，为了天王的事业，我义无反顾。事成与否我都是一死，但是，你们都不要悲伤。只念着在太平军中曾经有个小由基，我便在黄泉之下也知足矣。请将军和众弟兄多保重。刘挺基留。"这封信是刘挺基口述让侍卫记录的。

小将刘挺基那晚打扮成老百姓模样，身上暗携刀剑，展开轻功用软绳滑下城墙，刺死一巡哨清兵后换上清兵服装，趁黑夜，从清兵各营的间隙之中溜出了重围，直奔镇桥关而去。他日行百里不敢稍缓，比僧格林沁先一天到达镇桥关。混入关后，他猜想，僧格林沁肯定会住进总兵府内。于是他在总兵府附近找了个客栈住下，又在总兵府周围溜达，察看选择了夜晚潜入之处。

当日吃饱喝足养足精神后,刘挺基与店小二聊天。那店小二年龄与他差不多,但是身材矮小,黑皮蜡瘦,满嘴儿黄板牙,说起话来总是吧嗒嘴,打哈欠,嘴里一股臭气令人恶心。要不是为了从他嘴里探出点什么,刘挺基才不理这个鬼模怪样的人。

"店伙计,你们这个店生意还很兴隆啊。"刘挺基说。

"啥子兴隆呀。离这总兵府太近,三天两头有兵丁来查夜,闹得知底细的谁也不敢来这儿住。你肯定是头遭来这儿的。哎哟,老板嘱咐我不该把这事儿说出去,他又该扇我嘴巴了。但是,爷儿若怕你到别处去住,你已交了银两,人走了又倒出个床铺。哎哟,真困死我了。"店小二一口气差点把店底翻了个朝天。

"店伙计还很直率呀。我早知这样就不住你这儿住了。但是,已经往下就不走了。"刘挺基拍了拍店小二的肩头说。

"哎哟,困死我了,小客主,你有没有黑糖?"店小二涎流得很长。

"天底下有红糖、白糖,哪还有个黑糖?"刘挺基感到纳闷。

"你真是嫩,连黑糖都不懂。就是那个,抽的,抽的。"店小二把臭嘴凑到刘挺基的耳根说,刘挺基差点呕出声来。

"你有话直说了吧,我还没听说过黑糖还能抽。"

"真是二杆子货,木头疙瘩。我说的是大烟,我烟瘾犯了,你如果有给我吸上两口。快点,快点。"店小二有些忍不住难受。

这时,刘挺基才明白,这小子是个大烟鬼。但是他身上哪有那玩意儿呢。刘挺基看着他那萎萎靡靡丑态百出的样子,既恨又怜。

"你快点,到底给不给,若不给,我就是告到总兵府,说我店来了个长毛贼。"店小二两眼露出绝望的幽幽的光。

"你别血口喷人,我是堂堂正正的买卖人,岂能怕你吓唬。但是看你这要死要活可怜相,我心中不忍。我身上没有那玩意儿,我给你些银两,你自己找烟馆过瘾去吧。"说完刘挺基掏出些散银两交给了店小二。那店小二捧起银两扭头一路小跑走了。

刘挺基心想,果然如他所说,这总兵府来查夜,一旦刀剑被查出暴露了身份,那不是坏了大事?他想走,但又觉此地离总兵府近,便于行动。想了想,他还是留下来,只待店小二回来后再定夺。不到两盏茶工夫,店小二迈着四方步儿哼着"小寡妇思春"回店了。他向挺基挤眉弄眼地说:

—159—

"小客主，你够意思。"

"店伙计，我是个本分的买卖人，从小胆小怕事，你方才说那总兵府夜来查店，如果真的要来那不是吓死我吗？"刘挺基真像吓坏了似的。

"小客主，我看你是老老实实的人，咱到那屋，我跟你说个事。"店小二领着刘挺基到了另一个屋。

"店伙计，你要给我说实话，可怜可怜我。"

"小客主，我实话告诉你。这总兵府的兵丁常来查店是真。但是，还有比他们厉害的呢。"

"那有谁呢？"

"嘘，小声点。就是我们店主，单大麻子。他勾结这儿的官府横行霸道，在这镇桥关开了十几个店铺、银庄。而且专给官府作眼线，捉拿长毛探子。就是不是长毛探子，他也要以告官府要挟，诈钱财；若给便罢，不给就吃官司连钱带命都搭进去。"店小二一番话说得刘挺基颇感意外。

"小客主，你给我说实话，你是不是那边的探子？"店小二突然问刘挺基。

"我哪儿是，我不是说了吗，我是买卖人。"刘挺基慌忙否认。

"小客主，你不要再骗我了，你出去逛城的工夫，我看了你的行李。你一个做买卖的带那剑、那夜行衣干什么？"

这一点破差点使刘挺基晕过去。他稍稍镇定说："店伙计，你既然已看出，我直说了吧，我就是太平军的探子，但是，现在在这屋里只有你我，你可知道我的厉害。"刘挺基边说边抓住店小二的脖领把他提了起来。店小二连比画带说："你快放下我。我还有话没有说完。"

"快说！"刘挺基眼露凶光。

"你不要逞强，你就是把我打死，也跑不出这屋，你一进屋他们就注意上你了。但是只要我在值房里坐着，他们就知道你还在，还没有到动手的时候，只等那夜间动手。"

"那你说咋办？"

"小客主，原来管这店的伙计叫张兴，他为人老实，只因窝藏过一个化装成和尚逃出来的长毛而被清兵杀了。单大麻子就招我当伙计。我原来身体也是很棒的，扛个百八十斤都没问题。他们为了控制我，替他们卖命，起初他们偷偷在我水杯里放大烟，我不知道，喝着喝着成了瘾，就离不开他们了。还不到一年，我被折磨成人不人鬼不鬼的。我原本有个没过门的老婆,长得很招人喜欢。我本想打工挣钱办喜事,没承想,她看我成了这模样就死活不干了。我妈一气之下跳井了,弄得我家破人亡。我真恨死了他们。我真想去投你们,活个干干净净,死了也痛痛快快的。可现在我犯烟瘾的时候连端那大烟枪都没劲,我还能拿得动刀吗?我想,虽不能随你们上沙场,但可以像老伙计张兴那样为你们做点好事,也算此生积个德。来世有个好报应。"说着,小店伙计的眼泪扑簌簌地掉了下来。

"我的好兄弟。"刘挺基控制不住感情,一把搂住店伙计的脖子哽咽起来。二人不敢哭出声,但是,他们在这无声的哭中控诉着人间的不平。二人痛痛快快地流了一会儿眼泪,心中轻松了许多。

"兄弟你叫什么名字?"刘挺基问。

"我叫张皮梗。哎,你叫什么?"

"我叫刘挺基。"

"你今年多大了?"张皮梗问。

"今年二十二了。"

"小刘哥,我今年二十一。我有个请求,你答应不?"

"你说吧。"

"我虽然不能随你出打仗,但是想与你拜个把兄弟,也算了却我的心愿,也不枉了我这一生。"

"小张兄弟,这有什么不行,现在我们就拜天地结兄弟。"

"好。"

两个不同遭遇的年轻人结拜为生死之交。

"刘哥,你这次到镇桥关要探什么?"拜完天地张皮梗问。

"兄弟,我是来刺杀僧格林沁的。"

"哎哟,这怎么能成啊?"惊得张皮梗差点喊出声来。

"李丞相也劝阻我,我是偷偷地跑出来的。决心已定,不成功便成仁。你现在就想办法让我度过这一夜,再找个僻静之处,待那僧妖到来。"

张皮梗捂着胸口震惊了一会儿又想了会儿说:"刘哥,只好这样办了。我有个表哥在总兵府马厩里当差。他那里守卫较松。他自己住一间屋还有个小套间,有时领相好的在那里过夜,无人知晓。我们俩就在那里呆着。你说行不?"

"这太好了,晚上行动就更方便了。"刘挺基十分兴奋。

"刘哥,还有个麻烦事。"

"什么麻烦事？"

"你怕臭不？怕臭就不行了。"

"这就看干什么了。"

"要到我表哥那儿能走那总兵府大门吗？"

"不能，那咋办。"

"他那马厩紧靠北墙，在墙角掏了个往外流马尿的洞，我们只好从那里钻进去。身体胖点儿的还不行。我看你还能勉强。"

"咳，这有什么。我们在天津南突围时渴得都喝了马尿了。"刘挺基说，二人都乐了。

"大哥，还有个大麻烦事。"

"哎呀，老弟你怎么一点点地往外挤？这多麻烦，一次竹筒倒豆不就得了。"

"我们怎么从这里出去呀？张皮哽咽了口吐沫说。

"是呀，这就看老弟的了。"

张皮梗在刘挺基耳根嘀咕一会儿，刘挺基点点头。

待到天黑了以后，张皮梗走到另一个屋对另一个伙计说："老大哥，我的肚子有点痛，我去前边药店买点药回来，你替我当会儿值。"

"你小子烟瘾又犯了，还是想哪个婊子了？去就得了吧。还放什么屁呢。"那个伙计说。

"多谢了，大哥。"张皮梗转身回到屋里迅即脱下衣帽让刘挺基穿上，刘挺基把帽檐儿压低了几乎遮住眼，弓腰驼背地快步走出店去。

替值的伙计等了一会儿不见张皮梗回来，他就骂骂咧咧起来，此时，张皮梗只穿了个内裤走了出来。

"你混账小子，玩的什么把戏，让我替你半天。"那伙计骂道。

"大哥，我玩了两把都输了，只好把衣裤当在那里。这不回来取些钱，还得去把衣裤赎回来。请大哥再替一会儿，小弟给你叩头了。"

"你姥姥的，快滚吧，回来时给老子打二两来。"

"哎，一定孝敬您老。"张皮梗点头哈腰地溜了出来。

二人会面后，乘夜色直奔总兵府后墙。到了墙角洞口处，张皮梗先钻了进去。刘挺基也顾不得刺鼻的恶臭也硬是挤了进去。张皮梗在这里路熟，贴着墙根很快找到了小马厩旁不远的小屋。张皮梗的表哥正在屋里独自喝酒消遣。张皮梗进屋叫了声："表哥可在？"表哥一看小皮梗来

—162—

了，就问："天都黑了，你来干什么？"

"表哥，小弟遇大难了，你要救救弟弟。"张皮梗咚地跪下叩头。

"是不是又抽烟欠账，让人逼那催命债呀？我早就劝你赶快戒掉那玩意儿，你就是不听。"表哥数落张皮梗。

"不是，表哥。我们店来了个小客官是做买卖的，店主要告到总兵府。我看怪可怜的就把他解救了出来。"

"你真是多管闲事。这事如果让官府知道了，你我的脑袋都搬家。你快撵他走，少给我找麻烦。"表哥不耐烦了。

"表哥，俺姑姑死的时候，对你说什么来着？"张皮梗仰起脸问表哥。

"俺妈叫俺好好照看你。"

"这不结了，小弟死难临头了，你不救我，谁还不管我。你早把俺姑的话给忘了。"张皮梗激了一下。

"你小子倒数落起我来了。你原先听我话来着？我多少次让你戒掉烟瘾，你就是不听，把身体糟蹋成这副熊样。"

"表哥，只要你答应我，我从现在起就戒烟了，死也不抽了。怎么样？"张皮梗指着心口说。

"真的？"

"真的，骗你是狗。"

"去你的，你狗，我又是什么。"

"那么说，你答应了，我的好哥。"

"快去把你那小主叫过来吧。"

"我在这儿呢。"刘挺基溜了进来。

表哥上下打量了刘挺基一番。尽管是灯光不十分明亮，但是也看得清这人的轮廓和面部。表哥暗忖，这小子哪像个做买卖的商人，倒像个带兵打仗的。你看他虎背狼腰，阔肩方脸，眉宇间暗藏杀机，紧闭的嘴唇透出刚毅。表哥倒吸一口冷气。啊呀，表弟可是闯下大祸了。听巡哨的兵丁说，僧王不日即到镇桥关，在总兵府下榻。总兵丘振龙正在到处搜罗美貌歌妓，以图取悦僧王。这几日府衙内外加强了巡防。一旦查到我这里来，如何是好。但是，事已至此总不能把他抓送官府吧。只好豁出去了。

"小弟，你是哪里人氏，做何买卖，姓甚名谁？"表哥上下打量着刘挺基发问。

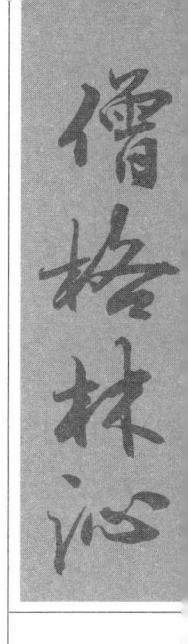

第十八章 亲王遇刺

"我叫刘三,河北保定人。做贩马买卖。"

"贩马?哪里的马速度快耐性好?"

"关东科尔沁马。"

"这马是啥特征?"

"体型中等,秀长均匀,头小脖细,前腿儿间距宽,嘶鸣声清脆如铜铃。"

"哪里的马善爬山?"

"藏马。"

"皇帝的马场在哪里?"

"在塞外太仆寺旗。"

"皇上常喜欢骑用哪类马?"

"狩猎打围之时骑科尔沁马,因为此马善解人意,敏捷快速;仪仗出巡之时骑新疆伊犁马。因为此马身材高大,十分威武,并不惧旌旗欢呼。"

"何为神马?"

"元太祖成吉思汗喜欢骑白马,白马曾救过他的命。后来蒙古人把白马当作神灵称其'萨日勒'即月亮。从此一些蒙古王公对白马只养而不骑用。还常叩拜祈祷以求神灵保佑。"

"两广一带如今多骑用哪里马?"

"多骑用青海马。"

"民间拉犁耕田,驮运货物呢?"

"云南矮马也有张北杂种马。"

"小弟,你不是河北人,你是两广一带人。"

"你从何得知?"刘挺基极力掩饰心中的惊慌反问。

"自广西起事以来已有六年,朝廷下令不准由北方向两广一带贩运马匹。至此,两广一带才由西康一线偷运青海马。这只是三年前的事。北方马贩子只知不准贩运北方马之令,尚不知两广另辟一线偷运青海马之事。你若不是两广人咋能知晓?"表哥一连串发问后,突然听到破绽,一语点破机密。

刘挺基的祖父和叔叔都是马贩子。他自小耳濡目染并且跟随着叔父跑过两次关东,一次伊犁,所以掌握了很多马的知识。但是,他毕竟没有瞒过这养了二十年马的马夫,在回答两广一带马情之中露了馅儿。

"表哥,我是广西人。"

"你不仅是广西人,而且是那个。"表哥用手指了指头。

"真人面前不说假话。我就是。"

"老弟，你真是胆大包天，跑到这总兵府，不是自投罗网吗？"

"表哥，我替他说了吧。"张皮梗插话，"他不仅是跑到这里来了，而且还想让僧妖的脑袋搬家。"

"啊呀，你们还有这本事？"惊得马夫张开嘴不知合拢。

"表哥，我决心已定，不就是一死吗？他杀了我们数万将士，为报此仇我死也甘心。"刘挺基抱拳在胸前说。

"我佩服你们的胆量和为人，但是这等事谈何容易？"

"表哥，小弟求您两件事，一是你给我们找个藏身之处，二是给我们画这个大院的草图。"

"罢了罢了，我也豁出去了。"马夫看出此时已无退路了。

马夫让他们二人在草垛里睡，嘱咐他们不管外头有什么动静不准出来。二人草草吃了些东西，就拱进饲草里睡了。后半夜张皮梗烟瘾发作，他难受得直打滚，几次想冲出去，都被刘挺基按在那里。张皮梗求刘挺基快快给他一刀。刘挺基见他难受得死去活来犹如万箭攒心。张皮梗喊叫声越来越大，刘挺基用手堵他的嘴也堵不住，没有办法便抓起一把马粪，按住张皮硬塞进他的嘴里。张皮梗这一下翻肠倒肚地一阵呕吐。连吐带痉挛，他出了一身臭汗，把衣服都湿透了。这一阵折腾后，张皮梗稍感好受，便四仰八叉地瘫在地上。刘挺基抱起他揩了揩脸上的汗泥，给他灌了些凉水，放平后脱下自己的衣服盖在他身上。张皮梗这一睡，睡到天亮。想起身，头重脚轻浑身乏力。刘挺基过来扶起他用小勺喂他些稀粥。张皮梗渐渐恢复过来。

"小弟，据说戒烟头遭最难。只要这头一关挺过去了就好了。千万记住再也不能上当抽那害人烟了。"

"我再抽就不是人。"

难熬的白天过去了，张皮梗又犯了一次烟瘾。刘挺基硬按住他，挺过去了。

天黑以后，马夫过来，给他们带了些熟肉、干粮、白酒。等他们吃饱喝足后，马夫说："从昨晚开始城内闹腾了一夜，就是找你们二人呢。总兵府内各处也查看了，幸亏此处偏僻，他们没有来。"他又递给刘挺基一张大院草图，并一一指点给他们说："僧王今日下午到总兵府。晚宴之后住在这总兵大人的客厅里。现在正准备让众歌妓弹曲跳舞呢。"

— 165 —

刘挺基把路线和地点一一记下。

僧格林沁到镇桥关后，先简单查看了一下关防。设防还算严密，他就嘉勉丘振龙几句。丘振龙高兴得大嘴咧到了耳根。僧王查看完后便到总兵府接见文武众官，询问了此地匪情和风土人情。众文武当然是尽拣好听的说。僧格林沁也听着舒坦。待例行公事毕，总兵便设宴款待僧王。

酒足饭饱，僧格林沁就下榻在总兵丘振龙的客厅里。

丘振龙凑在僧王的跟前小声说："王爷，此地山清水秀，名妓美女如云，弹曲歌舞精通，卑职略作准备，请王爷欣赏歌舞。"

"丘总兵，看来你是经常欣赏歌舞、私会美女了。"僧格林沁不动声色地问。

"卑职略通诗文、曲艺、俗情，对此地名妓歌女也结识得几个，最走红的有齐鲁一枝花温香女，还有新近出名的冷玉人雏妓寒月。还有……"

"大胆！来人，快把这昏官拿下。"僧格林沁猛然翻脸。何建鳌带人过来把呆若木鸡的丘振龙捆了起来。

"王爷，卑职何罪之有？"

"你身为总兵，在这匪患迭起、国难当头之时，不思谨守其职，效忠皇上，反而出入秦楼楚馆，沉湎于酒色、歌舞之中，毫无半点忠勇报国之心。并且，竟胆敢用歌妓美女蛊惑本帅。该当何罪？"

听到这儿，丘振龙才明白，这个僧帅不好这个。偷鸡不成蚀把米，一时间叫他有口难辩。

他只好跪下叩头："卑职知罪，只是毫无半点恶意。请大人饶我不死。"

"念你平时守关尚无疏漏，饶你不死。令你随军前往高唐戴罪立功。另由副总兵陈国瑞代守镇桥。"

处理完此事，僧格林沁想，朝廷内忧外患至此程度，一些身居要职的官员却如此荒唐庸碌、吃喝玩乐，大清王朝危矣。在愤懑和劳累之中他很早就倒卧榻上。

午夜刚到，刘挺基就按照草图指点潜入了僧王所住客厅的院里。他伏在一棵圆柱之后观察动静。侍卫们举着灯笼来回巡视，警卫十分严密。刘挺基猫腰弓身接近一侍卫，还未等那侍卫反应过来一剑穿透其心窝，并用手扶住他，轻轻地放倒在地上。然后刘挺基一跃到了客厅门口，这一跃轻如羽毛落地，毫无声息。但是在僧王卧室外间当值的何建鳌是个极为机敏的人，他本能地感到屋外有动静，便握剑站起，喝问："外边是什么人？"这一问惊动了其他侍卫，一些人纷绥向客厅跑来。刘挺基这时已无退路。只好推门而入举剑直刺何建鳌。何建鳌举刀相迎。剑刀相碰，叮当一声碰出火花。此时一大堆侍卫都围了过来，举刀助战。

何建鳌武艺非凡，他大声喝道："你们先不要动。我单独和这大胆逆贼斗一斗。"侍卫们便一旁观战。

刘挺基暗运功力在剑锋，使用太极剑术，把个剑舞得银龙绕身，剑剑直逼何建鳌的要命之穴。何建鳌暗想来者不善，便也使出浑身解数。斗到二十回合，他抽一空，一个急电劈树砍了下来，刘挺基并不用剑去挡刀，而是身子轻轻地一腾挪闪到一旁，躲过刀锋。何建鳌因用力过猛，收刀稍迟，只在这瞬间，刘挺基一翻腕一个猛虎甩尾，太极剑锋早已砍上何建鳌的右臂。何建鳌的刀"当"的落地。刘挺基待要砍第二剑时，众侍卫已一起举刀护住了何建鳌。

"你们都退下。"僧格林沁早在一旁观二人相斗有时了，他由衷地钦佩这小刺客的使人眼花缭乱的剑法和腾挪跳跃的轻功。

"小刺客你听着，本王就是僧格林沁，你大概是奔我来的吧？"

"老子就是来要你狗头的，有种你可单独与我过两招吗？"

"哈哈哈，本王自幼练武，征战多年，什么样的逆贼没见过，还怕你这毛孩儿不成？"

"那你就快上吧。"

"这屋儿小，用刀剑不好施展。你我徒手相斗如何？"僧格林沁说。

"徒手我就怕你不成！"刘挺基边说边把剑扔在一边。

"哈哈，有种！"

僧格林沁运足劲站好马步。刘挺基右掌虚指僧格林沁，一闪之时左掌直劈僧的面部。僧格林沁急躲，只差头丝儿没有劈着僧格林沁的面部。僧格林沁大惊，心想，此贼果然身手矫健，不可轻敌。

僧格林沁稳住神，以静制动，以守为攻。刘挺基急于求胜以达目的，连连挥拳直指僧格林沁的上三路。僧格林沁运气于掌护住上身，刘挺基攻势虽然凌厉，但没有得着便宜。二人相斗几十回合，僧格林沁看出刘挺基已经心躁，其势渐疲，便反守为攻。利用蒙古摔跤之技，突然双手抓住刘挺基的双肩。刘挺基急闪之时，僧格林沁的右脚一扫早已扫着了刘挺基的左踝，刘挺基站立不稳一个筋斗退出几步之外。这时刘挺基深感僧格林沁功力本不在他之下，这一阵只是施狡计耗他体力了。

刘挺基稍稍稳神之际僧格林沁又逼了过来。刘挺基一看，僧格林沁所迈之步在任何武功之中均没有。他迈的既不是虎步疾进，又不是鹤步稳进，更不是猿步腾挪，而不是离地面似动非动，似进非进。小刘挺基哪里知道，这是蒙古式摔跤的基本功啊。蒙古式摔跤功力全在臂、腰、脚跟之上，这脚跟稍离地面便有被对方一个贴地面绊子绊倒在地的危险。所以，摔跤手们练的第一个基本功就是这脚跟不离地面的流水步。未等刘挺基明白过来，僧格林沁在似静实进之中靠到刘挺基跟前，右手早已抓住了刘挺基的左手，往里一带，刘挺基的肩被抓得一阵麻木。僧格林沁同时用左脚横扫刘挺基脚踝，把刘挺基摔倒在地。未等刘挺基起来，侍卫们上前按住了他。

　　"小刺客，你还嫩着呢。"僧格林沁把长辫甩在脑后，整整衣领说道。

　　"把这逆贼杀了吧。"何建鳌包扎好伤口后一直站在一旁。

　　"不，不，现关押起来，严加看守，待明日再说。"

　　第二日，僧格林沁亲自审问刘挺基，想从他们口中了解那些高唐太平军的情况，但是刘挺基只骂僧格林沁，只字不提太平军之事。僧格林沁威逼利诱毫无收获，只好下令斩首。三天后的深夜，有一人悄悄地把刘挺基的尸体抱起，消失在沉沉的夜幕之中。

第十九章　水淹冯官

僧格林沁在镇桥关受了这一惊后，严斥何建鳌等侍卫侍从，宣布丘振龙的过失，命令副总兵陈国瑞代行总兵职责守镇桥关，然后驰赴高唐。

到了高唐行辕后，僧格林沁就叫舒通额汇报战况。

舒通额是僧格林沁在北京时，先期移师高唐协助胜保攻打高唐的。

舒通额说："王爷，我军围城数月不下，不是将帅不用力，而是高唐城池坚固，城墙多用丈余长的条石所筑，隼凿相扣，严丝合缝，几经火炮轰击毫无损坏。并且高唐城内百姓多归附逆贼，献粮纳草，甚至上城助守，使长毛贼供应源源不断。还有这贼首李开芳勇猛顽固，其将士死战不馁，所以至今攻不下高唐。由此，胜大帅获罪罢职。"

"你们可知道高唐城内尚有多少逆贼？"僧格林沁问。

"约有四千人马。"都统西冷阿回答。

"城内粮草尚能支持多久？"

高唐知府毕修躬身回答："禀大帅，以卑职推断，城中粮草快没有了，高唐丰饶之地，产粮颇多，去年城内存粮尚有一千万担，山东战事又起后，调用近三百万担，据估算长毛贼占高唐时近八千人，加上城中百姓十数万，只吃这些粮，快要吃空了。"

"以众将之见应怎么办？"

"以我之见，用炮猛轰各城门然后重兵轮番进攻，不给其喘息之机会。"那木斯来说。

"此计用起来方便，但是徒增伤亡。"前锋营副统领萨布旦说。

"我看网开一面、引蛇出洞可在城外围歼。"舒通额说。

"静海之战网开一面，使鱼漏网的教训舒大人难道忘了？"统领全顺问。

众将各说不一，争执不下。

"毕知府，你所说城中粮草快尽，是否有把握？"僧格林沁问毕修。

"卑职有把握。"

"各将听令，务必进一步严加围城，没有本帅命令不许擅动，神炮营每进入午夜轰击城内三刻，扰其不得安宁，待其粮草倾尽不战自毙。"僧格林沁采取了困死、饿死的战术。

城中李开芳府内，掐指算来刘挺基走了已有五日了，皆无音讯，李开芳叹惜不已。正在此时，副将孙悦进屋禀报："丞相，从城墙上瞭望，清军围城更加严密谨慎，是不是僧格林沁到了？"

"我估计他也该到了。"李开芳说。

"李丞相，今日我查看各库，库中存粮无几了。"

"还能维持多久？"

"半粮半菜可维持二十天。"

"每日里在城墙当值的将士可饱餐一顿，其他只分半份米，另用野菜充饥。"李开芳说。

"遵令。"

僧格林沁用困守之计，每夜只用炮轰击城中，并不发起进攻。这样约一个月，仍看不见城墙上之太平军有疲弱不堪的势头。他又问高唐知府毕修，毕修仍坚持原说。僧格林沁正在纳闷，急报有圣旨到。咸丰皇帝第一次责备僧格林沁，居功自傲，不思进取，督军山东按兵不动是何居心？若仍畏缩不前，贻误战机，必予严处。令立即督军攻占高唐。

僧格林沁听罢圣旨出了一身冷汗，心想，那些京中饱食终日无所用心、每日里只想琢磨整人的大员们又在下套子害本帅了。

皇上严令即刻攻城，僧格林沁不敢再等。他与众将商议后，还是采取了网开一面诱敌出城，预先在其逃窜途中设伏围歼的战术。他令舒通额、全顺、那木斯来、萨布旦各率本营人马在高唐南的冯官屯设伏，等敌逃窜进入伏击圈后进行围歼。其余从东西北三路猛攻高唐。

第二日平明，攻高唐的战斗打响了。清军先用火炮猛轰东西北三门，然后发起猛烈攻击。

李开芳亲自登门守城,看出南门攻势弱。他想:这是不是诱我们出南门之计?但是,又想静海之战,清军也采取此计结果真的让我们突围成功。他们哪能还用这方法呢?不管怎么样先死守一段再说。

清军攻城将士一到城墙之下,太平军就用滚木礌石猛砸,用箭猛射。清军屡攻不能登城。在高唐城下堆满了清军的尸体。护城河被血染红了。僧格林沁气得亲自到城下督战。他让亲兵营组成督战队,一字儿排在城墙攻城将士的背后,只要有退下的挥刀就砍。清军一见不得不豁出命来冲锋。到了下午,守城太平军箭已射尽,滚木礌石也不多了。瞅准这机会,清军又发起轮番猛攻。终于攀上北城墙,北城门陷落。

太平军纷纷向城南奔逃。李开芳一看守城无望,只好打开南门逃出了高唐。这次攻城战中,清军损失三千余人马。

李开芳且战且退,清军尾随跟进。当太平军撤到冯官屯的一峡谷之地时,一声炮响。清军伏兵齐出,层层围住了李开芳军。李开芳慌忙指挥将士占据了几处高地。

僧格林沁采承步步进逼的战术,从四面八方一步步向李开芳压了过来。太平军众将士已知只有一死,所以个个奋勇向前,以一当十。僧格林沁大军进攻多次都未能冲乱太平军阵脚,清军损失了很多。

僧格林沁便下令停攻,就地休整。

统领全顺说:"王爷,我方才察看地形后看出,冯官屯这带地势低洼,屯北有大河,我们何不采取水淹之计呢?"

"对,大帅,掘开河堤水淹冯官溺死这些顽敌。"舒通额也同意这意见。

僧格林沁心想,此计倒是不错,既可置敌于死地,又可减少我军的伤亡,但是这样未免太残忍。大河一决堤,茌平县全境就会成为一片泽国汪洋。数万民众、万顷良田就会淹没。本来官军不太得人心,民众神往长毛军,长毛军所到之处就深受民众欢迎,官军处处受到冷遇,民心可畏。一旦水淹茌平县,使官军失去民心,其后果可想而知。想到此,僧格林沁说,"此计虽然可行,但是暂不施行。敌已在我重围之中,量他插翅难逃。再围两日,并在阵前喊话劝降,看他们怎么办。"

僧格林沁的阵前劝降毫无结果,太平军在李开芳的率领下,众志成城,守死不降。

两日后,众将求胜心切,又一次劝说僧格林沁掘河水淹冯官屯。在这为清廷与为百姓的矛盾选择之中僧格林沁实在没有别的办法了,决定

掘河灌屯。但是，他又嘱咐掘河将领，掘堤口子不要太大，以灌冯官屯为限，适时堵住口子不要让河水泛滥，给无辜百姓带来灾难。

大河一决堤，大水隆隆作响，直泻向冯官屯。不到一顿饭工夫，冯官屯成了一片汪洋。土房、草屋纷纷轰然倒塌，在水面上飘起一团团的黑尘。李开芳急忙率军在几个高处避水。这样李开芳军被分割在几个孤岛之上。

李开芳心急如焚。清军船只纷纷围住了几个孤岛。

僧格林沁站在一船头之上。向李开芳喊道："李将军，你已成了网中之鱼，无路可走。你如果归降于我，我可免你们不死。你如果愿率军打仗，我禀报皇上任你为副统领。你意下如何？"

此时，李开芳想，这样下去必死无疑了。我死倒不要紧。这突围出来的两千名弟兄们一个活不下去，岂不太悲惨了吗。想到此，他向僧格林沁喊道："僧大帅，归降可以，但是容我与众将商议，这是一。二是，你必须信守诺言，不得杀一个太平军将士。三是高唐百姓是无辜的，请你管束将士不得屠城。"

"这三个请求，我都答应。"

"空口无凭不行。你把后两条写在纸上按上你的大印以示保证，方可。"李开芳说。

僧格林沁毫不犹豫地写字立据按上了钦差大印。

李开芳看罢字帖，对副将孙悦说："兄弟，我受天王重托与凤祥弟率军北伐，转战数省，本想直捣清妖老巢；不想犯孤军深入的兵家之大忌，遭此惨败。我对不起天王，对不起死难的众兄弟。我死而无憾，只是不忍心看着这些两千弟兄与我一起死，所以我答应了僧妖的劝降。我本人是万万不能投降的。只求老弟你领众弟兄归降，尔后待机行动，或分散逃离清军，回去见天王，告知李开芳一片苦心，一腔热血。"

众将士跪下一片说："李丞相，我们死则同死，生则同生。绝不允许你离开我们。"

李开芳大喊一声："凤祥兄我随你去了！"随即挥剑刎颈而死。众将士大恸。孙悦制止众人哭泣，掘开一坑掩埋了李开芳的尸首。

孙悦率众弟兄归降僧格林沁。

僧格林沁想到滥杀归降之军，历来是率兵打仗之人的一忌。而且如今南方战事正紧，一味杀归降的长毛，长毛定会死心塌地地与朝廷为敌，那么何年何月才能平息这匪患呢。古之兵家云："攻城为下，攻心为上。"杀降将降卒不是上策，所以他不顾一些将军的反对，对这归降的两千名太平军，采取愿留者留、愿走者走的政策。

孙悦为首，他们绝大部分都走了。孙悦到了天京，详细禀报了北伐军的战斗经过和林、李、吉三将牺牲经过。此时，洪、杨二人才深感北伐之举正确，但是策略失当，遭此惨败，失去一良机，二人痛悔不已。随后封李开芳为请王，倍加抚慰其家眷。

僧格林沁大军回撤进入高唐。高唐城内到处是横卧竖躺的军卒尸首，血流成了一块块的红池子。一群群乌鸦和鹞鹰、秃鹫或盘旋在空中呱呱乱叫，或聚在尸堆上乱撕乱啄。其间还有野狗到处乱窜，撕扯尸首或叼起人的内脏奔跑。死有几日而未掩埋的尸首已开始腐烂，散发出阵阵恶臭。

僧格林沁命舒通额先清理战场，无论是官军还是太平军尸首，一起用车拉出城外挖坑掩埋，不得戮尸。他又明令不得滥杀无辜，并出安民告示，又修复城破之处。

至此，僧格林沁率军经两年半的征战最终全歼了太平天国北伐军。战况奏报朝廷，咸丰皇帝自然大喜，只待僧格林沁班师还京后论功行赏。

僧格林沁待高唐平静后，设宴犒赏三军三日。三日后设祭坛，祭奠两年多征战之中死亡的近万名将士。

僧格林沁别出心裁，他让科尔沁达尔汗辅国公那木斯来以蒙古民族祭奠敖包的形式办祭奠事宜，并在祭奠之后以蒙古族那达慕大会的形式开展男儿三艺即赛马、射箭、摔跤比赛，另加武术比赛；同时令奈曼台吉萨布旦副统领协办。

那木斯来率士卒在高唐城南的平原上垒土筑起了一个高高的土包。包顶之上以八卦图形遍插彩旗——正中是蓝色大纛。蒙古人以青色为尊，主帅之旗常以青色。

在敖包北百步处设了一个大帐，作为僧王以下众将领的观礼台。大帐建三级台阶，正中设帅座，其他将官以右右排列。大帐周围遍插彩旗，煞是壮观。在大帐前五十步处设祭坛，祭坛上摆了七个驼头、七个牛头、七个羊头，其间插满了香。香烟袅袅升起。待准备停当后，择一吉日进行祭奠。

祭奠之日，僧格林沁率数十名将官，按品级秩序一列列跪倒在祭坛

前。僧格林沁先行三叩礼后，缓缓站起，侍从立刻递过来一银碗马奶酒。僧格林沁举酒齐眉说道："奉天承运，我大清皇朝恩泽达四海，光照及黎民，四海望升平。然而，洪、杨二贼聚众反叛，大逆不道，致使我朝将士出征剿贼。自本帅统军剿贼以来麾下众将士个个奋力杀敌，前赴后继，使贼到处乱窜，终被我全歼，剪除了朝廷心腹大患。然则众将士多有伤亡，都是为了保卫朝廷的安宁。众战亡之将士在天之灵听着：'你们忠勇报国，浩气长存，后人定能永世纪念。请你们安息吧。'"僧格林沁说完祭词把酒慢慢地洒在地上。

众将官齐呼"众英灵安息吧"。

祭祀完毕。在敖包周围燃起了七堆火，将士们围着火堆把奶制品、肉干、干果、酒倒进火堆里祭敖包。祭完敖包，便开始比赛。第一项是赛马。

僧格林沁坐在观礼台正中，众将官依次排列左右。

赛马也分两项，一是快马比赛，二是走马比赛。首先是快马赛。各营选出的骑手们排列在起跑线上，一听鼓响便放马狂奔，一霎时围着敖包的众士兵欢声雷动，齐呼鼓劲。策马狂奔的骑手们围绕敖包三圈后，距离渐渐地拉开了。有一黑马跑在最前面。骑手是察哈尔都统西冷阿麾下的骑兵校都冷。那黑马低首伸颈四蹄生风，犹如一团黑云在飞。乐得西冷阿拍掌只喊加鞭。舒通额所率健锐营的骑手图门达奇海伦的马跑在第二名上。健锐营的将士们快要喊破嗓子，就是撵不上黑马。

黑马得第一名。西冷阿十分高兴。对左右不断夸其马名曰黑旋风，日行八百里，当今还没有一个马能赛得过它。众将官们虽然很欣赏黑马的速度和颀长飘逸的身姿，但是对西冷阿的过会夸耀都不以为然。当骑手都冷到台前领奖的时候，僧格林沁制止住了。他侧身对西冷阿说："西公，你的黑旋风果然不凡，你能否与我的千里雪一比高低。若你赢了，我给你双倍奖品如何？"

"僧王有此意，卑职哪有不遵命之理。"西冷阿欠身回答。

"那好，苏日他拉把我的千里雪牵过来，与黑旋风一比。"僧格林沁说毕，苏日他拉把一匹浑身雪白无一根杂毛、体态颀长、两眼明亮的马牵了过来。

都冷、苏日他拉二人同时翻身上马。在"咚"的一声鼓响中，一黑一白二马放开四蹄犹如离弦的箭般向前飞奔。这一黑一白二骏马恰似黑白两条龙飞在云雾之中齐头并进。敖包周围欢声雷动，使二马更亢奋狂奔不已。当跑到第三圈的时候，二马还齐头并进。到了第四圈的时候白马甩下黑马一马身之距。最后的第五圈时，白马甩下黑马数十步。气得西冷阿直拍大腿，骂都冷不会骑马。

当苏日他拉过来要领奖品时，僧王又制止住说："西公，这奖品还是你的。因为这白马参赛不在正式规则之中。我只是让你知道这天外有天，山外有山啊。"

西冷阿脸红到脖子根说："卑职知道了。"

"知道就好，统兵打仗之人须时刻保持冷静才是。"僧格林沁又补充了一句。

"卑职记住了。"

这个奇特的军中那达慕大会持续了三天，在一片鼓乐与欢呼声中结束了。

僧格林沁便准备起程回京。他先向山东总督交代了山东防务和一些将领的安排。把诸事处理已毕，他回行宫叫来了苏日他拉。

"苏日他拉，我想留你在山东，你看怎么样？"僧格林沁握住苏日他拉的手问。

"孩儿听叔王的。"苏日他拉不假思索地回答。

"本王理应让你随侍左右，但是今天还不行。我回去后禀皇上任你为高唐州副总兵，协王可章守城。南方战事未息，待本王再度统兵打仗之时带你一同出征。"僧格林沁说。

"孩儿谨遵叔王之命，一定恭谨从事，不辜负叔王栽培。"

"这样就好。"僧格林沁接着说，"孩子，你在王府当差有年，你看萨娜勒这姑娘如何？"

"叔王，萨娜勒小妹聪明漂亮，王府上下谁人不夸呀。"苏日他拉并没有听出僧格林沁言外之意。

"我想把她许配给你，你可愿意？"僧格林沁问。

"叔王，萨娜勒小妹与博颜讷木祐哥哥十分相好，我看他们二人是天造的一对，地设的一双。怎么好拆散呢？"苏日他拉很感意外。

"孩子，萨娜勒是我义女，我视若亲生，怎么能让亲兄妹婚配呢。他们二人我已说好了。你若不嫌弃萨娜勒，就答应这件婚事。"僧格林沁严肃地说。

"叔王，我若真能与萨娜勒结成连理，是我的福分。但是，我怎么能

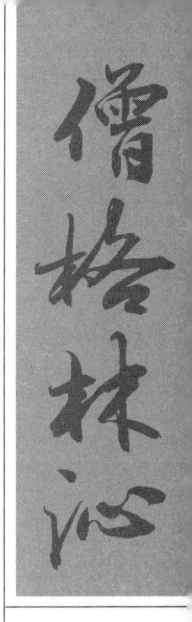

够忍心看他们二人分离的痛苦呢？怎么能够夺我博颜讷祐哥哥的所爱呢。孩儿实在不敢答应。"说着说着苏日他拉跪了下去。

"孩子，我的主意已定，他们二人是万万不能成为夫妻的，必须斩断情丝。而且，我已和博颜讷木祐说明了。你即使不同意，他们二人也是不能够到一起的。我只好另择他人把萨娜勒嫁出去。你，还有博颜讷木祐能忍心把她嫁给一个那么不了解的人吗？"

听到这儿苏日他拉想，叔王爷说话是从来不含糊的，他如果主意已定谁还能改变得了呢。

"叔王，既然这样，孩儿听您的就是了。"

"好，就这么定了，待我回去择个吉日把你们的婚事办了。"

僧格林沁率军班师。沿途各地官吏、守关将军均出廓数十里接送，设宴接风洗尘。当行至静海县时，僧格林沁命大军停下。他下马把酒亲自祭奠了在这里殉难的副参领景点堯及前锋校娄锋以下数千名将士。

僧王每每亲自祭奠死亡将士使随军官兵颇为感动，都道僧帅体恤部属，在他手下出征打仗也值得。得胜大军一路浩浩荡荡，晓行夜宿，整整走了一个月才到了京郊。

僧格林沁让大军驻扎在丰台一带。自己带副参领以上将官进城奏报。

咸丰皇帝在乾清宫接见了僧格林沁等人。

僧格林沁跪下禀报："奴才禀吾皇万岁，奴才追剿长毛贼二载有余，全赖吾皇洪福，斩长毛军林、李、吉三贼首，剿灭其贼众五万余人，然而，奴才本人无甚德能，有些战役指挥不当，致使官军伤亡也有万余人。谨请皇上责罚。"

"僧爱卿请起。爱卿督办河北、河南、山东诸省军务，忠勇至诚，指挥有方，屡败贼军，终获全胜，歼敌五万余众，除我朝廷心腹大患。真乃立下了不世之功。请爱卿把有功将领官吏一一奏来，明日早朝，朕当众宣旨一一奖赏。"咸丰皇帝满脸喜气语调激昂地说。

僧格林沁又说了些闲话谢恩退出。

第二日早朝上咸丰下旨，让僧格林沁的亲王一职世袭罔替，又把他的年俸银增为两千五百两，比其他亲王多加了五百两；俸缎四十匹，比其他亲王多了十五匹。还封随军出征的僧格林沁哥哥布林沁和弟弟崇格林沁为辅国公和赏戴三眼花翎。

舒通额、西冷阿、那木斯来、萨布旦、全顺、何建鳌等众将领按功

僧格林沁亲王

各晋其职，各将领皆大欢喜。

僧格林沁又奏请咸丰加陈国瑞为镇桥关总兵，苏日他拉为高唐州副总兵。

对诸奖赏晋升已毕。僧格林沁禀皇上道："皇上，奴才所率数万官兵，在丰台一带扎营候命。请皇上发旨分拨。"

"爱卿，你可挑选出精锐之师，指派一名骁将率领驰援南方剿匪大军。其余各回原营。"咸丰发话。

"奴才大胆禀皇上，统领大军南下，非有一人不可。"

"此人是谁？请你据实奏来。"

"马上，此人就是胜保大人。"

"爱卿差矣，胜保围高唐数月不下，贻误战机，已被朕革职，正欲严议，怎么能再委以重任呢。"咸丰不高兴地说。

"皇上，胜大人在前线忠勇有余，不敢有半点疏忽。至于围高唐不下，不能全怪胜大人。高唐城池坚固，城中百姓又助贼守城，实为易守难攻。不是胜大人不努力所致。请皇上明察。"僧格林沁不顾皇帝高兴不高兴，把想说的话都说了出来。

咸丰皇帝正在高兴头上，对僧格林沁深信不疑，所以略一思索后便改口说："只要爱卿保举胜保，朕就复他原职，命他带精锐之师尽快驰赴南援，戴罪立功不得有误。"

散朝后，僧格林沁亲到刑部狱中接胜保。他在狱吏的引导下走过长长的铁栅走廊，到了关押胜保的狱室前。狱卒把铁门打开后，借着从窗户射进来的光束，僧格林沁看见屋角蜷缩着一人。僧格林沁不敢相信这就是辅佐他统兵打仗的胜帅。胜保在暗处早已看清了来人是僧格林沁。他想，皇帝是派僧格林沁来监斩的，今日必死无疑了，他强撑着身体缓缓站起。僧格林沁端详胜保，胜保在狱中数月，虽然没有受皮肉之苦，但是已被折磨得瘦弱不堪了。他的满脸胡子没有修剪，四处扎煞着，颧骨高高隆起，只有两眼仍有种不屈的光芒闪现出来。

"胜大人，委屈你了。"僧格林沁上前抱住了胜保的两肩。

胜保一惊，旋即以沙哑的声音问道："僧大人，你不是来捉弄我这个即将赴刑场的人吧？"

"胜大人，说哪儿去了？请快接旨。"僧格林沁说。

胜保听罢圣旨，才明白僧格林沁是接他出狱的。

—177—

"皇上的隆恩自当感激不尽。对僧王在皇帝面前力保卑职，以雪冤屈，胜保我没齿难忘。"胜保激动得满眼泪花，声音哽咽。

"胜大人，皇上英明，又起用了你，还委以重任，自当全力效忠朝廷才是。"僧格林沁说道。

胜保略一思索说："僧大人，感激归感激，可话还得说，你把老夫从死牢里救了出来，又把我推入活刑场了。"

"这话咋讲？"

"僧大人，如今南方战事最艰难。向荣兵败自缢，曾国藩投水未死，张国梁落水淹亡。在这时候你举荐我去那里，不是把我投进了老虎口吗？"胜保哭丧着脸说。

"胜大人你这就不对了。你我都是世受皇恩的大将，在这国难当头之时不出战，更待何时？"

"话是应该这样说。但是……咳，不说了。你老兄把我从死牢里救了出来，我已感激不尽了。我率军前去就是了。胜保无奈地说。

"既然如此，胜大人何时起程？"

"五天以内。但是，还有一事求僧大人。"

"请讲。"

"我带兵在外，战死沙场马革裹尸毫无怨言。怕就怕这朝中吃闲饭的老爷们背后捅软刀，放冷箭。僧王深知前方将士的艰难困苦，请僧王在皇上面前多为前方将士说说公道话，以解除他们的后顾之忧。"胜保因为吃过大亏，说这话眼泪又在眼眶里滚动起来。

"这话有道理，我一定照办不误。"

"多谢了。"

五天后胜保率军出征，僧格林沁在十里长亭送别。

这些时日，僧格林沁呈奏皇上说："北犯之长毛贼虽然肃清，但是南边的匪首大本营尚存，贼势正盛。为了源源不断地补充长江沿岸剿匪兵源以及加强京师防务，臣请酌增满蒙火器营官兵，由臣亲办操使事宜，请皇上恩准。"

咸丰皇帝准奏。僧格林沁开始办理火器营训练事宜。

第二十章　直言上奏

咸丰八年，英法联军为了进一步捞取在华利益，满足经济和政治的贪欲，制造借口并开始进军天津大沽口，并向直隶总督谭廷襄提出照会。

谭廷襄阅罢照会不敢做主，亲自拟帖上奏皇上。

咸丰本想一展宏图，做个中兴之主，结果守成也艰难，不得不填这外夷的难填欲壑，何时能喂饱这些洋狗呢。他用手狠劲地掐太阳穴，想缓解一下头痛。结果越掐越痛、越掐越昏。

正在此时，谭廷襄呈上英法联军的照会。咸丰没等看两行便掷在地上大声发作："谭廷襄你真混，你怎么能容忍这英夷以犯上的口吻与朕说话。你给我滚出去！"

吓得谭廷襄跪伏在地不敢抬头。

咸丰发了通脾气，冷静下来后想，这里也没有外夷，我给这谭大饭桶发火也没啥意思。无论如何也得先看看这英夷照会写的是什么。他叫人拾起照会，耐着性子看完后，略作思考自己先乐了，说："他们会讲条件，朕就想不出个条件？他们讲条件，朕也讲条件。谭廷襄你听着，拟个对英法的帖子，就说，交还广东省城、送还叶名琛，真心悔过，永不再犯，方能逐款定议。否则，否则嘛，除举兵攻城（广州）外，令五口杜绝英法两国通商。你快去办吧。看他们怎么着。"

谭廷襄本想还说点什么，一看咸丰喜怒无常就没敢吱声，哆哆嗦嗦地起身溜了。

咸丰为自己想出这么一个"绝妙条件"洋洋自得。他想，你答应便罢，

不答应赶紧退兵，勿再犯我千年圣朝。

谭廷襄不敢怠慢，接旨后赶紧又跑回天津，把这圣谕交给了英国领事巴夏礼。

巴夏礼看罢，虎着脸对谭廷襄说："谭总督阁下，中国的皇帝昏了头，你也糊涂了。我们英法两国照会是让你们答应我们的条件，并不是让你们提什么条件。告诉你们皇帝，广州不撤兵，叶名琛也不放。你们快快与我们谈判签约一事。总督阁下，你如果没有别的话就快回去请示皇上吧。"说完巴夏礼扭头进了里间，把谭廷襄晾在那里。谭廷襄不敢说什么，只好转身，到了大门口才嘟哝一句："不懂礼仪，气煞我也。"随从人等听着，差点笑出声来。

谭廷襄又去请禀咸丰。咸丰一听傻了。这英法二夷真够胆大的了，竟敢违抗朕命。怎生是好！此时在跟前的大学士桂良说道："皇上，这英法联军船坚炮利，自广州一直打到这大沽口，其厉害可见。而且他们来到天津海口并没有进犯京师的企图，臣看出他们有谋求妥协和好之意。所以，我们万万不能仿效林则徐销烟，开炮拒敌反而引起更大规模战乱。臣以为，应妥置洋人在天津一带，绝不可先开炮。签约之事慢慢再来商议。"桂良这是纯属一片胡言乱语。咸丰听这些主和派实际是投降派的奇谈怪论耳朵都磨出了茧子，滥言听多了也就顺耳了。今日他听着桂良的这番话，也提不出不同意见，只好敷衍道："好，好，就这么办。毋先开炮、受制洋人，还有，还有加强防办。"

谭廷襄听着就在云里雾里。这皇帝和大学士到底下了什么外交指令呢？"毋先开炮，受制洋人"这个话难道还照会给巴夏礼听不成？他有满腹疑团和牢骚，但是咋敢跟皇帝发呢。他只好说了声"臣遵旨"，就退出了。

谭廷襄在回天津的路上苦思冥想，怎样才能做到在皇帝与外夷两头都不得罪的"妥置之法"。他不愧为为官多年的老手，终于想了个皇帝和英法联军之间都可敷衍交差的办法。他为自己的老谋深算而偷偷地乐了。

回到天津，他磨磨蹭蹭地到了巴夏礼的船上。

见巴夏礼互相施过礼后，巴夏礼问："总督阁下，对我们的照会，贵国皇帝是不是有了明确的答复？"

"领事大人，此事事关重大，皇上阅后即召各大臣商议，各大臣各说不一。现在还在商议之中。我想不日即可获准。"谭廷襄回答。

"贵国办事缓慢，就像你们两广一带水牛拉犁一样，陷在淤泥之中，半天才肯迈一步。这我们可理解。但是，你们不能采取缓兵之计。"巴夏礼摊开双手耸了耸肩。

"哪能，哪能，我所讲都是实话，请大人放宽心，稍候几日，稍候几日。"

"等几日倒没有什么。只是，我在这船上呆的有些憋闷。据说，总督所守的大沽口风景优美，能否让我到总督阁下那里拜访，并浏览浏览。"巴夏礼笑模笑样地说。

谭廷襄知道大沽口是京师门户，设防于此是第一至关重要的军事机密。设防机密之地怎能让敌人出入呢。谭廷襄再昏庸也不至于不知道这个道理，但是，他想，皇帝说过"勿受制洋人"。这英夷看来确有议和企图和愿望，并且要到大沽口是拜访我谭某，证明其心诚。退一步讲，他就是去了那一二次还能看露我设防机密不成。

谭廷襄的犹豫之状巴夏礼已看出，巴夏礼便笑笑说："总督阁下，本人到大沽口是为了表示对总督阁下的敬意，顺便逛逛景消遣一下，并无他意。若有不便就罢了。"

"不是，不是，领事大人如果愿意去，本总督欢迎。"谭廷襄终于答应了巴夏礼的要求。

次日，谭廷襄派来了两个小木船，引导巴夏礼等人乘坐的小洋船进入了大沽口设防重地。

巴夏礼具有多年的海战经验和海上知识，颇通海防事宜。他在观赏海边景色之中，把大沽口设防炮台位置等一一记在心上，同时看出其设防疏漏之处和清朝兵弁的懒散松懈状态。

到了谭廷襄的行辕，谭廷襄设宴招待了巴夏礼等人。

巴夏礼举起酒杯说："感谢总督阁下的热情和诚意。贵我两国理应携手，不应刀兵相见。我们大英国王也不愿看到两国交战。"

"说的是，说的是，我们大清皇帝也至爱和平，我们两国理应和好。"谭廷襄附和道。

"贵国官吏们都像总督阁下这样诚心就好了。"巴夏礼给谭廷襄戴个高帽。

谭廷襄受宠若惊："敬领事大人一杯。"

"我们共同干杯。"

—181—

谭廷襄与巴夏礼觥筹交错，气氛十分融洽。

酒宴后，谭廷襄亲送巴夏礼出大沽口。

"总夏阁下请回吧。今天是我来贵国以来过的最愉快的一天，也是最难忘的一天，希望我们今年多在一起多加合作。"巴夏礼回身说。

"领事大人，今后凡有什么事尽管提出，本总督一定尽力去办。"

"签约一事，请总督阁下不要忘记。"巴夏礼说道。

"请领事大人放心，不会忘记。"

在谭廷襄的拱手相送之中，巴夏礼的小船驶离大沽口。巴夏礼为自己此次的收获欣喜无比。

谭廷襄该忘的没有忘，不该忘的全给忘了。咸丰皇帝的"加强防务"之训，他在巴夏礼握手言欢碰杯相贺之中早已忘在了脑后。

这一夜他睡得真香，梦中还咂嘴品着这美酒味。还未等美梦醒来，天刚刚放亮时，英法联军船只突然冲向大沽口，开炮猛轰海防炮台。

谭廷襄梦中惊醒，一骨碌爬起来喊："来人，外边为何炮响？"

"不好，大人，英军船只突然向我各炮台开炮轰击。"一个侍卫跑进来报告。

"啊，这怎么可能？昨日还好好的，你们到底看清了没有？"谭廷襄直打转转。

"大人千真万确,英军船只上的十字旗都看得清清楚楚的。"侍卫回答。

"背信弃义，你狗日的巴夏礼，快传令各炮台，开炮还击。"谭廷襄此时才明白巴夏礼昨日摆的是迷魂阵，使的是缓兵之计。

平时虽然因治军不严而懒散松懈的守防将士们，真的遇上洋人的炮弹到头上时，群情一时愤慨，在烟雾弥漫、炮声隆隆、弹片纷飞之中奋起还击。

巴夏礼想一举摧毁大沽口各炮台，攻入天津。但是没有料到，各炮台还击起来颇具威力。旗舰左翼的炮舰甲板上早已落下一个炮弹，只炸得这炮舰摇晃不已，熊熊大火冲天而起。巴夏礼急命该舰撤出战斗救火修船。

巴夏礼命各舰集中火力轰击大沽炮台。一霎时，在大沽上空浓烟滚滚，炮声震耳。清朝守防将士虽然英勇，但是平时训练无素，又无警惕；突遭袭击，未等接战先被毁了四分之一的炮台。因此，最终敌不住英法联军的凌厉攻势，弃炮败退。

巴夏礼在狂轰滥炸一阵后，见岸上还击已停，便命海军陆战队登陆，迅速占领了大沽口，并随即攻入天津，占领了海上门户天津。

这真正吓坏了咸丰皇帝，天津与北京犹如唇齿，唇亡则齿寒，门破则堂危。这天津被占领，还不就是等于敲响了紫禁城的大门一样吗？咸丰皇帝急召大臣商议。引起了一场主战派和主和派及投降之间的激烈争吵。

咸丰皇帝揩了揩额头上的汗珠，舒了两口长气，稳了稳狂跳的心跳才开言："英法联军摧毁大沽炮台，占领天津，逼到我门口来了，应如何退敌，尔等快议出妥善之策。"

桂良瞅了瞅身边的其他大臣，出班十分熟练地"啪啪"捋下两个马蹄形袖口跪奏道："奴才禀皇上，英法联军打到天津，乃是为了与我签约。请皇上派员签约议和，他们当然会退兵的。"

桂良刚说完还未等站起，大学士裕诚出班说："桂大人，一味主张议和，当外夷刀刃架到脖颈上了还讲议和，那与乞降有何二致。以我之见，当立派精锐之师，复攻天津，赶出英法联军。此后加强海防使他们无机可乘。"这年，裕诚已年迈说起话来声音沙哑，一激动更是颤颤的。

桂良斜了一眼裕诚暗骂："老不死的。"

耆英睁了睁胖胖的脸上的小眼说："皇上，万不可动武。英、法两国，又加之美、俄都是虎狼之师，船坚炮利，其势无比。一旦交起战来必败无疑，败则必将亡国。因此，就一律答应其条件，多加赔银，方保我大清江山。"

"耆大人所奏，是一片胡言。"僧格林沁怒不可遏。"皇上，英、法等国自广东打到天津，意在全面打开我国之门，任其横行中华大地，任其掠夺、宰割。此举是亡我大清之举，祖宗创下二百年的江山社稷，难道由我们送人不成？如果那样，我等有何面目见先皇在天之灵？怎么能对得起列祖列宗？请皇上严办那些屈膝投降、危言耸听、蛊惑人心、长他人志气灭我威风的人，臣请率兵攻打天津，重新设防大沽口及京师。"

耆英等人挨了骂，侧目而视。但是，对这剿灭太平天国北伐军，正在得意于皇上，而且重兵在握的僧王不敢说什么，只有心里暗骂而已。

军机大臣彭蕴章说："臣以为，僧大人所言甚为恳切。英、法乃扩张成性犹如野兽。自广东开战以来，经南海、东南沿海、东海一直打到我京城门户，其侵吞我大好河山的野心昭然若揭。我朝幅员广大，兵民均有抗侮之心。民心可用，皇上下决心派得力大员，倾京城、直隶和满、

蒙各营精锐之师直抵天津与英法联军决一死战,复我天津,加强京东防务,乃是上策。"

"请禀皇上,奴才以为先不议战与和之事,应先定夺与英法开议之奉。与英、法开议听其所提条件,然后再议战还是和。"花沙纳身材高大,声音也洪亮,但是所出言语犹如没有说一样。英、法所提条件重复已不止十次,均装在皇帝和各大臣的脑子里,还听什么。

然而,这种废话还真有人附和。恭亲王奕訢说:"皇上,花大人所奏较为妥帖。吾朝乃是礼仪之邦,应先礼后兵。派员与他开议,为了以防万一,同时令京师各营做好御敌准备,一旦英、法进犯京城,应予迎头痛击。"

咸丰听这些大臣们的唇枪舌剑式的辩论,心里乱极了。听哪一头儿的都不是。最后听这六皇弟的话,感到颇有些顺耳。还是老六有办法,难怪人们称他为"鬼子六"。想到这儿,咸丰开口了:"尔等听着。英、法联军逼我过甚,战是要战的,但尚不到时候。桂良、花沙纳、耆英三人前往天津办理抚议。"并吩咐桂良和花沙纳先行试探,条件不必答应,最后由耆英转圆。

桂良、花沙纳一听派他们去抚议,吓得脸上脖子上只淌汗。但又听说他们只是先去挡一挡,耆英在后边收拾残局,悬着的心也就放下了。

耆英也有些慌张。他于道光二十二年到两广惩办林则徐,订了虎门、望厦等一系列条约,深得英夷的青睐。道光皇帝也以他督办外务有功,晋爵加赏。当时他很得意,然而他也耳闻这几年对他的唾骂之声。他心里也明白,所订条约不是割地就是赔款或开放口岸。这外夷犹如一群狼在争抢着啃中国这头快要瘦死的老牛。但是,我耆英有什么办法?这都是皇上让我办的。我是皇上的奴才,奴才按主子的旨意办事,何罪之有?你们骂我卖国求荣,是我卖的吗?我卖这国卖得动吗?这国是我的吗?这国是大清皇帝的。皇帝让我怎么着我就怎么着。这种对皇上和对外夷都以奴才自居就是耆英的性格。

但是,他也有脸,他也是人啊。总让他去干这留下万古骂名的事他也脸上有些挂不住。他硬着头皮对皇上主子说:"皇上,奴才最近身体有些不适。皇上是否另委他人前去天津。"

"哎,耆爱卿,你多次与英夷打交道,素知他们规矩习俗,他们也颇为信任你,你去办这抚议之事最为妥帖,请快去吧。"咸丰皇帝不允。

听到这几句夸奖的话，僧格林沁等人鼻子里哼一声，都怒视耆英。耆英如芒刺在背，浑身不舒服。

桂良、花少纳先到天津，按咸丰意图与巴夏礼等人谈判之中对所续新条一概不答应。巴夏礼等人恼羞成怒，把桂良、花沙纳逐出天津。桂良、花少纳乐得坏了。他们并不考虑办这外务成功对国家民族之大利益，只想，不受皇上责怪，保住乌纱帽便是上上大吉。二人草草收拾，匆匆回到北京复命。

耆英就不能这样做了。因为到他这里这次谈判必须打住。咸丰已给他套上了夹板。他只好整整衣冠前去见巴夏礼。

巴夏礼一见耆英来，向前两步握住耆英的手说："钦差阁下，我很高兴见到阁下。"

"不敢当。老夫也久仰领事大人，今日得见，实为万幸。"耆英躬身答礼。

"阁下，我早知道阁下在十几年前到两广与我大英帝国的使臣交涉，交提供了许多方便。为此，我深表谢意。"巴夏礼右掌贴在胸前躬身施礼。

"不敢当，不敢当，那时老夫年少气盛，血气方刚，与贵国使臣接触之中多有唐突，还望贵领事多多海涵。"这耆英还真不知羞耻为何物，不用说血气方刚，稍有些骨气就不至于窝囊到那个狼狈的程度。世人之多千奇百态，越是逆来顺受、奴性十足的人越爱标榜自己血气方刚。

"钦差大人，这次到天津是来在条约上签字的吧？"巴夏礼客套已够，直奔主题。

"这个、这个事嘛，领事大人是否重新考虑一下桂良大人所提条件。"

"什么，你们还是那个立场？"

"不，不，不是立场，是说……"

"是说什么。耆英大人，你不像以前了，你也老糊涂了。我们只有一句话，问你们到底同意不同意签约？"

"这个，这个，容我们再议，容我们再议。"

"容，容，容到何时？议到何时？你们办事太拖拉。我们没有那么多耐性。"巴夏礼手指着耆英的鼻子说。

"请大人息怒，我回去禀报皇上……"还未等耆英把话说完，巴夏礼喊道："来人，你们把他给我赶出天津！"

迅速过来几个身材高大的英兵把耆英架出门去。耆英此时真正感到受辱太过，便豁出命喊了起来："不懂礼仪的野蛮之邦，你们会有报应的，

—185—

人不报天报！"

架他的英兵不懂汉语，也没有理会他。

耆英跌跌撞撞地跑回驻处，匆匆收拾便领随从人等回京复命。

把这次办外务的希望寄托在耆英身上的咸丰，见耆英毫无结果便跑回了北京，气得把全部愤慨发泄在他身上。历数他大逆不道的罪行，即令把耆英推出午门斩首。有的大臣为耆英求情，咸丰余怒不消，但耆英为老臣，便赐其自缢。耆英这一辈子一贯以奴才自居的人，终于被主子要了命。

逐走三个使臣，英法联军开始做向北京进军的准备，决定用武力解决签约一事。

这个消息传到北京后，咸丰皇帝六神无主，只好御批派人签约。派谁呢？还是派桂良、花沙纳吧。最起码他们二人认识巴夏礼。

咸丰对桂良、花沙纳二人说："英法等国所提条件均可答应，只有两条必须坚持朕意。一是公使驻京，一切跪拜礼节悉遵我大清祖制；二，立即归还天津。"二人带着御旨急忙又去天津。

僧格林沁得知桂良等人又去天津签订新约，十分气愤。他不顾皇上发怒会给自己惹来杀身之祸，更不顾因围剿太平军有功而荫及家族所承受的殊荣隆恩可能成为过眼烟云，挥毫写了一份长长的奏折，历数屈辱乞降所带来的严重后果，强烈要求咸丰皇帝发倾国之兵决一死战，以雪国耻。其间写道：

"华夷通好，贻害无穷。窃闻逆夷牛羊牲犬豕之群不识纲常，罔知伦理。复朝虎视中国。因何其成仅盖有由来也。慨自我朝开国以来放牛归马，脱剑止戈。先王以为偃武修文国家之盛事。是以养兵不用。汰革归农，而兴学校，制礼乐雍雍呼呼，无不颂太平之盛世也，而不知武备。

先皇二十三年，该夷陡衅心，以乌合之众数万人，长驱直入，竟至势如破竹，莫敢撄锋。盖沿江防堵将士未赏训练于平日，安能调用于一时。无不弃甲抛戈，望风而遁。以至粤东、江苏等处被蹂躏，掳掠一空。"写到此，僧格林沁按捺不住胸中的怒火与愤慨，直接指名道姓地责骂佞臣的卖国行为，为林则徐的受诬陷充发伊犁大鸣不平。

奏折接着写道："孰知琦善得逞贿银，拔去梅花桩，开门揖盗。以致徐广缙屡败不能取胜，牛监得逞贿银，撤去临江防堵兵勇，撤去炮台，以致陈化成屡败殉节。琦善复言林则徐擅烧鸦片，勿兴兵戈。逐将林则徐充发新疆。诏命琦善、耆英等议和，准其通商。自是逆夷得入中原矣。叹呼，大事去矣。其言之痛恨也！"僧格林沁越想越气，越写越恨，接着竟直接责备起皇帝听信主和、投降派的谗言与外夷议和出卖国家利益贻祸子孙，要求严斥所谓抚议，实则卖国的大臣。折中继续写道："宣宗皇帝一时误听谗言，贻祸子孙，先皇在天之灵，无日不惟心怅恨，以望皇上大振国威，驱犬羊以盖先皇之衍。而孰知皇上复听谗言，隐忧社稷贻祸子孙，有何面目见先皇耶。臣受受寄之殊恩，有何面目见先皇耶。愿皇上诏回桂良、花沙纳等。命沿江各督抚，各设炮台严加防堵，以克逆夷。"

写到此，僧格林沁胸中的郁闷之气多少吐出去一些，头脑也顿感清爽。他紧接着提出驱敌之策："臣鄙见，不如乘其骄兵击之。古云，骄敌必败。"

接着他又请率兵出征："臣请旅师御之。兵不足，臣请以倾国之兵报效，粮不足，臣请以倾国之粮报效。"

他又提醒咸丰说："皇上，至于胜败军家常事，胜不足以查，败不足以惧，人心非不可以奋兴，天命非不可以挽回也！何以重重上国伏首乞和外夷乎！圣断容纳刍荛，臣不胜感戴之至，泣血上奏。"

咸丰皇帝看罢奏折，气急败坏，一把把奏折掷在地上，离座转身拂袖而去。在场的大臣们丈二和尚摸不着头脑，一时愣怔在那里。

桂良和花沙纳二人忐忑不安地到天津见巴夏礼等人，对英国所提的五十六条，法国所提四十二条一一同意。以调和名义随同前来的美、俄两国也趁火打劫，各与桂、花二人订立了他们所满意的条约。英法联军同意撤出天津；至于不准公使驻京和跪拜礼节，愁遵中国制度，不得携带眷属之事，桂良、花沙纳怕洋人不答应，二人从牙缝里也没有挤出。换约日期定为第二年。

巴夏礼在天津驻所举行了签约答谢宴会。

巴夏礼举起斟有法国葡萄酒的高脚杯说："桂良、花沙纳二位阁下，请举杯，为我们的订约，为我们的合作成功干杯！"

二人举杯齐声道："干杯。"

法国公使举杯说："二位阁下，本人接触中国官吏不多，但是我想二位是中国官吏之中的佼佼者了。"

"不敢当，不敢当。"

"二位阁下，今天我为耆英阁下遭不幸深感痛心。我提议为耆英阁下

为贵我两国的友好交往所作出的努力，深表悼念。"说着，巴夏礼把半杯酒按中国的传统酒在地上。

这一招可把桂良、花沙纳难住了。附和巴夏礼祭奠耆英吧，那耆英是咸丰皇帝以大逆不道之罪刚刚处死的朝廷要犯，他们祭奠那不等于和皇帝对抗吗？不附和吧，怕这巴夏礼刁难他们。所以他们二人两头为难，缓缓举起酒杯，像傻子一样只知呵呵笑，既不喝也不放。

巴夏礼见他们傻乎乎不知所措的样子，也觉得好笑，但又要给桂良和花沙纳留些面子，所以强忍住了。然而满屋子的笑声已经哄堂而起。

桂良、花沙纳回京复命后。咸丰皇帝也觉出这条约订得过分退让，在主战派大臣面前不好交代。他便采取了一个文过饰非的办法。严令桂良、花沙纳"激发天良，力图补救"取消"派员驻京、内江通商、赔缴兵费"等条，并以全免关税为交换条件。

但是，这些个话桂、花二位不敢跟洋人直说，只好等明年换约之时再作打算。

僧格林沁那天触怒咸丰以后，暗自做了获罪入狱的准备，咸丰皇帝出于种种考虑并没有治他不敬之罪。一些素与僧格林沁不睦的大臣想借机整治他，便在咸丰面前进谗言。最为突出的就是琦善、桂良、花沙纳。

琦善说："皇上，僧格林沁骄横霸道目无至尊，藐视百官，拥兵自重，若不早除，必致祸患。"

咸丰听后觉得琦善说得太过，便训斥道："尔等只知道背后说三道四。并且，当长毛贼兵进天津近京师之时中，你们个个缩头缩脑，不敢挺身督剿。今日僧格林沁成了大功，你们便诬他拥兵自重。如果尔等想掌兵权，朕今日就调遣兵马给尔等，你们到南方军前，与长毛贼决一死战如何？"

一听这个琦善傻眼了。比他强的武将向荣、张国梁都兵败身死，办团练起家的曾国藩是颇为公认的耐战之将，但是也屡战屡败。我琦善年迈至此如何能到军前呢？那不等于白送死吗？说僧格林沁拥兵自重只是想用这个大帽子激怒咸丰，用咸丰的手来整治整治他，最起码也得煞煞他的威风，要不然好事都让僧格林沁一人捞去了。这些都出于个人恩怨，他琦善哪儿还想到这江山社稷。受咸丰的一顿训斥，他便老实了。

僧格林沁照样操练他的火器营。近日他特意找来几个原在广东水师任过职的将校，专门教习沿海设防和海上船舰知识。

第二十一章　僧王教子

　　咸丰九年夏天，因月余没有下一滴雨，粗大的白杨、柳树、梧桐、槐树叶子都卷卷起来。松、柏等针叶树的叶尖开始变黄。京畿及直隶、山西、河南、山东、张北、热河大地的庄稼，早种的小麦只收了半成。晚种的谷子、玉米、大豆之类的大田作物，有的已干死，划根火柴可点着。历来靠夏粮度夏的贫苦农民，大部分挖野菜扒树皮充饥。实在没有办法的，便纷纷涌入北京城以乞讨为生。一时间北京城里乞丐成群，讨要声不绝于耳，露宿街头、门户之侧者成群结队。

　　京城巡防武弁每天早晨都清除几十具无名者的死尸。北京城里，灰尘蔽日，日月无光。

　　顺天府尹海文理进奏折给皇上，详禀了入夏以来的严重干旱和饥民涌入京城乞讨、京城秩序大乱等情景。朝廷放赈开济，以救危急，安抚民心。负责京城治安巡察的五城御史也递奏折禀告因大量流民涌入京城，造成盗贼蜂起，抢劫大户、富家、店铺、钱庄之事时有发生，清廷允准妥善处置，整治京城治安。

　　咸丰皇帝在圆明园慎德堂里阅览这些奏折。看着看着，突然急火攻心，胸口发闷，脸色发白，摇摇晃晃要倒下。宫女、太监们急忙一拥而上扶住了他；然后，又捶背，又揉胸，折腾了一会儿，咸丰才缓过气来。太监要去唤御医，咸丰制止住了。他喝了两口温茶，斜靠在椅子上想心事。

　　咸丰原本身体不错，但因登基近十年来内忧外患困扰，一直没有消停过，使他身体每况愈下；加之沉湎酒色，不注意节欲，致使病入膏肓。

不过，咸丰是个固执的人，不相信自己会倒下，他强撑身体，支撑这日益破败的朝廷。可是，无论如何，刚当皇帝时的踌躇满志现在几乎所剩无几。什么中兴，什么一代英主，见他的鬼去吧。守成都难啊。他又想起了南京的战事。据曾国藩、李鸿章奏报，长毛内部发生内讧。先是杨秀清欲要假托天父之替身夺权篡位。洪秀全为了保住王位，召回在武昌打仗的韦昌辉及秦日纲等人突然包围东王府，诛杀了杨秀清全家及其王府内老幼，无一漏网。天王洪秀全此时感到北王杀人过多，而且北王又暴露出篡逆之野心，天王洪秀全急召翼王石达开与北王作战。北王战败被杀，祸及秦日纲也被处死。这样，太平军在内讧之中损失了握有军政大权具有运筹帷幄决胜千里之才的东王杨秀清和能够独当一面威服众将的北王韦昌辉以及秦日纲等三个栋梁。可谓太平天国大厦倾其一角。尔后翼王石达开也得不到洪秀全的信任和重用，负气率几万大军出走后被全歼在大渡河畔。此又使太平天国犹如失去一臂。这些奏闻使咸丰一时大感安慰。但是，没等高兴多长时间，咸丰接着又得奏报，洪秀全为补救内讧之损失，重用久经沙场具有古之韩信之才的忠王李秀成和勇武如赵云的年轻将领英王陈玉成，这李秀成足智多谋，治军严谨，而且作战身先士卒爱护将士，深得部属爱戴。这陈玉成少年英武，勇冠三军，智勇足备，古之赵子龙不过如此。洪秀全起用此二人，使太平天国其威复振，其势又盛，仍然是清廷之劲敌。果不其然，二人一南一北，转战南京周围，再次攻破朝廷所建江南江北大营。太平军所向披靡，令清军闻风丧胆。这二人已够朝廷头痛了。不想出来个洪秀全的族弟洪仁玕。此人自幼熟读史书，深得理政之精要，而且了解夷情。咸丰心想，长毛贼文有洪仁玕，武有李秀成、陈玉成，要彻底剿除何日才是？这战乱之年人祸未尽，偏偏又遇干旱之天灾。屋漏偏遭连绵雨，大雪又加浓霜天，如何是好？而且这干旱又旱在皇城周围直隶之地，直接影响着朝政民心。

想到此，咸丰又强撑着坐在御案前，继续阅览奏折。此时，懿贵妃兰儿翩翩然走了进来。她径直坐到皇帝跟前，见皇帝拿御笔的手在不停地颤抖，便轻轻地从皇帝手中拿下笔说："皇上，奴婢真不忍心你病成这个样子还要亲自阅批奏章。皇上，还是奴婢替你批阅吧。"

咸丰深情地注视了一下懿贵妃，起身离座。懿贵妃便端坐在御座上，举笔十分熟练地批阅起这种部院大臣、军机处、内阁各殿、封疆督抚大吏、军前钦差等从四面八方报来的奏章。

兰儿自有兰儿的魅力。除她善于窥察皇上心情、以言语和女人之身博取皇帝的欢心之外，在咸丰的众多的妃嫔之中，只有她给皇上生了一个儿子。咸丰正以没有儿子而焦虑之时，懿贵妃所生的儿子除去他的一块心病。母以子贵，懿贵妃从此得宠。因肚皮不争气而没有生下儿子的皇后钮祜禄氏也让懿贵妃几分。

咸丰在一旁欣赏着懿贵妃端端正正地坐在那里认认真真仔仔细细地批阅，其庄严姿态不亚于他这个当皇上的。咸丰心想，祖宗先例，不让女人当皇帝，如果女人可以当皇帝，不用去找，懿贵妃就是再好不过了。他又欣赏起懿贵妃白里透红如轻点朱砂的羊脂玉般细腻秀色可餐的脸蛋儿来了。懿贵妃生下孩子以后益发娇艳迷人、风姿绰约。咸丰按捺不住冲动，抱住懿贵妃的脖子在其脸蛋上一阵狂吻。

懿贵妃微闭凤眼，待咸丰亲昵一会儿后，轻轻一推说："皇上，你先等一等，我正看一个重要奏折呢。待奴婢看完以后才任你爱抚就是了。"

"什么重要奏折？"咸丰很不情愿地放开手问。

"僧格林沁的泣血奏。"

"噢，原来是这个。我看过了。这僧格林沁居功骄狂，简直不知天高地厚，竟敢责问起朕来了。真是气煞朕了。"咸丰一听火又上来了。

懿贵妃并不说什么，仍旧静静地看奏折。待把奏折全部阅毕，她才转身问咸丰："皇上，你以为这奏折如何？"

"骄狂已极，骄狂已极！朕若不念他剿贼有功于朝廷，早就治他的罪了。"咸丰气哼哼地说。

"奴婢则以为非但不可以治他的罪，而应好好奖赏才是。"懿贵妃侧脸对咸丰说。

一听贵妃说应该奖赏僧格林沁，咸丰有些不悦，他问："这是为何？"

"皇上，我方才阅了这一大堆奏章。无非是两大类。一类是大多数即报喜的奏折。目的是想安慰皇上或表功请赏。有的简直无聊至极。譬如浙江巡抚的奏折所云，他那里无云而出七色彩虹高挂天空半日，其时又蛙鸣如龙吟，是个大大的吉祥之兆，必出大将剿灭江浙之贼。请皇上放心云云。简直是令人啼笑皆非。第二类是报忧的。其中多数是军前邸报或灾民状况。报忧部分只写了忧，没有给皇上出良策献良谋啊。这些人深得为官之道，把险恶之情报告给皇上，全由皇上拿主意。主意错了是你皇上的，与他们无关。只有僧格林沁的奏折不同凡响。他有三个可取

之处；一是，剖肝沥胆，忠心可鉴。他敢冒杀身之祸责问皇上，乃是为了大清江山啊！这就不同于明哲保身、少说为佳、饱食终日、无所用心之辈。二是，洞观时局，窥出敌心叵测。他对英夷吞我江山之野心看得透。三是，不顾得罪朝中重臣，痛骂那些误国之人，无欲无惧。四是，替皇上出了良谋良计，并自请危机之时再度督军打仗全不顾个人安危。皇上，僧格林沁素有忠勇之誉，今依小妾看来不仅如此，他还有大智大略，是皇上可以完全信赖的股肱之臣、大清之栋梁啊。"

咸丰听着贵妃的这番宏论，简直不敢相信自己的耳朵。我怎么就没有想到这么多、想得这么深啊。唉，我真的是被病魔所缠昏头昏脑了。

"皇上，奴婢刚才所讲的只是一时激动而说的胡言乱语而已，有不妥之处请皇上恕罪。"贵妃依偎在咸丰胸前说。

咸丰说："你说得对呀，我原本也是这么想的，但是那班大臣一嚼舌，我就有些来气。经你这一提醒，我才明白那班大臣大都顺竿说好话，唯独这僧格林沁敢与朕理论。他如果不是为了大清江山，何苦讨这个没趣呢。但是，事已至此，你说怎么办呢？"

"皇上，他不是给你出了主意了吗？"懿贵妃笑着问。

"啊，你是说准他所奏，让他督办天津及京东防务。"咸丰这才明白。

"皇上，你自己决定吧。"懿贵妃娇嗔着紧紧搂住了咸丰的脖子。

"好，明日就宣旨，让僧格林沁去天津。"

咸丰感到此事处理得如此痛快，全赖这贵妃，这贵妃真是可爱，他一时兴奋，不顾虚弱的身体，拥着懿贵妃走入内室。

这两日僧格林沁脾气很糟，对王府的上下人等都看不顺眼，整日虎着脸。此时，养母旭慧夫人已过世，王府内诸事主要靠福晋文贞治理。副总管那彦太听差跑腿倒可以，出主意协调就远不如金宝善了。但是僧格林沁看在金宝善推荐的面上，也没有再让他人当总管。

僧格林沁在书房之内看了一会《史记淮阴侯列传》对韩信的将兵之才能十分佩服，对其遭遇深抱不平。自古以来为何这忠臣良将多遭诬陷，甚至得个身首异处的下场呢。他不愿想下去。放下书在院中散步，他信步走着走着到了王府西北角的马厩前。这里养着供他一人骑用的二十匹骏马和十匹神马。他最心爱的有"千里雪"、"额中月"、"青龙马"、"踏云驹"。"千里雪"颇通人性，见主人走来，首先"咴咴"嘶鸣起来。

僧格林沁走到"千里雪"跟前，用手抚摸它的头颅颈项。"千里雪"

用鼻部和上唇拱着主人的肩膀。僧格林沁随手解开马缰，将马往外牵，"千里雪"刚一迈步，僧格林沁就看出这马的右前腿有微跛。此时，听到马的嘶鸣和跳动声，掌马官早已过来恭候在这里。

僧格林沁指着白马问："千里雪右前腿为何跛了？"

"这，这……"掌马官支支吾吾。

"到底怎么回事？"僧格林沁拉下脸问。

"禀王爷，小的不敢说。"掌马官说。

"大胆，本王问话你敢不俱实禀报。"

"奴才知罪，奴才说，奴才说，这白马是前日，小王爷博颜讷木祐骑出去的。回来时马腿儿就瘸了。小王爷让我找兽医医马，并严告不得告诉他人。所以，小人不敢说。"

"来人，速把博颜讷木祐那逆子给我叫过来。"僧格林沁满脸怒气。

"禀王爷，小王爷到乾清门当值去了，到晚上方能回来。"王府一杂役回答。

"何建鳌在哪里？那彦太在哪里？统统给我叫过来。"

此时，何建鳌由骁骑校晋为副参领，并负责王府侍卫。不一会儿二人过来了。

"那彦太你可知罪？"

"你身为王府总管，管束不严，耳目闭塞，一天天浑浑噩噩，竟使有人偷骑我的'千里雪'，你却全然不知！"僧格林沁大声训斥。

那彦太此时才明白有人骑了僧王爷的宝贝白马。

"奴才真罪该万死，奴才真不知道。"那彦太回答。

"何建鳌，你负有侍卫之重任，本王的爱马被人偷骑，你可知晓？"僧格林沁问何建鳌。何建鳌跟随僧格林沁多年，鞍前马后，侍奉极其周到，深得僧格林沁的喜爱，所以在僧格林沁面前比较随便。但是，今天见他真的发起火来了他也有些怕。于是恭恭敬敬地回秀："王爷，小的真不知，甘愿责罚。"

"你们都听着，今后要各尽职守，严加管理，等级有别，尊卑有序，谁如果不再敢骑用我的马，本王定不饶恕。"

众人齐声答应说："嗻。"

僧格林沁又叫掌马官请来兽医。那兽医看了看摸了摸马后对僧王说："王爷，这马只是奔跑之中踩空，伤了右踝筋，灌些舒筋活血化淤散，静

—193—

养几天就会好的。"

听了兽医官的话，僧格林沁心里稍安。他又亲自动手帮助兽医给马灌了药，送走兽医官才回屋。

福晋文贞也知道了王爷因白马受伤而发火之事。她小心翼翼地过来，自己拿一把扇子给夫君扇扇纳凉。

僧格林沁虎着脸问："近日来博颜讷木祐可有长进？"

"孩儿每日里早出晚归，有时夜里当值，奴婢也很少见。看来还是很努力的。"福晋回答后看着僧王的脸。

"你可问过他的先生，他读书如何？都读哪些书。"

"我问过他的先生，先生说，孩儿天天资聪慧，学一知二，不必多虑。我也就没有更细询问。"

"文贞啊，文贞，你对王府诸事管理颇严，但是对孩儿疏于管教了。你知道前日偷骑'千里雪'致跛的是谁吗？"

"我真不知。"

"就是那逆子博颜讷木祐。"

"孩儿竟有这事？"

"掌马官还骗我不成？"

"他骑白马干什么去了？他那乾清宫一等侍卫还缺马骑不成？"文贞感到有些疑惑。

"我也正想此事。"

"王爷，等他晚上回来一问便知了。您也不必如此盛怒，注意身体重要。"

"我的好福晋，看来你把此事看得太轻了。"

"'千里雪'是你的专用马，孩儿不该偷着用。但是，他毕竟是我们的亲骨肉，骑个马不能有什么大事吗？"文贞问僧格林沁。

"正因为是我的儿子，我才这样生气。"

"这是为何？"

"连我的儿子都不听本王训诫和指令，谁还听我的，我今后何以服众？"僧格林沁说出内心深处的忧虑。

"妾身明白了，今后一定要严加管束孩子，替夫君分忧。"文贞柔声柔气地回答。

"这就对了。"

僧格林沁亲王

—194—

"王爷，我有一件事想起来了，过五天就是母亲旭慧的忌日，我们应该好好准备祭奠事宜了。"文贞提醒道。

"你不提醒，我差点给忘了。你吩咐那彦太，认真准备，破费些也不要紧，一定不要让人说我们忘恩负义。另派人通知母亲的家族及亲朋好友全来参加，我们好好祭奠一番。"僧格林沁说。

文贞点头称是。

当晚，博颜讷木祐当完值回到家。

未等脱去官服马褂，仆役过来告他，老爷要让他速去。博颜讷木祐立刻猜想到，骑马之事肯定露了。他只好硬着头皮去见父亲。

博颜讷木祐见了父亲行过礼，侍立在一旁。

僧格林沁并不说话，两眼只在博颜讷森祐身上打量。博颜讷木祐越发心慌意乱。他深知父亲家教特别严。他是僧格林沁的独根苗，自小在这王宫大院长大，但是，僧格林沁决不允许他以王子自居。博颜讷木祐从小怕见到父亲，怕看见父亲那毫无怜悯表情的眼神。上次去军前，那是父子已有一年多没见面了。也只有那次是，博颜讷木祐真正以一个天真的孩儿的秉性见了父亲，僧格林沁也第一次以一个真正慈父的爱抚对待孩子。博颜讷木祐正在胡思乱想，僧格林沁问道："孩儿，在御前行走，可学到些道理？"

"父王，孩儿确实是学到了不少朝廷礼仪及治国经世之学。"

"治国经世之学，你也敢妄言？我只问你，你可知道皇上为至尊，用什么统国驭民？"

"孩儿看得不准，但是认为，至关要紧的是皇上的话就是法度，作为臣子的必须照办。"博颜讷木祐回答。

"你还没有白浪费时间，看出了点门道。你懂得这个道理，为何不去遵守呢？"僧格林沁反问。

"父亲，孩儿知罪，孩儿一时糊涂做错了事，愿受父王责罚。"博颜讷木祐跪下认罪。

"孩儿，你骑我一匹马不要紧。我可以赏给你一群马，任你骑，任你挑；但是决不允许违反我的旨意，乱王府法度。你偷骑白马开了先例。别人偷骑黑马咋办？我连自己的骨肉都管束不了，我怎么去管别人？"僧格林沁越说越激动。

"孩儿知罪，任父王怎么惩罚，孩儿毫无怨言。"

第二十一章 僧王教子

"我再问你，你自己还有坐骑，为何偏要骑白马？"

"前日，皇宫里的几个侍卫约我去南苑打猎。我当日正值没有班，便答应了。他就撺掇我，让我骑'千里雪'，他们也想欣赏欣赏。我起初不同意。他们说这'千里雪'是天下第一马，只要让他们看看他们便满足了。我拗不过他们，只好偷着骑出去了。不料在赶一个獐子时，突然失蹄，差点把我掀下背来。尔后马腿就跛了。"博颜讷木祐把事情经过讲了一遍。

"简直是胡闹啊，孩子。此马，我本人也只在征伐或受皇上检阅仪仗时才骑用，从来没有在围猎之时骑过。此马日行八百，熟谙阵战，颇通人性。它只应该在疆场上冲锋陷阵，为朝廷立功以扬其美名，而不能用于围猎、逐狼赶狐，以取悦其主啊。犹如将一个出将入相之才用于田亩之间，安得尽才啊？"僧格林沁用马作比喻给孩儿讲起做人的道理。

"孩儿，你千万要记住，为父本是放羊郎啊。为此，我谨慎供职，严守法度，不敢有半点松懈。你可不能以王子自居、骄狂而任意妄为。你今日竟有胆偷骑父王爱马，违抗父王旨意，久而久之会去偷圣上御马违抗圣旨，招来灭门诛九族之祸啊。"

此时，博颜讷木祐才感到父王的教诲寓意深远。

"孩儿，为了让你永远记住这一天，今晚你在这门口跪守一夜。"

此时，文贞实在于心不忍，过来劝夫君："王爷，孩儿已经明白事理就可以，为何不要这样杂罚他呢？"

"福晋，你又迁了不是，难道我就不爱孩儿不成，这是教他记住，不这样不行啊。"

文贞满眼泪水望着门口的孩子摇了摇头。

此时，正值班酷夏，蚊虫在群地叮在博颜讷木祐的脸上身上。博颜讷木祐的脸上身上，博颜讷木祐咬紧牙关挺着。半夜时分，文贞悄悄来走到孩儿眼前，抱住孩儿脖子抽泣起来。博颜讷木祐也泪流满面。

文贞一狠心，拉起孩儿就要进屋。但是博颜讷木祐不肯。

他说："母亲，孩儿知道母亲的疼爱之心，但是也深知这是父亲的另一种方式的爱心啊。为了记住这一天，我要遵父亲的旨意跪这一夜，请母亲回屋歇息吧。"

文贞也看出这孩子跟他父亲一样倔强刚烈，只要认准的孩子九牛也拉不回。于是她只好给孩儿赶了一会儿蚊虫，又命丫环点几把蚊香驱蚊虫，叹了口气回屋了。

第二日晨，僧格林沁照例很早起身练剑，待浑身起微汗，便收剑回屋。刚回屋，就有侍卫禀报，来了一个太监在前殿，要让王爷接旨。僧格林沁不知道是凶是吉，慌忙整冠缚带来到前殿。

"僧王爷，皇上要让你即刻到圆明园听旨。"太监说完转身走了。

僧格林沁不敢怠慢，立即赶向圆明园。

文贞在佛堂里烧香叩头，一个劲儿求菩萨保佑让夫君平安回来。

咸丰皇帝自有病以来，常常住在圆明园，边养病，边处理朝政。

这两日，他身体和精神都有些恢复。他在慎德堂，召开了彭蕴章、召见了彭蕴章、穆荫、文庆等三个军机大臣及恭亲王奕訢、大学士贾桢，还有直隶新任总督瑞麟等大臣。僧格林沁到慎德堂，先拜见皇上，请安后与其他一一施礼问安。

咸丰皇帝开门见山地说："众爱卿，僧格林沁亲王所呈奏折，大家都已知晓了。言辞虽然苛刻，但是忠心天地可鉴。英、法二夷确实是辱我太甚。它看我大清王朝无人，软弱可欺，不严惩该逆夷，实在愧对祖宗。明年是换约之时，在这换约之前，朕意加强天津海防，拨银两加设炮台。换约之时，英、法若不答应我之条款，我们便凭天津大沽海防之坚固痛击二逆夷，将其逐出。为此，朕意已决，加僧格林沁为钦差大臣，去办天津大沽和京东防务；调遣直隶各营官兵以及口外各盟旗骑兵，京师火器营加强天津大沽海防。直隶总督瑞麟协办与外夷会谈之事。"

僧格林沁跪下受命。

大学士贾桢上奏说："皇上，天津大沽及我京师之门户，今僧王主其防务，是皇上英明圣断。臣还有一事禀皇上，先我大清各海防军兵，恪守'勿先开炮'的密令，致使坐失良机，给敌以可乘之机。臣以为，此令甚为不妥。海防之地均乃我大清所属，在我属之地抵御外侮，怎能以'勿先开炮'来捆住自身手脚？所以应取消此令为宜。"

咸丰听罢不愿就此事引起争议，就说："此事，僧格林沁到津后自行妥为处置，在这里毋须多议。"

几位大臣本来还有些事情要奏，一听咸丰口气，都把到嘴边的话咽了回去。

咸丰站起退回后宫。

恭亲王奕訢对僧格林沁说："僧大人，皇上把这京师门户防务之重任交给了你，望大人妥善布置。至于一些琐细之事，完全可以独断。"恭亲

王也看出咸丰只对僧格林沁委以重任，但是没有给与外夷打交道的重权。所以，他只好出来圆场，好让僧格林沁愉快地去这谁都不想去的前线。

僧格林沁说："亲王大人，卑职明白皇上的旨意，尽力去办就是了。只要亲王在朝廷之中多为前方将士说话，卑职便知足了。"僧格林沁这是重复胜保的话。带兵在外的将领的共同心愿就是皇上以及朝中大臣能理解他们，给他们更多一些临机处置的机动权力，最起码做到背后不捅刀子。所以，僧格林沁不便对皇上说的话，给这已开始掌宰相之权的恭亲王奕訢说了出来。

"请僧王放心，此事本王心里明白。朝中一切由我负责就是了。"奕訢说。

"这样卑职就放心了。"

僧格林沁回到王府中，已过了晌午。文贞见丈夫面有喜色回来，提着的心才放了下来。

"王爷，皇上面见你，有什么事啊？"文贞边帮丈夫脱去朝服边问。

"任我为钦差，赴天津督办防务。"僧格林沁回答。

"啊！又要让你出征？其他那些大臣们都干什么去了，一有危急之事就让你去。"

"妇人之见。作为臣子，临危受命，乃是最大的荣幸。"僧格林沁说。

"临危受命，那班爱饶舌的大臣们，见你剿贼有功受赏，便都嫉妒眼红、说三道四。恨不得要把你生吞了。他们有本事，今日为何不请缨出征。等你一走，他们又在背后说你的不是。"文贞满腹委屈。

"不要再讲了，他们是他们，皇上是皇上。今日让我去天津是皇上旨意，并不是他们哟。"僧格林沁笑着说。

正在这时，仆役们备好了席，摆好了满桌的美食佳肴。这顿饭僧格林沁吃得特别香。

晚上，博颜讷木祐回到家里，到父亲的屋里请安后说："父王，孩儿有一事相求。"

"你说吧。"

"孩儿想随父王到天津前线参加防务。"博颜讷木祐说。

"这是为何？"

"孩儿想跟随父亲学习率兵打仗，立战功报效朝廷。"

僧格林沁看出孩儿的心情是真诚的。但是孩儿怎么能够知道皇上委他以御前行走的真正目的呢。这种深层次的内容他也不好讲给孩儿听。所以，他只好说："孩儿，在皇帝跟前当差是求之不得的。皇上喜欢你，让你侍奉左右，为父的不好提出让你离开皇上。所以，你还是留在京城当差好了。另外，还可照顾母亲。"

听到此，博颜讷木祐就不便说什么了，给父母亲行了礼退出。

第二十二章　风云海防

渤海湾，在辽东半岛和山东半岛的环抱之中。

大沽口在渤海湾内，北倚天津，南临大海，与另一个海角成掎角之势，成为从海上进入天津的第一门户。

僧格林沁到大沽，站在已被毁的炮台之上，远望大海。此时，正是六月涨潮之时，大海在隆隆作响声中涌了过来，掀起丈余大浪。海浪迅猛拍打岸上岩石，瞬间又退去。一涌一退，如此循环往复，永无休止。好像在怒斥侵略者的残暴，发泄这博大无比胸怀之中的愤懑。

僧格林沁的心情犹如这大海的潮水般起伏涌动。千年古国，美好河山，一统天朝，自古只知外夷朝见进贡、俯首称臣，如今却是匪夷直逼京师门户，强加不平等条约……

"少穆、裕谦兄英灵何在，我僧格林沁决不做那种胆小如鼠，只顾保全自家性命官位的小人。"僧格林沁面对大海无限感慨。

"王爷，直隶总督瑞麟大人求见，在行辕中已等候多时了。"何建鳌打断了僧格林沁的遐想。

回到行辕，寒暄过后僧格林沁问道："瑞大人，修复各炮台的银两几日能凑齐？"

"僧王爷，卑职正为此事而来。皇上从国库中所拨银两只够修复费用的三分之一，这是大人所知道的。来津之前大人嘱咐我从直隶凑足其余的。卑职连日来查仓清库只备其一半，另一半尚无着落。"瑞麟说。

"总督大人，修筑炮台的费用，你去想办法就是了。炮台要修，银两要凑，本帅别无他法。另外，我已命达洪阿在通州制造大炮二十四尊，不日运来。"僧格林沁说。

"僧大人，直隶省所筹已倾其所有了，余下部分实在难办啊。"瑞麟哭丧着脸摊开双手说。

"瑞大人，在直隶省内有多少富豪大户，你可知晓？"僧格林沁问。

"卑职到任不久，尚未详查，但是据原来掌握的情况不下五百户。"瑞麟回答。

"瑞大人，你所掌握的情况只是一半啊。据我所知，直隶富豪巨贾，不下千户。他们手中可有一大笔银两啊。"僧格林沁笑着说。

瑞麟此时才明白过来，僧格林沁是想让他去跟这些富豪大户索要银两修海防。

"僧大人，卑职明白了。但是，向他们索要银两谈何容易？这些人不少是皇亲国戚或朝中大臣的亲朋，有的本身就是当朝大员，他们那么容易就听我这个总督的？弄不好我们非但筹不成银两，反遭索银吞饷之罪。捉鸡不着蚀把米啊。"瑞麟所言并不是没有道理的。

"瑞大人，你的话不无道理，但是如今国难当头，那些平素养尊处优、囤积居奇的大户人家也该给国家出出力了。而且，如果这外夷逼近京城，直隶之地首当其冲，受其害的还不是他们！"僧格林沁道。

"僧大人，以卑职之见，此事能否奏报皇上，让皇上下圣旨，就好办了。"瑞麟想出用皇帝这个金字招牌。

"可以，我马上写奏折给皇上。只要皇上有话，我们就放手大胆去干。"僧格林沁也觉得此法较妥。

咸丰皇帝一看僧格林沁、瑞麟请禀从直隶富豪、大户之中筹措海防修筑炮台费用的奏折后，乐了。这办法好啊，不动用皇家银两又能办海防之事，何乐而不为呢。所以，他立即拟旨照准办理，各府衙官吏务必带头捐纳，不得有误。有了皇上谕旨，瑞麟就遍告府、州、县衙指日凑齐。此事进行得颇为顺利，不到一月便筹齐了所需银两。

但是，达洪阿的铸造大炮之款迟迟不能凑齐。达洪阿只好如实向僧格林沁禀报，请求办法。僧格林沁想了想，只好将新调来的哲里木、昭乌达、卓索图三盟蒙古骑兵的由国库所拨全部军饷，挪用来制造大炮。这三盟骑兵的军饷费用，由各盟自己负担。此时，僧格林沁已代替科尔沁达尔汗亲王当了哲里木盟盟长，哲里木盟的这一头当然无人敢说不。昭乌达

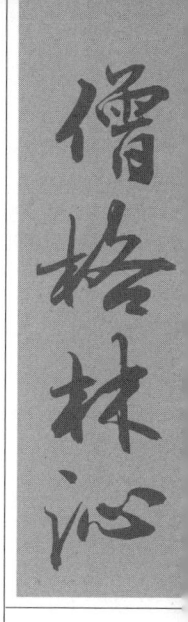

和卓索图的王公们见哲里木已经慷慨解囊了，他们也不好说什么，只好摊派到各旗分担。

僧格林沁和瑞麟筹齐所需军费后，便开始了加固大沽、双港的海防工程。

僧格林沁采取以海口为"前敌门户"，把距海口水程百余里的双港为"后营藩篱"的部署，在沽口广阔的海岸上设左、中、右三个大营，备陆营兵五千，左右两岸各设炮台五座，各置神炮营兵二千；又令哲里木、昭乌达、卓索图三盟骑兵营驻扎中军大营，往来接应，备作机动。

他又采取纵防御的策略。从大沽到双港的百余里海面上设置障碍，埋伏火器营兵二千，以防敌人冲破大沽向纵深逼进。他还让第一次大沽口战役时调来的黑龙江、吉林等地的八旗兵驻防在从白河口到山海关之间的沿海地区，以防敌人移师北进。

加强海防设施的工程有了眉目以后，僧格林沁想起了"勿先开炮"的命令之弊。这是一个束缚自己手脚被动挨打的政策，如果这个政策不废，纵然有固若金汤的防务也是白费心机。必须让皇上下旨，以避免第一次战役的悲剧出现。想到这里，僧格林沁又给咸丰呈了一道奏折："先前之战，英、法二逆逞其武力，趁我未先开炮之机，长驱直入、突然开炮，未等我接战，先已摧毁了炮台、营盘的一半。为防此况之再现，奴才以为，当外夷到海口之时，应当督率各营兵，排列队伍，严密设防。倘若夷船一二只驶进海口，应即让官员拦在江河外，与之理论，奴才断不敢轻举肇衅。若三五只以上蜂拥而至，是决裂情形已露，我应放排炮以警告之。若仍然继续闯入内河咽喉重地又进行挑衅，我们应进行还击。为了先礼后兵，不给二夷以口实，划定拦江沙内鸡心滩为限。接待开议均以鸡心滩为界。由此，理应取消'勿先开炮'之令⋯⋯"

咸丰皇帝看完奏折递给懿贵妃看。贵妃看完抿嘴笑了。

咸丰问："你笑什么？"

"皇上，这僧格林沁确有些办法，很厉害呀！你看他设海防，一以拦江沙鸡心滩为限，如夷船不听劝阻，闯入鸡心滩，那就开炮还击，理当然在我方。二是，视敌船驶入海口的数量和情形而定。如敌船一二只驶入海口则派员理论。如三五只驶入那就是无端寻衅以示决裂，当然开炮还击，先礼后兵。他这不仅是定了对付外夷之策略，也是向皇上讨口谕，躲'衅自我开'之罪名。内外均可在理，这僧格林沁还不厉害吗？"

僧格林沁亲王

"朕也看出来了，那么以爱妃之见如何回复？"咸丰问。

"当然答应他所请，给他一定的临机处置权喽。"贵妃回答。

咸丰当即口谕，懿贵妃代拟圣旨说："准僧格林沁所奏，英、法二逆若恃其船多一拥而上，进入鸡心滩则是有意寻衅，亦不能不慑以兵威，唯在僧格林沁相机妥办。钦此。"

僧格林沁接到咸丰的圣旨后，召集众将和地方官吏当众宣旨，并晓谕各营按皇上旨意严加防范，必要之时应开炮轰击，万不能让英、法二逆之船舰靠岸。僧格林沁在大沽、双港等地加强海防日夜不停，毫不懈怠。

在黄海海面上，一支舰队向渤海湾驶来。这支舰队由一艘巨大的指挥舰统率，前由两艘巡洋舰开路，左右翼各有六艘炮舰成犁形相随，后有一艘炮舰殿后，浩浩荡荡地向渤海湾进发。战舰在海上犁出滔天浪堤。

英国新任驻华公使普鲁士站在旗舰的指挥台上，用望远镜瞭望渤海湾。他瘦高的身材，长着欧洲人中少有的翘鼻子，蓝眼睛深陷在眼窝里特别发亮；稀疏的黄胡子很长，似乎从英吉利海峡出发以来没有刮过。虽然是七月酷暑之时，但是海上行船风大凉爽，他西装革履，衣着整洁。瞭望一会儿，他转身对斜靠在沙发上的法国公使布尔布隆说："公使先生，从地图上看，这渤海犹如一个大螃蟹，辽东半岛和山东半岛是两个伸开的蟹爪。天津是蟹头，北京便是蟹心。我刚才瞭望大沽口，大沽口真是天津的'口'啊。欲要打到北京必先占领这天津，欲要占领天津必先占领这大沽口。"说完他得意地耸了耸肩。

"先生说得对。但是不要过于轻敌。这里的老百姓厉害。一旦像蟹爪一样钳住我们，我们可就不好挣脱啊。贵国在广州的教训我记忆犹新。"布尔布隆圆头、圆脸、鼓眼、高鼻、身躯高大而胖，穿着很随便，肚皮凸起，坐在宽大的欧式沙发里竟也塞得满满的。

"公使先生，有一点你似乎还不明白，我们怕中国的老百姓，我们就让中国的皇帝和官员管束自己的老百姓。"普鲁士说。

舰队司令英国公爵何伯一身戎装，白军服的胸前别满了金属军功章或纪念章，矮胖的身体把军服塞得鼓鼓囊囊。他挥了一下手问："二位公使大人，我们从上海出发时，中国的使节桂良给二位说了些什么？"

"桂良说大清皇帝有令，到天津海口，让我们把战舰停留在拦江沙以外，然后带着少数随从和简单行装，走北塘进京换约。"普鲁士回答。

—203—

僧格林沁亲王

"这不行，这是对我大英帝国的藐视，尤其是对我强大海军的藐视。我只听海军大臣的命令，要靠中国海岸，在天津登陆打到北京去。"何伯傲慢无礼，根本不把两个公使看在眼里。

"公爵阁下，我承认您所率领的大英国远征舰队的无比威力。但是，国际间的外交斗争策略，远不止兵书上所能读到的。请您还是冷静些。"普鲁士也一向看不起这个只知武力炫耀、目空一切的何伯。

"公使先生，你这是对我的污辱。我胸前的这些军功章不是大英海军大学发给我的，这是我征战世界各地的记录！"何伯把胸前的军功章拍得哗哗响。

"二位，不要吵了，现在不是吵的时候，大敌当前，还是研究如何对付吧。"布尔布隆说。

"吝啬的法国佬，这海军舰队是大英帝国的，你们只派一艘破船，你明白吗？"何伯简直在咆哮。

"蠢猪，无礼之极！"布尔布隆骂道。

他们几个人在这吵吵骂骂之中已抵近大沽口拦江沙。

僧格林沁早已从长筒单眼望远镜里看到了英、法海军舰队。来势凶猛啊，他想。

他对身边的达洪阿说："达都统，你立即命各炮台做好开炮准备。"

达洪阿答应道："嗻。"

"舒通额，你率三艘大船在拦江沙外，一字儿排开，拦住其舰队，令其停泊在原地。告知他们，兵船万不可驶入拦江沙，以免引起两军开战，破坏和谈及换约之大事。"

舒通额领命率船走了。

英、法舰队驶抵拦江沙，一看中国船只拦住去路，只好停驶问话。

"英、法两国和平使节要到北京换约，你们为什么阻拦在此？"普鲁士问。

舒通额站在船头答道："二位公使先生，本都统有礼了。我奉钦差僧大人之命，在此恭迎二位公使，并告知大清皇帝的旨意，请舰队停留在这拦江沙外，不得擅动。以免引起两军交火，破坏和谈及换约之大事。"

"请问阁下姓名和官爵。"

"我乃一品都统舒通额。"

"都统阁下，我们暂时停泊在这里可以，但是请阁下转告钦差大人，我们英、法两国公使，邀请钦差大人到我指挥舰上，初谈换约之事如何？"普鲁士说。

"本都统回去如实禀告钦差大人，然后回复。"舒通额说完便乘小船回到行辕。

僧格林沁听舒通额禀告情况后说："此事重大，我与协办外务的瑞大人商议后再回复。你先派兵多购买些新鲜水果蔬菜送给他们，以示我天朝礼待外夷，并无寻衅之意。"

舒通额在天津收购了不少水果蔬菜送到了英、法军舰上。

僧格林沁与瑞麟二人商议初谈之事。

瑞麟说："这个条约的订立之事均由桂良所办，换约也是由他办。他现在上海，还未回到京城，无论如何等他回京后方能换约，我们告诉他们等几日就是了。无须开议。"

"大人所言有些道理，但是，不接受他们的邀请，恐怕给他们以不诚实的口实。所以，我意，接受其邀请，并明确告知他们我方的换约之意见。"僧格林沁说。

"钦差若有此意，卑职没有意见了。只是开谈地点定在英夷船上不妥，应另选适当的地方。"瑞麟说。

"对，因为这是在我国领海上，开议地点应由我方选定。我意就在拦江沙上的我方大船上开议。"

"可行。"

二人议定后，就让舒通额回复给普鲁士。

普鲁士听后只好表示同意。他心想，僧格林沁还真懂点外交啊，不可轻敌。

何伯在一旁发牢骚："我真看不起你们这些所谓的外交家们，谈呀谈呀，谈什么。几炮轰开他们的海口，一路打去就是了。"

普鲁士也不与他计较，因为他无论如何狂妄，无论舰队司令这个职衔有多高，出征时，英王有谕，总指挥是作为公使的他，而不是何伯。所以，普鲁士对何伯采取英国绅士的宽容态度，任他喊叫不予计较。

法国公使布尔布隆边嚼鸭梨边嘴里嘟囔道："蠢猪，一个吃错了药的蠢猪。"

当日晚，一牙弯月高挂在海面上。大海天天空均成银灰色，使人看

第二十二章 风云海防

—205—

着大海与天空连成了一体。区别只是天空中有疏疏间间的星星闪烁，并静寂无音；大海则发出轰轰的响声。月色映出英、法海军军舰上的高高的旗杆耸入云端。海岸边上出海晚归的渔民们看着这高大的船只，惊叹："真大哟。"

舰队司令何伯把身子陷在沙发里。他呷口红酒，忽然他想起了什么，喊来传令兵吩咐道："你把副司令叫来。"

何伯把舰队司副司令查理叫到自己舱内说："查理先生，今晚趁这月色皎洁，你带巡洋舰，悄悄闯入拦江沙，详细查看一下岸上各炮台的配置和江中有无埋伏。"

"司令阁下，此事，公使大人可知道？"

查理是英国王室成员，刚从海军大学毕业即随远征军到中国。他虽然年轻然而头脑冷静，并奉行一种和平远航的政策，不热衷于开炮打仗。所以，出征以来，常和何伯发生口角。何伯拿他没有办法，因为他是王室成员。

"查理阁下，我是舰队司令，你听我的命令！"何伯又喊叫起来。

"司令阁下，服从命令是军人的天职，但是，这个行动不仅仅是军事范畴的行动，它涉及到外交，我们不能鲁莽从事，导致两国不睦，破坏和谈换约。"查理说。

"你简直是目中没有我这个司令。你不去，我自己去。你快回去搂着那法国妖女睡觉吧！"何伯骂道。

查理两眼瞪着何伯举起拳头说："司令阁下，你可知道我是伦敦拳坛上的冠军，你再污辱我，我的拳头饶不了你这个蠢猪！"

何伯确实知道查理拳术的厉害，又见查理真的发火了，只好气哼哼地陷进沙发里不吱声了。

查理砰的一声关门走了。

查理不听命令，何伯这个冒险家只好自己去干了。他登上一艘巡洋舰，悄悄驶入拦江沙以内海面到白河口窥探设防情况。当他看到海岸炮台无几，屏障疏漏，心中暗喜。何伯的巡洋舰一过拦江沙，僧格林沁的设伏部队就已发现了，他们立即报告了僧格林沁。僧格林沁便唤来舒通额，如此这般耳语了一阵子。舒通额会意地点点头走了。

当何伯正进一步窥探海防之时，舒通额的三支火船突然堵住了他的退路。何伯发现时为时已晚。

他本想凭巡洋舰的快速和灵活性，一发冲过去。但是想到此举是他私人所为，并没有取得公使的许可，一旦引起更大的乱子不好收场。所以，他只好躲在舱内让舰长出来圆场。

舒通额站在船头问道："尔等为何不守本国制约，擅自闯入海防重地，企图何在？"

"都统大人息怒，我舰是夜间迷路，误入此地。并无他意。请你们快让开路，让我们回去。"舰长说。

"贵方舰只闯入海防已深，破坏了条约。所以，令你们就在此抛锚，等候明日见你们领带后定夺。"

"我舰误入海防，为此我代表本舰向贵方赔礼，请大人让我们回去。"舰长说。

"这不行，你们必须立即抛锚，等候明日谈判解决。"舒通额回道。

这二人的答话何伯听得清清楚楚。他发现中方态度很硬，这事有些不好收场。眨巴眨巴眼睛想了一会儿，叫来传令兵如此这般说了一通。

传令兵走到甲板上对舰长耳语了几句。

"都统大人，尽管我舰迷失方向误入贵方海防之地，但是，为了两国通好，我们按你们的意见，同意在此抛锚等候。但是，为了以免引起不快之事，请贵方船只退回。"舰长说。

舒通额一听就明白了，你这不是骗我船退回这要溜嘛。"舰长大人，我们稍作后退，与你们一同等候。"

"都统大人，今晚你们要保证我舰全体人员的安全，如果出了不愉快的事情，贵方要负全部责任。"舰长口气很硬。

"我方保证你们的舰只和人员的安全，也请贵方谨守我国法度，不得寻衅滋事。如果不听忠告引起乱子，其责任概由你们负责。"舒通额也毫不示弱。

舰长感到别无他法，只好抛锚。

舰长回舰向何伯复命。何伯球皮似的脸耷拉下来，松弛的下颚颤抖着。

舰长说："司令阁下，明日他们如果发现您在舰上，事情就严重了。司令赶快想办法走才是。"

"我怎么走呢？这个道理你讲得很明白，可是，你说我怎么走？"

"我倒是有个主意，只是怕司令不答应。"

"有办法？你快说。你还要等到明日把我交给僧格林沁那恶魔不成？"

第二十二章 风云海防

僧格林沁亲王

舰长就如此这般说了一通，何伯只好勉强同意。

天亮之前，月色西沉，黎明前的黑暗笼罩了海面。海浪拍打岸石的哗哗声外一切都死般寂静。此时，一个身体矮胖的人穿着中国渔民的装束，由一个向导指路，另一人划船，穿梭在海上船只之间，不一会儿消失在海上夜色之中。

小船划离白河口，可遥遥望见英、法舰队时，矮胖的人走到向导跟前以生硬的汉语说："谢谢你，烟，抽。"那向导起身接烟之时，矮胖子冷不防把那向导推入海里。那人在海浪中挣扎着露了两回头，不一会儿便被大浪吞没了。

"这些中国佬，差点丢我的脸。"矮胖子边骂边把脱下的中国渔民服扔进海里。这时才看清矮胖子就是何伯。划船的是同样装扮成中国渔民的英国兵，被打入海里的是从上海带来的中国向导。

何伯垂头丧气地回到指挥舰上，只好如实向公使报告所遇情况。气得普鲁士指着何伯的鼻子骂了一通。

普鲁士骂是骂，但是他也拿这个舰队司令没有办法，同时还庆幸何伯还有些计谋，最终没有让中方扣留在那里，化装逃了回来。

僧格林沁代表清政府向英国公使普鲁士提出正式照会，严正抗议不守条约擅自深入中国海防之地的挑衅行为。

普鲁士与僧格林沁第一次见面。

"亲王阁下，见到您我很高兴。"普鲁士把手贴在胸前躬身施礼后伸出右手要与僧格林沁握手。僧格林沁两手抱拳还礼，但是不知道普鲁士伸出右手要干什么；稍一愣怔。站在一旁的翻译提醒僧格林沁："王爷，他要与你行握手礼。"僧格林沁也急忙伸手握住了普鲁士的手。由于握得过紧，痛得普鲁士微微皱一下眉。

"公使大人，贵方不懂中国法度，不守诺言，派船只深入我海防重地，窥探虚实，实乃故意挑衅行为。对此，你们要向我方赔礼道歉，公开认错。"僧格林沁坐定后严肃地提出。

普鲁士看僧格林沁，身材高大俊拔，比他这欧洲大汉还魁梧，而且微微发胖的脸上带有怒色。

"亲王阁下，昨夜我巡洋舰是在海上巡逻之时，迷失方向误入贵国海防，并无他意。此类事情在海上航行常有，所以，并没有赔礼之必要。"普鲁士说。

—208—

"贵舰海上航行多年，罗盘指南先进，怎么能够在这小小的海湾上迷失方向呢？"僧格林沁问道。

"亲王阁下，我记得中国有句古语，大江大海闯过来了，不想在小河里翻了船。这不是没有可能的。"

听罢这句话，僧格林沁哈哈大笑说："公使大人说得对，你们远涉重洋来到中国，把中国看做是个小小的河流，任你们闯荡。但是，你没有承想这小小的河流也有掀翻你们大船的可能啊。"

普鲁士这才觉出自己的比喻失当，弄巧成拙，赶快改口说："亲王阁下，按你所说，我舰没有迷失方向，擅闯贵海防。有何凭据。"

"公使大人，贵舰尚被迫停在我海防之地，你还要什么凭据呢？但是，你如果还想见见凭据，也可以。来人，带乐大成。"僧格林沁下令道。

一听"乐大成"三个字，普鲁士等英、法公使人等，均大吃一惊。听何伯说过，昨晚让他领出海防之地后不是推入海里了吗？怎么还能在僧格林沁手里？

他们哪里知道，那晚乐大成被推入海里后，在拼命挣扎中明白了英法联军利用他，只是把他当成一条狗而已。他熟谙水性，所以，随波逐流不久就到了岸上，越想越气，就一横心到了海防军营，详细禀报了所遇情况和英法联军的内幕。僧格林沁大喜过望。

乐大成进殿后开口便连哭带骂地诉说从上海出发到天津以及昨晚被迫带路闯入海防窥探的详细经过。

开始，普鲁士的脸上肌肉抽搐，表情很不自在，但是不久就恢复了平静。待乐大成说完他耸耸肩摊开双手说："亲王阁下，这是一个疯子，你们怎么请来了位疯子，我从来没见过这个疯子。"

"公使大人，是不是疯子，你我心里都明白，至于你认不认识他倒也不要紧，让乐大成自己说吧。"僧格林沁说完瞅了瞅乐大成。

乐大成气得浑身颤抖，他从胸前掏出一张被水浸过的纸抖落开说："你们看，这是我被英法海军雇用当海上向导的契约书，虽然昨晚被推入海，但是因为我放在贴身处，所以还没有遗失。今天他们翻脸不认账，只有这契约作证。"

普鲁士等人白脸飘起红晕。

"公使大人，铁证如山，尔等还有何话说？"僧格林沁用犀利的目光直逼普鲁士。

第二十二章 风云海防

僧格林沁亲王

"亲王阁下，我本人对我部下的唐突行为深表遗憾，今后我严格管教他们，不再出现类似不愉快的事。还请阁下宽容。"普鲁士不愧为外交高手，他看出实在无法推托责任，只好用个人责任把事承担下来。

僧格林沁想，让这些洋人真正诚实地承认错误，承担责任并赔礼道歉，真是难啊。普鲁士虽然巧言令色并无诚意，但是毕竟表示遗憾和请求宽容。想到这儿，僧格林沁道："公使大人，贵方的举动严重损害了两国修好之大局，我方有权予以制裁，但是念及换约之日将近，又因我朝历来以礼对待外邦，所以，此次不深追究，但是严正警告贵国舰队，只停留在所定海域不得再擅动。如果再擅动引起兵戈，对贵、我两国都不利。"

"亲王阁下，我方定能遵守所约，断不会擅动舰只。"普鲁士表示。

"你派人去把各营将领都唤到大帐来，我们详细商议一下下一步怎么办。"

何建鳌领命退出。

第二十三章　国恨家仇

七月的夜晚。

大沽口海岸各炮台上闪着灯光。不时传来守卫将士的口令声和笑骂声。海面上阵阵凉风吹来。将士们已经经过一天的酷日曝晒，此时顿感清爽。他们站在炮台垛口处，面对大海张开嘴尽情地呼吸大海的气息。

一个年纪较大的士兵以浓重的山东口音说："好凉爽的风啊。这海风和海味与俺青岛那儿的一样。"

"山东刘，你是不是想起你那小脚婆娘了啊？"一个身材矮小的兵揶揄道。

"河北猴子，你懂得什么是想婆娘，你还没闻过女人味呢。"站在山东刘身旁的一个身材匀称相貌英俊的兵笑着说。这些守卫海岸的兵丁来自于北方、华东几省。互相习惯以地名加姓称呼，叫起来随便又好记。戏谑"河北猴子"的是号称"河北云"的云成龙，他是这一炮台的小头目。

"河北猴子"不服气地说："哎，头儿，你说我不懂得想老婆，你钻进我肚里了？你怎么知道的？谁不懂想老婆就是想那玩意儿。"

"那玩意儿？你懂，你说说看。"一个叫天津孙的兵走来拍拍"河北猴子"的肩头问。

"说就说，就是长在卡巴裆里尿尿用的那玩意儿。""河北猴子"说完笑着在地上打滚。众兵丁一起狂笑。

"小小年纪益发没遮拦。""山东刘"呵斥"河北猴子"。

"这有什么，打完这一仗，我回老家沧州，用饷银娶上漂亮媳妇，过

过想老婆的瘾，尝尝想老婆到底是啥子滋味。""河北猴子"歪着头说。

"猴子，你知道不，你们沧州出过御赐的神偷叫黄天霸。"天津孙止住笑问。

"谁不知道，黄天霸能飞檐走壁，连皇帝的东西他都敢偷，皇帝认了，偷皇帝东西他也不犯法。""河北猴子"来了精神，唾沫飞溅地说。

"知道就好，你应该学黄天霸的本事，偷个姑娘当媳妇。那该多好。""天津孙"嘿嘿笑着说。

"我说大孙，你不该和猴子开玩笑，他比你还大着呢。猴孙，猴孙，你是猴之孙啊。"天津孙长得人高马大，所以伙伴们叫他"大孙"。说这话的是"河北云"云成龙。

"大家不要闹了。你们看看，海面上的英法联军舰只今晚的动静不同于往日。""山东刘"一直站在炮台垛口处瞭望着海面上隐约可见的英法舰队。

云成龙挤在"山东刘"的旁边仔细瞭望一会儿说："是有些不一样。往日在这时，他们各舰灯火通明。据舒大人讲，这些洋人别看长得蠢笨却都爱跳舞取乐，而且每跳必搂着女人跳，每晚睡觉前都跳一会儿舞，边跳边吃喝。所以，各船上都备有专门跳舞的场所。一到晚上各船灯火通明就是各处在跳舞。今晚，他们各船灯火很弱，而且零零星星。证明他们没有跳舞。没跳舞他们准备干什么？"云成龙满腹狐疑。

"快把情况禀报舒服大人吧。""天津孙"提醒道。

"好，你们在这里继续观察，并通知附近炮台注意。我去禀报舒大人。"云成龙急匆匆地走下炮台。

云成龙到舒通额的行营时，舒通额刚刚巡哨回营。听云成龙的禀报后他说："其他各炮台也有些反映。我正要去向钦差大人禀报。你即刻回去严密监视海上动静。"

云成龙领命退出。正好这时僧格林沁的传令兵与云成龙擦肩走进舒通额的行营。传令兵传令："僧王请舒大人前去议事。"

舒通额走进僧格林沁的大营帅帐时，其他将领均已来齐了。各个脸上挂着严肃神色，大帐里一片肃穆。

僧格林沁环视左右后说："昨日关于英、法公使进京换约的谈判已破裂。英、法公使蛮不讲理，不听我朝走北塘带少数随员进京换约之建议，硬要开军舰到白河口，以炫耀武力，并让我筹备仪仗迎接。其野心已昭

僧格林沁亲王

—212—

然若揭。依我看，在此避免不了一场恶战。请各将领务必严守阵地，厉兵秣马，待本帅一声令下，以雷霆万钧之力痛击敌寇，保我大清江山。"僧格林沁语气严肃。

"请王爷放心，我们科尔沁达尔汗骑兵营，早已憋一肚子气了。敌寇胆敢登陆，我们就杀他个鸡犬不留。"科尔沁达尔汗郡王那木斯来手握剑柄站起说道。

"只要敌寇冲过拦江沙我就毫不客气地开炮还击，先给他个下马威。"礼炮营统领全顺说。

健锐营参领曲云彪、郭尔勒斯辅国公那木图克，奈曼辅国公萨布旦以及何建鳌等都一一表示杀敌之决心。

僧格林沁听着这些将士的慷慨陈词，心中十分欣慰。这些人跟他征战几年出生入死，早已把生死置之度外。他们愿跟随僧王征伐，僧格林沁也离不开他们。

但是，这次战役和往日不同。往日他们进剿的是武器装备给养都不如官军的农民军；今日面对的是乘坐高级舰只，船载大口径炮、身携快枪的装备精良的英法联军。而且，这次战役是僧格林沁第一次与外敌打仗。自林则徐广东禁烟以来，僧格林沁就想到前方与外寇决一死战以报效朝廷。但是屡屡未被获准。今日有幸对敌，可一展抱负，成败在此一举。想到此，僧格林沁握了握拳头砸在椅子的扶手上，忽地站起身说："各位将领，自先帝以来，外寇一步步逼到我们京师门口来了。以关天培、邓廷桢开始，忠勇血气之将校士卒在海岸炮台殉国的已达数千名。那些气贯长虹的先烈们就是我们效仿的忠臣良将。我僧格林沁已别无他择，只有抱定不成功便成仁的决心。望众将戮力同心，同仇敌忾，血战到底。"

众将也刷的起立齐声说道："同仇敌忾，血战到底。"

英法联军的指挥舰上。

普鲁士、布尔布隆、何伯、查理以及各舰舰长在开军事会议。

普鲁士穿着黑色高领燕尾绅士服，下身穿白裤、脚蹬高筒马靴。他坐在长条桌的一端正中，左侧是布尔布隆、右侧是何伯。长条桌的两侧按爵位等级左右排列了二十余名官员，个个表情严肃，在蓝或黄色眼里泛出激动或兴奋的光。除了两三个文职幕僚外，大多都是穿着披挂颇多的笔挺的海军服的将校。

普鲁士机械地向左右看了看，似乎在征求开会的意见，然后站起身

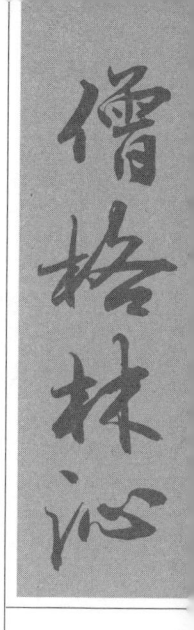

说道："诸位，中国方面不听我大英帝国和平使节的劝告，不接受我舰队进入白河口、直抵天津然后到北京换约的条件。按照我首相的密令，我决定用武力征服中国，打到北京去。"普鲁士说到这儿侧身对何伯说："尊敬的司令阁下，这次战役能否打胜就看你与你的英雄的海军将士了。我想以下进行战役部署，应该是司令阁下了。"

何伯挺着凸起的肚子站起身说："我英勇的远征舰队将士们，毫无疑问，我们为大英帝国争光，为无敌的海军争光的时刻到来了。我曾有幸深入他们的海防探查过，愚蠢的中国军人面对强大的英国海军，并没有很好地设防。我们完全能够一鼓作气打到天津城下，直指北京。"他走到军用地图前，指着拦江沙一带说："我们第一步派出五艘快艇，清理这里的拦江铁桩、铁戟、铁链，为舰队前进开辟道路。第二步各炮舰抵海岸摧毁他们海岸炮台。第三步，海军陆战队登陆占领天津。那时，我在天津设宴招待诸位，并制定打入北京的计划。"何伯的得意之色溢于言表。

"查理，我的副司令阁下，你的任务就是率快艇先行深入拦江沙一带，清除海中阻碍物，为舰队驶入开辟道路。"何伯把这个危险而无功的任务交给查理。

"司令阁下，我的位置好像应在指挥舰上，协助你指挥。"查理站起身说。

"这是命令！你懂得什么是军人的天职吗？何伯简直在吼。

"我更懂得一个副司令的职责是什么。"查理也毫不示弱。

"我提醒你，副司令阁下，你的位置绝不在法国妓女的怀里！"何伯指着查理的鼻子骂。

查理"嗖"的拔出所佩之剑怒目而视。

"二位阁下，大敌当前理应携手才是，怎么能够这样？"普鲁士站起把查理按坐在座位上。

普鲁士与何伯小声交谈几句后，决定另派他人先行潜入拦江沙行动。

第二次大沽口战役就这样开始了。

英法联军快艇悄悄驶入拦江沙海面后，用铁钩钩住粗大的铁戟链子并用船往后拖，因为铁戟粗大而又钉入海床较深并都互相用铁链连接，所以拖了几次都未能拖倒。

"用炸药炸断它。"指挥员下令道。

他们在木板上放置上吨的火药，然后将木板拴在露出海面的粗大的圆形铁桩之上，引燃了火药。

轰、轰、轰！连续几声巨大的爆炸，溅起冲天的海水，震惊了守岸将士。

何建鳌向僧格林沁禀报："王爷，英法联军炸断了拦江沙一带的铁戟铁链。"

僧格林沁在大帐里来回踱步思索。炸断铁戟、铁链意在清除阻碍物，开辟道路。如果我方马上进行还击，他们的舰队还在后头，还未越过划定的海上界线。现在还击显然不是时候。

"你快去请舒大人、瑞大人、全顺到大帐议事。"僧格林沁吩咐道。

不一会儿三位一齐赶到。

此时，僧格林沁已胸有成竹。他对直隶总督兼办外务的瑞麟说："瑞大人，英法联军已开始挑衅了。但是，他们的舰队还在划定的海面界线外，我方不宜开始还击，怕授之以柄。不到万不得已之时，我们决不放弃和平解决的手段。所以，瑞大人马上去照会英、法公使，严正指出其挑衅行为，勒令其停止一切侵略行动。"

"钦差大人，英法联军已开衅了，司马昭之心路人皆知。这照会只是做做样子而已，于大局实无用途啊。"瑞麟摊开双手说。

"你说得也有道理。但是，正是为了大局，照会这个东西还必须去做。请大人速速行动吧。"僧格林沁似乎下令。

普鲁士刚刚接到派去的快艇已炸断了拦江沙一带铁戟、铁链现正在进行清理的报告，也接到了直隶总督瑞麟要求会见并递交照会的报告。

普鲁士眨眨眼睛对布尔布隆说："公使先生，依你之见这中国的和平之使见还是不见？"

布尔布隆转动了几下鼓眼球说："中国有句话叫兵不厌诈。我们尽管已决定武力征服它，但是这和平使节嘛，见一见，做做姿态，与战事也有利噢。"

"说得对，公使阁下，我们英国也有句话，羔羊肉是要吃的，但是不妨先给它三鞠躬。"说完普鲁士耸肩大笑。

瑞麟一行在英国士兵的引导下走进了普鲁士所在的舱内。

"欢迎总督阁下，总督阁下深夜来访必有要事喽。"普鲁士大声说。

"无事不登三宝殿。公使大人，贵国船只为什么不守所约擅闯拦江沙，更有甚者竟将我海防所设铁戟、铁链轰断拖走。这是一个严重挑衅行为，我奉钦差之命提出严正抗议。"瑞麟说起话来颇为激动，声音也铿锵有力。

"有这等事吗？我与法国公使先生刚刚下棋，未曾听到此事，请总督阁下息怒，我让海军舰队司令查问一下。若确有此不快之事我还请贵方谅解。"普鲁士一副惊讶的神情。

"公使大人，请不要玩自欺欺人的伎俩了。如果再继续挑衅，我方一定开炮还击。"瑞麟对普鲁士的虚伪周旋十分反感。

中方翻译对"自欺欺人"这一成语翻译不准，略一思索只译成了"欺人"。

普鲁士从瑞麟的表情看出了这位大人生气了，他便摊开双手："阁下，我们大英帝国四海之内交朋友，历来是援助友邦，从未欺负过人啊。"

"哈哈哈，你们用军舰、火炮占领弱小国家，掠夺财产，贩卖黑奴，这些都是援助友邦？你们从大洋彼岸开着军舰、载着大炮来到我国门户，是援助友邦？岂有此理！"瑞麟气得胡子直抖。脑后的花翎直晃。

普鲁士没想到这位大人竟敢当面揭露其卑劣行径，顿时恼羞成怒："你、你们中国官员是一群愚蠢的人，不懂得交朋友。"

"好，公使阁下，你这样的朋友，我们交不起哟。中国有句古话'引狼入室'，与你们交朋友，正合此理。"瑞麟看出，与他再说什么也只是浪费时光，于是从随手中接过照会书递给普鲁士转身便告辞。

普鲁士说声："总督阁下再见。"并未动地方。

瑞麟一走，普鲁士便招来布尔布隆、何伯下令道："海上阻碍物已除，舰队即刻强行闯过拦江沙抵海岸，向海岸炮台开炮轰击。"

英法海军舰队开足马力径直向海岸冲击。

僧格林沁严令各炮台待敌舰抵近才打。各炮台严阵以待。英法炮舰平明时突然闯入拦江沙，轰然向沿岸中国炮台开炮。

僧格林沁下令各炮台开炮还击。

一霎时，海岸线上炮声隆隆，如天塌地陷般。炮弹在空中交错，一团团火在飞舞。

前方炮台上的云成龙，在呛鼻的火烟之中亲自装填炮弹一发发打向敌舰。这一炮台离海岸最近，目标最大，敌舰首先向他开炮。已有两炮弹落在炮台之上，炮台的西南角已被轰塌。但是，守岸将士毫无惧色，在滚滚浓烟和弹片横飞之中开炮还击。

"山东刘"是指挥手，手握红旗，待炮弹装入炮筒，瞄准目标后，小红旗一往下落，点火手"河北猴"迅即点火，炮弹便在"轰"的一声巨响中带着一团烈火飞向敌舰。这些火炮就是僧格林沁节省军饷在通州铸造的大炮。炮身长，炮体重，口径足有小锅大，运到海岸是用滚木的方法一点点挪到炮台的。这炮的好处是炮身坚硬不易炸裂，炮弹大，杀伤力强，只要命中目标就产生很大的杀伤力。缺点是瞄准系统落后，命中率不高，射程不远，只射一个方向，移动不便。所以，僧格林沁为了扬长避短，命各炮台待敌舰抵近才打。

英法联军巡洋舰上次在何伯亲自率领下偷偷驶入白河口一带窥探海防虚实，但他们看到的是伪装。僧格林沁早已看出英法联军会偷窥海岸设防，所以做好了伪装和隐蔽，使他们没有看清真实情况。他们认为海防疏漏，不堪一击，因此毫无顾虑地抵近海岸开炮，舰队几乎全在沿岸炮台射程内。

神炮营统领全顺在指挥台上把这些看得真真切切。他下令前沿四个炮台，集中火力轰击离岸最近的两艘炮舰，务必将其打沉。

云成龙得命令，指挥炮台直轰敌炮舰。因为离炮台近，一发炮弹正好落在敌炮舰在左甲板上，一家伙把甲板穿了个大洞，舰上冲天火起。敌舰舰长慌忙指挥扑火。英军哇哇乱叫，到处乱窜。

天炮指挥"山东刘"首先看到英一炮舰起火，他高兴地大喊大叫："打中了！打中了！再来一炮！"

"天津孙"瞄准好敌炮舰又发出了一发炮弹。这炮弹不偏不歪正中在指挥台，轰隆隆的一下把敌舰上的火炮炸得粉碎，把炮筒也炸飞了。敌炮舰上一片火海。敌兵群龙无首，呼爹喊娘纷纷落水逃命，有的互相抢救生圈，滚在一起。炮舰猛烈地颤抖了几下缓缓下沉，不久便沉入海底无影无踪。

云成龙、"天津孙"、"河北猴"高兴地蹦高大笑。

"头头，先不要光知道高兴，离岸近的另一艘炮舰已经几次打着了我左侧炮台，左侧炮台已十分危险，牢记我们在两广销烟之时在广东水师支援教训才是。""山东刘"年龄大，而且在两广销烟之时在广东水师提督关天培手下当过炮手，头脑冷静，经验丰富。云成龙一听"山东刘"提醒得对，便大声命令道："全体注意，瞄准另一炮舰开火！"

这时候左侧炮台的将士们也拼力开炮，已经把一发炮弹准确地射在还在疯狂开炮的另一艘敌炮舰上。这一艘炮舰受伤后急急忙忙想掉转头逃跑。

僧格林沁亲王

"快，快！敌舰要跑！快瞄准开炮！"云成龙扯着嗓子喊。随着"山东刘"的红旗一落，又一发重型炮弹飞出爆炸在敌已经掉转头的炮舰上。随着轰隆一声巨响，炮舰上开满了火花，炮舰向一侧倾斜，海水漫上甲板，吓得敌兵纷纷弃舰逃命。不大一会儿，这一艘也沉入海里。

美法联军指挥舰上，何伯看着两艘炮舰被打入海底，气得大骂大叫。

站在一旁的查理看出了己方的漏洞，他对何伯说："司令阁下，我们舰队完全展开在海岸炮台的射程和监视之内，他们居高临下，已经打沉了两艘主力炮舰。若不快撤后果将是滑铁卢的下场。"

"我最讨厌引经据典的蠢货。"何伯毫不理会查理的忠告，仍命令拼命开炮，不得后退。

这时，另几个海岸炮台也奋起虎威，已把四艘小舰打沉，又打伤了两艘大舰。

普鲁士沉不住气了。他与布尔布隆一同走到在指挥台上指手画脚大喊大叫的何伯跟前，对何伯说："司令阁下，看来中国海岸炮台威力很大，我们不能一味莽撞。应稍后撤一海里，离他们远一点轰击，效果可能会好些。"已经到这一步，何伯的气焰也嚣张不起来了，只好顺坡下驴，下令各舰后退一海里。

英法舰队各舰一听后撤，争相掉头向南开足马力退却。

海岸上中国将士欢声雷动。同时，近岸炮台抓住英舰掉头的机会，瞄准并猛烈开炮，终于又将一艘军舰打沉。

全顺擦了擦脸上的汗泥炮灰，气喘吁吁地对站在指挥台上瞭望的僧格林沁兴奋地说："大帅，各炮台已打沉了七艘敌舰，打伤了两艘。"

"好！打得好！传命各炮台及海岸守备将士，每人加军饷白银十两以示庆贺，对将校我另请皇上各晋一级。"僧格林沁说。

站在一旁的舒通额说："全统领，你催促各炮台抓紧时间休整，不得懈怠半毫，以备敌舰再次冲来时还击。我去向各营传僧王的命令，鼓舞士气。"

舒通额与全顺一同走下指挥台。

僧格林沁手捻胡须，刚毅的脸上露出喜悦之色。他转身向身后的何建鳌问："离海岸最近的前方炮台守将是何人？"

"是叫云成龙的小校。作战勇敢，很得力。"何建鳌回答。

"你去传令，云成龙升为参将，可统一指挥前沿三炮台。该炮台由你

—218—

另外委派一人指挥。"

何建鳌领命退下。

英法舰队指挥舰上，普鲁士毫不客气地训斥何伯指挥无方，连连损失大小舰只七艘。何伯自觉理亏不便发作。

他们几人经过一阵周密的商量后决定，先派五艘炮舰彼此拉开距离，集中火力轰击近岸几个炮台，待把近岸炮台摧毁后，再大队步步进逼海岸登陆点。

何伯为了挽回面子，亲自率这五艘炮舰，驶率营地直向海岸冲来。到了大炮射程距离之内，他便命五艘炮舰伺时向前沿三炮台开炮。

刚刚受命为参将的云成龙站在中间炮台上，用令旗指挥左右两个炮台同时开火还击。但是敌舰距离远，炮弹纷纷落在海面上溅起冲天水柱。

这时，一发炮弹落在炮台正中，"轰"的一声把几个背运炮弹的士兵炸向空中。云成龙也被巨大的气浪所击，咕咚倒地昏死过去。

待云成龙慢慢苏醒过来，抖落开身上的土，睁开眼向四周瞅的时候，已有十几具尸体横七竖八倒卧在血泊中。云成龙脑袋嗡嗡作响，耳朵什么也听不见。他咬咬牙，硬撑着站起身，踉踉跄跄地在尸堆中寻找活着的人，并向炮位走去。此时，这一处、那一处的没有被炸死的士兵们也纷纷站了起来，都本能地向各自的位置走的走，爬的爬。

云成龙走到大炮前，看见大炮因坚固没有被炸坏，心中暗想，有炮在就有办法，有我云成龙在，就有这个炮台。他扯开嗓子大声喊："山东刘、刘大哥！"

"成龙，我在这儿呢。"山东刘从尺把厚的炮灰和尘埃里爬了起来回话。

"快，指挥弟兄们，装炮弹开炮。"云成龙边说边抱起一颗巨型炮弹装入炮膛内。

"河北猴，快给我点火。""山东刘"举起小红旗喊。

"河北猴"没有回声。

"大哥，小猴子已炸飞了。""天津孙"哽咽着回答。

"那他尸体呢？他人呢，他在哪里？""山东刘"不顾一切地扑到天津孙跟前劈胸抓住天津孙咆哮。

"大哥，你看那儿。""天津孙"指了指两米开外被炮弹炸开的一个半人深的坑沿说。

坑沿上，一具瘦小的尸体，半截身体已被炸飞，血肉模糊看不清脸面。

"山东刘"抱起尸体就痛哭,"我的好老弟,你死得好惨啊。怎么连个全尸也没留下啊!"在场的士兵们个个掩面唏嘘。

云成龙走过来,蹲下身子用战袍的衣襟轻轻擦了擦"小猴子"的脸,对山东刘说:"大哥,人死不能复生,你就不要哭了。我们必须赶紧开炮还击,为小猴子等众弟兄报仇才是。"

"山东刘"也从沉痛中清醒过来,缓缓地把尸体放进弹坑内,从自己衣袋掏出饷银,放在小猴子的胸前,双掌合十说:"老弟,你用这银子到那边娶个好媳妇,大哥为你们祝福了。"说完,他们一起用手捧土掩埋了小猴子。

哀兵神勇。这些从炮灰中爬起来的伤痕累累、浑身血迹的士兵们被复仇的烈火烧得个个英勇无比。他们在云成龙和山东刘的指挥下,又把一个企图近炮台的敌炮舰打沉到海底。

何伯气得大声咆哮:"各舰长听着,别的炮台一概不管。全部火力只轰前沿中间那个鬼炮台。"

一瞬间,中间炮台上数十发炮弹炸响,小小炮台的土都被炸松了一尺。

全顺得知前沿主炮台情况危急,便冒着弹片雨亲自来到这里。他让亲兵们在滚滚浓烟中寻找活人和大炮。大炮已被炮弹炸倒。兵丁们只有"山东刘"还有一丝气,手中还紧紧攥着已被炮弹片撕成条的小令旗。

参将云成龙的尸体遍找未见。"天津孙"的尸体横在大炮底座上,两眼瞪得大大的,直视海面,闪烁出无尽的仇恨和哀怨之光。全顺满眼泪水,极力控制住。他抱起血泊之中的"山东刘",轻轻地呼唤:"你醒醒,你醒醒。"

"山东刘"犹如从遥远的梦幻之中回到世间,他微微睁眼,看到统领全顺在呼唤,便以极微弱的声音说:"全大人,小人只有一个请求,想见见僧王爷,有句极要紧的话当面禀报。如果能见僧王一面,虽死无憾了。"

全顺听到这儿,有些为难了。这时战事正紧,僧王统帅全师,责任重大,无暇顾及一个小小士兵的死活。这时,怎么能抽出身抚慰一个即将归去的士兵呢。但是,全顺被这里的英勇壮烈的情景所深深感动了。一炮台数十名士兵连同他们的参将无一人存活,全部壮烈战死。僧王大局在胸又极爱护将士,对这老兵的请求不会拒绝的。想到此,全顺命令亲兵抬起"山东刘",向僧王的总指挥台奔跑而去。

僧格林沁此时,也已得到前沿主炮台被摧毁的禀报,正在焦虑之时,全顺抬着"山东刘"到了。

全顺先汇报了前沿炮台情况，然后把"山东刘"的请求给僧王讲了。

僧王听了，匆忙走下指挥台，走到"山东刘"跟前，伏下身说："我是僧格林沁，你有什么要紧事禀报？"

"山东刘"极力睁大眼审视频了一会儿僧格林沁说："王爷，我是要死的人了，有句话如鲠在喉不吐不快。僧王，你还记得那年剿太平军到山东镇桥关时，有一个叫刘挺基的小将去刺王爷未成，反被杀死。"

对此事，僧格林沁记忆犹新，怎能忘得了呢，便点点头说："是有这等事，我记得。但是，本王不明白，此事与你何干？"

"王爷，你不知道，那是我的亲儿子啊，也是我唯一的骨肉呀。"

僧格林沁真正惊愕不已了。老子为朝廷血战外敌，可歌可泣，儿子却反叛朝廷，斗胆刺杀钦差。

僧格林沁在惊愕之机，山东刘继续说道："王爷，我从广东水师投奔到北方水师，是为了给儿子复仇啊。我想打仗立功，接近王爷，报杀子之仇。但是，此时我后悔了。在家仇国恨之中，我不能重家仇而忘国恨啊。我看出，王爷你不同于那些没有中国人骨气的昏官小人，你是真正为这个国家而战，不畏强敌。所以，我把这心中藏了很久的秘密告诉王爷。""山东刘"的脸上泪水潸然，胸脯在剧烈地起伏。

僧格林沁全都明白了。他十分激动。一个士兵在这杀子之血海深仇和国恨之间徘徊，但是最终放弃家仇，为雪国恨血洒疆场。他揩了揩眼角的泪水蹲下身子说："你是个识大局的好兵啊，我僧格林沁有你这样的好将士，不愁打不败外敌。我与外敌势不两立。请你安心地去吧。"

"王爷，古人云：鸟之将死其鸣也哀，人之将死其言也善。我走之前还有句话，请王爷以宽厚待老百姓。有道是官逼才民反啊……"未等把话说完，"山东刘"头一歪咽下了最后一口气。

僧格林沁起身命何建鳌厚葬"山东刘"。

"官逼才民反啊。"这句话长久回响在僧格林沁耳旁。

第二十三章 国恨家仇

第二十四章　决胜大沽

英法舰队司令何伯指挥炮艇集中火力轰击海岸前沿炮台。待一阵排炮声过后，他用望远镜瞭望前沿中间炮台。起初在一片浓烟和大火之中，什么也看不清。后来浓烟飘散，他看清炮台上已没有立着的东西。他抚掌大笑说："怯懦的中国佬终于支持不住了！"

他又命令道："各炮舰向前沿左右两炮台开炮！"

站在总指挥台上的僧格林沁、舒通额、全顺等人眼看前沿左右两炮台又遭集中轰击，他们都很焦急。

僧格林沁来回踱了几步，手一挥说："全将军命令前沿左右炮台将士撤退到第二道炮台。"

"王爷，前沿炮台失守，敌人可能登陆啊。"舒通额提醒道。

"舒将军，你想过没有，敌人的长处在坚船利炮，宜海战，我们的长处在雄骑钢刀、短兵相接，宜陆战。让敌人登陆，正好我们一个个收拾掉。还怕他登陆不成！"

舒通额听后连连点头。

前沿左右两炮台将士撤退后，何伯命舰队直逼海岸，准备登陆。

此时，僧格林沁突然下令第二道炮台各炮同时开炮轰击敌靠岸各舰了。

得意忘形的何伯万万没有想到这一点。他认为中国海岸炮台已经没有还击的能力。他正要组织反击时，所乘旗舰着了一炮弹，几块弹片打入他的左胸，他肥胖的身体犹如一堵墙般倒下。

阵前主帅受伤，普鲁士等人深感吃惊。

普鲁士就赶紧让查理接替何伯指挥。

"让我指挥可以，那只有一句话——撤退。按中国方面的要求由陆地进北京换约。"查理说。

"阁下的话，使我震惊。你身为海军军人，辜负了大英帝国的厚望。"普鲁士气得浑身发抖。

"公使先生，我讨厌你们这些好战的家伙。"说完查理头也不回地走进船舱。

普鲁士在背后骂道："凭王室身份目空一切的蠢货！"

普鲁士只好亲自指挥打仗了。

普鲁士忽然想出了个诡计，命各舰均举起白旗。

前沿阵地的舒通额、全顺看到敌舰举白旗，命令各炮台暂时停止炮击。海面与海岸一瞬间出现了静寂的局面。

僧格林沁在总指挥台上也看清敌舰举白旗，他立刻判断出这是敌人的缓兵之计，他们是在做登陆准备。他立刻传令那木斯来、萨布旦、曲云彪、那木图克等人做好迎击准备，务必将敌消灭在海岸。

普鲁士做好了登陆前的准备后，命各炮舰开炮轰击海岸线及延伸轰击纵深防御，以图先摧毁防务，开辟道路，然后一举登陆。

敌炮延伸轰击。一发炮弹落在藏在芦苇丛中的八骑各部骑兵群中。一时火光冲天，大火熊熊、战马嘶鸣。那木斯来命骑兵营稍作后撤，并分散隐蔽。

萨布旦走到那木斯来跟前说："那将军，你随大队后撤，卑职带一队骑兵在芦苇丛东侧的上风隐蔽。待敌人登陆后你在前边截杀，我从后边堵截，来他个关门打狗。"

"说得对，老弟有你的。但是，你们在敌人的炮火射程内，要注意隐蔽。"那木斯来嘱咐道。

萨布日领兵先走了。

普鲁士命炮舰轰击了一会儿，见海岸上已没有还击的炮声，便令登陆开始。

近千名英法海军登陆队员拿起枪一拥而上开登陆。他们大呼小叫如蝼蚁般向岸上奔来。

此时已撤到第二道防线指挥作战的神炮营统领全顺，命令将士们隐

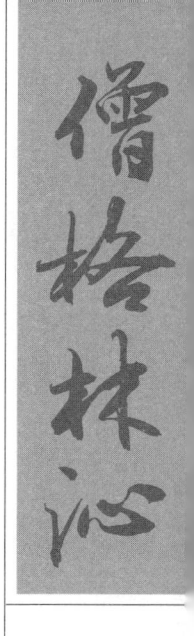

—223—

僧格林沁

第二十四章　决胜大沽

蔽在芦苇丛和沿江壕内，装填好鸟铳和抬炮，待敌接近才打。全顺手握剑柄，紧闭嘴巴，紫色脸上毫无表情。部属们看着自己统领胸有成竹的样子，都信心倍增。

英军登陆后，起初没有遇到抵抗。他们便躬身猫腰，边前进边放枪。

待进入全顺的火力圈后，全顺"嗖"的抽出宝剑一挥，大声下令："开枪，打！"

几百支鸟铳、土抬炮齐发。

这突如其来的伏击，一下把敌人弄愣了。他们不知所措，一排排中弹倒毙。

登陆部队指挥理查德慌忙命部队倒在地上开枪。这一卧倒不要紧，清军在暗处，他们在明处。我能见敌，敌不能见我。

全顺抓住有利时机，命士兵们跃出壕外抵近射击。鸟铳、土抬子虽然装一次火药和铁砂才发一次，有时也出现哑枪，射程也不远，无法与敌人火枪相比，但是，只要抵近射击，还是很有威力的。

英法联军登陆部队倚仗自己的武器装备先进，根本不把手持鸟铳、大刀、长矛的清军放在眼里，所以骄狂轻进，不到一个时辰，英法登陆队伤亡数百人。

理查德见伤亡过重，只好命令部队掉头逃回舰上。

清军击败了英法联军第一次登陆。

一直在总指挥台上的僧格林沁见全顺的火器营打退了敌人的第一次登陆，他喜忧参半，喜的是杀伤了不少敌人，挫灭了敌人的威风，忧的是，敌人一旦发现我火器营隐蔽的芦苇丛，用炮火猛轰，那后果将不堪设想。想到这儿，僧格林沁对建鳌说："走，到全顺那里去。"

僧格林沁带随从幕僚到全顺的前沿指挥部。

"全将军，打得不错，杀伤了这么多鬼子。"僧格林沁指了指不远处横七竖八的敌兵尸体说。

"王爷，敌人枪好，我们的将士也死伤了一些。火器营都司杨举荣中弹身亡了。"全顺说。

"对阵亡的将士要好好安葬。"僧格林沁吩咐道。

僧格林沁在火器营阵地前察看了几处后，更加断定了自己判断的准确。他问全顺："你们下一步打算怎样击退敌人的再次登陆？"

"王爷，我们已经重新做好了迎击的准备，叫他们有来无回。"全顺满有把所握地说。

"全将军，你的火器营果然厉害，可是敌人一旦先用炮火轰击苇丛怎么办？"僧格林沁问。

"敌人登陆前虽然炮轰了纵深，但是火力不猛。他们倚仗其枪好，没有炮轰芦苇丛的迹象。"全顺回答。

"他们第一次登陆时，误认为我纵深防御虚弱，所以吃了亏。第二次他就不会再上这个当了。命令火器营火速撤出芦苇丛，埋伏在北边沿湖壕一带。待敌人登陆踏过苇丛进入开阔地，完全暴露在我们火力下的时候，再迎头痛击。把他们的阵营打乱后，命令骑兵营冲入敌队伍中砍杀，让他们个个成刀下鬼。"

理查德带着残兵败将逃到船上。士兵们在争抢登舰过程中落水溺死了数名。

普鲁士把理查德连训斥带挖苦了一通后又命令道："你重新整顿登陆部队，做好第二次登陆准备。再次登陆不成，大英海军的脸都叫你丢尽了。"

理查德整整衣冠，转身退出。

查理此时走到普鲁士跟前说："公使先生，我不忍心再看到我们的士兵做无谓的牺牲了。这都是你们的指挥错误而导致的伤亡。你们都不是战争的好导演。我建议，先开炮猛烈轰击射程之内的芦苇荡，让芦苇变成一片火海，然后变成一堆堆灰烬。这时士兵们可以吹着号角迈着整齐的步伐登陆了。我绝不是为了杀中国人而给你们出这个主意，我是不忍心再看到因你们的愚蠢的指挥而造成士兵毫无价值的牺牲，懂吗？仅仅是为了这个。请上帝保佑我。"查理一口气说完这些，在胸前画了个十字。

普鲁士虽然十二分不满意查理的讽刺语言和傲慢的态度，但是他恍然大悟：查理说得对呀。

他大步走到指挥台上，对着传话筒喊道："各炮舰舰长注意，集中火力瞄准海岸苇荡开火。把苇荡轰成火海灰烬。立即开炮！"

全顺的火器营按僧格林沁的命令刚刚撤出苇荡，敌舰的炮火就一排排地落在苇荡里。苇荡立刻冲天火起，浓烟蔽日。火器营将士们回头望着这一情景，不禁十分惊愕。

英法联军经过几个时辰的狂轰滥炸后，开始第二次登陆。他们这次采取进攻一阵，停下来放一阵排炮，见前面没有抵抗后才继续前进的战术，一步步向纵深进攻。

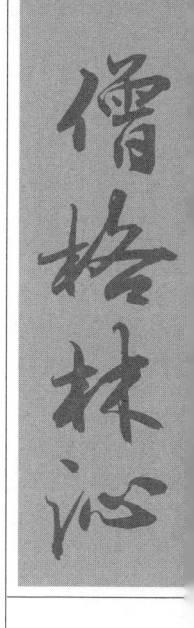

僧格林沁

第二十四章 决胜大沽

—225—

几乎被炸为平地的苇荡里到处都烧着余火，飘散着一缕缕烟。已经吃了一次亏的理查德十分狐疑。怎么连一具尸体也见不着，一声枪响也没有呢？他命令部队不要贸然前进，先观察一阵再说。

在沿湖一带埋伏的火器营将士个个屏声静气，只等敌人扑进他们的火力网。可是狡猾的敌人停在原地不动了，急得全顺握剑的手只想把剑拔出。忽然他灵机一动，对身边的都司赵明飞耳语了几句。赵明飞会意，招招手，有三十名手持鸟铳的士兵跟了过去。

赵明飞领着这些士兵从左侧壕沟迂回，向敌前沿匍匐前进。约到了一箭之地，赵明飞士兵一起向敌开枪。

敌兵开枪还击。

赵明飞他们放了一阵排枪后迅速撤退。

理查德一看中国兵就在不远处，便呱呱乱叫，挥舞战刀领着登陆队追击。

全顺一看自己的诱敌之计奏效，十分高兴。待敌人离他们只有几十步时，全顺下令开枪猛打。

这会儿，理查德并不十分慌张。他知道中国士兵的武器落后。这种火枪装药到发射需要些时刻，只要凭借精良的武器优势快打猛冲，完全有胜利的把握。想到这儿，他沉住气。让士兵一列列地分散开放排枪。第一列放过后，第二列立刻接替。这样交替放枪，边射击边进攻。

这一招儿果然厉害。全顺的士兵放完一枪在装火药的时候，有的就被快枪打死。情况危急异常。

正在这危急关头，僧格林沁命令骑兵出击。

骑兵营统领那木斯来早已憋了一肚子气，恨不得冲上前去咬死几个洋鬼子。他一听僧王的出击命令，自己第一个挥舞战刀一声呐喊冲了上去。

这时候两军相距短，又是一片开阔地，对骑兵突击十分有利。

千余名骑兵齐声大喊，千余匹战马引颈狂奔，千余把战刀一起挥动，犹如大海狂涛，好似黑云压城般地飞涌过去。这声势和威势一霎时使英、法登陆部队肝胆俱裂。但是，他们毕竟是转战几大洋、训练有素的军队。他们惊魂稍定后，就向如潮水般涌来的骑兵开枪抵抗。冲锋在最前面的倒下了一排。然而，已经来不及了，处于一种亢奋状态的骑兵，已全然不顾中弹倒下去的危险，震天动地般地吼着冲入了敌群。

骑兵一冲入敌群，敌人枪炮就没有什么威力了。

那木斯来挥起战刀，早已砍翻了几个敌兵。骑兵将士们犹如虎入羊群左砍右劈，敌兵呼爹喊娘一片片倒下。那木斯来左冲右杀，钢刀已卷刃成了锯齿一般，战袍也染红了。

理查德一看这阵势，在卫兵的护卫下拼命向海上逃命。还活着的士兵也跟着主帅，犹如归海的龟鳖一样在海滩上黑压压地退向海岸。

这时，从斜刺里又杀出一股骑兵，又是一阵乱砍。战刀闪闪、血光横飞。白沙滩顿时被血染红。这股骑兵就是早已埋伏在一侧的辅国公萨布旦的骑兵。

萨布旦骑着一匹浑身如炭般黑马，只顾往敌兵聚集处闯。他忽见一个肥胖的家伙在十几个大兵护卫下奔逃，快到海边了。他立刻断定这个人肯定是个头目。擒贼先擒王，砍下这鬼子的头，顶十个敌兵。他催马一声呼啸飞奔过去。

理查德见一骑黑马的军官向他追来，慌忙命士兵开枪掩护。但是，已来不及了。士兵们在慌乱中开枪，一个也没有打中。一眨眼工夫，那匹黑马已冲入卫兵队中，马踏剑砍，已有几个士兵倒地。

理查德举起手枪向黑骑开枪，第一枪未中，第二枪枪响的同时，理查德的面门挨了一剑，半个脸连鼻子一起被砍飞了。理查德大叫一声倒在地上打滚，黑骑的马蹄从身上踏过，他抽搐了几下不动了。

那木斯来、萨布旦的骑兵在海滩这一阵砍杀，杀得昏天黑地。

在指挥舰上瞭望登陆战况的普鲁士、布尔布隆吓得白脸更加煞白，看上去好像抽干了血的死尸。他们想到了后果。这次远洋舰队已有十几艘大小舰只被击沉或重创。此次登陆几乎倾其全部精锐，原本打算一举攻入天津，打到北京，在武力威胁下换约，结果成了泡影。

"完了，一切都完了。"普鲁士望着溃不成军的登陆部队的幸存者，争相逃向接应的快艇，摊开双手哀叹着。

"公使阁下，我没有想到，中国军队也竟有这样的战斗力，中国骑兵竟也如此的勇敢。上帝啊，你为什么赐给这些中国佬这样的智慧和胆略呢。"布尔布隆也悲声悲气地说。

"快，快，起锚撤退！"普鲁士命令各舰。

"公使先生，还有部分退下来的登陆队员没有上舰呢。我们怎么能留下他们不管呢？"查理在一旁提醒道。

"我想为了大英帝国远征舰队的继续生存，必须立即离开这个鬼地

方。"普鲁士不顾查理的反对，抛下数十名没有来得及登船的士兵，仓皇起锚，驶离海岸，不多时消失在视线外。

查理在胸前画十字口中念道："愿上帝饶恕你的罪过吧。"

敌舰队逃遁，海防将士欢声震天。

僧格林沁在瑞麟、舒通额、那木斯来、全顺、萨布旦、曲云彪、何建螯等众文官武将的簇拥下骑着"千里雪"缓辔来到海岸上。僧格林沁在红罗伞下身披绿色斗篷，显得十分英武。

舒通额抑制不住兴奋的心情说道："王爷，经初步清理战场，此战，我们击沉敌人大小船只八艘，击伤无计，毙敌五百余名，击伤无数。我们是大获全胜啊。"

"我军将士伤亡多少？"僧格林沁问。

"神炮营、火器营、骑兵营加起来阵亡二百零五人，伤一百余人。战马伤亡百余匹。"舒通额回答。

"在海滩上设祭坛，祭奠阵亡将士。"僧格林沁回身吩咐道。

胜利的消息传入北京，从皇帝到朝臣都十分高兴和欣慰。

捷报传遍全国各地。各地官吏、民众欣喜无比，尤其是沿海各地受英法军队戕害及受鸦片之毒的乡民更是兴高采烈。

咸丰皇帝的精神为之一振，蜡黄的脸上出现红晕，深陷的眼睛放出兴奋的光。他对待奉在侧的懿贵妃说："贵妃，这僧格林沁打败英、法二逆，保我江山，回想起来其中有爱妃的一份功劳呢。当初，我一时气愤把僧格林沁的泣血奏折扔在阶下。我本不想再看，是你替朕阅批奏折时，又翻了出来，并劝朕允准其奏。这样，朕才任僧格林沁为钦差专办京东及大沽口防务。如果没有爱妃慧眼识忠臣，僧格林沁就成就不了今天的大功。为此，朕先敬爱妃一杯。"咸丰从桌上端起一杯酒递给贵妃。

贵妃接过酒说："奴婢不敢喝这杯酒。"

"为什么，难道我说错了？"

"不，皇上。奴婢只是想，这英、法二逆虽被打败，但是，据僧格林沁的奏报讲，他们很有可能重整旗鼓再次来犯。而且，长毛贼还在南方各省作乱。皇上，我们仍大敌当前啊，我们还得倚重僧格林沁这样的忠臣勇将。皇上应该重赏这些杀敌保国的功臣才是。"贵妃含情脉脉地娓娓道来。

"爱妃说的是。可我并没有说不奖赏他们啊。"咸丰感到有些不解。

"奴婢多疑了。听皇上刚才口气，这大沽口战役首功是奴婢的。皇上，一旦冷了前方将士的心，那将是危险啊。"

咸丰此时茅塞顿开，说："爱妃，提醒得好。朕明日上朝就下旨，大大奖赏僧格林沁等有功之臣。"

"皇上英明。"贵妃依偎在咸丰怀里。

第二日，咸丰下旨，让僧格林沁等副参领以上官员到京受赏。

僧格林沁在天津接旨后，回奏皇上说："此次大战获胜，上靠皇上洪福齐天，威德服四海，下靠部属将士同仇敌忾，奋力杀敌。奴才多年受浩荡皇恩，虽以肝胆图报也不能报之寸毫。然而，此次战役中，海岸炮台及纵深防御设施多被破坏，急需重修。所以，奴才在军帐之中叩首谢皇恩，不能前去领赏了。重修海防所需银两，望皇上格外开恩允准。"

咸丰看罢奏折心想，僧格林沁倒真是心想着国家社稷。他从天津防务出发，不回京领赏倒可以准奏。但是，拨银两修海防要与其他大臣商议才可决定。于是他就叫来了奕䜣、户部尚书肃顺、工部尚书端华、军机大臣穆荫、匡源、景寿等人。

咸丰说："诸爱卿，僧格林沁奏报要重修天津大沽口海防，需要银两，你们说这事怎么办？"

肃顺先开口说："皇上，这大沽口战役不是把英、法二逆打得落花流水、大败而逃了吗。他们咋敢再来。我们还修这海防干什么？最主要的是，库中哪有那么多银两重修炮台呢。"

肃顺是个工于心计又有韬略的人。他看出咸丰皇帝虽然十分年轻，但是，额头上布满乌气，走几步路，说几句话都露出气喘之状。他猜这皇帝沉湎酒色，气血双亏，可谓病入膏肓。咸丰一旦撒手归西，叶赫那拉氏懿贵妃所生皇子还只有五岁。皇子年幼登基，在朝臣、皇族当中必然产生争夺辅佐之权的斗争。谁如果得以辅佐幼主，谁就是实际上的皇帝。我肃顺文有经世之才，武有安邦之能，咋能甘居人后。然而，他最担心的是这些手握重兵的将帅们。南有曾国藩、李鸿章，是湘、淮两雄；可是，这二人眼下均与太平军血战，还无暇介入这朝廷斗争之中。唯独可怕的是僧格林沁这个人，他手握京津警卫与防务大权，手下虎将、谋士如林。前不久大胜长毛贼，现在又胜英、法二逆，名播四海，威震朝野，深受皇帝宠信。将来此人是最不好对付的对手。所以，必须处处防备的同时，要处处给他设置些障碍，不能让他顺顺当当。他方才听咸丰说僧格林沁

—229—

自请不回京领赏,而要待在天津继续加强海防,便想到,若是僧格林沁又立了新的功劳,到那时,哪儿还有我肃顺说话的地方。

咸丰听肃顺说库中银两亏空,有些不托底,便无奈地看了看左右。

瑞麟说:"英、法二逆虽然败逃而去,但是仍在上海一带海面游荡,没有回国迹象。一旦重整旗鼓卷土重来,海防不固,用什么抵御他们?重修海防、以防不测是有远见的良计呀。望皇上准奏。"

舒通额接着说:"皇上,瑞大人说得对。英、法二逆包藏祸心,决不以一败而甘休,必定会卷土重来。如果不做进一步防备,后果不堪设想。请皇上明察。"

经刚从前方回来的两位大臣一说,咸丰皇帝就有些动心。当他想说又有些犹豫之时,军机大臣穆荫说:"皇上,臣以为天津海防事关重大,应该让僧王回京后再详议方为稳妥。"

各大臣众说不一,咸丰没了主意,瞅了瞅六弟恭亲王奕訢。

奕訢看出皇上在征询他的意见。他一向与肃顺等人不和。他也看出皇阿哥久病缠身,肯定是个短命皇帝。皇子年幼,将来谁执朝廷大权还未定论。他也不是没有黄袍加身的可能性。可是,最近这皇阿哥越来越亲近肃顺为首的一帮人。僧格林沁虽然功勋盖世,又手握重兵之权,朝野炙手可热,但是,他看出僧格林沁意在为朝廷杀敌立功,留下万古美名,并没有"挟天子以令诸侯"之类的野心。所以,奕訢想僧格林沁将来可以利用。

奕訢说:"皇上,僧格林沁抵御外侮立新功,又为海防大计不肯入朝领赏,益发表明其对皇上和社稷忠心耿耿。臣以为应速准其奏,拨库中白银五千万两加修炮台,添造新炮,把天津海防搞成固若金汤,我们便可高枕无忧了。"

肃顺一听差点儿伸出舌头来。这鬼子六出手真大方。五千万两白银,你以为皇库中所剩几何?真有你的,拿你皇阿哥的银子买僧格林沁的人情。不愧为鬼子六!

肃顺终于忍不住说:"亲王大人,真是不当家不知柴米贵,这五千万两银子上哪儿去弄呢?"

"上哪儿去弄,自有你户部去议定。偌大个朝廷连五千万两银子都拿不出,谈何防务。肃大人是不是看我朝过于空虚了不成?"

恭亲王这一发问,确实是让肃顺不好再辩解了。因为谁说朝廷空虚,那是给咸丰皇帝脸上抹黑，皇帝能高兴吗。

咸丰听这二人言词激烈，闹翻了没有好处。所以，他赶紧圆场道："众爱卿，天津大沽口属我京师门户。户破则堂危。加强防务是必要的。朕意已决，命僧格林沁继续加强防务，所需费用由户部妥为调拨银两资济。"咸丰说完这些，仰在御座靠背上打了几个哈欠。

众臣知趣，跪下请安后鱼贯退出。

瑞麟走到门口给舒通额使了个眼色，舒通额会意，轻轻地点了点头。

第二十四章 决胜大沽

第二十五章　暴风雨前

当日晚，舒通额到了瑞麟府第。瑞麟命侍女敬茶。侍女手托彩釉茶盘，轻轻盈盈地端给舒通额并揭开杯盖。一股沁人心脾的清香味飘散开来。

"好茶，好茶。不用喝，嗅其味也醉人啊。如此好茶产于何处？"舒通额咂咂嘴问。

"这茶产于安徽太湖之滨的洞庭东山。原名叫煞吓人香。圣祖康熙巡游太湖时品此茶觉得甘醇鲜香、茶气清远，确属绿茶之上品。圣祖认为这名字太俗，于是他题名为碧螺春。前日李鸿章派人送来此茶。"瑞麟道出来历。

舒通额说："前方战事正紧，李鸿章竟有这样的闲心采茶送礼。"

"正因为战事紧，他才这样做啊。他送这茶暗示圣祖当年并没有轻视安徽，连茶名都是圣祖起的。现在朝廷也不要薄了他们淮军。"

"噢，是有些意思。"

"事情很简单，就是为了军饷啊。李鸿章所率淮军虽然也打了几次胜仗，但是远没有曾国藩所率湘军战功显赫。所以，皇上几次发旨给湘军额外加饷，李鸿章就有些不服气。所以他送茶的同时又带来一封信，让我给皇上说多给他们一些军饷。"

"原来是这样，这也真难为他们了。"

"前方难啊，谁在前方谁知道。你没听肃顺等人的言语，他们恨不得僧王在大沽口兵败身亡。修炮台、添铸大炮是势在必行的事，但是他们以种种借口百般阻拦。"瑞麟把话扯到了正题上。

"瑞大人，皇上说拨银两的事由户部妥办，大权在肃顺手中，我们怎么办？"舒通额问。

"这个事只好抓住恭亲王奕䜣，让他说给皇上。别人恐怕都不行。"

"那明天我去找恭亲王。"

"不，这事你去找不行，需要僧王的亲笔信。你明天派人回天津带僧王的亲笔信来。"

"好。"

僧格林沁按瑞麟的意见，给恭亲王写了封信辞恳切的信。瑞麟、舒通额拿着这信去找奕䜣。

奕䜣在王府客厅门口迎接了他们。

这客厅宽敞，清一色的紫红楠木桌椅。正中向南的墙壁上挂一幅圣祖康熙御笔训诫："惟仁惟德服四海，至诚至勇播九州。"这楷体字厚重雍深，力透纸背，从容大度。真是书法上品。

康熙、乾隆文治武功外，文采书法也风流。但是，康熙惜墨如金，所以所留墨迹不多。乾隆则泼墨如水，到处题联书额，所以留下大量手迹。物以稀为贵，宝以奇为珍。康熙墨迹留得少，所以身价倍增。那时王、公、大臣以得藏一圣祖的真迹为殊荣。

瑞麟也颇通书法。他啧啧赞叹道："圣祖训诫意深话长，可谓万古明君之治国家精要，这不待言。只就这书法而言，形敦而神重，外放而内凝，使人见拙而悟秀。正与这万古名训之意形神相融。实在是非圣祖不能如此。"

奕䜣接话道："圣祖真迹留得不多。这是父皇恩赐给我的，否则从哪儿得呢。"奕䜣言说中有怅然的表情。

道光皇帝晚年有一阵实是喜欢奕䜣，并有过传位于他的想法。然而，正是这墨宝给奕䜣带来了一时的荣耀，也导致了他一生的遗憾。因为，他一得圣祖墨宝，就引起了其他皇子的警觉和嫉妒。尤其是老四奕詝。这就出现了杜受田密授机宜的戏剧性场面。如今面对墨迹引起奕䜣的心事是很自然的事，这一刹那也坚定了他虽然没有登上御座也要攀一攀这权力顶峰的欲望。

奕䜣读罢僧格林沁的信说："二位大人，僧王对朝廷忠贞不贰，我一定要支持他。"

"有亲王大人这句话我们就放心了。"舒通额说。

"肃顺等人气势逼人啊，皇上又很信赖他，不得不防着点。"瑞麟提

醒道。

"肃顺再专权也要听皇上的，我自有对付他的办法。"恭亲王颇不以为然。

第二日，奕訢就去养心殿见皇上。

咸丰皇帝正和慈安皇后叙家常。因为是亲叔嫂，慈安也没有回避。

恭亲王给皇上、皇后请安后坐了下来。

慈安皇后问："六弟，弟媳身体最近可好？"

"谢皇后，这几天她吃了皇后送的红参大补丸，气色好多了。看来没有什么问题。"

"我们二人商量过，待天气转凉后，去五台山拜佛还愿。我只愿她早康复，不要误了此行。"慈安说。

这时，咸丰问："六弟，是不是有事要奏？"

"是，皇上。"

"你们哥儿俩谈正经事吧。我回去了，皇上，一会儿不要忘了吃药。"慈安起身要走。

奕訢起身说："皇后，其实没有什么机密之事，皇后听一听，也给咱们出出主意。"

"哎哟，六弟。我一个妇道人家深居在后宫，懂得什么天下大事呢。军国大事是你们的事，我连后宫琐事都管不过来呢。你们唠吧，我走了。"慈安边说边走，奕訢送到门口。

"六弟有什么事？"咸丰问。

"皇上，关于天津海防用银两的事，还望皇上按小弟所请拨五千万两为好。因为，前日我接到僧格林沁从天津发来的奏报说，英法海军舰队游荡海上大有卷土重来之势，不得不早做防备。"

"我不是让户部去办此事了吗？"

"皇上，肃尚书对此事不热心，待慢腾腾地拨出银两，天已转凉，施工就难了。所以，此事宜速不宜迟呀。"

咸丰听完皱了皱眉，在屋中踱步。

此时，进来一个太监跪奏道："皇上，懿贵妃来了。"

"让她进来吧。"

"奴婢给皇上请安。"

恭亲王给贵妃请安。

"这里没有外人，都是亲骨肉兄弟，六弟就不要多礼了。"懿贵妃甜甜地说。

"皇上，你们兄弟二人是不是议什么军国大事？"

"是啊，又是一件恼头的事。"咸丰叹口气回答。

"什么事这样让皇上急，奴婢也听听，好给皇上出出主意，分分忧呀。"懿贵妃说。

"僧格林沁请示要加强天津海防，需要白银五千万两。肃顺说库银不多，不好出。"咸丰说。

一听肃顺二字，懿贵妃的眉尖不易察觉地挑了挑。

有一次，咸丰在圆明园慎德堂休养，懿贵妃随他侍奉在侧。户部尚书肃顺奏请给河南灾民开仓赈济的事。咸丰听后让懿贵妃代为拟旨，肃顺心中很不高兴。从圆明园回来后，他在一班大臣之前拿出圣旨后说："你们闻闻这奏折有什么异味没有？"

"什么异味？"众人不解。

"是一股女人味儿。"说完肃顺哈哈大笑。

此话后来传到懿贵妃耳朵里，恨得她直骂肃顺"不是东西"。

今日听肃顺的名字她心生厌恶。

她说："皇上，天津海防事大，银两事小。偌大个国家哪能连这点钱凑不起呢。我看这肃顺是嫉妒僧格林沁杀敌立功，故意刁难于他。"

"他也是从社稷出发，未必有意刁难。"咸丰毕竟信任肃顺。

"以贵妃之见这银两该不该拨？"恭亲王问。

"以奴婢愚见，该给，但是不该全给。应先给两千万两。然后看情形再定。"懿贵妃面向皇上说。

"这倒是个办法。先给一半，让他加紧开工，然后再考虑下一步。"咸丰瞅瞅恭亲王。

奕訢也觉得两千万两为数也不少了，心想见好就收吧。

咸丰立即拟旨发到户部。

肃顺接旨后叫苦不迭。他根本没有心思闻这圣旨是女人味还是男人味，一个劲摇头。自己本想一顶二拖，结果顶未顶住，拖未拖成，顺水人情也没有做成。皇上有旨，他哪敢再说什么，只好牙掉了往肚里咽。

僧格林沁得到银两，立即开工动工。入冬之时，基本竣工。

僧格林沁回京复命。

第二十五章 暴风雨前

咸丰十年仲春，咸丰皇帝的身体稍好了些。这天，天气格外晴朗。天空碧蓝似青，春风温馨如水。咸丰在一群宫女、太监的前引后拥下，漫游御花园。他嗅嗅花儿香，看看池中鱼，摸摸参天树，还和太监、宫女时不时地说笑两句。他玩兴正浓时，有一太监匆匆走过来报告："皇上，军机处值房大臣匡源大人求见，说有要事相禀。"

咸丰老大不高兴。但是军机处值房大臣求见，必有军国紧要之事，不见不行。所以他只好打道回府。到了养心殿，叫匡源进来。

"匡爱卿何事要奏？"咸丰问。

"皇上，臣今早接到两江总督何桂清的急报。"匡源把急报呈给咸丰问。

急报称：英法海军舰队又新增数艘战舰，途经东海向北驶去。大有重新进攻天津海口的迹象。应预先布置、严密设防，以防万一。

咸丰看罢皱紧了眉头，想了半晌说："立即命令僧格林沁严加防范。明天召集在京军机大臣和有关部、院大臣到乾清宫说议。"

匡源答应一声走了。

僧格林沁也同样接到了何桂清等人的通报。

僧格林沁把粗大的眉毛聚拢来，走到临海的窗口前双手推开窗户。海风呼地吹了进来，一股咸凉飘满屋里。

英法海军舰队决不只是为了换约而来，他们是来复仇啊。你们来吧，这渤海湾就是你们的坟墓。僧格林沁紧闭嘴巴，上下牙在唇内发出嘎吱吱的响声。海风越来越猛，海浪越来越大，预示着又一场海上风暴就要到来。

英法海军舰队新任司令额尔金浓密的黄胡子把整个嘴巴盖得严严实实，当他开口大笑时也只见个窟窿，见不着嘴唇。他对参赞巴夏礼说："参赞先生，对付这些中国佬，您有办法，十二年前，您看到过广东的情况，中国政府怕硬不怕软。只要来硬的，让他们割身上的哪块肉，他们都答应。"

"司令阁下，中国政府整体看是这样的。但是也有不怕硬的人啊。例如，两广战事时的林则徐、邓廷桢，现在的僧格林沁，你可不要小瞧了他们。"巴夏礼长得像美洲棕熊，但是，行动起来还颇为灵便。

"这些我都不管，我只按照首相的密令，武装护送你进北京。"额尔金的黄胡子咧出些许缝隙一张一合，犹如从深坑里往外蹦石子般说话。强烈的征服欲使这个海军将军失去正常人的秉性。他最爱看人死时痛苦挣扎的惨烈情景，他可以剖开人的胸膛看那喷出的鲜血取乐。

"将军阁下，何伯大人就是因为轻敌而失败的。我们可不能再走他们失败的路啊。"巴夏礼提醒说。

额尔金对这话颇为不满，他转动着眼珠说："参赞阁下，带兵打仗我似乎比他明白些。到时看我的就是了。"

英法海军舰队直逼天津港口。

海上风暴又一次到来了。

僧格林沁此时显得格外镇静。

"舒通额，你派兵在北塘埋地雷。只要北塘不被占领，南北各炮台就可以发挥作用。"僧格林沁吩咐道。

北塘在大沽口侧背，是海上登陆后进入天津的陆路咽喉。只要守住北塘，敌人登陆就难。

僧格林沁深知守北塘与守住海防的关系之重大。他让舒通额派兵在北塘埋地雷还不放心。他又叫来了都统达洪阿。

"达洪阿，你带一千兵去守北塘。守住北塘你是首功，守不住北塘你就是第一罪人。"僧格林沁的眼里射出少有的逼人的光。从这利剑般的眼神里，达洪阿感到事情的严重性。

"嚓，遵命。"达洪阿从牙缝里挤出这简单的话。

僧格林沁的目光稍微温和了一些，又嘱咐道："达洪阿，一个将军首先在于谋，不在于勇。你是勇而有余，谋而不足啊。要记住我的话。"

这句话僧格林沁不只是给达洪阿讲，他多次给其他将领讲过，而且他自己也处处注意用谋略统兵御敌。

在僧格林沁的严密部署下，天津海口防务益发无可挑剔了。

僧格林沁在各处视察了一番，终于松了口气。心想，防务已连成一体，南北呼应，东西相接，陆海相连，骑步相随，枪炮相补；只要全体将士连成一心，守住这海防不成问题。

舒通额等人也看出僧王脸上的皱纹有些舒展了，灼人的目光也有温和，不轻易露笑的嘴角也有些上扬了。

正在这时，军机大臣恒福拿着咸丰皇帝的圣旨来到了僧格林沁大营。二人寒暄后，恒福欲言又止。

"恒大人亲到军前必有紧要之事。"僧格林沁看出恒福的矛盾心理。

"唉，僧亲王，情况有些不妙啊，皇上，又听信了顺亲王端华、尚书肃顺的话，要和英、法二逆开和议。并且下旨把北塘作为双方开议、通

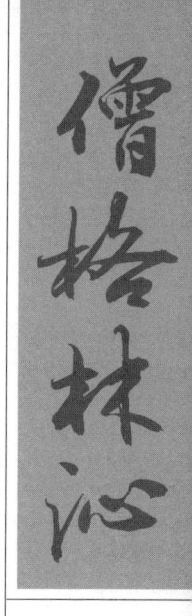

使之地。"恒福面露难色。

"皇上可有明旨？"

"有，在这里。"恒福从怀中掏出了咸丰的圣旨。

僧格林沁跪接后看了一遍，与恒福说的一般无二。他心中感到十分吃惊。

"恒大人，北塘是大清防务的最要紧之地，开北塘，让英法二夷进入要塞，大沽海防休矣。此事如何是好。"僧格林沁边说边来回走。

"僧大人，圣命难违呀。我也知道北塘的重要性。但是，圣上让我到北塘与英、法使臣开议，我也没有别的办法。"恒福摊开双手说。

僧格林沁焦急地想了一会儿恒福说："恒大人，你按圣上旨意先到北塘准备谈判吧。"

"僧大人，我告辞了。"

送走了恒福，僧格林沁立即找来副参领何建鳌。

"何将军，你火速去北塘传达洪阿到大营来。要保守秘密，不得让他人知道。"

"遵命。"

何建鳌走后，僧格林沁唤来了舒通额，把皇上的旨意告诉了他。

舒通额听后说："上次我在北京城就看出顺亲王端华、尚书肃顺、桂良等人一味求和的迹象。求和也不打紧，但是为什么开放这军事要地呢。北塘一旦落入敌人手里，我们侧背全部暴露在敌人火力之下，这大沽还怎么守啊！"

"将在外君命有所不受，我想，开北塘作为和谈之地可以，但是绝不许敌兵进入，只准其和谈代表数人登陆。这样，一来我们没有违圣命，二来也防止敌兵在北塘登陆。"僧格林沁说出自己的想法。

"王爷，只好这么办了。"

"我让你来，一是与你商议这件事，二是让你带兵去通州，加强通州防务。我有个预感，一旦守不住天津，就必须死守通州。所以，你速带那木斯来、萨布旦的骑兵去通州。"

"遵命。"

二人又商议了一些机密，舒通额急匆匆地走了。

达洪阿赶到僧格林沁大营时，已是后半夜了。僧格林沁一直等候在军帐里。二人密商到天亮，达洪阿连早饭都没有吃就悄悄地返回北塘。

第二十六章　北塘之殇

英法海军舰队幽灵般地驶进天津海口。

白日里，海口烟雾中数十艘军舰影影绰绰，看去犹如浮在半空中的海市蜃楼。夜晚，军舰上的灯火阑珊，好似鬼火游弋。

这日，在指挥舰上，舰队司令额尔金与巴夏礼、法国公使布尔布隆等人谈兴正浓。

"司令阁下，中国方面同意我们在北塘登陆开议，一切就好办了。如果不准登陆，那就看司令阁下发挥军事才能了。"巴夏礼说。

"那我就让中国佬，尤其是让僧格林沁这个恶魔尝尝我的厉害。让他们知道我的炮弹是钢铁造的，不是鸦片烟，哈哈。"额尔金咧开浓密胡子大笑。

几个人正在高谈阔论之时，主力舰副舰长进来报告道："各位大人，中国方面派人送来直隶总督恒福的亲笔信。"

巴夏礼接过信看后，把信扬了扬说："各位大人，中国皇帝同意我们去北塘展开谈判。"

众人争相看恒福的信。

"参赞先生，我意立即起锚向北塘开进，并且立即登陆，你看这样如何？"额尔金想来个突袭。

"对，中国有句话叫做夜长梦多，我们即刻进兵。"巴夏礼不愧为中国通。

"这也叫做趁热打铁。"法国公使布尔布隆附和道。

达洪阿火速赶回北塘后，按僧格林沁意图严密部署北塘防务，但是，还没有就绪，英法海军舰队已经驶到了海岸，并开始强行登陆。

达洪阿先放排炮警告登陆部队。

额尔金一看中国方面已有准备，便和巴夏礼商议后，让登陆部队暂时停下来。

达洪阿一看敌人已停止进攻，便策马走到阵前，喊话责问："你们为什么贸然登陆侵我国土？"

巴夏礼也走上前扬了扬手说："中方将军听着，我是英国参赞巴夏礼，是接受你们皇帝的邀请到北塘进行和谈的，你们应该列队欢迎我们，为什么以枪炮阻击我们？"

"你们如果真是来和谈的，那就把登陆部队撤回海上，只派和谈代表登陆。"达洪阿说。

"我们的海军将士在海上数月，十分劳累，想随和谈代表到北塘歇息几日，并没有其他意图。请让开路。"额尔金插话道。

"不行。你们士兵擅自登陆是对我朝的侵略行为，我劝你们赶快撤到海上。"达洪阿大声指斥道。

"你是何人，竟敢违抗你们皇上的命令？"巴夏礼问。

"我是北塘守将都统达洪阿，守土御外是皇上授以我们的职责，我哪敢怠慢。"

"我不与你论理，你回去快快让你们直隶总督恒福大人前来。"巴夏礼说。

恒福按照皇上的圣旨，给英法舰队写了邀请他们到北塘谈判的信后，并没有急着赶到北塘。他认为，英法公使最快也得二日后才能到北塘。所以，他把信送出后，在天津滞留了一天多时间，此时还没有到北塘。

达洪阿一听让恒福出来，他就想到僧格林沁的神机妙算。

僧格林沁那天对他说："恒福性子慢，他不会赶在英法公使前到北塘，这就是一个有利机会。他不到北塘，你就不知道让英法登陆进行谈判的圣旨。敌人一旦强行登陆，你可以给他们一个迎头痛击，先灭灭他们的威风。"

"你们两国公使大人听着，恒福大人并不在北塘，请你们立即撤至海上，等候恒福大人到来。"

一看达洪阿态度很硬，巴夏礼和额尔金耳语一阵后，巴夏礼向达洪阿喊道："达将军，我们同意后撤，但是，请你们不要放枪伤我们士兵。"

"如果你们后撤，我们不会放枪。"

巴夏礼和额尔金等头目们撤到阵后，并没有下令士兵后撤，而是突然命令登陆部队开枪进攻。一时间枪声大作。

达洪阿早已料到了这一阴谋，他也立即命令部队进行还击。

英法登陆部队的枪炮装备先进，但是，暴露在滩头开阔地上，目标大而明显。达洪阿的部队使用的是鸟铳、抬枪等土武器，但是隐蔽在阵地战壕里，地形又熟，所以占有一定的优势，打得英法敌兵唔哇乱叫纷纷倒毙。

战斗进行了约三个时辰，滩头上敌人留下了上百具尸体，但是在额尔金的严令下，登陆军并没有后撤。

达洪阿此时看出，敌人的斗志在瓦解，如果用骑兵突然冲击，就可以把他们赶入海里。想到这儿，他命令等候在侧翼的察哈尔骑兵从右侧发起了进攻。

一声令下，骑兵们齐声呐喊冲向敌人。本来已被打得快要支持不住的英法登陆部队哪经得住这突如其来的骑兵冲击呢？他们慌乱地开了一阵枪，还未来得及掉头下海，达洪阿的骑兵部队已冲进人群之中。额尔金一看情况不妙，慌忙命令登陆部队掉头下海，登上快艇。在这阵混乱之中，清军骑兵又砍杀了许多敌兵。

敌兵登上艇后，额尔金命令向岸上的骑兵开枪开炮，清军骑兵呼啸一声掉转马头迅速撤离了火力圈。

吃了这一亏，额尔金感到清军也不可低估，其中确实也有智勇双全的将军和勇敢战斗的士卒啊。

达洪阿把敌人赶下海去后，立即派人向僧格林沁禀报战况。

"禀都统大人，直隶总督恒福大人来了。"一小校进帐说。

一听恒福到，达洪阿吃了一惊。他赶忙出帐迎接。

"总督大人驾到，达洪阿在此恭迎。"

"不敢，不敢。"

二人相互施礼寒暄。

进军帐坐定后，达洪阿故意问恒福："总督大人，到军前是不是来监军打仗的？"

"都统大人难道没有收到僧格林沁的指示不成？"恒福想，这样的大

事僧格林沁肯定会亲自通知了达洪阿。

"这几天我一直在忙于北塘防务，并没有接到僧格林沁亲王的什么指示。"

"噢，看来僧王忙于军务，还没有来得及通知达都统。"恒福感到事情有点蹊跷，但是，在统兵在外的大将面前他不好发作，只好委婉地说。

"总督大人，僧王有什么指示要告诉我们？"达洪阿问。

"将军有所不知，皇上下旨给僧王和我，开北塘作和英法公使谈判之地，请将军撤出阵地，制造一个和平氛围，以示我朝和谈诚意。"恒福把话说得明明白白。

达洪阿眉头聚拢了起来说："总督大人，这北塘乃是整个海防的咽喉要地，事关海防全局。只要敌人占领了北塘，我大沽防地全部暴露在敌人火力之下。敌人一旦开炮，整个大沽口海防休矣。大沽口一失，敌人长驱直入，京津受危。如此重大事情，为什么这样轻率的决定呢？大人应该奏明圣上，并讲清其利害关系，北塘万万开不得呀。"

"达将军，北塘的重要性，本总督也明白，但是圣命难违，请将军还是按圣上旨意照办就是了。"恒福虎起脸说。

"对此事，僧王是什么态度？"

"僧王也得按皇上旨意办，难道他违抗圣旨不成？"恒福更加有些不高兴。

"总督大人，我说的不是那个意思，僧王是军中主帅，听圣上命令身负大沽口防务的重任，这样重大的事情，他应该有个明确的表示才是。"

"达将军，皇上圣旨，我早已给僧帅看过了。你就赶快执行命令，立即撤防吧。"恒福显出不耐烦的表情。

"总督大人，我执行命令，但是能不能留一些部队在北塘周围以防不测？"

"只留少部分兵力，而且不能让他们看见，以免引起对我们和谈不利的局面。"

达洪阿听到这儿，不好再说什么了。他想，果然是像僧王所预料的那样，北塘难保，大沽海防将要毁掉啊。达洪阿召集众将下令撤防，他只留一小部分精锐骑兵，亲自率领撤到北塘侧翼。

败退到军舰上的英法海军舰队司令额尔金下令放了一阵枪炮后，见岸上清兵没有任何动静，一时间他丈二和尚摸不着头脑，便在指挥舰上来回踱步，寻思下一步怎么办。

法国公使布尔布隆说："将军阁下，清朝军队之中也有能打仗的人啊，不可轻敌。我看我们还是用外交手段捆住他们的手脚，不战而取胜。"

"公使先生，你多年和中国官员打交道，你说怎么样用外交手段捆住他们的手脚呢？"额尔金一改骄狂之态问道。

"将军，还得先问问我们参赞大人，他的头脑里有一个活的中国。"布尔布隆指着坐在一旁沉思的巴夏礼说。

"公使先生说得对，中国有句话叫做'以夷制夷'，我们就以其人之道还治其人之身。我们采取以中国制中国，中国官员中有不少畏惧我们，愿意和谈而且不惜割地、赔款求和的人。两广战事时，我们不是用他们的内部矛盾打败了林则徐和邓廷桢了吗？这次我们为何不利用这个现成的办法呢。"巴夏礼得意地耸了耸肩。

"二位，对中国了解得很深，但是，我大英海军从来没有受过屈辱，怎能甘心败在僧格林沁手下而不报复呢？"额尔金两眼喷出火。

"将军阁下，我在印度时研读中国的《孙子兵法》这部奇书，其中最令我倾倒的理论是'不战而屈人之兵'。最高明的军事家才能做到这一点。我们如果能够不战而让他们自败，为什么非要去牺牲我们英国士兵的可贵的性命呢。"巴夏礼说。

"参赞大人说得对呀。清朝皇帝不是已派直隶总隶总督恒福在北塘开谈吗。我想恒福很快会来的，那时，我们就提出强烈抗议，让他们部队撤出北塘。待他们部队一撤，占领北塘我们还用得着枪炮吗？北塘不就是咱们餐桌上面包吗？"布尔布隆说完做了个用刀割面包的姿势。

"我们可以等待一些时候，但是我不能等这太平洋水开了啊。"额尔金烦躁地说。

"不会让将军阁下等很久的，上帝会很快安排的。"布尔布隆说。

"二位，我们还是先品尝一下这名贵的威士忌吧。一端起这威士忌酒杯，就犹如回到了我们那风光绚丽、富饶无比的英吉利南部平原。我好像又年轻了许多。我离开家乡已有十几年了，这几年一直在海上颠簸，难得回忆少年时期家乡了。今天我们乘这鏖战间隙也该轻松轻松。"巴夏礼的心情沉浸在回到了家乡的欢悦和远离家乡的惆怅之中。

布尔布隆也端起酒杯不说话。

额尔金端起酒杯，一仰脖倒进嘴里，嘟囔着说："有什么办法哦，我

第二十六章　北塘之殇

十六岁开始在海上，军舰成了我的家，我的一切。快三十年了，我每日里脚下踩的是钢板、木板、地毯。有时，我真想尽情地踏一踏草原上的草地，想在草地上打个滚。但是不能啊，为了我们的帝国永世繁荣，我只好与这钢板、木板、海水为伍了。说这些干什么。干！"他又端起一杯酒倒进喉咙里。

他们几个人正在借酒发感慨之时，副舰长进来说："司令阁下，中国方面又派人来了。"

"快请进。"

这是恒福派来送信的使臣。

巴夏礼启封阅信后，脸上立刻显出高兴的神色说："中国方面的恒福大人按皇上旨意，已到了北塘，邀请我们立刻登陆开始和谈。"

"对贵国的谈判邀请，我们表示感谢，但是，贵国军队昨日无端地向我登陆部队开炮，开枪杀伤我们很多士兵。对此我们向你们提出强烈抗议，要求赔礼道歉，并赔偿损失。"巴夏礼突改笑容严厉地说。

来送信的是一个品位不高的官员。他回话说："各位，一切事宜由恒大人与你们面议，我只有送信的责任，别的一概不管。"说完他施礼告辞。

"将军阁下，我与布尔布隆先生立即上岸与中国方面的恒大人联系。海岸之上若无防兵，你可立即带兵再次登陆。"巴夏礼对额尔金说。

"参赞大人，他们没有伏兵便罢，若有伏兵我与他们拼了，大英帝国士兵的血不能白流。"额尔金站起来说。

巴夏礼、布尔布隆走出指挥舰，换乘登陆艇，不一会儿就靠岸登陆。他们一行大摇大摆地走到北塘驻军行营附近，一直没有见到有清军伏兵的迹象。

这时，恒福带随从人员早已恭候在行营外。

巴夏礼等人走到跟前，翻译走上前去问："贵官员是不是总督恒大人？"

"我就是直隶总督恒福。"

"很高兴见到总督阁下。"巴夏礼伸出手和恒福握手。

"你就是英国参赞巴夏礼大人？"恒福问。

"就是在下。"巴夏礼用汉语回答。

恒福心想这洋人说中国话还真不差呢。

接着，翻译把英、法方官员一一介绍给恒福。

中方翻译把中方官员也一一作了介绍。

"请参赞大人进大帐。"恒福请英、法使臣们进入行营。

到行营坐下后，巴夏礼首先开口："总督阁下，贵国皇帝请我们到北塘开议，为什么又埋下伏兵向我们开枪，杀伤我们许多士兵呢。对此，无端开仗的举动我代表大英帝国向贵国提出强烈抗议，并要求赔偿损失。"

恒福到北塘后已知道达洪阿确实是痛击了一顿英法登陆部队。但是，无法怪罪达洪阿。达洪阿根本不知道开北塘这个圣旨，守土御敌本是天职。所以，他一句话也没有责备，只是感到未等开始和谈就已先开战，使这和谈一开始就充满了火药味。果不其然，这洋人第一句话就开火了。

"参赞大人，本职刚到北塘，开战之事概不晓得，现在我郑重请各位按原定方案开始谈判。"恒福不紧不慢地说道。

"总督大人，贵国应该按国际惯例行事，应该先承认你们的挑衅之错，然后才能开谈。"巴夏礼似乎毫不退让。

恒福听到这儿，未免有些气愤地说："参赞大人，守海防将士在未收到朝廷命令之前不知就理而抵止你们的登陆，也是情理之中的事情，请贵方不要在这小节上做文章。"

"什么？这是小节，你们打死了我们许多士兵这还叫小节，你们太不讲人道了。"法国公使布尔布隆指手画脚地说。

他们几个人在北塘军帐之中唇枪舌剑互不相让之时，僧格林沁已得到了达洪阿的报告——痛击了一番英法登陆部队，打死数十名英法士兵，然而，恒福一到北塘，北塘兵力大部分撤防。

僧格林沁早就料到这个结果。他用右手捏紧了发疼的太阳穴，苦思下一步的对策。此时，何建鳌进来禀报："王爷，各将军已到行辕大帐等候。"

"好，我马上去。"

除了达洪阿在北塘外，僧格林沁麾下的其他将领全聚在行辕大帐。他们看僧帅如此紧急招来的情形知道情况有些不妙。但是，他们还不知道发生了什么事情。所以，他们个个表情严肃，只待僧帅来说明情况发布命令。

僧格林沁进帐坐定后，并不抬眼看众人，他只以低低的声音问道："各位将军，你们认为天津海防坚固与否？"

这一声突然发问，使众将不知如何回答，他们心中明白，尽管朝廷

第二十六章 北塘之殇

所拨银两有限，但是在僧王的精心设计和安排下海防设施还是不错的。尤其是众将士在僧帅亲临前线指挥下，个个精神振奋，并且第二次大沽战役胜利后更是鼓舞了人心。纵观这些，可以肯定地说：天津海防是相当坚固的。对这一点，僧帅本人应该心如明镜。那么，他为什么要问我们众人呢？

全顺首先说："王爷，大沽海防不能说固若金汤，但凭其险要和将士的英勇，尤其是有王爷您的指挥，抵御英法海军的进攻是不成问题的。"

全顺一开口，大家就你一言，我一句地说起来：大沽口海防打退过敌人数次冲击并获大胜，现在又进一步加强，抵御英法军队绰绰有余。

僧格林沁听着众将领的七嘴八舌的议论，鼻子发酸。他挥了挥手制止众人，说道："各位将军，你们有所不知，大沽口海防要毁掉啊。"

众人听后大惊，只有舒通额知道内情，但却无可奈何。

僧格林沁继续说道："朝廷下令，开北塘作为与英法和谈之地，现在直隶总督恒福大人已到北塘。达将军已把大部分海防部队撤出阵地。估计不到几日，北塘将在英将额尔金手里了。"

各将领一听这意想不到的消息，面面相觑，半晌无语。

"北塘失守，我们前沿各炮台阵地将暴露在敌人火力之下，情形危急。所以本帅今天召集你们，一是将危急情形如实告诉你们；二是，我本人决心已定，与大沽口海防共存亡。"僧格林沁腾地站起扫视左右厉声说道。

僧格林沁原想不将这危急情形明告众将，以免引起恐慌，人心不稳，未战先动摇。但是，经进一步考虑后，他觉得把实际情况告知众将才可激励斗志，并做好恶战的准备。同时，他深谙麾下众将，所以，他把目前情况如实相告。

此时，舒通额手握剑柄站起道："各位，情况危急，但是，我们都是受朝廷俸禄的将领。古人云，武将死战，文臣死谏。我决心随僧帅左右，誓与海防共存亡。"

随之有那木斯来、萨布旦、全顺、何建鳌等将军也纷纷表示决心死战。

僧格林沁看出将士之心可用，心中稍感慰藉。他突然嗖地拔出宝剑举在胸前说："各位将军，如果哪一位贪生怕死，现在就明说，本帅放你回去，决不回罪。但是，谁如果开仗以后擅离阵地后退半步，本帅即用此剑砍下他的脑袋。"

众将官一齐跪下道："愿随僧帅决一死战！决不后退半步！"声音回

僧格林沁亲王

—246—

荡在大厅内外。

僧格林沁放缓语气道："众将军快请起。"

"遵命。"

僧格林沁在行辕大帐中继续商议危急之中守大沽之策时，如他所料，额尔金率英法部队蜂拥登陆。

起初，达洪阿不顾一切地进行了顽强抵抗，但是，恒福严令其撤退。达洪阿无奈，撤出阵地。

英法联军迅速占领了北塘。

恒福看着英法部队如潮般地涌入北塘。他看英、法两国根本不是来开谈的。但是，有什么办法呢。他只好硬着头皮去找巴夏礼。

"公使大人，开北塘谈判，只准你们和谈代表与随从登陆。你们为什么把部队开进来呢？请你们赶快退出北塘。"恒福找到巴夏礼后大声说道。

巴夏礼眼皮也不抬地笑着说："总督阁下，你知道我的身份，我是参赞，是和谈代表。军事上的事情，你去找海军将军额尔金阁下，与他商谈如何？"

"简直是无理至极！"恒福受了捉弄，也顾不得什么了，又狠狠地骂了句："洋人与狗确实不能信任。"

巴夏礼根本不理会他说什么，与布尔布隆二人用洋话谈着什么，气得恒福脑后的花翎抖个不停。他在这到处炮火浓烟之中上哪儿去找额尔金呢。而且，谈判使臣不理睬他，指挥打仗的将军能理会他吗？恒福只好带着随从回天津。

达洪阿撤出北塘后，带部队回到了僧格林沁行辕。

"僧王，卑职没有完成守北塘的任务，有负于你的重托，请王爷惩罚我吧。"达洪阿跪在地上泣不成声。

"达都统，快请起，这次北塘失守不能怪罪于你呀。"僧格林沁上前扶起达洪阿。

"僧帅，作为一个战将，眼看着放弃阵地，让敌人攻进来烧杀抢掠。我心中不服啊，我活着还有什么用啊。"达洪阿突然拔出短剑向脖颈上抹去。

僧格林沁眼疾手快，一把抓住了达洪阿的手腕，把剑夺了过来。

达洪阿伏在地上号啕。

"达将军，你的心情本帅十分理解，但是大丈夫应在阵前杀敌，若不能砍杀敌人，也让敌人砍下脑袋才是，哪能自刎而死呢？你再若这样，

你就是一个十足的懦夫！"僧格林沁大声说。

达洪阿止住哭泣，悲声道："僧帅，我心里不安啊。前次，我与长毛贼的战斗中，因不慎放跑了被围之敌，王爷您饶恕了我；这次，我本想死守北塘，以报大恩。但是，圣命难违呀，我心中不安啊！"

僧格林沁心中也堵口气，他说："达将军，不要再说了，你我的心情是相同的，请你不要再说了。"

达洪阿擦了擦眼泪咬着牙说："僧帅，朝中没有命令把大沽口也让给敌人，我要在这里死守，人守不住，留下魂也守在这里。"

僧格林沁看到自己手下有这样的将领，心里有悲有喜。

占领北塘之后，额尔金、巴夏礼、布尔布隆等人商议，立即利用这个有利时机，向大沽口炮台开炮，粉碎整个大沽口海防，进而占领天津直逼北京。

三个人商议完毕，额尔金召集手下将校部署道："大英帝国英雄的海军将士和友好的法国英雄们，我们海上的利益遭受到中国的挑战，我们是不能容忍。为了维护我们共同的利益，我们首先要用火炮轰击暴露在我们眼皮底下的大沽口各炮台，把中国海防全部粉碎。然后占领天津，天津就成了我们餐桌上的牛排了，你们可知道北京是中国几朝的首都，那里有举世闻名的伟大建筑和如山似的旷世珍宝，更有数不清的东方美女。哈哈，这些你们都可以欣赏、享受。对于敢于抵抗的黄皮肤的人我们不能客气，要让他们尝尝钢铁射入心脏的滋味。"

额尔金做好战斗部署后，开始了闪电般的进攻，顷刻间大沽口各炮台被浓烟烈火所笼罩。

僧格林沁在行辕中指挥各炮台顽强抵抗。

战斗异常惨烈，但是英法联军炮火猛烈，又占据了北塘有利的地形，不到半天工夫，已有几个炮台被炸为平地。

达洪阿身受重伤，亲兵们把达洪阿抬到行辕。

僧格林沁走到达洪阿跟前，轻轻地呼唤："达洪阿，达洪阿，你醒醒，你醒醒。"

达洪阿极力挣扎着睁开眼想说话，张了张口就是发不出声音。

僧格林沁在他耳边轻轻地说："达将军，你已经履行了你的诺言了，本帅十分感谢你。你已无愧于朝廷。"

达洪阿合上了眼。

僧格林沁命侍卫们把达洪阿立即护送到北京治伤。

英法联军的炮火更加猛烈，每一发炮弹落下来爆炸时，行辕大帐都猛烈地震颤起来，屋顶上的尘土哗哗往下落。

战斗从早上进行到天黑，大沽口大部分炮台相继陷入敌人之手。

因为天黑，英法联军停止了进攻。

僧格林沁在行辕大帐中，心急如焚。他上午派出快马信使，命令通州总兵派援兵，但杳无音讯。行辕周围还未丢失的炮台已不多了，他已把大部分骑兵派到通州设防。所以，如今在跟前已没有精锐的骑兵可去进攻突袭了。他感到了战事的险恶。

何建鳌比僧格林沁还着急。他心里明白，这场战斗是在极其不利的条件下进行的，取胜的把握几乎是零。他更清楚僧格林沁的性格。从这几天的迹象他已看出，僧王决心要与这大沽海防共存亡了。他是说到做到的。如果真的是那样，那将是一个什么样的场面啊。他跟随僧王多年，视僧王如亲兄，僧王也视他为亲弟。僧王如果有了不测，他何建鳌活在世上还有什么用呢？想到这儿，他大着胆子对僧格林沁说："王爷，我看大沽口已很难守住了，请王爷另想他法才是。"

僧格林沁并不说话，只以犀利的目光直视何建鳌，何建鳌不敢正视他的脸。

"谁再如果劝我后退，先问问我的宝剑答应不答应。"僧格林沁牙缝里挤出这句话。

何建鳌低下头，再不敢说话。

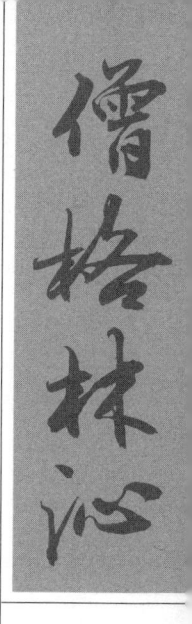

第二十六章　北塘之殇

第二十七章　棋枰论道

第二日拂晓，敌人又开始了新的进攻。

僧格林沁的大营周围的防守阵地愈加小了。枪炮声，甚至士兵的喊叫声都能听得清。

然而，此时他显得格外镇定。

"我们二人下一盘夏特日。"他对何建鳌说。

因为，僧格林沁酷爱奕夏特日，所以，随从他的将领和文官们都能比划一阵子，何建鳌是其中的高手。

何建鳌摆好了夏特日。

"请王爷动子。"

"不，这回你先动子。"

"王爷，末将怎么敢先起子呢。"

"为什么不敢？"

"因为你是王爷。"

"哈哈哈，王爷又怎么样？他也是与你一样的人啊！我读过《史记》，记得陈胜说过一句话，'王侯将相宁有种乎？'建鳌，你懂得这句话的意思吗？你们汉人还有一句话，'成者王侯败者贼寇'，王和贼之间只有一步之差，一步之差啊。"

何建鳌听着这话愣怔在那里。

僧格林沁仍不动棋子，继续说："我剿太平军的时候，想到了这个事理。"

"王爷，我们就不要下棋了吧。"

"不，要下，而且，你要用全部的棋艺。你棋艺不错，但是往往败给我。是不是有意让我？因为我是王爷。今天，你要用全部棋艺，我们二人真正见个高低。外边的枪炮声，不要去管。就是敌人冲进这屋里，你也不要去管，只顾下棋。今天你我都不是战将，而是棋手，懂吗？是棋手。"

何建鳌点点头。

何建鳌先挪动了狮子，走了进攻第一步。僧格林沁并不去走防守之路，而是同样挪动了狮子。何建鳌步步进逼。僧格林沁连连被吃掉棋子。何建鳌的先头狮直逼到僧格林沁的诺颜（帅）宫。

僧格林沁推盘认输。

何建鳌百思不得其解。这叫下的什么棋呀？僧王棋艺高超，今天这是怎么了？莫非僧王真的是被这战争弄糊涂了。

僧格林沁并不说话。二人久久地沉默。外边的枪炮声越来越大而密。听着枪、炮声和士兵的喊叫声，何建鳌的头脑中兀地闪出一个念头：噢，对了，僧王的这盘棋是暗喻这次战争啊。一方步步退让，一方步步紧逼，终于就……何建鳌茅塞顿开。

二人正在对坐无语之时，恒福急匆匆地走进大帐。

"僧格林沁接旨。"恒福手捧圣旨说。

僧格林沁和何建鳌赶紧跪下。

恒福以低沉的语调念了咸丰这道长长的圣旨。咸丰对僧格林沁安抚一番，要求保存实力，退守天津。

咸丰皇帝接到直隶总督恒福的奏报后得知僧格林沁要与大沽阵地共存亡。咸丰想，僧格林沁是一位难得的帅才，如今外夷犯京，又有太平天国军作乱，需要僧格林沁这样的将军，所以他下了这道圣旨。

僧格林沁听罢，很感激皇上的器重和为保全他生命和面子所想的令词。但是，他心里清楚，放弃了大沽口就放弃了一切，天津是万万守不住的。

"恒大人，皇上顾念本官，实在使我诚恐诚惶。但是，守大沽乃是海防及京东防务最关键的所在，大沽不保，京津难保。所以，还请大人回奏皇上，回守天津会使军心动摇，现在唯有严守大沽，设法布置，协力死战，才是上策。"僧格林沁以恳切的目光瞅着恒福。

"僧大帅，皇上的脾气你是知道的，成命难收呀。还望大帅三思。"恒福说。

"恒大人，请你务必把我的意思详奏皇上，讲清利害，让皇上恩准我

— 251 —

死守大沽。我当以全力布防，绝不以自家性命作赔的。"

恒福听完僧格林沁的话，无可奈何地摇了摇头说："僧帅，我知道你的脾气，我只好再次给皇上说说你的意见。我想皇上不会收回成命的。"

"拜托恒大人了。"

送走了恒福，何建鳌对僧格林沁说："王爷，皇上如此言词恳切地让你回守天津，你为何不按圣旨回守天津呢？"

"何将军，有些事情你还不明白呀，回守天津守得了吗？失大沽不过是丢一性命，失天津那可是留下万古骂名。而且，圣上耳朵软，一旦有人在他耳边吹风，他不知又要倒向哪一方。我想死守北塘的苦衷有谁知晓啊。"僧格林沁说完叹了口气。

"王爷，大帐外有个农民装束的人要求见王爷。"一侍卫进帐禀报。

农民装束的人？在这炮火连天之中谁还有这闲心找我，僧格林沁心想。

"让他进来吧。"

这时走进一个年近五十的壮汉子，棱角分明的脸、斧凿般挺直的鼻梁、粗糙的皮肤使他好似田野莽汉，镇定自信的表情又使他如统率千军万马的将领。

僧格林沁看着似乎有些眼熟，但是想不起在哪儿见过此人。

"你是……"

"僧亲王，钦差大人，当年的正黄旗都统，如今仍是这样英姿勃发。难怪道光、咸丰皇帝都如此倚重于你。"

"你到底是什么人，说话这样大的口气。"僧格林沁未免动容。

"哈哈，你征战多年见的人多了，哪会记得我这个小小的土匪头子？"

"你是……"

"王三杆儿。王爷当年率军打仗时，第一个接仗的就是我王三杆儿。"那人仍朗朗声道。

"来人，快把这逆贼给我拿下！"僧格林沁此时想起。虽然已过数十载，但是当年通缉三杆儿的画像犹如在眼前，面前的这人已两鬓染霜，不过棱角分明的脸仍未变化。他是朝廷要犯，身为钦差的僧格林沁怎能放过自投罗网的鱼呢。

何建鳌等人便要上前捉拿王三杆儿。

王三杆儿并不慌张地说："且慢，僧王，我是自己找到你大帐来的，怕抓怕死我不来。既然来了,我什么也不怕。但是,请你听听我的几句话,再抓我不迟。"

"你有何话说。"

"僧王,自从我队伍在密云被你打散后,我只身逃出,隐姓埋名过了两年,待朝廷缉拿稍缓后,我又拉了一帮人马。但是,我只打些富豪人家弄些粮食、衣物,从未骚扰过百姓良民。我在京津这一带已得知洋人正在攻打海防,大沽吃紧,天津告急,也知道了你僧王率军抵抗洋人颇为得力。我想,我们毕竟是吃一个黄河水的人,怎么能容忍鬼子这样横行霸道呢。所以,我就聚集了弟兄们,准备协助你僧王攻打洋鬼子。请僧王摒弃前嫌,允许我们协助官军攻打洋鬼子。"说完王三杆儿用期冀的目光等待僧格林沁的回话。

"抵御外海乃是朝廷的事情,你等应该谨守法规、勤耕田亩,还枉谈什么抵抗洋人。你分明是在蛊惑人心,企图聚众叛乱。快把他给我拿下。"

何建鳌等人上前捆住了王三杆儿。

"没承想,僧格林沁你也是个无心无肺的小人,真叫我失望。我死不足惜,只可惜这大好江山遭洋人蹂躏,我实在不忍心啊。"王三杆儿站在那里挺直地说。

"把他押进大牢,等候处置。"

"僧格林沁,我看错了人!"

把王三杆儿押下去后,僧格林沁问何建鳌:"王三杆儿进帐的时候都谁见过他?"

"听侍卫讲,在门口遇见过副参领丘振龙,丘振龙问过他是干什么的。"

"丘振龙可认识王三杆儿?"

"不一定认得很清。但是,当年在全国通缉王三杆儿,丘振龙当时在山东任副总兵,正好管稽查要犯之事,可能会有印象。"何建鳌分析说。

僧格林沁"噢"了一声后,用低低的声音在何建鳌的耳边说了一些话。何建鳌会意地点点头。

丘振龙确实是认出了王三杆儿。丘振龙在镇桥关想利用美女歌妓巴结僧格林沁未成反遭贬谪,至今仍随僧格林沁当副参领,连年征战。他本是逍遥懒散惯了的人,怎么能吃得这般苦。他心中恨透了僧格林沁,但是,不便发作。今天,在大帐门口突然遇到王三杆儿,他心中暗喜。他立即让几个亲兵在帅帐周围窥探,看看僧格林沁到底怎样处置王三杆

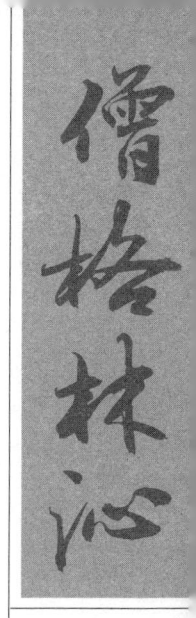

—253—

儿。当得知帐僧王捉拿下王三杆儿时，他心里凉了一半。但是，他不死心，他又派人在大牢周围布下密探，想看个究竟。

当晚，枪炮声停了下来。僧格林沁行辕周围岗哨林立，巡哨的军官们不停地来回穿梭。天空中仍弥漫着火药味和血腥气。

大帐里僧格林沁与何建鳌密谈。

"王爷，王三杆儿是真诚的。我在大牢里与他谈了半天。"何建鳌说。

"我也看出来了。他一个朝廷通缉的要犯，敢闯帅帐，就已证明他是真诚的。但是你想过没有，他所说之事能成吗？"

"朝廷绝不会允许我们与一个负案在逃的土匪携手的。"何建鳌也深知这一点。

"何将军，王三杆儿的一片忠心天地可鉴，但是，事不但不成，而且他的命也难保呀。他给我出了个大难题啊！"

"王爷，我去把他偷偷地放了吧。"

"谈何容易。我今天看出丘振龙鬼鬼祟祟的，肯定不怀好意。他一旦得知我们放了王三杆儿，告到朝廷，如何得了。"

"那该咋办？要不然王爷你把责任都推给我算了。"

"不，不，容我想一个万全之策。"僧格林沁来回踱步，突然停住脚步说，"有了。"

他向何建鳌密授计议。

丘振龙正在自己军帐中焦急地等待亲兵们的报告时，一个侍卫走了进来。

"丘将军，僧王爷让你快去大帐议事。"

在战场上深更半夜召大将议事是常有的事，但是，此时丘振龙心中有鬼，不免有些慌。他赶忙束衣缚带快走到帅帐里。

僧格林沁和何建鳌还有几个将领已坐在那里，丘振龙请安后站在一侧。

"今晚召集大家是要审一个朝廷要犯。让大家也见识见识。我在数十年前与他交过手。这人你们可能都认识。丘将军，你去大牢把王三杆儿押过来，要注意不要放跑了。何将军派几个侍卫给丘将军。"僧格林沁下了令。

丘振龙一听有些不对劲，以前这类活儿都是何建鳌去干，今晚为什么让自己去呢？但是，战前情急，大帅有令，他哪敢回嘴质疑，只好怀揣兔子，领着何建鳌分派的侍卫去大牢。他看了看这几个侍卫，没有一个过去见过，他更感觉有些奇怪。

帅帐到大牢有段距离。

僧格林沁与几个将领在大帐中等待丘振龙押王三杆儿回来。不少将军过去没有见过王三杆儿，所以，很想见见这个传奇式的土匪头子。他们虽然又累又困，但仍然兴致很高，有的在品茶咂嘴，有的在轻轻耳语。

僧格林沁一言不发地端坐在那里。

约有一盏茶工夫，突然外边响起了喊声和咚咚的跑步声。众将感到奇怪，纷纷起立。

一个侍卫跑进大帐上气不接下气地禀报："王爷，不好了。丘将军押着王三杆儿正在路过一片树木时，突然冲出几个蒙面人，举刀砍死了丘将军，又砍伤了几个侍卫，把王三杆儿抢走了。"

"真是饭桶，押一个罪犯都出纰漏。何建鳌，赶快传令，务必捉拿王三杆儿。"僧格林沁怒不可遏。

众将领纷纷叹惜。

何建鳌答应一声带亲兵们走出大帐。

何建鳌大呼小叫折腾了一夜，最终没有抓住王三杆儿。

僧格林沁命人厚葬了丘振龙。

英法海军陆战队自占领北塘后向大沽口进攻，持久拿不下。再这样下去，就有前功尽弃的可能。额尔金、巴夏礼、布尔布隆等人十分焦急。

额尔金咬牙切齿地骂道："僧格林沁这个恶魔，像条蟒蛇一样把我们缠在这里。我恨不得生吃了他。"

"将军阁下，先不要发火，我们现在应该考虑的是怎样去战胜他，而不是去想怎样吃他的肉。"巴夏礼说。

"二位，我考虑一个办法很久了。如果你们想听，我说给你们听。"布尔布隆卖弄似的说。

"你还要等到我们都成了这恶魔的阶下囚，才说你所谓的妙计吗？"额尔金瞪大眼吼道。

"将军阁下，我们还是听听法国公使大人的办法吧。"巴夏礼毕竟能沉住气。

"据我所知，北京朝廷之中有两个人一直主持议和而且掌实权，能左右咸丰皇帝的行为。这二人，一个是顺亲王端华，另一个是户部尚书肃顺。

— 255 —

我们何不派人走走他们的府第，以外交手段让僧格林沁罢战呢？"布尔布隆说。

"公使大人说得对。"巴夏礼首先赞同。

"办法倒可以，但是，怎样才能见到他们呢？"额尔金反问道。

"将军阁下，你难道忘记了从上海领我们到这儿的中国人展得富不成。"布尔布隆提醒说。

"啊哈，是的，让他去保准能办成。"巴夏礼情不自禁地喊了起来。

额尔金也听明白了，这个展得富是中国上海人，是他们到上海后用重金雇佣的。此人极善应辩，口齿伶俐，而且受雇以来十分卖力。派这人打通端华和肃顺这个关节不会成问题。

"好，按二位的主意去办。端华和肃顺假如是个狼的话，我们就送给他一只羔羊；他们如果是一头牛的话，我们就送给他一捆草。就是送给他们一艘军舰，只要他们答应我们的条件就值得。"

展得富带了很多金银珠宝和珍奇工艺品乔装打扮了一番后，悄悄地潜入北京。两天后的一个夜晚，两个北京市民模样的人敲开了户部尚书肃顺的大门。

恒福带着僧格林沁的建议重又回到北京面呈皇帝。

咸丰听完奏禀，向左右说："各位爱卿，僧格林沁欲死要死守大沽口，与英、法二逆决一死战，你们看是否有取胜的把握？"

"禀皇上，僧格林沁居功自傲，全不把圣上放在眼里，屡屡抗旨不遵。理应问罪。"顺亲王端华说。

"僧格林沁死守大沽，是没有任何益处的，反而引起英、法两国的愤怒，进一步仇视我朝，其后果不堪设想。臣意应立即命僧格林沁退回北京，另派得力大员去收拾局面。臣还得到密报，僧格林沁最近有与朝廷要犯王三杆儿串通之迹象，不得不防。"肃顺说道。

咸丰听后一惊，忙问道："僧格林沁真有与匪首王三杆儿串通之嫌？"

此时，恭亲王奕訢奏道："皇上，臣刚才得到急报，僧格林沁抓获了自投罗网的匪首王三杆儿。然而，夜间召集众将审问时，派副参领丘振龙解押到帅府。在半途中被其匪徒劫走，丘振龙被杀，王三杆儿逃脱，僧格林沁命令各营到处搜寻，最终没有抓获。"

咸丰颔首道："这事，僧格林沁有所疏忽，但并非与匪串通，无防大局。大家还是议这防务大局吧。"

僧格林沁亲王

—256—

奕訢说道："皇上，僧格林沁想死守大沽口，是为了朝廷所计，其志可嘉。然而，为了全局着想，可令他退守天津，不让外夷逼进北京即可。"

咸丰一听这一办法倒还可行。于是发旨说："僧格林沁所奏情形甚有见地，但是，应该仰体朕心。不要专以大沽口为重。英、法二逆如果一旦与太、捻各匪联成一气，水陆并进，那时，京师危矣。为了统筹全局，命你回守天津，京东防务全赖你身上。万万不能以身命寄大沽。钦此。"

经过数月的顽强抵抗，僧格林沁已看出英法联军已是强弩之末，只要再坚持下去，不仅能够守住大沽口，而且，完全可以反击敌人再次把他们赶下海去。所以，他的决心愈发坚定，信心愈发十足。

这几日，他紧皱的眉头舒展开来，也有闲心想起家中之事了。他首先想到义女萨娜勒。他想，待这场战斗结束后，回家即把萨娜勒和苏日他拉的婚事办了，好了却心中的一件大事，也一慰乌日娜破碎的心。不知咋的，虽然经过这些年，他一但想起乌日娜心中就产生一股莫名的怅惘和痛楚，岁月抹不去、时光流不掉心中永存的记忆。

僧格林沁带着亲兵在各营中巡视。

各营官兵经过这数十日的抵抗，打退了敌人几十次冲击，保住了大沽口，保住了僧帅的行辕大帐。他们从起初的沮丧、悲观，变为现在的兴奋和坚定。他们也都相信，尽管武器不如洋鬼子，但是只要同仇敌忾，利用人和、地利的优势，就可以守住国土，严惩来犯之敌。所以，他们一见到自己的统帅便欢呼雀跃。

僧格林沁看到自己的将士有这样昂扬的斗志，心中十分欣慰。他与众将领一一挥手致意。

他走到火器营将士中间。

一个年纪不到二十岁的士兵问僧格林沁："王爷，听说您最爱白马，但是，我有很长时间没见过您骑白马了。您骑白马时多么威风啊。"

"噢，你怎么知道我爱白马？"僧格林沁笑着问道。

"他们都这么说。"小兵指了指周围的人。

"他们说得不错，我是爱白马。但是，你不知道，我们蒙古人把白马当作神马。神马是最为圣洁的，所以，一般情况下不骑用，只是在重大庆典或仪仗之时骑用，以示威武和高雅。现在，我同你们一起与英、法二逆打仗。我怕洋鬼子的浊气污染了神马，所以，我就不骑它。"僧格林沁认认真真地回答了小兵的问题，把在场的人都逗乐了。

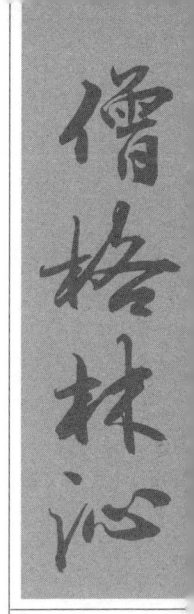

"王爷，那我们什么时候能把他们赶走呢？"小兵又天真地问。

"这就是我们全体将士的事了。只要我们同心同力奋力战斗，把他们消灭或赶跑为时不远。"僧格林沁说完反问道，"小家伙，你老家是哪里的？"

"王爷，你忘了，前年你在京城训练火器营时，从科尔沁部挑选了一百人，其中就有我。那年我才十六岁，现在已十九岁了。"小兵一脸自豪的表情。

僧格林沁心头一热，用手轻轻地搭在小兵肩上端详着他的脸又问："你叫什么名字？是哪个旗的？"

"我叫阿斯愣，是土谢图旗的。"

"你们一百人现在都在？"

"不，王爷，我们那年一起来的一百人，已死了六十多人了。"小兵说完眼泪快要流下来。

僧格林沁的鼻子一阵发酸，他竭力控制住感情，把小兵的头搂在怀里说："孩子，不要哭，军人是不需要眼泪的。把这洋鬼子打出中国去，我就让你们回去，让你们与家人团圆。我还要好好祭奠死难的将士们。"

小兵终于哭出了声。他的眼泪浸湿了僧格林沁的胸襟。僧格林沁也不制止他的哭，任他哭。周围的将士们也控制不了情感，一片抽泣声。

僧格林沁以缓缓而低沉的语气说："众将士，英、法二逆包藏虎狼之心，侵我国土、杀我父母，是可忍孰不可忍。我们都是血气方刚的男儿，守土御敌是我们的本分。为国战死疆场的，才是英雄本色。"

众将士一起高呼："为国战死疆场！"

这气吞山河的声音如大海的怒涛汹涌澎湃，其势无比。

僧格林沁怀着一股亢奋的心情走回了大帐。

侍卫亲兵们脱去了他的战袍斗篷，又端来了热茶。僧格林沁接过茶杯呷了一口，茶香沁入心脾，满口流香。

"何建鳌，你明日去通州一趟。"僧格林沁对何建鳌说。

"王爷，这里战事如此紧张，我去通州干什么？"

"你去通州把舒通额给我叫到这里来。"

"叫舒大人来？"何建鳌感到不明白。

"是的，叫他带骑兵营火速赶到这儿来。"

"让他去通州是王爷您布置的，为何还要叫他回这里？"

"当时让他去是我对敌军估计太高了，认为大沽口难保。所以，留了一年，守通州。现在看来我们能守住大沽口。"

"王爷的意思是让舒将军来应战，必要时冲击敌人营垒？"

"就是这个意思。"

"那好，明日清早我就去。"

"还有，你要秘密前去。不要叫任何人知道。并告诉舒大人也不要声张，部队到了大沽口以后埋伏在左翼。只等我的命令行动。"

"嗻。"

何建鳌转身退出，刚到大门口就与走进大帐的一个太监撞了个正着。

那太监目不斜视只顾往里走，何建鳌不敢怠慢，紧随其后又回转身进帐。

"僧格林沁接旨。"那太监的男不男女不女的声音使僧格林沁吃了一惊。

听完咸丰皇帝仍让他退守天津的圣旨，僧格林沁心中凉透了。

第二十八章　痛失天津

通州是北京的最后一个门户。一听洋人要打过来,这里的老百姓十家走了六七;尤其是那些富家大户,早已躲到外地去了。此时通州到处是兵营,到处人喊马嘶,兵器林立,一派临战前的肃杀可怖的气氛。

原在这里布防的舒通额、那木斯来、萨布旦在军帐内与由皇上派到前线来督战的军机大臣穆荫紧急议事。

"穆大人和各位将军,皇上严命僧帅放弃大沽口,退守天津,结果僧帅还未到天津加强防务之时,天津又失。这使僧王大军腹背受敌,只好向我们这里撤退而来。"舒通额向各位通报了前方战情。

穆荫听后面露愠色道:"皇上早就派恒福大人让僧帅退守天津,僧帅迟迟不动,才有今日之败。"

"穆大人此言差矣,皇上如果听从僧帅的话,不开北塘,敌人怎么能够登陆?"舒通额愤愤然说道。

"按将军之言,这次战役的失败在皇上身上喽?"穆荫哪能服舒通额的反驳。

"我没有责怪皇上的意思,只是讲这实情。"舒通额并没有把穆荫看得很重,毫不退让。

"舒将军,讲实请也有个分寸啊。不能目无至尊、骄横无礼哟。"穆荫当着这许多将军面受到顶撞哪能咽下这口气。

"舒将军,你太放肆了!"穆荫从座位上腾地站起来。

"舒将军,你要冷静些。"那木斯来劝道。

"我很冷静,也没有发热。有些人惧怕洋人,不顾国家朝廷,一味求和,苟安偷生。而对僧王等忠臣良将暗设陷阱、背后捅刀,实在可恶至极,我看不惯。"舒通额气得胡须都扎煞起来。

"舒通额,你责怪圣上,辱骂大臣,我要参劾你。"穆荫的脑后花翎直抖。

"哈哈哈……穆荫你听着,我征战多年,出生入死,早已把生死置之度外,还怕你参劾不成。"舒通额手握刀柄一步步走向穆荫,边走边说:"你参劾我,今天我先让你吃我一刀。"

穆荫连连后退。

"舒大人,住手。"那木斯来、萨布旦等人一起拥上抱住了舒通额。

"穆荫,你听着,你果真敢参劾我,我决饶不了你!"

穆荫脸色煞白地说:"真是无礼至极。"

"与你等这样的人,无礼便是有礼。"舒通额仍未消气。

穆荫一看气势不对头。那木斯来等人虽然都劝舒通额冷静,但是都对他穆荫怒目而视。这一伙人都是僧格林沁麾下征战的亲信虎将,哪有不护主帅之理。他再发火惹恼了这些人,在这刀光剑影的前线凶多吉少。想到此,穆荫脊梁骨凉飕飕的。他只好强忍愤怒,回到原位坐下不吭气了。

舒通额一看穆荫软了下来,也气哼哼地坐了下来。

本来要议迎接僧帅大军,并加强通州防务之计的,结果经二人这顿吵,会议进入难堪的僵局。

此时,那木斯来只好圆场道:"穆大人,我看你先休息。我们布置迎接僧帅大军诸事,尔后禀报如何?"

穆荫一看有了台阶下赶紧道:"你们先布置好了。"他起身走出大帐。

穆荫一走,萨布旦说:"舒大人,你骂得对,给他个下马威,不要让他摆出钦差的大架子指手画脚的。"

"萨大人,你只图一时的痛快、不想后果啊。穆荫能咽下这口气吗?他会寻机报复的。"那木斯来担心地说。

"我也顾不得那么多了,让他报复好了,总比受这窝囊气强。"舒通额接话道。

"这个事情,等僧王来了以后详细禀告,听听他的吧。现在我们赶紧准备迎接之事吧。"那木斯来说。

"对,赶紧准备。"

僧格林沁移动大军,在向天津进发途中,得到天津已失的情报。他

愤慨已极，以手夹额长叹道："天啊，我成了千古罪人了，守土御敌不能取胜，这到底是为什么？"

全顺在旁道："王爷，这不能怪你。如果没有北塘之开，如果没有大沽口撤退，怎么会失守天津。"

"我现在不是想责任在于谁，而是国土不守，国民不安，外夷横行。倘若，能治我僧格林沁的死罪，死我一个僧格林沁就能保证国土赶走洋鬼，我愿一死百死。我还怕担责任吗？"

"但是，王爷，事已到此，也不要太过伤心。天津虽失，但是通州还可一守。舒将军他在那里等我们呢！"何建鳌劝道。

"何建鳌，你知道通州为一马平川，无险可守啊。"僧格林沁说。

"舒将军他们设防有日，想必会有所准备的。"何建鳌说。

"可是，我看出，英法联军从上次大败而遁后，学得更狡猾了。他这次不会轻易与我们近战，而是利用枪、炮射程远的优势，进行远距离交战。我们的枪炮不及人家精啊。我最担心的是这个。"

"王爷，我们精锐的骑兵并没有损失呀，这次就好好显显他们的威力。"全顺兴奋地说。

"是的，这是在通州，平原作战宜在骑兵中展开。但是我们的骑兵宜于短兵相接，快速出击，并不是刀枪不入啊。敌人经过上次吃亏，如果采取挖壕以待，只以枪炮射击，那我们就难以应付了。"僧格林沁在守大沽口的这几个月中已看出了这个令人头痛得不敢想的问题。

全顺、何建鳌听着禁不住点了点头，心中布满了阴影。

何建鳌忽然侧脸向僧格林沁说："王爷，外夷枪、炮那么好，我们为什么就不能造呢？"

"这事，你问得好。我也在琢磨这件事。"

"王爷，你回去后禀皇上，我们也多制造些火枪、火炮不行吗？"何建鳌又说。

"谈何容易。前年我从高唐回京后，就申办火器营事，皇上恩准。但是，想改造更新火器时，户部以国库空虚为名，就是不给拨银两。你看，现在我们火器营都老掉牙了，无法和人家的比。"僧格林沁摇摇头说。

"这些大人，害怕洋人，赔款的时候上千万银两往外拿毫不心痛，自己制些武器就吝啬得不行，就好像挖他们的心头肉，不知安的什么心！"全顺愤愤然插话道。

"这等朝廷大事，你们不要多舌，免得招惹麻烦。"僧格林沁忽然一改话题斥责道。

何建鳌、全顺热腾腾的情绪一下子就被一句冷冰冰的话浇灭了。他们二人知道，王爷心情不好，只好默不作声了。

僧格林沁在马上向田野瞭望。这里平川沃野，是农耕的好地方。但是百姓多离家避战灾，此时田苗荒芜，野草萋萋，炊烟稀稀落落，一副破败景象。僧格林沁黯然神伤。

僧格林沁大军到达通州时，穆荫和文武众官迎接。

"僧帅鞍马劳顿，下官有失远迎。"穆荫躬身施礼道。

"岂敢，岂敢，我乃败军之将，有辱圣上厚爱。"僧格林沁还礼道。

僧格林沁与众将一一相见后进帐坐定。

"天津离通州只有几天路程，英、法二逆会尾随而来的。通州战事迫在眉睫，对此皇上可有明旨？"僧格林沁问穆荫。

"皇上让下官告知僧帅，在通州设防以成威慑之势后，派恒福大人再与英法公使等开议，以促成和局。"穆荫把皇上仍求议和的意图讲了出来。

舒通额等人听后愕然。敌人已打到紫禁城门口来了，不倾全国之兵奋起御敌，却还要订这等于投降的城下之盟。他们不理解。

"穆大人，我冒昧问一句，皇上如此认准这屈辱的议和，都听哪些人的主意？"僧格林沁以平缓的口气问。

"僧王，实不相瞒，下官也摸不着头脑，但是，我看出，顺亲王端华、户部尚书肃顺等均主张议和。还有你过去知道的花沙纳、桂良等大人。"穆荫在僧格林沁面前一改钦差面容平和地回话。

"广州、南京和约之苦我们还没有吃够吗？穆大人，依你之见，在通州布防然后开议，这抚局能成吗？"僧格林沁语锋一转问穆荫。

这突兀的一问把穆荫问住了。

他也知道，在通州布防以成威慑之势，然后开议只是一句空话。但是，他是奉圣命来促成这件事的，他不能说此事不成，那不等于否定皇上旨意吗。他想说此事可成，当着僧格林沁的面实在说不出口。他稍一思索便说道："王爷，这是皇上旨意，我只有实报各位，岂敢妄加谈论。"

穆荫不愧为多年京官，把这踢过来的球又轻轻地推给了对方。

僧格林沁仍不动声色地说："此事一旦不成，通州又不守，京城受危。事关重大，军机处各大臣心中可有谱？"

第二十八章 痛失天津

—263—

"僧王，本官并不知道军机处内情。"

僧格林沁已完全听出了朝廷的意图。他心中想，朝廷并没有死战之决心，前方将士、前线防务处处受制，这仗怎么打呀？

"好，朝廷意图已明，望各将领谨守各防务之地，以成威慑之势，待机行事。"僧格林沁简短地命令道。

众将领散去后，舒通额和那木斯来并未走。

僧格林沁便问："二位还有什么事不走？"

"王爷，我和穆荫吵了一架。"舒通额回话。

"凭什么？"

"他一来就以钦差自居，颐指气使。并且，说此次天津失守是王爷您不听圣旨所造成的。"舒通额说。

"就是这后句话把舒将军惹急了，与他分辩了几句，他就拿皇上吓唬舒将军。"那木斯来插话。

"你简直是胡闹。"僧格林沁指着舒通额斥道："你为官多年，还不知道官场之中的利害关系吗？穆荫以钦差身份来督战，实则是来监视我等。你怎么能够使性子惹恼人家呢？他如果真的给皇上参你一本，你吃得消吗？"

听着僧格林沁的训斥，舒通额又道："王爷，你先息怒，卑职还有更大的罪过呢。"

"这还不够，你还干了什么？"

"我一听他说参劾，我就气不打一处来，就要拔刀砍他一刀，让他们几个拉住了。"舒通额不敢正视僧格林沁。

"你真浑！在这国难当头之时，应处处冷静才是，以图共赴国难。你怎么能够这样鲁莽，你要坏我大事啊。"僧格林沁气得真想踢舒通额几脚，然后又说："舒通额，你知道惹下了灭门大祸吗？"

"王爷，我知道此事惹得不小，但是一时气愤，没有顾得上许多。现在后悔也来不及了，任杀任剐由他就是了。"舒通额并未露出畏惧之色。

"他本人不能把你怎么样，他要借一个人的手。"

"王爷，我明白你的话。"

"那你打算怎么办？"

"听天由命。"

"舒通额，你呀。大丈夫能屈能伸，你可明白？"

— 264 —

"王爷，我只知道大丈夫宁折不弯。"

"那只是匹夫之勇。"

"那你要让我咋办？"

"负荆请罪。"

"让我给穆荫请罪，我不干。"

"我这不仅是为了你一个舒通额的性命,我这也是为了朝廷社稷所计,你懂不？我不想在这国难当头之时,我等互相攻讦杀戮,同室操戈。你懂不？"僧格林沁气得声音都发颤了。

舒通额明白过来了，只是仍然咽不下这口气。

"王爷,你捆住我送给穆荫处置好了,我毫无怨言。只是让我自己请罪,我实在做不到。"

"那好,就按你的意见办。何建鳌,快把舒通额给我捆下！"

何建鳌瞅瞅僧格林沁，又看看舒通额不知所措。

"何将军，你快动手吧。"舒通额求道。

"你还愣什么？"

何建鳌只好向前捆住了舒通额。

"那木斯来，你去把穆大人请来！"

"嗻。"

穆荫的军帐并不远，不一会儿就请到了。

穆荫进屋一看,舒通额被五花大绑在屋中央,他心中咯噔一下明白了。

"穆大人,我刚才才得知舒通额得罪冒犯了你。我已把他拿下了,请大人送京处置吧。"僧格林沁说。

"僧大人,舒将军一时气盛,言语唐突一些,并没有什么大的过错,只要认个错便可以了,还谈什么送京问罪呢。"穆荫万没有想到僧格林沁会这么快采取这么一种方法处置这件事,给他一个措手不及,使他无法发作。

"穆大人的宽宏大量真让本官佩服。舒通额因长年征战在外,居功自傲,冒犯钦差,本应严惩才是。既然穆大人既有宽容之意,本帅替舒通额向穆大人赔礼了。"僧格林沁边说边躬下身去。

"僧大人，这万万不可。对舒通额已经加以惩戒了，这事就了结了，大人为什么要这样呢？"

穆荫慌忙上前扶住僧格林沁。

—265—

舒通额一看僧王替他躬身向穆荫赔礼，他心里一震，急忙向穆荫躬身施礼道："穆大人，卑职多有冒犯，请大人任打任罚，卑职毫无怨言。"

穆荫一看，此事应该就此收场了。

"舒将军，你我本无怨仇。你对本官有误解之处，我也就不介意，但今后对皇上圣旨，万不可非议。"

"末将知晓了。"

"好，好，古有廉颇、蔺相如将相和的千古佳话，今日我看情形相同啊。来人，备酒席，为今日的将相和痛饮几杯。"僧格林沁大声说。

"好，遵命。"穆荫说。

第二十九章　兄妹情深

秋天，北京南苑景色格外迷人。

火红的枫树一片片的，宛似雨后初晴的晚霞红亮而明丽。高大的槐、柏此时仍以满身的绿姿傲视矮小的树木。林中栖着的各种鸟儿叽叽啾啾飞来落去，嬉戏歌唱这无比美艳的秋色。森林的东边有池湖，水色如天空般的湛蓝碧透，水面似镜子般的平平静静。湖里游着一对白雁，洁白的羽毛浮在绿水之上，颀长的颈颈高挑起头颅，一会儿交颈鸣叫，一会儿齐头低吟，它们似乎陶醉在这水色湖景之中，交流着绵绵情爱。

尽情地欣赏着秋光水色，林姿苑容，萨娜勒高兴得在马背上只想蹦高。

博颜讷木祐常来这里。有时是随咸丰皇帝赏景游玩，有时是邀同伴们驰马狩猎。最近几年随咸丰很少来这里了。因为咸丰身体虚弱，不用说骑马狩猎，连来这里玩的兴致都没有了，这样反倒使这些侍卫们一有机会就来这里尽兴。所以，博颜讷木祐觉不出这里的景色有多么好，只不过是到了秋天树叶该红的红了、该黄的黄了罢了。那水中的雁，更是再平常不过了。每年这时成群结队地来这里，今年却少多了。虽然这样，他看着妹妹萨娜勒的高兴劲儿在心中也无比欢快。

"哥，你看那树多么红哟，也赶上我们草原上满山坡的杏树红喽。"萨娜勒用马鞭指着枫树叫道。

"妹妹，那树叫枫树，一到秋天树叶就由黄变红。"博颜讷木祐说给妹妹。

"那么，那个金黄色叶子的是什么树？"

"常槭树。"

"啊呀，哥哥你看湖中那大雁多白呀，是不是从我们科尔沁草原飞过来的？哥，你去老家时见过大雁吗？我们那儿也多着呢。"

"我在老家湖边也见过。这大雁春夏到北方，秋冬南飞。这也兴许是从我们那儿往南飞来喽。"博颜讷木祐一听妹妹说从老家飞来的，顿时感到有了兴趣。

"我听妈妈说，这大雁从小成双成对后，一生都不分离，是这样吗？"萨娜勒滚动着如这湖水般明亮的眼波问。

"我只听说鸳鸯鸟是那样成双成对终生厮守。一旦有一个先死了，另一个也不吃不喝忧愁而死。这大雁是不是这样，哥哥不知道。"博颜讷木祐说完移开目光瞅着湖水。

此时，微风乍起湖水漫起涟漪，枫叶沙沙作响，白雁向湖边游去。

"哥哥，我们在这湖边坐一会儿好吗？"

他们二人在谈话当中早已下马信步走着。

"好，我们先把马拴在那边树上。"

二人把马拴好后，到湖边在草地上坐下。

二人各想心事，谁也不先开口，但谁都想说话。

博颜讷木祐终于憋不住开口问道："你在想什么？为什么不说话？"

"你呢？"萨娜勒仍望着湖那边的白雁反问。

"我在想，我要去父亲那儿，随他带兵打仗。宫廷侍卫这个差事太叫人憋闷，我简直有些受不了啦。"说着博颜讷木祐用马鞭抽了一下草地。

萨娜勒微微一惊，随即说："哥，我也跟你一起去好吗？我在家里也感到闷得慌。"

"你一个女孩，怎么能到阵前去呢，阿妈不会同意的。"

"你一走，我就更闷了。"

"萨娜勒，请你不要再这样说。"

"不，我要说。我看出你总是躲着我，我心里难受得很呢。"

"你也不小了，应该明白，自那次父亲找我谈后，我觉得父亲说的也有道理，我们毕竟是兄妹呀。"博颜讷木祐平静地说。

"我也明白。但是，来你家时，我也已经懂事了。我们并不是亲兄妹，有什么理由不让我们相爱呢？"

一听萨娜勒的这句话，博颜讷木祐侧过身来以惊讶的目光打量着妹妹。妹妹这句话说得多么对呀，是他想说而不敢说的话呀。

萨娜勒也侧过身，毫不退缩地接住博颜讷木祐的目光。四目相对，无限的话语全都在这眼光对接之中交流了。

萨娜勒突然倒在博颜讷木祐的怀里，博颜讷木祐也搂住萨娜勒。

"我离不开你。一旦离开你，就活不成。"萨娜勒的肩头一起一伏着。

"不要这样，我的好妹妹。我也是多么的爱你呀，但是，父母之命难违呀。"

"他们为什么就不让我们相爱？为什么？"萨娜勒的抽泣声变成了恸哭声。湖中的白雁被这哭声所惊，嘎嘎叫了起来。

"我也实在想不通。但是，从父亲的话语和举措中我看出，他确实是疼爱你超过我们，超过任何一个亲人。他好像有说不出的苦衷在心里。"博颜讷木祐轻轻揩着萨娜勒的眼泪说。

"我知道，阿爸真疼我，不好跟我们明说。"博颜讷木祐分析道。

"那我们怎么办？"

"只好听爸妈的。"

"你真狠心。"

"你不知道我心中有多么痛苦。"

"我们俩走吧。我们回到科尔沁，找个地方，我放牛羊，你去打猎，过一辈子清静日子。"

萨娜勒的这句话真正使博颜讷木祐大吃一惊。她说出这话是多么的大胆，多么的荒唐哟。

此时，博颜讷木祐脑海中闪出了阿爸威严而带有些企求的目光，在耳边鸣响起了略带震颤的声音——孩子，你要记住阿爸的话，她是你的亲妹妹，你想她疼她都是对的，但是不能动她一个指头，不能有非分之想。

想到此，博颜讷木祐轻轻地推开妹妹说："萨娜勒，你不要再这样说了，再这样，哥哥就生气了。我们听阿爸阿妈的不会错的。"

"我想不通。"

"你慢慢就会想通的。而且，苏日他拉确实也是一个好男儿。"

"你真狠心。"

"阿妈那天说了，等阿爸回来就给你办婚事，而且按科尔沁蒙古族婚礼去好好操办。"

"请你不要再说了，好不好？"

萨娜勒腾地站起来，跑向拴马的树。

博颜讷木祐也跟着跑在后面。

萨娜勒跃上马加一鞭，放马狂奔。

"你小心点，不要让树木刮着。"

萨娜勒全不理会。

博颜讷木祐也只好驱马追赶。

惊起树上的鸟儿，水中的雁，草中的野兔，林中的鹿群。

当日晚，僧王府大院一片寂静。

萨娜勒到阿妈文贞房里请安退出后，在侍女的陪伴下穿过几道门来到了奇达尔的住处。

"你先回去，我向奇达尔阿爸请安后，就自己回去。"萨娜勒对侍女说。

侍女点点头回身走了。

奇达尔在桌上摆上了一些熏肉、奶食，独自一人喝酒。他一见萨娜勒进来，赶紧起身打招呼："姑娘，快坐下。以后，天一黑就不要再请什么安了，搞得我不自在。"

"阿爸，今天我不光是来请安的。"

"还有别的事？"

"还有要紧事。"

"王府中有人欺负你了？"

"阿爸你想哪儿去了，他们疼我都疼不过来，谁还敢欺负我？"

"那就好，那就好。谁要是欺负你，我就找僧格林沁算账。"奇达尔打个饱嗝儿，口中喷着酒气。

"阿爸，以后你少喝点儿不好吗？我怕你弄坏了身体。"

"好，好，阿爸听你的，以后少喝，少喝。"

"阿爸，我问你，王阿爸和阿妈为什么不准我与博颜讷木祐哥哥定亲？"

奇达尔一听心中一惊说："闺女，你坐下，阿爸跟你说。"

"嗯。"

"孩子，我们蒙古族是最讲礼节的，我们的祖先有规矩，兄妹之间不能通婚，你是博颜讷木祐的妹妹，当然就不能了。"奇达尔慢条斯理地讲。

"不对，阿爸，我不是他们的亲骨肉。"

"不，不，不，僧格林沁已经把你当成了亲女儿了，他爱你超过了博

僧格林沁亲王

—270—

颜讷木祐。"

"王阿爸是疼我。"

"这就对啦，他怎么能同意你们呢。"

"阿爸，我的亲阿爸到底是谁？"

萨娜勒突兀地一问，奇达尔惊得差点把端起的酒盅掉在地上。他稍稍镇定后说："你母亲不都跟你讲过了，你的亲阿爸，在你刚生下的时候就死了。"

"那么他的坟在哪里？"

"这，这，在科尔沁。以后，我们有机会回去，我告诉你。"奇达尔感到有些招架不住。

"阿爸，我想回到亲妈妈身边去。我太想她了。"

"这不行，绝对不行。"奇达尔真正感到问题的严重性，虎起脸吼道。

"阿爸，你们都串通好了在骗我。我要找到我的亲妈妈问个究竟。"

"孩子，你不要太任性，你妈妈把你交给我了，我要看管好你。否则，我对不住你妈。"

"不，我回科尔沁去。"

"你个小狼崽子！"奇达尔抡起大巴掌搧在萨娜勒的脸颊上。

萨娜勒愣怔片刻，伏在床上抽泣起来。

奇达尔咚的一声跪了下去哽咽着说："姑娘，叔叔说什么好呢？叔叔给你跪下了，你不听叔叔的话，叔叔就永远跪在这里。"

萨娜勒慢慢转身抱住奇达尔的脖子哭起来。

奇达尔这刚性汉子也泪流满面。是啊，他是她们母女辛酸历史的见证啊。她母亲乌日娜，那是一个什么样的遭遇啊，今天又轮到这女儿了。

我为什么要卷入这场感情的旋涡呢？

二人抱头痛哭了一阵，心中的愤懑随着泪水流向遥远的地方。

从南苑回来后，博颜讷木祐的耳边一直回响着妹妹的话语，他处在极度矛盾之中。他和萨娜勒一同长大，从小极喜欢这小妹妹。后来二人情窦初开，益发互相倾慕，情意缠绵。但是，父母执意不允许他们订婚约。博颜讷木祐想不通啊。后来，他些许看出其中的蹊跷，所以劝妹妹听爸妈的。其实，他一点儿也不想离开萨娜勒。

走，去爸爸那里，拼死战场算了。

他躺在床上这样想。

我走了，妹妹真的要是有三长两短怎么办？

他又有些担心。

不会的，不会的，阿妈是个极细心的人，她早已看出妹妹的心思。妹妹的一举一动包括内心活动都不会逃出她眼睛的。

这一夜，博颜讷木祐在床上翻来覆去想心事，最终还是打定了去父亲跟前的主意。

第三十章　擒巴夏礼

一路行雁在蓝天中划出了硕大的人字，嘎嘎的鸣叫声悠长而略带悲凉。

通州守将士们听到雁叫声都抬头仰望高高的蓝天。科尔沁骑兵营的士兵呼日勒用手指着行雁说："这肯定是从我们那儿飞过来的。"

"你们那儿的雁还有什么记号不成？"有人揶揄道。

"王爷，你箭法好，何不射下一个来，让将士们看一看。"何建鳌对僧格林沁说。

僧格林沁带随从人等察看防务，也看见了这路飞雁。

"王爷，射下一个来吧。"舒通额也催促。

"好，那我就试试。"

僧格林沁拿过弓箭，凝气提神拉成满月，指向蓝天。

众人都屏住呼吸，不眨眼地望着行雁。

但是，僧格林沁迟迟没有引发。

他最终放下了弓箭。众人不解。

"王爷，那么近的射程，您为什么不发箭？"何建鳌问。

僧格林沁沉默不语。众将领不敢再问，都感到很失望。

沉默良久，僧格林沁才缓缓说道："我们古来讲究，射雁不射头雁。今日我才悟出，南飞秋雁一路是一族。射下哪一只都伤全族啊，我于心不忍。"

众将领各有心思，低头不语。

僧格林沁亲王

察看一阵防务后，僧格林沁回到临时搭起的营帐之中。

侍卫们端来了酒食。

僧格林沁端起酒杯，举到嘴边又放下说："笔墨伺候。"

待仆役们准备好笔墨后，僧格林沁握笔饱蘸浓墨挥动手臂写下了凝重有力的几个大字：

浩志拙性

去留通州

僧格林沁扔掉手中的笔，端起酒杯一饮而尽。

此时，全顺匆匆地进来禀报道："王爷，英法联军离通州只有五十余里了。"

"命令各营做好迎战准备，先打他个措手不及。"

"嗻。"

"禀王爷，恒大人、桂大人到。"

"快请进。"

"二位大人临战之前到阵前，必有指教。"僧格林沁说。

"哪儿谈什么指教。皇上派我们来，是为了主持抚局。"恒福回答道。

"兵临城下，不知二位怎样主持抚局呢？"

"圣上的意思是先不要开仗，让我们二人去与他们开议。"桂良用沙哑的声音说。

僧格林沁听后，只觉胸中有一只手在捏弄他的心脏。他闭上眼睛，一句话也不说。敌人已打到了门口，不让将士们开炮迎击，这与捆住骏马的四蹄让狼去撕咬有什么两样呢？

他强忍住愤怒说："好，二位大人按皇上旨意去办吧。送二位大人回帐休息。"

送走了恒福、桂良，僧格林沁立即召集麾下众将领——舒通额、那木斯来、西冷阿、全顺、萨布旦、何建鳌。

众人到齐后，僧格林沁站起说："众爱将，你们随我征战有年，出生入死，多建奇功。但是，今日这仗与往常不同。英法联军已打到京城门口。然而，朝廷却不让我们奇袭来犯之敌，主张什么开议。这仗难打啊。本帅决心已定，只要敌人越过防线一步，就毫不客气地给予痛击。功过是非自有公论，圣上责罚，由我一人承担。"说完僧格林沁一一看了看众将。

众将领态度严肃一言不发，似乎心中都燃烧着一团火。

—274—

舒通额首先站起说："王爷，你放心，我舒通额自随你打仗以来没有怕过死。大丈夫从戎就是为赴国难，死不足惜！"

"对，为赴国难！死不足惜！"众将齐声喊道。

离通州南不远的平原上，一支部队浩浩荡荡地开了过来。穿一身白色海军服，头戴大盖帽的是英国海军陆战队；穿着天蓝色军服，头戴插羽高筒帽的是法国海军登陆队。他们都扛着长枪，列成多路纵队，迈着整齐的步伐前进，所过之处腾起阵阵烟尘，遮天蔽日。

联军司令额尔金骑着西洋大马，昂着头不断地向远处眺望。

巴夏礼和布尔布隆并辔缓行。

"参赞先生，你去过北京吗？"布尔布隆问。

"去过两次，都是为了商务。"巴夏礼回答。

"听说北京的紫禁城可以与卢浮宫媲美。"

"卢浮宫是西方文化的精粹，紫禁城是东方文化的象征。我看各有千秋吧。"巴夏礼说。

"说起文化来，我有一件事不明白。中国的妇女为什么把好端端的脚缠成残废，走起路来像个鸭子。"布尔布隆边说边笑了起来。

"公使先生，我想，中国妇女缠脚是为了取悦于男人。中国的妇女对男人是绝对服从的。中国男人不需要强悍的女人，女人对他们来说是个玩物。"

"满族人缠不缠脚？"

"满族人不缠脚。满、蒙都不缠脚。这与他们马背上争天下的经历有关。"

"说得对，满、蒙以雄骑征服天下，起初的军事组织很有特点。青年男女平时为民，战时从军，皆能骑射。如果都把脚缠得像鸭掌般大小，还怎么能从军打仗呢？"布尔布隆若有所思地说。

"公使先生，你再在中国待上二年，我这个中国通就要向你请教中国文化了。"巴夏礼笑着说。

布尔布隆话锋一转问道："参赞先生，这次我们向北京进军，用一只手呢，还是用两只手？"

"用两只手。就是一头要死的狮子，一旦发起怒来也很强劲啊！所以，额尔金将军用他那钢铁的手惩罚他们，我们二人还是用这温暖的手与他们握手谈判、周旋，少让我们英、法士兵的血液流淌在中国这块贫瘠的

—275—

土地上。"巴夏礼侧身说。

"噢，对，对，对极了。但是，僧格林沁不那么好对付。他是魔鬼。"

"正因为，他是魔鬼我们才采取这软的一手。让他们自己去把僧格林沁的脖子卡住，使他喘息不得。"巴夏礼纵声大笑使周围的士兵们一惊，都侧头瞅他。

英法联军离通州十余里安营扎寨，等待进攻时机。

秋雨淅淅沥沥地下了起来，使人十分腻烦。舒通额在雨雾迷蒙中眺望着远处的敌营，若有所思。

当晚，舒通额召集自己的部将们说："各位，今天我观察了敌营，布防不那么严密。我决定，今晚夜深人静之时，偷袭敌营。各将务必奋力杀敌，退缩不前问斩！"

一位副参领问："舒大人，此事僧帅知道不？"

"这事你不要去管。一切由我负责。"舒通额瞪眼吼道。

"遵命。"

"你们回去做好准备，不得走漏风声，只待我的命令就出击。"

受秋雨所困，英法联军士兵苦不堪言，士气沮丧，防备松懈，加之将领骄傲，根本没有想到有人会偷袭大营。

一时间杀声大起人喊马嘶，一股骑兵如旋风般地冲了进来。他们不知道从哪儿来了这么股部队，一时极度慌乱，到处乱窜，有的连衣服未穿就被砍掉了脑袋。

额尔金从睡梦中惊醒，立即判断出有人偷袭大营。他一把推开怀里的女人，披衣穿鞋拿上枪出帐大喊："警卫！警卫在哪里？"

警卫跑过来，他便大声交代："快去让通讯兵传各营不要慌乱。要沉着应战。"

不一会儿警报声四起。英法联军经过一阵混乱之后开始组织抵抗。

此时，舒通额杀得正起劲。他跃马挥刀见人就砍，郁积在体内的愤懑和仇恨一下泄了出来。他已经砍坏了两把战刀。又从侍卫手中接过一把大刀呼啸一声向敌营纵深飞奔而去。侍卫们也跟着冲了过去。

住在中军大营北侧的巴夏礼听到喊杀声和枪炮声后，慌忙让警卫们簇拥着向东奔跑。舒通额领着亲兵们冲进中军大营时，正好与巴夏礼碰上。

巴夏礼一看一股骑兵向他冲来，立即喊："快！快！快开枪！"

训练有素的英军警卫们迅速向冲过来的骑兵开枪。

一阵排枪声中，舒通额左肩一热，他不由自主地向一侧歪了过去。他知道自己受了伤。但是，他伏在马鞍上，举起刀直向敌人冲了过来，挥刀接连砍倒了几个英军士兵，吓得巴夏礼趴伏在地不敢看。

舒通额一伏在马鞍，侍卫们就知道主将受了伤，立即聚拢过来护住舒通额冲了过去。他们没有顾得上这股英军之中有巴夏礼。

这一瞬间的差失，使巴夏礼捡了一条命。他连忙在胸前画十字愿上帝保佑。

舒通额受伤渐渐已无力挥动大刀了。他勉强下马，简单包扎了一下伤口后命令立即撤回。

这一场偷袭前后不到一个时辰，砍死砍伤英法联军上百名，给骄横不可一世的侵略者以迎头痛击。

恒福和桂良按照中国人的传统礼节，设酒宴招待布尔布隆和巴夏礼，并进行谈判。

酒席上摆满了中国传统的美味佳肴，发出阵阵香味，令人垂涎。

受舒通额奇袭而惊魂未定的巴夏礼和布尔布隆满脸怒气。

恒福端起酒杯说："二位大人，今天我们备下这酒席，为二位接风洗尘。同时，遵我圣上旨意，请我们双方都罢战讲和。"

"恒大人，你们中国根本没有讲和的诚意。你们派兵偷袭，真是无耻！"巴夏礼并没有端酒杯，而用手指着恒福叫喊道。

"大人息怒，那是主帅对部下节制不严所致，绝不是朝廷本意。我们一定奏明圣上予以惩戒，请二位谅解。"桂良说。

"不，不，要罢战讲和必须答应我们一个条件，那就是罢免僧格林沁一切职务，并交军事法庭审问，撤离通州的所有军队。否则，我们就不谈。"巴夏礼气势汹汹地说。

"参赞先生，此话不妥……"

还未等恒福把话说完，巴夏礼打断话头说道："有什么不妥。你们二位认为不妥，我们就到京城直接与皇上面谈。"

"进京事关重大，还望二位容我们请禀皇上再定夺。"一听说要进京，桂良立刻出了一身冷汗。

"我们从遥远的欧洲来到中国的首都门口，难道不浏览浏览美丽的北京，那不是太可惜了吗？恐怕我们的士兵们也不答应。"

一听这话，恒、桂二人大惊。他们是要武力进攻北京了。

"二位大人，此事万万使不得。还请二位，容我们奏请皇上。"桂良慌忙回道。

"不，不，不……"

正在此时，枪炮声大作。

额尔金利用谈判之机，突然向通州发起猛攻。

僧格林沁早已料到这一点，立即命火器营、神炮营还击。立时，火光冲天，浓烟滚滚，战斗进行得十分激烈。

清军武器虽然不如英法联军，但是凭工事固守，抵近射击，打退了敌人数次冲锋。敌人留下了上百具尸首。额尔金像发了狂的熊，下令轮番进攻。

战斗处于胶着状态。

僧格林沁正在阵前深思之时，何建鳌走来禀报："王爷,瑞大人来了。"

瑞麟走到僧格林沁眼前施礼后说："僧帅，军机处有令。"

"什么令？"

"让神炮营立即前往圆明园，护送皇上，驾幸承德。"

"啊？"惊得僧格林沁叫出声来。

"护卫皇上，事关重大，王爷你看……"瑞麟把后半截话咽了回去。

气得僧格林沁胸腔要炸裂似的难受。他脸色通红，两眼露出愤怒的光。这是自己把自己的门打开让虎狼入室呀。但是，他没有发作，只以平静的口气说："好，我执行。"

神炮营是清军的重火力部队。在进行阵地作战时，主要是靠它。这支部队一撤出防线，清军的火力大为减弱。

进攻中的英法联军突然觉出清军的火力减弱，不知什么原因。

额尔金命令部队乘这良机冲破清军阵地。英法联军奋力进攻。

僧格林沁一看用步兵火力抵抗已无济于事，便一咬牙命令全顺、那木斯来、萨布旦率骑兵冲击。

三千余铁骑如潮水般冲向敌阵。

英法联军一看这如山塌般压过来的骑兵，顿时慌乱起来。

额尔金具有多年的战斗经验，他立即令士兵就地排成一列向冲过来的骑兵射击。

僧格林沁的骑兵中弹纷纷落马。但是，狂怒的将士们没有一个回头，他们从倒下的战马身上跃过去继续冲锋。僧格林沁站在高地上指挥作战。

他看着自己苦心经营的精锐骑兵一片片倒下，心中怒火突起。

"快把我的踏浪青马牵过来！"

侍卫把一个颈长高大的青马牵了过来。

僧格林沁攀鞍上马。

"王爷，你不能冲锋！"何建鳌抱住马头不让僧格林沁冲锋。

僧格林沁并不说话，举起马鞭子照何建鳌的肩头打去。何建鳌一激灵稍一松手，僧格林沁的踏浪青会意，咴咴一声长啸，蹿出丈余远。

何建鳌带着骑兵们拼命跟了过去。

众将士一看主帅也挥刀冲锋，个个精神倍增，喊杀声如翻江倒海。

前头部队已冲入敌阵，一阵砍杀。敌人纷纷后退。额尔金摸准了骑兵的弱点，他早已部署好了第二道火力线。第一道被冲破后，第二道火力线一排排枪声大作。清军骑兵中弹落马者越来越多。

僧格林沁连连砍了几个敌兵，仍继续前冲。正在这时，踏浪青轰然前仆倒地，把僧格林沁摔了下来。

何建鳌赶紧滚下马，扶起了僧格林沁。

"王爷，我求您了，您不要再冲锋了。"何建鳌跪在地上央求。

僧格林沁全不理会，他打了打身上的土，走到踏浪青跟前。踏浪青前胸受伤，殷红的鲜血汩汩地流着，它瞪着双眼望着主人咴咴鸣叫，两颗硕大的泪珠从眼里滚落下来。

僧格林沁抱住马头，脸颊紧紧贴在马脖子上喃喃低语："踏浪青，我的好伙伴，你死而无憾啊，你也是为国捐躯呀。"

踏浪青懂话似的点了点头，又一声绝望的低啸，头便耷拉下来。

僧格林沁脱下战袍外的软斗篷盖在踏浪青身上。

"何建鳌，再牵一匹战马来！"僧格林沁命令道。

"不，王爷，这不可能。我是负责你安危的人，我再也不能让你冒险了。"

"少废话。"

"你先杀了我吧，否则你就别想再去冲锋。"何建鳌梗着脖子说。

僧格林沁气得嗖地拔起长剑要刺何建鳌。

"阿爸，你不要这样。"一声尖叫。

僧格林沁一怔，举剑的手停在半空中。

"啊，是你，博颜讷木祐。"

"少爷。"

"阿爸,你为什么要刺何大叔。"博颜讷木祐跑过来横在他们二人中间。

僧格林沁慢慢地放下剑问:"你怎么来了?"

"阿爸,我是来照看你,并来参战的。"博颜讷木祐回答。

"那好,立即跟我冲锋。"

"不,阿爸,我替你去冲锋杀敌。但是,你是主帅,系国家安危和全军胜败于一身。你一旦有了闪失,社稷怎么办,你的数万将士怎么办?"博颜讷木祐语出惊人。

僧格林沁听这孩子的话大感意外。这孩儿长大了,成熟了,他想。

但是,他转而一想这场战斗的结果,心就凉了。他怆然叹口气说:"孩儿,你哪儿懂得为父的苦衷啊。我战死疆场还能保全名节啊。"

"不,阿爸,功过是非自有公论。"

"你不要再讲了,我决心已定。"僧格林沁一字一顿地说。

"阿爸,还有一个人等着你呢,你难道忘了自己许下的话?"

"谁?我许下了什么了?"

"萨娜勒,她等着您回去给她完婚呢。"

僧格林沁心头一震,沉思不语。

萨娜勒的如中秋月般明亮的脸庞,还有乌日娜郁愤怨恨的眼神重叠着交替着出现在眼前。

是啊,我要给萨娜勒完婚,我要给她幸福,补偿欠下的债呀。

僧格林沁对博颜讷木祐说:"你替为父去冲锋杀敌。我去找他们算账。"

僧格林沁带着亲兵直奔谈判地点。

刚走到谈判大营门口,恒福、桂良双双走了出来。

"二位大人,英、法二逆何在?"僧格林沁厉声问。

"他、他们刚走。"

"他们伪装谈判,却发起突然进攻。这是在耍弄咱们呀!"

"咳,这些洋人真是可恶。"桂良摇头叹息。

"二位大人,谈出什么结果了?"

"不要提了,不要提了,他们根本没有谈的诚意。他们坚持武力进攻北京,见皇上。"恒福说完满脸的沮丧。

"哈哈哈,二位大人才知道他们没有诚意吗?"僧格林沁大笑。

恒福、桂良羞愧满面。

僧格林沁亲王

—280—

僧格林沁突然想起什么，转身上马说："二位大人，在下先告辞了。"

僧格林沁领着亲兵向巴夏礼、布尔布隆离去的方向追去。

巴夏礼和布尔布隆正得意地谈论着刚才所谓的谈判，并辔缓行的时候，警卫们发现，后面有一支部队追过来。

巴夏礼回身看了看说："恒福、桂良两个蠢猪不知又有什么事要纠缠，我们等等他们。"

"参赞先生，你在这儿等着与他们周旋就可以，我先走一步。"布尔布隆说完纵马带着随从走了。

巴夏礼看清来的这股兵马根本不是桂良和恒福的时候，想逃脱已来不及了。

僧格林沁的亲兵们团团围住了他们。

"是巴夏礼先生，久违了。"僧格林沁在马上抱拳说。

"啊哈，是尊贵的僧格林沁王。"巴夏礼强打笑颜回礼道。

"参赞先生欲要何去？"

"亲王阁下，我与贵方的谈判已结束，我要回营地去。"

"谈判结束了？"

"结束了。"

"是和解了，还是继续打仗？"

"这个，你们的谈判代表知道。"

"你先给我说说。"

"我要进北京，直接与你们皇上谈判。"

"你一个小小的参赞，不配与我们大清国的皇上说话。"

"我是外交谈判代表，你不要污辱我的人格。"

"污辱人格，你们从遥远的大洋彼岸来到中国，侵我国土，杀我军民，不思反悔，得寸进尺，你们还配谈什么人格？"僧格林沁怒不可遏。

"我要向全世界控告你们？"

"受控告的应该是你们，而不是我们大清臣民。"

"你，你要干什么？"

"何建鳌，还不动手等什么？"

一听这话，何建鳌纵马过去把巴夏礼从马背上拖下地，亲兵们一拥而上捆住了他。

"我要控告你们，僧格林沁魔鬼。"巴夏礼骂声不绝。

—281—

从其他缴械的士兵口中得知，法国公使布尔布隆已走远，僧格林沁懊悔不迭。

僧格林沁想抓住巴夏礼和布尔布隆作为交换条件，让英法联军停止进攻，以保京师安全。

但是，此时，清军骑兵伤亡过重，已无法挽回败局。

僧格林沁只好下令退兵，带着俘虏进北京城。

夕阳把余晖像帐幔一样均匀地挂在西天。紫禁城南的正阳门高大的箭楼在暮色中静静地矗立在那里。

僧格林沁望着城门楼，长长地叹口气。

哦，这皇权的象征物，假如你有灵性，你会怎样看待我僧格林沁呢？

我是败军之将，我没有能够守住京城大门。我的数千铁骑血洒通州，我却未达初衷，回来了。

正阳门，正阳门，你若有知，该怎样看待他——僧格林沁。

第三十一章 皇城剧变

日上三竿了，晨雾还未褪去。湿漉漉的雾气挂在人的脸上凉腻腻的，给人一种压抑感。不过，更令人恐慌的是战争的阴云。

北京城笼罩在战争的阴霾之中。

街头巷尾人烟稀少。

往常最为热闹的菜市口、天桥一带也萧条冷清。

这个近二百年没有受过战争冲击的城市，突然面临杀戮的时候，显得那么不知所措的恐惧。

达官显贵们能够躲的都躲了，能搬动的金银珠宝也都搬走了。

皇上都避到承德去了。

当值的一些军机处的官僚们，硬着头皮到紫禁城值班。

僧格林沁没有走。现在，他是一个臣。因为通州失守，他被革去一切职务，摘去花翎顶戴，成为等候处理的罪民。

肃顺、端华等人在护卫皇上驾幸承德的途中，对咸丰说："通州失守，京城危机，全是僧格林沁好大喜功、轻举妄动所致。他不听圣上旨意，一味求战，惹恼了英法，破坏大局。如今遭此惨败，皇上应严惩他。"

咸丰皇帝此时已无力大声说话，只轻轻地点了点头。

肃顺等人便替咸丰皇帝拟旨，历数僧格林沁的"十恶不赦"之罪，革去本兼之职，立即抓捕交刑部严办。

咸丰皇帝亲自看了代拟的圣旨后，将"立即抓捕交刑部严办"几个字上用粗大的笔画抹了下去。

咸丰皇帝笔下留情，使僧格林沁没有被投进大牢。

僧格林沁接旨时已无任何表情，没有悲哀，没有激愤，更没有眼泪。他茫然仰望天空，好像这一切都是在他预料之中，对这样的结局他好像习以为常。

"阿爸，天很凉，您快进屋吧。"不知什么时候萨娜勒站在阿爸跟前。

"噢，好，阿爸进屋。"

僧格林沁像一个听话的乖孩子一样，在萨娜勒的搀扶下走进屋里。

此时，文贞递过来一杯热茶说："王爷，快喝杯热茶暖暖身子，你在外面站得太久了。"

"站得很久了？我一点儿没有觉出来。"僧格林沁边说边接过茶杯。

"阿爸，你永远不去打仗，总呆在家里该多好。"萨娜勒说。

"从此后就可以了。阿爸不做官了。阿爸也老了，阿爸可以每天陪着你。"僧格林沁呷了口茶说。

文贞看出，夫王确实显老了。不知是因为罢官所致还是战争所致。尤其是他那极力想掩饰而不时流露出的惆怅和愤懑，更使他显得那样的木讷和笨拙。文贞心中叹息，但是脸上挂着笑说："王爷，无官一身轻啊。你也该在家里享受一些天伦之乐了。"

"是啊，是啊，天伦之乐。我小的时候，家境虽然贫寒，但是，在父母的爱抚下无忧无虑，岁月易逝难回首啊。如今，我却成了老头儿了。半生坎坷，数度征战，荣辱参半。如今，一无所有。不，不，还有你们。一回到你们身边，我才觉得我也是一个人啊，是一个血肉之躯呀。"

"阿爸，你又伤感了不是？"萨娜勒娇嗔道。

"阿爸，不伤感，不伤感。"

僧格林沁握着爱女的手，不禁又想起乌日娜。这孩子越长大越像母亲乌日娜了。僧格林沁端详着女儿极力追忆乌日娜当年的绰约风采。

我这大半生，要说对不起人的事，只有一件，那就是对不起你乌日娜呀。让你独守着青灯古佛一辈子，僧格林沁心想。

要给萨娜勒幸福，慰藉一下她不平的一生。

"孩子，阿爸要给你完婚，你说好不好？"僧格林沁问。

萨娜勒的脸上飞起红晕，咬住嘴唇不说话。

只是为了让阿爸高兴，才勉强笑着说："我听阿爸、阿妈的。"

"好孩子，阿爸马上派人叫苏日他拉回来。阿爸要喝你们的喜酒。"

"看你高兴的，像个孩子似的。"文贞看丈夫高兴，她也兴奋起来。

僧格林沁忙着给萨娜勒完婚，其实还有一层考虑。他想，北京城破在即，一旦事态平息下来，皇上回来，就有可能拿他问罪。那时，一切都来不及了。所以趁此闲赋在家的机会给爱女完婚，在自己的一生中少留下一个遗憾。

他立即派人火速赴高唐州给苏日他拉送信。

但是，让他们失望了。苏日他拉没有回来，回一封言词恳切的信。信中说："叔王美意，孩儿没齿不忘。但是叔王您常常教诲孩儿，好男儿以报效国家为第一要紧。如今，内有长毛贼作乱，外有英法二逆直逼京城。在这内忧外患、国难当头之时，孩儿应谨遵叔王教诲，恪尽职守，效命朝廷，为国分忧才是。怎敢奢望洞房花烛之乐？所以，孩儿思虑再三，婚事待战事结束后办理为妥。"

僧格林沁拿着信，觉得沉甸甸的。

苏日他拉说得对呀，孩子深明大义。但是，怎样向萨娜勒解释呢？而且，这战事连绵，不知何时才结束。那不是又将萨娜勒婚事耽误了吗？

他把信给文贞看。

文贞看完皱了皱眉说："他们年龄都不小了，这事如何是好？"

"文贞，你好好跟萨娜勒解释一下嘛。唉，有什么办法。谁让她是僧格林沁的女儿呀。"

文贞无可奈何地说："只好这么办了。"

当文贞婉转地告诉萨娜勒近期内苏日他拉不能回来完婚的时候，萨娜勒只轻轻地点了点头，没有一丝一毫的伤感或惊讶的表情，而且平静得出奇。

文贞心里咯噔一下，忽然明白过来了，孩儿的心思不在苏日他拉呀。

僧格林沁以一个罪人的身份闲在王府里。但是，他一刻也没停止过关心城外的战事。

何建鳌、全顺等人不断打探军情，不断地禀报僧格林沁。

"王爷，迫于英法联军的压力，留在京师专办抚局的恭亲王奕䜣，已将巴夏礼等十余名俘虏都放回去了。"何建鳌报告。

"王爷，英法联军已到南苑，恭亲王正在交涉。"全顺禀报。

僧格林沁只默默地听着，一句话也没有，更没有激愤的表情。

文贞看出，僧格林沁两鬓的白发越发多了，背似乎也有些驼了起来。

她百般宽慰僧格林沁，只是僧格林沁不开口，总是那样默默的。

"王爷，恭亲王奕䜣大人到。"有一日，奕䜣匆匆忙忙地来到僧王府。

"亲王大人，亲自到一个罪民家里，实在不敢当。"僧格林沁在门口拱手施礼。

"委屈你了，僧大人。"

"败军之将，罪有应得。"

"大人，此事待本王奏明圣上，雪你不白之冤。你不要太过介意。"恭亲王䜣进屋坐下后说。

"个人事小，国家事大，外边战事如何？"僧格林沁着急地问。

"我正为这事而来。我与英、法两国使臣交涉，无奈他们无礼至极，非要带兵进京城。"奕䜣愤愤然地回答，棱角分明的脸上布满忧虑。

"亲王大人，司马昭之心路人皆知，英、法二逆的虎狼野心昭然若揭啊。"

"僧大人，他们还提出了一个更可恨的要求。"

"什么要求？"

"他们要求朝廷，抓住你交给他们处置，才能开议和谈。"奕䜣说出此话时面有难色。

"那好办。请王爷立即把我捆起来交给他们就是了。"僧格林沁毫不犹豫地说。

"僧大人，你误会了，我怎么能那样去做呢？"恭亲王摆摆手道。

"不，亲王大人，为国家大计，为这京城的免遭兵戈，我僧格林沁决不爱惜这区区小命。若把我交给他们能罢战讲和，我在所不辞。"僧格林沁站起身，把脑后长长的辫子一甩绕在脖子上说。

"僧大人，你的一片忠心，本王早就深信不疑。但是，我也知道，他们这只是个借口啊。我今天来是把局势与你通报一下，并要求你不要露面。城中无论发生什么事，没有我的通知就不要动，以免再一次引起非议。"恭亲王此时才说明了来意。

"噢，我明白了，感谢亲王大人的一片好意。我本是一个罪臣，理应规规矩矩地待在家里，这一点我还明白。"僧格林沁摇摇头说。

一听奕䜣来了，僧格林沁心中生出一线希望。在这兵临城下之时，他是多么希望再度出征啊。但是，听到奕䜣的话，他犹如置身于冰窖之中，全身凉透了。没有了，战死沙场的这一点权利都被剥夺了，只好呆在家里，等死。他犹如圈在铁笼里的猛狮，看得见外面不平的世界，却不能腾跃施展，去搏斗，去壮烈地死亡。

怎样把奕訢送出王府，临走时奕訢都嘱咐了些什么，他都没有记住。此后，他每日里只在书房里呆坐不语。

忽一日，北京城西郊冲天火起，火光照亮了半个京城，浓烟遮蔽了半边天。

"王爷，不好了。"何建鳌手握剑柄跑进来，上气不接下气地报告道。

"怎么回事？"

"英法联军冲进圆明园，正在纵火焚烧。"

"啊？快备马……"僧格林沁还未说完话，胸口发闷，血液上涌，哇的一声一口鲜血从口中喷出。僧格林沁仰面倒下，昏死过去。

僧格林沁昏迷了两天。被救过来后，神志清醒了，但不能下地走动。文贞和萨娜勒日夜守护，精心侍奉。僧格林沁的病情渐渐好转，但更加老态，看上去远远超过五十多岁的样子。

昏睡的这两日，对他来说犹如隔一个世纪。

一个风和日丽的日子里，在家人的搀扶下，僧格林沁王府院内信步走着。

秋风吹来，树叶纷纷飘落下来。一个筑巢的鹊雀，衔来一根干枝灵巧地搭在树杈间。一会儿又飞来一只。两只鹊雀叽叽喳喳地鸣吟起来。

僧格林沁站在树下仰头看着鹊雀筑巢。

树上不家一群群雀飞来落去，聒噪不停。稀有的黄鹂和百灵也间或飞来一只两只。

僧格林沁在王府花苑中从来不让打鸟、赶鸟。所以，他的花苑成了众鸟的乐园。

突然，众麻雀们叽叽喳喳声戛然而止，只见一只雀鹰俯冲下来奔向雀群。麻雀忽地一声群起逃窜。

"快去，把鸟铳拿来，把这该死的雀鹰给我打死。"僧格林沁吩咐。

当仆役们把鸟铳拿来时，群雀和雀鹰不知飞向了哪里。僧格林沁失望地在林中望来望去。

萨娜勒走来把一件黑色镶彩边的软缎斗篷披在阿爸身上。

"阿爸，今天天气真好。"萨娜勒挽住阿爸的一只胳膊说。

"是啊，天气真好，这些鸟儿都高兴了。"僧格林沁指着树上的鸟儿说。

—287—

"哥哥，你什么时候回来的？"萨娜勒首先看见了大步走过来的博颜讷木祐。

"刚到，阿爸近日身体可好？"博颜讷木祐跪下请安。

"好多了。这不出来遛一遛。你回来有事？"僧格林沁问。

"阿爸，圆明园被毁以后，朝廷答应了他们的一切条件，签了和约，他们罢战。北京恢复了平静。"博颜讷木祐回答。

"承德那边有什么消息？"

"阿爸先回屋吧。"

"好。"

回到屋里，僧格林沁让仆役都退出，只留下何建鳌。

"阿爸，现在京中传闻很多。最可怕的是传说皇上已驾崩了。"

"啊？真有这等传闻？"

"有，宫里传得厉害。"

"还有哪些传闻？"

"还有说是皇上马上要起驾回北京。"

"你最近见到恭亲王了吗？"

"他这几日不去皇宫，不知在哪里。军机处当值的要奏本都找不见他。"

"噢，是这样。"僧格林沁似乎明白了一些什么。

"何将军，你秘密派人去把舒通额、达洪阿、全顺、那木斯来、萨布旦给我叫过来。叫他们轻车简从，不得声张。"僧格林沁吩咐。

"是，王爷。"何建鳌立即退出。

僧格林沁召集了众部将密议军机的第二天夜晚，恭亲王奕訢悄然来到了僧王府。

一阵寒暄后，僧格林沁开门见山地问："东边是不是出事了？"

"正是。皇上已宾天了。"奕訢嗓音哽咽地说。

僧格林沁赶紧向东跪下叩头。

僧格林沁起身后擦了擦眼泪问："皇上是怎么归天的？年纪还轻，为何这么突然？"

"实情我还不清楚。据讲是一听到圆明园被焚的急报，急火攻心，口吐鲜血而死。"

"皇上可有遗嘱？"

"皇上命随行在承德的肃顺、端华、载垣、景寿、穆荫、匡源、杜源、杜瀚、焦祐瀛等八人为顾命大臣辅佐幼主理政。"恭亲王低声说。

"肃顺、端华等人是误国之徒,咋能担此重任呢?"僧格林沁愤然说道。

"是啊,两宫皇后也都不满意。"

"那么,她二人的意图是什么呢?"

"我就是为这事儿深夜造访僧帅啊。两宫皇后玉旨,僧格林沁仍复原亲王爵,领侍卫内大臣,赏还三眼花翎顶戴,负责京城防务,另由胜保回京任参赞大臣,协办京师防务。"恭亲王奕訢说明了全部来意。

"谢两宫皇后信赖之恩,不过,我不想再度出山了。我经过这场风波已心力交瘁,身体大不如从前。请亲王大人在两宫皇后面前替我说个情,让我就此引退了吧。"僧格林沁一脸严肃的表情。

"僧王,你想得倒简单。朝中大权一旦落入肃顺他们手里,他们还能让你好好引退吗?前进一步是岸,后退一步就是险滩啊。你可要三思啊。"恭亲王说完把端在手里的茶杯放在桌子上,注视着僧格林沁。

僧格林沁仍以缓缓的嗓音道:"恭亲王,这么一来,又将引起一番朝廷内部杀戮,我实在有些不想卷入啊。现在,南边战事还没有结果,山东捻匪又起,英、法二逆还虎视眈眈。如再引起朝中大乱,国将不国啊。"

"僧大人,你所虑有道理。然而,就是为避免朝中大乱,挽救危局,我才禀明皇后,让你再度出山啊。你想想,肃顺那帮人如果把持朝政,对外屈膝投降,对内专横跋扈,那才是最大的乱子啊。你作为两朝老臣,又是皇亲,还能坐视不管吗?如果那样,你还怎么对得起先皇的知遇之恩呢?"恭亲王奕訢的言词犀利而恳切。

听到这儿,僧格林沁心中波澜起伏。是啊,我这大半生究竟是为什么呢?不就是为了这朝廷的安危吗?如果我再度出山真正有利于国家安危,那么我推辞不是又犯一罪过吗?

"恭亲王,感谢你指点迷津,我出山就是了。"僧格林沁拱拱手说。

"这就是了。我想,科尔沁博多勒噶台亲王是最深明大义的。"恭亲王满脸笑容地说。

"恭王,还有什么指教?"

"还有更要紧的事呢。幼主和两宫皇后,不日就要起驾回京,为防不测,你在承德至京城的路途上派可靠得力将领全线设防,确保安全。并加派兵丁加强紫禁城等紧要处的防务,以防变乱。对蠢蠢欲动者,格杀勿论。"恭亲王把两宫皇后乃至京城的安危交给了僧格林沁。

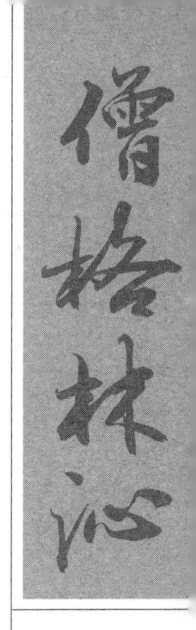

"对那八个人怎么办？"

"待他们还京后再……"

"噢，明白了。"

旧历辛酉年冬。奇冷的一天，天空阴霾四布，灰气迷漫，阳光傪倦。

午时，北京菜市口聚满了人。人们捂着皮帽子，拥挤在一起。哈气在帽檐、眼眉、睫毛、胡子上都结成了白白的霜。就是这样寒冷的天气，人们也不散去，而是兴致勃勃地谈论着、等待着什么。

"来了，来了。押出来了。"不知谁喊了一句。

人们立刻一阵骚动，都伸长了脖子跷起脚尖向前张望。

这时，一大堆禁军狱卒押着一个死囚向刑场走过来。

原来，今天在菜市口斩肃顺的头。

慈禧这个强有力的女人，利用恭亲王奕訢、科尔沁亲王僧格林沁、兵部侍郎胜保、宗氏大臣荣禄，并没有那么费力就抓住了八个顾命大臣。今天在这里当众斩首八臣之首的肃顺。

对其余的七人有的令其自缢，有的革职，有的充军。慈禧除去心腹大患，便让幼子登基，年号同治，过段时间自己就堂而皇之地垂帘听政起来。

在这场后来叫"辛酉政变"的斗争中，僧格林沁功劳不小。但是，他心灵深处并不感到坦荡和庆幸。他总有一种新压抑感。他想，宫廷风云多变，为官如履薄冰，为国为民终无益处。古人总结的"飞鸟尽，良弓藏，狡兔死，走狗烹"，不无道理。他想解脱这一切。但是，一种枷锁已经把他紧紧地套缚在这架沉重的大车上，只有往前拉着走而已。对，离开这是非之地，到剿匪前线，一展抱负吧，免得在这宫门之中每日提心吊胆，看人脸色。他终于又下定了再次率军出征的决心。

僧格林沁于一早朝，向垂帘听政的慈禧提出出征请求。

上朝之时，小皇帝在侍女、奶妈的怀抱或哄导下，有时嘻嘻哈哈，有时哭哭啼啼地来到御座跟前。这时，一太监躬身抱起小皇上放在御座上，又扯住他的衣服不让他动弹。然后，众朝臣跪下山呼万岁并叩头。小皇上起初每遇这场面吓得哇哇大哭，在跟前的太监连哄带吓。小皇帝急了眼就乱抓乱挠，太监的脸上一道道血印。后来小皇上不那么害怕，只感到奇怪。胡子拉碴的大人们给他叩的什么头呀，他就嘻嘻笑。

小皇帝只怕一人，那就是母亲——坐在身后纱帘之内的叶赫那拉氏兰儿。当皇帝哭闹太监收拾不住时，只要慈禧轻轻咳嗽一声，小同治就立刻没声了，说不清母权还是皇权在起这神奇的作用。

除上朝外，小皇帝不在前台摆样子。

处理政务，只有慈禧一人端坐在纱幔之后，各大臣直接向太后叩头奏本。那时，慈禧还不到三十，有的大臣满头银丝，比她爷爷还大。但是，慈禧毫不在乎，同样嬉笑怒骂。男尊女卑、夫权思想极重的朝臣们，看着一个年轻的女人对他们毫不客气地发号施令，心中的酸、甜、苦、辣、涩，难以言状。

听了僧格林沁率军出征剿灭山东、河南捻匪的请求后，慈禧说："僧格林沁亲王三朝元勋，功绩卓著，理应在朝中替我谋划，安享太平。但是，近日山东、河南一带捻匪猖獗，直接威胁着朝廷安危啊。对此，我也寝食不安。早想派一个得力大员督剿，然而至今没有想出合适的人。今日亲王自己请求率军出征，真是难能可贵。我命你为钦差大臣，提督五省军务，统领山东、河南、河北及原属八旗兵马剿灭捻匪，除我朝廷大患，再建不世之功。"

慈禧以清晰的音调和贴切的语词发了这道圣旨，在场的朝臣无不钦佩这女人思路之敏捷和口才之流利。他们仰望着幕帘后依稀可辨的朦胧的倩影，心中思绪万千。

僧格林沁叩头谢恩。

退朝后回家的路上，僧格林沁感到很轻松。

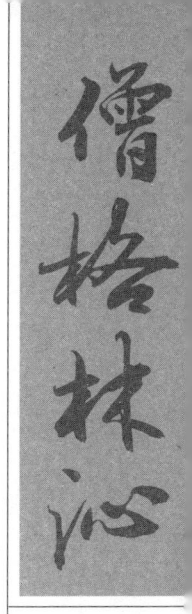

第三十一章 皇城剧变

第三十二章　皖北战役

十月，僧格林沁从北京出征的时候，已微感寒意，十一月到了山东曹州的时候，却并没有什么冷的感觉。

曹州在山东南端，北依黄河，系山东、河南、安徽、江苏四省交界处，又为军事要塞，历来是兵家必争之地。僧格林沁率军围剿捻军的皖北战役从这里拉开了帷幕。

手握提督五省军务之权的僧格林沁，全身披挂，骑着黎明驹（浑身金黄的马）立在一稍高处瞭望捻军苗沛霖的营地。

午后的太阳把他的影子扯得很长，铁甲外披的软斗篷在微风吹拂下一鼓一鼓地啪啪作响；胯下的黎明驹躁动不安咴咴打着响鼻，用前腿刨着地，马蹄下连土带草根一起飞扬。

僧格林沁全不在意，只是一心专注地观察苗沛霖的营地。

"噢，苗沛霖深得兵法之要啊。"僧格林沁看着苗沛霖的营地不禁感慨。

"王爷，苗沛霖自小做叛匪，历经磨难，身经百战，狡猾异常，我们万不可轻敌。"全顺立马在僧格林沁一侧说。

苗沛霖的营地，按着金、木、水、火、土的五阵兵图布列，主帅营盘居中，其他四营各为犄角，分则各自为战，合则互为呼应。一旦一营受攻击，其他各营可立即支援。

僧格林沁观察苗沛营地后，与众将讨论围剿苗沛霖的计划。

舒通额首先开言："大帅，苗沛霖虽是个惯匪，但是并没有什么了不起的。我带健锐营就可以打败他，请大帅还是用大军对付张乐行主力。"

舒通额已月余没刮过胡子，浓密的胡子足有寸把长。

"舒将军，苗沛霖虽是个反复无常的人，但是颇懂兵法，又耐战，是张乐行匪部中的一员骁将，我们不能小看了他。"全顺瘦削的脸上显出严肃的神情，继续说，"我意，应智取苗沛霖。苗沛霖重利而不重义，我们用大军围困他之后，许以高官和重金收买他。若成，他正在张乐行大军的侧背，让他从后面进攻张乐行，使张乐行腹背受敌，我们就不难取胜。"

听着全顺的话，僧格林沁觉得很有道理，便说道："全将军说得有道理，这叫做不战而屈人之兵。但是，我们必须先给他个厉害，挫挫他的锐气，然后才采取招安之计。否则的话，苗沛霖也不一定俯首称臣啊。"

"大帅，先敲打敲打他，这个任务就交给我吧。今晚我就去偷袭他们大营，给他个措手不及。"舒通额异常兴奋地请战。

"舒大人，奇袭是舒大人的惯用战法，但是苗沛霖不是额尔金，他必有防备，不可大意啊。"那木斯来提醒道。

僧格林沁想了想说道："今晚不行。必须先完成对苗沛霖的合围后方可奇袭。如果过早袭击，会打草惊蛇。苗沛霖一旦撤到安徽与张乐行合兵一处，就更难对付了。"

"大帅所虑极是。应该先完成合围。"全顺说。

僧格林沁据此作了兵力部署。他派那木斯来从西向南翼迂回，切断苗沛霖南退之路；派萨布旦由北向东包抄。待合围完成后，才由中军进行奇袭。

僧格林沁作完军事部署后，与前来犒军的开封守将总兵李吉如交谈这一带的风土人情。

李吉如是河北正定人，在开封多年，很了解这里的情况。他说："大帅，这里是黄河的腹地。这里的人既有北方人的粗犷，又有南方人的细腻秉性。这里土地肥沃，可以攥出油来，民生富足。但近几年连年匪患，战乱不已，老百姓逃避战乱，十室九空。可以说，民不聊生啊。"

僧格林沁听后心中不免一怔。这李吉如也真是个忠直敢言之人啊。他并不了解我，怎么就敢于说出这实话呢。

"李将军，你虽然身为武将，但也是地方大员，对治理此地可有良策？"僧格林沁问。

"大帅，卑职只是发发牢骚而已，哪有良策可言。而且就是有良策谁听呢？上有总督、巡抚，我这个总兵只是带兵守城而已。"李吉如边说边

—293—

叹息。

"朝廷也难啊。各地匪患此起彼伏，这一年的军饷就花费多少银两啊。"僧格林沁也感叹道。

"是啊，大帅。前不久，江北大营的曾国荃大人派人来向我们借军饷，我无法，只好把漕运银两借给了他。"李吉如点了点头说。

"李将军，我大军目前的军饷可支持几月，所以暂不劳地方筹措，你们就不必为此事费心了。"僧格林沁说。

李吉如一听躬了躬身说："都像僧大人这样体恤地方，地方也就好办了。"

他们二人继续叙谈之时，何建鳌进来禀报："王爷，家中来了急信。"

僧格林沁接过信读着读着潸然泪下。

信是妻子文贞写来的。告知他母亲珠兰格日乐在科尔沁老家病逝。

僧格林沁向北长跪，哽咽着说："母亲，孩儿不孝。自离家乡以来忙于政事，这些看又连年征伐，没有去看望您老人家，不能略表孝心。孩儿问心有愧呀。"

李吉如忙向前说："僧大人，人死不能复生，还望大人节哀，保重身体才是。"

僧格林沁仍跪在那里低喃道："母亲，自古忠孝不能两全，您在天之灵得知，孩儿待把这里的匪患肃清之后，回去给您老人家修坟，守您灵一辈子。"

僧格林沁痛哭一阵后，令人在寝室之中设了母亲的灵位，又一番烧香叩头。

对苗沛霖的合围完成后，僧格林沁下令舒通额率健锐营骑兵趁一月明之夜奇袭苗沛霖大营。

舒通额一马当先，率领两千铁骑冲入苗沛霖大营的时候，大营内毫无声息。士兵们冲入几个营帐之中一看，一个人也没有。舒通额知道中了计，立即命令骑兵停止前冲。正在此时，周围炮声隆隆，喊声震天，苗沛霖的伏兵四出，一起用鸟铳、套筒等简易的枪炮向清军射击。舒通额的部下中弹中箭纷纷落马。

舒通额牙一咬，带领骑兵来回冲锋，想冲开一条路。

紧随左右的副总兵苏日他拉说："舒大人，我带一部分人在前面冲锋，你带大军随后，这样安全些。"

苏日他拉是僧格林沁在这次出征剿捻特意从高唐州叫他随军出征的。他想，利用这个战斗，一是锻炼苏日他拉，二是给他个立功的机会，使他出人头地。所以，僧格林沁就让他在中军主将舒通额麾下当副总兵，让他跟随这智勇双全而胆大无比的都统学习打仗，立功报效朝廷。同时，他又给苏日他拉嘱咐要保证舒通额的安全。僧格林沁深知舒通额智勇足备而失之于骄，怕他有闪失。

一听苏日他拉的话，舒通额就火了："孩儿，现在不是考虑安全的时候，现在考虑的是杀敌。"

"舒大人，在下绝不是畏战怕死，请大人在此稍停，由在下带一部分兵马冲一冲看看。"说完苏日他拉一挥手中的宝剑，带一部分兵马冲了过去。

他挥动手中的剑，连连刺倒几个捻军士兵。

舒通额心中暗喜，小家伙还真不赖。

舒通额正要挥动大军随后冲锋的时候，突然一声巨响，在冲天的火光中苏日他拉连人带马滚翻在地。

不好，舒通额的血液直冲脑门。他呼啸一声向前冲过去。

晚了，一切都来不及了。苏日他拉浑身是血，躺倒在地，一条腿炸飞了。

"苏日他拉，我的好孩子，你醒醒，你醒醒。"舒通额扶起苏日他拉的脑袋呼喊。

半晌，苏日他拉喘着粗气，眼睛睁开一条缝，以极微弱的声音："叔，请你把我身上佩带的合特刀交给叔王，让他转交给萨娜勒，做个纪念。让叔王再给萨娜勒找个好丈夫。我……我……"

苏日他拉没有把话说完就咽了气。

舒通额抚尸恸哭："孩儿，我对不起你呀。都是我的过错呀。"

突然，舒通额腾地站起吼道："苗沛霖，今天我不杀你绝不罢休！"

他飞身上马，加马一鞭，那马正要向前飞奔之时，一双大手勒住了马缰。

"是你？全顺，你要干什么？"

"我从外面已打开了缺口，僧王有令赶紧回去。"全顺勒住马头说。

"苏日他拉战死，难道此仇不报了？你放开马。"

"僧帅命令谁敢不从？"全顺也大声喊道。

"唉，我这是打的什么仗哟！"舒通额无可奈何地挥军撤退。

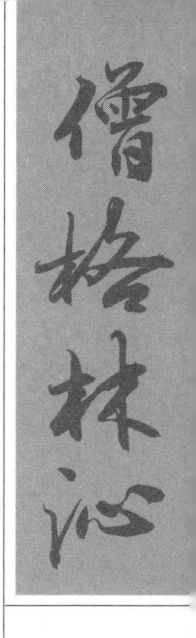

僧格林沁跪在地上抚摸着苏日他拉的尸首，两颗硕大的泪珠滴落在苏日他拉的脸上。僧格林沁用衣袖轻轻地擦苏日他拉脸上的血迹。

"孩子，都是我的过错啊。我亲手杀了你的哥哥，又让你未等立功身先死。我真对不起你那金宝善叔叔，我更对不起萨娜勒。"僧格林沁思前想后，心如刀割。

僧格林沁把苏日他拉安葬后，手拿他留下的合特刀咬牙说道："苗沛霖，我不杀你誓不为人。"

僧格林沁吸取贸然袭击而吃亏的教训，对苗沛霖采取围而不打的战术。

捻军是无后方作战，后勤供应不足，宜速战而不宜持久。僧格林沁一围困，断了他们粮道，他们就有些支持不住了。

僧格林沁看时机已到，便派人劝降。条件是给苗沛霖总兵职衔，仍带自己的部队。总兵以下各将由苗沛霖任命，然后带兵攻打张乐行侧后，同时给苗沛霖送去很金银珠宝。

苗沛霖看着这些诱人的条件心想，我参加捻军，揭竿起义，还不是为了享受荣华富贵吗？他答应我这么好的条件，何乐而不为呢？而且我这样硬撑下去，不是被抓住杀头就是队伍被打散。如成了无巢之鸟，东躲西藏，这苦日子何时能了？还不如投降，享福一天是一天。想到此，他叫来一个心腹如此这般地密授机宜。

第二日，他召集众将后拍了一下桌子说："僧格林沁这个清妖，胆敢以高官厚禄来劝降！我苗某，与各位弟兄同心同德杀尽清妖，恢复天朝。怎能为一个区区总兵而去投降呢？"

这时，他的那个心腹哭丧着脸说："苗大帅重义气我们都知道，但是如今我们被围在这里，粮草快要断了，我们不被抓也得成饿死鬼，还不如想些别的办法。"

"你不得胡说，搅乱军心。我苗沛霖打清妖，早就把脑袋掖在裤腰带上了，随时可丢，有什么了不起的。只是不忍心看着各位弟兄们受杀戮啊。"苗沛霖假惺惺地说。

"苗大帅，我们愿同大帅共生死。"几个忠勇的将领喊道。

那个心腹眨眨眼说："大帅，我有个主意，看行不行。"

"你快说，你快说，让弟兄们听一听。"

"我们给他来个诈降，躲过这难关，反正他们答应我们的队伍不散，待有机会的时候，我们再杀他个回马枪不更好吗？"

"就怕被僧格林沁识破，如果那样，我们就是自投罗网了。"有的将领说。

"不行，我苗沛霖岂能诈降，让各路义军唾骂，我不干！"苗沛霖大声嚷叫。

"大帅，古人云，大丈夫能屈能伸。我们是诈降，也不是真降，待我们杀回马枪的时候，各路义军弟兄们就会伸大拇指的。"那个心腹说。

"各位弟兄都说说，这事咋办好？"苗沛霖问。

各将领互相瞅一瞅，拿不定主意。

苗沛霖看出火候已到说："看来，各位都没意见，那我苗沛霖就背这个诈降的黑锅了。为了弟兄们的存活，个人背个黑锅其实也没有什么。这事就这样定了吧。"

苗沛霖归降了。

僧格林沁在大帐之中设宴款待捻军归降将领。

苗沛霖带着随从大摇大摆地入席。

僧格林沁端起酒杯，忽然把酒杯一扔喊道："来人，把这些逆贼给我拿下。"

帐内伏兵齐出，把苗沛霖为首的捻军将领打翻在地捆了起来。

苗沛霖瞪着眼骂道："僧格林沁，你这个不讲信义的小人。"

"哈，哈，你这个反复无常重利不重义的无耻小人还配讲什么信义？"僧格林沁怒斥道。

"好，你有种，把我们都杀了吧。杀了我们，我手下的二万弟兄会与你拼命。那时，看你怎么办？"苗沛霖冷笑一声说。

"这不用你操心，我会把他们收拾掉。今天，你想用诈降来诓我，你想得太美了。"

一听这话苗沛霖吃了一惊。但是，强作镇静。鼻子里哼了一声道："僧格林沁，你不要得意。我知道你战张乐行的兵力还不够，你是想让我替你打他的侧翼，好让你用主力去围剿他。你如果把我杀了，我的弟兄们一散，谁替你去打张乐行？你好好想想吧。"

苗沛霖这些话说得是有道理的。僧格林沁暗忖此贼果然狡诈机敏而善辩。

"苗沛霖，你再狡辩也没有用，你施奸计杀死了苏日他拉，我非要报

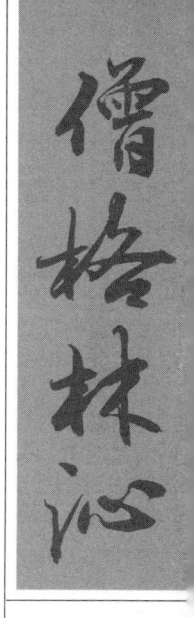

第三十二章 皖北战役

这个仇不可。"舒通额在一旁骂道。

"僧大人，你听听你的部将说的话是不是讲道理？你们偷袭我的大营，我能不设计避你锋芒而睡大觉让你们去像杀猪羊一样宰？这是什么道理？而且，我还听说，那位苏日他拉是僧王你未来的乘龙快婿。如果真是这样，你杀我就更难了。"苗沛霖嘿嘿笑着说。

"这话怎么讲？"

"你想想，你如果杀了我，人们就说你是为了给未来的女婿报仇而杀的我。这就是你因私家的儿女情长，不顾为臣的大义，放弃了招降，放弃了一次有把握的胜利之仗。皇上责怪你不算，你还留下个为私怨而废大义的骂名。这样，你的一世英名将毁于一旦。"

"大胆逆贼，我先给你一刀。"舒通额气得拔出腰刀要砍苗沛霖。

"住手。"僧格林沁喝退了舒通额。他强忍住胸中的怒火喷发，心中默念，苏日他拉，孩儿，委屈你了，本想杀这逆贼为你报仇，但是不能啊。你在天之灵会原谅我的，我身不由己呀。

僧格林沁换微笑的面孔命令道："快给苗将军松绑。"

松绑以后，僧格林沁走到苗沛霖跟前握住苗沛霖的手说："苗将军，老夫是想试一试你的真伪呀。看来，将军是真诚的，老夫哪能食言呢？快拿酒来，为苗将军和众部将压惊。"

酒过三巡后，僧格林沁问苗沛霖："苗将军，你现在已经是朝廷的命官了，我想问问张乐行部的情况。"

苗沛霖略带醉意地说："僧大人，您有所不知，我们这些造反起来的各路义军，捻子也好，太平军也好，白莲教、黑旗军也好，都有些惧怕王爷的部队。所以，官府其他一些剿匪部队有时也打着王爷的旗号。这样一来，各路义军都恨王爷啊。不过，各路军马因争地盘而互相攻伐，对付朝廷势力大减。前不久，王爷一出征，张乐行就号召各路捻子团结对敌，否则就有各个被歼的危险。他这一招真灵，各路捻子摒弃前嫌，现在聚在张乐行大旗下，人数虽然没有号称的二十五万，但是足有十五六万之众啊。其中，韩四万、和二坎等部是颇有战斗力的。僧大人，您不可轻敌啊。"

"噢，原来如此。"僧格林沁点点头。

"苗将军，你对各路捻子情况熟，你说，我们怎样对付他们才是？"全顺问。

"全将军，对付如此众多的捻军，只有一个办法，那就是分而歼之，一个个吃掉。"苗沛霖说。

"苗将军说得极是。我也有这个打算。还有一个想法是，苗将军能否从侧背进攻张乐行，使他首尾不能相顾。"僧格林沁端起酒杯说。

苗沛霖喝了口酒咂咂嘴说："哎，僧大帅，我有这个想法，但是弟兄们不干啊。原来我们和张乐行虽有些摩擦，但毕竟都是捻子，马上回过头去打他们，弟兄们，于心不忍啊。"说完苗沛霖做出无可奈何状。

"那么，将军的意思呢？"僧格林沁不动声色地问。

"我部前面是张乐行的一员虎将张南董部驻扎，僧大人，你们如果进攻急了，张乐行肯定命张南董向我这边撤退。那时，末将阻其撤退，不也是一样为朝廷立了功吗？苗沛霖狡黠地笑着回答。

僧格林沁心想，人们都说苗沛霖是个曹操式的人物，这话看来不假。他既保全了自己的面子，照顾了弟兄们的感情，又可见机立功。他如用这机敏之才对朝廷，那将不得了啊。

"苗将军说得对，本帅允准你的意见，我军主力攻打张乐行时，你在侧背策应，见机行动即可。"僧格林沁说。

苗沛霖投降后，僧格林沁犹如在张乐行的右肩上砍了一刀，使张乐行近二十万大军的一侧出现了漏洞。

僧格林沁把招降苗沛霖的情况禀报朝廷。此时，已独揽大权的慈禧太后看罢奏折抿嘴笑着想："僧格林沁真有些道道儿，当初我还是贵妃的时候，就向皇帝推荐他的泣血奏，又建议任他为钦差大臣，看来没有白费心机呀。我诛八臣他也支持我，现在又替我在前方杀敌保江山，我得好好褒奖他。"

正当慈禧太后下旨褒奖僧格林沁的时候，僧王府内的人却怎么也高兴不起来。

文贞把女儿萨娜勒叫到屋内，没有开口眼泪先簌簌地落了下来。

"额吉，你怎么了？"萨娜勒诧异地问。

"孩子，我好命苦的孩子。"文贞搂着女儿的脖子低低地哀泣。

萨娜勒大惑不解。

"孩子，你阿爸从前方来了信，苏日他拉已去了。"

"阿妈，他是怎么死的？"

文贞把知道的情况详细告诉了萨娜勒。

—299—

萨娜勒的黑白分明的眼睛里滚动着晶莹的泪珠，终于控制不住噗噗流了下来。

是啊，她的心里虽然不在苏日他拉，但是她知道，她已是苏日他拉的人了；而且她也知道，苏日他拉是个好男儿。

她抱住母亲的脖子无声地抽泣。

博颜讷木祐走进母亲的屋，见母亲和妹妹抱头痛哭，也禁不住鼻子发酸。他为苏日他拉的早殁而伤心，更为妹妹萨娜勒如此不幸的命运而悲痛。

"阿妈，不要哭了。妹妹不要哭了。人死不能复生啊。"博颜讷木祐劝道。

二人止住了哭。

"阿妈，太后让我带赏品前去曹州慰问父亲和犒劳大军。"博颜讷木祐说。

"啊？让你也要去军前！天啊，这是怎么了？死了一个还不够吗？"文贞发疯般地喊。

"太后旨意不能违抗啊。另外，我还真想再去军前看看父亲，现在不知他老人家怎么样了。"

"不行，我不让去，我去找太后。"文贞真怕孩子要马上走似的，抓住博颜讷木祐的手说。

"阿妈，我知道太后的脾气，只要她下了旨，谁说也不会改变的。"博颜讷木祐说。

此时，博颜讷木祐已升为乾清宫一等侍卫，直接随在皇太后的车马仪仗左右。这也是慈禧对僧格林沁作战有功的奖赏。

文贞听儿子这么一解释，长叹一声，茫然不知所措地跌坐在靠椅上。

萨娜勒走到母亲跟前轻声地说："阿妈，我也跟哥哥去看看阿爸行吗？"

"什么？你也要去？你们都走吧，都走吧。留下我这么一个孤老婆子。"文贞又哭了起来。

"妹妹，我会很快回来的，你就不要去了。你在家陪妈妈吧。"博颜讷木祐瞅着妹妹，以征询的口吻说。

萨娜勒轻轻地点了点头。

第三十三章 再战皖北

黄河流经河南、山东境内，河道变宽了，水势浩大而流缓。黄河南岸，初冬季节树木也没有把夏天的绿色褪尽，但是一刮西北风，凛冽之气便会骤起，使人顿感寒意阵阵。

皖北这四省交界的广阔地盘上，正在酝酿着一场大战。其实这场大战早已开始了，苗沛霖的投降算是序幕拉开，现已开始了战斗前的可怕的肃静时刻。

僧格林沁望着东流的黄河，苦苦思索着这场战役怎么打。他没有急于开战，原因就是张乐行把十几股捻子集结在自己的大旗下，一时声势大振，人马已近二十万之众。僧格林沁的兵力不足，最使他棘手的是，这些捻子土生土长，人地两熟，一旦逼急了，就窜入山林之中隐伏下来，使大队人马望山林而兴叹。

一股旋风卷起地上的树叶草屑扶摇直上，僧格林沁的黑色斗篷被风吹得哗哗作响。黄河边上的一只小船被河浪推打得摇摇晃晃。望着这只小船，僧格林沁心中一阵酸楚。他想起了《荀子》中的那句话："水则载舟，亦则覆舟。"朝廷软弱，民怨鼎沸，变乱迭起。国库空虚，军饷不济，但是朝中一些显贵们仍然纸醉金迷、花天酒地。昨天，曹州知府王平知装载两车金银珍宝和古董奇玩、杭州丝织要给荣禄送寿礼。僧格林沁得知后，派何建鳌截获了车辆礼物，又严斥王平知。王平知表面上俯首认罪，骨子里却心怀愤恨。

风刮得越来越强劲，黄河掀起的大浪声隆隆、势滔滔。一船夫把即

将被大浪卷走的小船拼命地往岸上拖。

"大帅,风太大了,请回帐吧。"何建鳌说。

"建鳌,陈国瑞到了哪里?"僧格林沁问。

"他已经到了定陶,两日内就到。"

陈国瑞在高唐当总兵,为了这次皖北战役的胜利,僧格林沁特命他带所部赶来参加会战。

捻军首领张乐行的大帐里,张乐行正召集各路义军首领研究退敌之策。

张乐行中等身材,宽宽的肩,宽宽的额头。多年颠沛流离的鞍马生活,使他练就了坚毅而果敢的性格、粗放的气魄。他利用山东、安徽、河南一带捻子仇恨僧格林沁的心理状态,号召团结起来一起对敌,果然奏效,不多时便聚集起了这近二十万义军。但近来探子禀报,苗沛霖已降清。这使他很感意外。苗沛霖诡诈多变,所部战斗力还可以。如果他真的投降了僧格林沁,从后面捅来一刀,这场战役不知道是怎么个情形了。所以,今天他召集各路义军将领开会,主要是研究苗沛霖的事。

韩四万吸了口水烟说:"苗沛霖这小子,见利忘义,说不定真的投降了呢。"

"王八蛋,真的投降了那僧妖,我们先收拾他这个势利小人。"程二坎愤愤地说。

"老程,僧格林沁巴不得你去收拾苗沛霖呢,他好从中坐收渔利。"绰号赛吴用的李勤帮说。

"那你说咋办?"程二坎不服气,反问一句。

"我想,张大哥派人去苗沛霖那里探一探,了解了解情况。他真的降清了,我们就防着他点儿,待这场战役结束后再去收拾他。他如果没有降清,我们就好言抚慰,让他与我们一起打僧妖。"李勤帮说完瞅着张乐行。

"恐怕不行。这小子真的降清了,那不把去的人给砍了,交给僧格林沁邀功?"另一般捻军首领刘清水说。

"苗沛霖,我比较了解。他虽然狡诈,但是不至于心黑到那个程度。而且,他最怕众弟兄们见他无情无义杀义军首领散伙儿。一散伙儿,他就成了光杆将军。所以,他不会杀去的人。"李勤帮说。

"李老弟说得有理。派人去不合适,我自己去,以诚心感动感动他。他总不至于一点旧情也不讲吧。"张乐行瞅瞅左右说。

"这个节骨眼上，总帅去有危险。"程二坎说。

"张大哥一旦有了三长两短的，这仗怎么打？张大哥去不得。"韩四万把水烟袋放在桌子上说。

"我必须自己去，因为，苗沛霖的态度与这次战役关系重大，非我自己去不可。而且，你们都知道我们俩还曾共度生死之难呢。我如果回不来，这众兄弟就由韩老弟和李老弟共同统领。望各路兄弟们同心同德，听从二位的军令。"张乐行作出了果断的决定。

张乐行带着亲兵随从赶到苗沛霖驻地时，苗沛霖已在大营外迎接他。

"哈哈，张大哥，已有一年没有见面了，你还是这样英姿勃发呀。"苗沛霖拱手施礼笑声朗朗地说。

"老弟，你不也这样威风凛凛的嘛。"张乐行还礼道。

二人并辔缓行。

苗沛霖在大营口摆了仪仗兵隆重欢迎张乐行。

第一道是举着长戟的步兵方阵。阵前遍举旌旗，旗展猎猎。第二道是斜挎大刀的骑兵方阵，方阵前有身材高大的小校手擎镶有苗字的黑底白字大旗，将士们精神振奋。

"老弟，你治军有方，大哥真高兴啊。"张乐行由衷地称赞道。

"大哥，不要取笑老弟了，这一点看家本领还不是跟你学的。"

"哪里，哪里。"

进帐坐下后，苗沛霖立刻摆上了酒席。

"大哥一路风尘，小弟先敬大哥一杯。"苗沛霖举起酒杯敬酒。

"好，大哥满饮此杯。"张乐行接过杯一饮而尽。

"大哥，仍是海量。请接小弟的第二杯酒。"苗沛霖又敬来一杯。

"不，老弟，这杯，为兄的就不能再接了。因为我又有求于老弟。先把事儿说了，再喝不迟。"张乐行推杯说。

"哎呀呀，我真忘了，老兄这么远来老弟这里，看来必有要事，我好糊涂。有什么事请老兄指教就是了。"苗沛霖说。

张乐行正色道："老弟，如今，僧格林沁几路大军围剿我各路义军，我等危在旦夕。所以来你这里，想与你探讨怎样对敌之计呀。"

"这不就对了，小弟毕竟是小弟。一切由老兄你安排就是了。大哥一句话，让小弟赴汤蹈火在所不辞。"苗沛霖慷慨激昂的神情溢于言表。

"老弟，有你这份热心，为兄的就放心了，但是，最近耳闻老弟与清

第三十三章 再战皖北

妖有来往，这可是真的？"张乐行问。

"大哥，我苗沛霖身正不怕影子歪。有人到处散布我降清，我可对青天发誓。"

"那么你说说这传闻从何而起？"

"还不是有人故意挑拨我们弟兄们的关系，好从中渔利。其实这事，不难看清，我苗沛霖再糊涂也不至于这时候降清。剿太平天国的清军，最近又大败，而我各路捻军又聚集在大哥你的旗帜下。僧格林沁虽然勇武，但毕竟是以几万对数十万之众，犹如以卵击石。在这时候，我想降清，手下的兄弟们也不干啊。而且，更重要的是，我与大哥共过生死患难，我咋忍心撇下大哥去降那清妖呢？今天，大哥若不相信老弟，老弟就只好一死了。"苗沛霖说着说着，突然抽出宝剑向脖子上抹去。

张乐行手快，一把抓住他的手腕，把剑夺了过来。

"老弟，大哥已知道你的心情了，你何必这样呢？"张乐行把剑递给侍卫。

"小弟心中不痛快啊，我一心为灭清廷而努力，但是有些义军弟兄们不理解，说我什么都有。"苗沛霖委屈得直要抹眼泪。

"老弟，只要你心诚，众弟兄们还是信任你的。"张乐行很动情地说。

"好，大哥，我不想说什么了。你就说这次战役中，老弟怎么办吧。"

"好，老弟，先喝这杯酒。"张乐行举起酒杯。

苗沛霖接过酒杯一口喝了下去。

"老弟，这次战役事关我们各路捻军的生死存亡，所以我请老弟应鼓励众将士奋勇杀敌。具体任务是，从左翼进攻清军，牵制他们不能全力进攻我主力。这事还望老弟费心。"张乐行感到此次不虚行。

"大哥，老弟就按你的指令行事，我的部下尚能战斗，进攻僧妖，牵制他们的兵力毫无问题。"

"好，为此请各位干一杯。"

"干一杯。"

张乐行心中感到十分快慰。他想，毕竟是患难与共的自家兄弟，只要把话讲开了互相都能理解。他在苗沛霖营中停留了两天便回到自己的中军驻地。

等到高唐总兵陈国瑞到来之后，僧格林沁便召开军事会议详细部署了进攻张乐行的计划。

向捻军总攻时间定在卯时。一到总攻时刻，中军都统舒通额带健锐营骑兵直捣捻军张乐行的中心营地。

舒通额像发了狂的狮子，不顾亲兵的阻拦，一马当先冲了过去。

早已憋足了劲儿的清军官兵跃马挥刀大砍大杀。捻军将士们也毫不示弱奋起抵抗。一时间，杀得天地都昏暗了。

韩四万不慌不忙地迎战。他骑着一匹高大青骡，手中拿着一把足有六寸宽的大刀带着部队向冲来的清军迎过去。手起刀落，早有几个清兵被砍倒在马下。

舒通额此时杀红了眼，正好与韩四万碰个照面。舒通额与韩四万同时看出对方是个大将领，都呀的一声大喊向对方砍去。两把大刀相碰，金星乱蹦。舒通额觉出此将功力不小。二人战了十几个回合。互相都觉出对方是个劲敌。

舒通额咬了咬牙，纵马又冲了过来，韩四万在两马交颈而过的同时一刀正好砍在舒通额的右肋上。舒通额差点跌下马来，但是，他强忍住剧痛，又回转马头向韩四万杀了过来。

韩四万给了舒通额一刀，觉得舒通额已无力再回过马来，然而，舒通额在他还没有缓过劲儿的时候，又回马向他冲来。当他还未来得及举刀相迎的时候，舒通额的大刀已从他的左脸劈下。他躲不及，半个头被舒通额砍了下来。

韩四万被砍下头，舒通额大喊一声"冲啊！"清军一起呐喊。喊声震天动地。

清军骑兵举刀乱砍。

张乐行一看中军韩四万被杀，军中大乱。他焦急异常。他立即命令程二坎抵住清军，自己率主力向清军左侧迂回，他想避开清军锋芒，迂回包抄，一举成功。

他向左侧移师不到片刻，前方的路被堵住了。来将是清军都统全顺。

"张将军，你犯兵法所云，大军'集盈则必亏'的禁忌。在皖北这狭长地带集结过多部队，行动不自由，今天必败无疑。你若识时务，赶快下马也来得及。"全顺横刀立马说。

张乐行冷笑一声说："你不要狂妄，我二十万大军还未动根本，斩尔等清妖绰绰有余。看刀！"张乐行挥动大刀冲杀过来。

全顺并不迎战，而是让开一条路让张乐行过去。

张乐行刚冲出去不久,前方又有一路大军阻住去路,来将是总兵陈国瑞,不免又一阵冲杀。

程二坎抵住舒通额杀了一阵,渐渐不支。

舒通额站在高处,命令部将其他不要管,只要把程二坎围住就行。程二坎左冲右突冲不出去。

此时,舒通额大喊一声,举着大刀带着亲兵冲了下来,程二坎措手不及,被舒通额砍下了脑袋。

不到半天,两个大将被杀,捻军各营大乱。

与张乐行随行的李勤帮对张乐行说:"张大哥,我们这样冲击不行,应该扎下营来,十几万大军只要扎下营来,他们就很难攻破咱们。咱们一分散,很容易被他们各个击破。"

"老弟说得有道理。但现在恐怕不行了。"张乐行说。

"不,大哥,还来得及。"

"那好,命令各路义军扎好营寨,互为犄角,互相接应。"张乐行命令道。

这一战术果真奏效。

僧格林沁一看张乐行的大军在数十里长的战线上扎下营寨,首尾相顾,各营相救,实在无法立即取胜,也只好下令停止进攻。

这次战役的第一场战斗,就已使皖北大地尸横遍野。老百姓们躲在屋里,偷偷地看着数十里长的军营,心中不免咚咚打起鼓。这战乱何时才了啊。他们向观音菩萨祈祷,及早消灭这人间战火,让老百姓们过个安稳的日子。

僧格林沁起得很早。在曙光映照下,在营中散步。从皖北战役第一回合看,他有胜利的把握,但若想取得最后胜利,还需要更大的代价。

"大帅起得早啊。"舒通额也在亲兵的护卫下走出来,见到僧格林沁便上前请安。

"啊,舒将军。"僧格林沁也招了招手。

"大帅,你是不是为这战事愁啊。"舒通额问。

"那还用说。"

"大帅,不必愁了。我们必胜无疑。"舒通额笑道。

"舒将军,谈何容易呀,张乐行还有十几万人马呀。"

"大帅,是不是把苗沛霖给忘了?"一直在一旁听他二人说话的全顺插话道。

"噢，全将军也来了。"

"大帅，现在正是利用苗沛霖的时候了。"全顺进一步说。

"对，利用苗沛霖。让张乐行苗沛霖靠拢，我们在半道截击。"僧格林沁挥了挥手说。

张乐行得到苗沛霖要他靠拢一处的要求后，他真高兴了。他想，还是自家兄弟，危难之时伸出了救援之手。

张乐行命令大军向苗沛霖靠拢。

张乐行的大军移动不到半日，刚走到双堆集的时候，清军的三股大军突然把他们拦腰截成三段。此时，张乐行才觉出其中有诈，但是已经晚了。清军开始了全面进攻。战斗是十分惨烈的，僧格林沁到阵前督战。舒通额、全顺、陈国瑞、那木斯来、萨布旦各带本部人马奋力进攻，各路捻军纷纷溃逃。

骑兵一旦冲入溃败而遁的步军之中，便如虎入羊群。马踏剑砍，使步卒失去反抗能力，只能任骑兵们切瓜般砍来砍去。一时间黄河南岸上留下了捻军将士一堆堆的尸首。

傍晚，僧格林沁收军，仅这一天，杀死捻军足有三万余众。

僧格林沁站在一个土坎之上，看见夕阳如血，红晕下原野上到处是人的尸首、马匹、旌旗、车辆、刀剑。地上流的鲜血与夕晖相映，残破的各色旗帜在晚风下飘摇；受重伤而还没有断气的士兵低声哀吟，一群群乌鸦呱呱叫着或空中盘旋，或起起落落。

我杀的人是否太多了？这能怪我吗？愿佛祖保佑，苍天在上，这不是我的过错，不是我的过错。

僧格林沁没有胜利的满足，而是产生了一种重重的失落感。

第二日，僧格林沁对各部将下令，不要杀那些已经放下武器的捻子，而是重点搜捕那些首领。

这些聚集起来的捻军，一旦被打散，就各自逃散。张乐行此时已无法再集结和号令各路捻军了。他只带自己的近万人马向湖北方向边打边撤，想到那里与太平军赖文光部合兵一处，然后卷土重来。更何况皖北逐渐寒冷，已使薄衣单衫的义军弟兄们不能支持了。向南撤退有利于过冬。

张乐行心中直骂苗沛霖，也骂自己没看透这个人面兽心的义军败类。

僧格林沁已探出张乐行想入湖北与赖文光部合兵的军事企图。张乐行一旦进入鄂东山区，骑兵就无法展开；如果再与赖部合兵，其势重振，

那将影响江北大营。

僧格林沁召来了舒通额、全顺吩咐道："你们二人各带本部骑兵，日夜兼程，赶在张乐行之前，在淮河一带设防，把张乐行截在淮河以北。我率大军追击，务必把他们歼灭在淮河北岸。此行责任重大，你们二位要不顾一切代价，完成此重任。"

"嚓。"二人施礼受命。

舒通额、全顺两大骑兵部队急驰在淮北大地上。他们休息时马不离鞍，人不离剑，完全用干粮、凉水充饥，遭遇一些小股捻军全不理睬，只顾向前急奔。

他们正涉涡河的时候，突然狂风大作雨雪纷飞。骑兵的装备较好，但是连续在马上颠簸，人困马乏，又突遇这雨雪，体弱些的士兵禁不住寒冷和困乏，从马背上跌了下来，倒毙在河流之中。

舒通额全然不顾这些，仍大声催促将士们快快过河前行。

此时，一个小校过来对舒通额说："舒大人，过河后能否找个避雨的地方，休息一下，士兵们已不堪忍受这劳累和寒冷了。"

"你少给我废话，再跟我说休息之事，我先砍下他的脑袋！"舒通额抹了把满脸的雨水汗水吼道。

那位小校只好回过头催促士兵们过河。

大军过完河，河中留下了几十具尸体。

这两大骑兵部队仍在一刻不停地狂奔。

忽一日，汹涌的淮河横在眼前。

啊，到了，到了。

舒通额、全顺相视会意地一笑。

此时，达到疲劳之极的士兵们勉勉强强地下了马后，四仰八叉地躺倒一片片。

舒通额大惊。达到疲劳极限的马一旦立即卧下，那将再也起不来了。如果那样，后果不堪设想。骑兵失去了马，就犹如人失去了两条腿，凭什么打仗？

"都快给我起来遛马，都快给我起来遛马。"舒通额放开嗓子大喊。

有的士兵摇摇晃晃地起来了，有的仍躺着不动。

"将校听令，哪一个不起来就立即砍头。"舒通额吼了起来。

将校们挨个儿去喊，有的挥鞭打士兵们快起来遛马。

—308—

这时，已有一些马"咚咚"倒地，口吐白沫挣扎着。绝大部分士兵都硬撑着站立起来，强拉着马缰绳遛马。只有一小股士兵们仍躺着未动。

舒通额大步走到跟前一看，这股正是过涡河时，请求舒通额找地方休息的那位小校所带的兵。那位小校也躺在中间。

舒通额一句话也没有说，"嗖"的拔出刀，一刀砍了下去。那位小校"啊"的一声惨叫，头滚在一边，脖根里血柱喷有三尺高。

士兵们一见这情景，忽地纷纷起立。

舒通额把刀上的血在马靴上蹭了蹭骂道："没有血性的孬种。"回头又吩咐，"把他收拾好，找个向阳的地方埋了。"

张乐行带着大军赶到淮河北岸时，突见清军骑兵拦住了去路，惊得他差点从马背上跌下来。他强作镇静，找一有利地形扎下营塞。

未等张乐行再次走脱，僧格林沁大军尾随赶到，并立即将他团团围住。

张乐行召集各将领开会。

李勤帮未开口先叹口气道："张大哥，咱们在北边，聚有二十万大军，结果被僧妖打得七零八落。如今只凭咱们这不足二万人，对付他们难啊。"

杨瑞英附和道："是呀，张大哥，真难呢。识时务者为俊杰，咱们不如另找出路，不能死打硬拼了。"

张乐行的儿子张喜是条硬汉子。他瞪着眼问："叔叔，你们说的另找门路，是不是要投降啊？"

"啊哟哈，你小小年纪还教训起为叔的来了？谁说要投降了？"杨瑞英反问道。

"张喜，我与叔叔们说话，你不要无礼。"张乐行喝退了儿子。

众人都默不作声。

张乐行心中悲哀却强作欢颜道："各位弟兄，咱们还有近二万兵力，另外我已派人到鄂北与赖文光联络，他会很快派兵来支援咱们的。请各位同心协力，奋力战斗，度过难关。"

这次军事会议在一片阴云密布之中没有任何结果就结束了。

僧格林沁命令大军全面进攻是在拂晓时候。

几路大军呼啸着张乐行的营盘冲过来。

首先从精神上已开始崩溃的义军，此时，可以说没有什么抵抗力了。

清军骑兵如劲风卷残云，不到半天工夫就把张乐行万余大军冲杀得零零落落，已经不能算作队伍了。

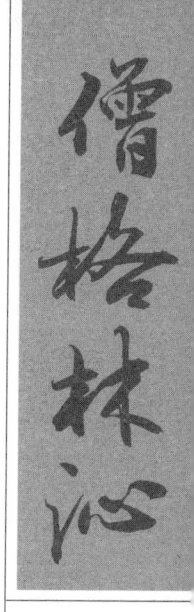

僧格林沁亲王

张乐行带着几百亲兵亲将，在黄昏时候苦战得脱，来到一个小村庄。

张乐行已疲惫不堪，找到一个大户人家食宿。

他们简单吃了点糙米饭后就休息。

张乐行的儿子张喜吃过饭便打起了呼噜。

张乐行在屋中踱步，百感交集。自他举起义旗造反请以来数百次大小战斗，有胜有败，但是没有如这次惨的。

僧格林沁，僧格林沁，我此生不能杀你，死了也要变成厉鬼取你的人头。张乐行把牙咬得嘎嘎作响。

他恨僧格林沁，更恨义军中那些意志薄弱投敌叛变者。

夜已很深，他仍没有一点睡意。直到后半夜，他才有些困顿。他和衣倒在床上打起盹来。忽然，似梦非梦听到吆喝声、刀剑碰撞声，他本能地睁开眼坐起。一看杨瑞英、李勤帮举着刀冲了进来。

"你们要干什么？"张乐行大喊一声，就要抽身上佩带的刀。

但已经来不及了，杨瑞英一个箭步跨过来，把刀架在张乐行脖子上低吼道："大哥，小弟对不起了，先委屈你一下。"

几个士兵过来把张乐行捆起来。张乐行的儿子张喜还未等醒过来，也被绑了个结结实实。

他破口大骂："杨瑞英，你这个背信弃义的叛徒！"

第二日，杨瑞英、李勤帮把张乐行父子献到僧格林沁大帐之中。

僧格林沁既没有审问，也没劝降，而是把张乐行父子关押起来。他召见了杨瑞英、李勤帮二人。

"二位将军深明大义，实为可嘉，本帅定当申报朝廷重重奖赏。"僧格林沁说道。

"张乐行父子不听我等归顺朝廷的忠告，才有今日下场，另外，各路捻军都惧怕僧大元帅神威，我二人顺乎天意人心，归附朝廷，还望大人多多教诲。"杨瑞英满脸堆出笑纹说。

"备酒席，给二位将军洗尘。"僧格林沁吩咐。

席间，僧格林沁问："二位，深知各路捻军情况，现在赖文光部下情形如何？"

"僧大帅，赖文光部大都是他的老营部下，心齐，装备好，比张乐行部强得很啊。"李勤帮躬身答道。

僧格林沁听后心中不以为然。他想，刚交战时，也有说张乐行如何了得，结果二十万大军不堪一击，其实是乌合之众。捻子们相互吹嘘，其实都是虚张声势，哪能抵挡我八旗铁骑呢。

舒通额听后更是鼻子里轻轻地哼一声，不屑一顾地乜斜了一眼李勤帮。他想，赖文光还长了三头六臂不成，到时，看我舒通额咋砍他们的五斤半。

酒席散后，僧格林沁命令好生侍候杨瑞英、李勤帮休息，然后他叫来何建鳌。

"王爷，有何吩咐？"何建鳌问。

"你今晚去把杨瑞英、李勤帮给我收拾了。"

"王爷，你不是历来不主张杀降兵降将吗？"何建鳌感到不解地问。

"这就看咋样的情形了，有人投降是带自己人马，并不祸害他人。但是，杨瑞英、李勤帮二人是在危急时刻卖主求荣。这样的小人不杀留着何用？他们今天背叛他人，明天也可能背叛我。是留不得的。"僧格林沁说。

"噢，我明白了。"何建鳌点点头退出。

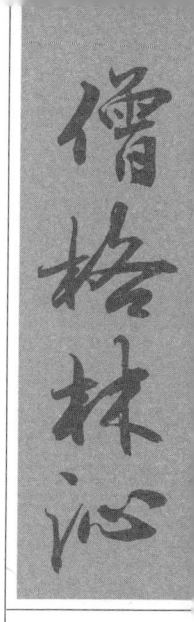

第三十四章　三战皖北

乾清宫里，慈禧太后正襟端坐在纱幔之后。从透明软纱上，筛出她玉脂般洁白的脸和鲜嫩的朱唇。她刚刚接到僧格林沁关于皖北战役取胜的奏报和授苗沛霖总兵衔的请折。为定夺此事，她召来军机处有关的大臣商议。

慈禧清清嗓子说："诸爱卿，僧格林沁督师远征，又旗开得胜。皖北战役大获全胜，捕获杀伤捻首二十余人，消灭二十余万捻匪。捻匪巨首张乐行父子也被活捉。僧格林沁功勋卓著，我意要重重奖赏，封其子博颜讷木祐以贝勒，随僧格林沁打仗的各部将予以晋衔嘉勉。此事，你们去办就是了。只是，封这苗沛霖为总兵，仍带所部，我有些拿不定主意，你们说说应该怎么办？"

荣禄转了转眼珠子跪下说："皇太后，臣以为，封苗沛霖为总兵不妥。此匪首反复无常，理应诱捕杀头。但是僧王不知出于何考虑，竟放了他，又要委以重任，这是鼓励叛匪而令匪轻视朝廷。"

荣禄说完用眼角扫了扫议政王奕訢。

醇亲王军机大臣奕譞说："荣大人说得有理。对捻匪不能手软，应该严厉惩办才是。哪有放虎归山又加封之理呢？"

慈禧太后听着有些为难。她向议政王奕訢说："议政王你说说应该怎么办才是？"

"禀太后，僧格林沁亲王所奏不无道理。皖北战役的胜利与劝降苗沛霖，苗沛霖又诱使张乐行入圈套有关。并且，现在长江南北，发贼、捻子还有数十路人马，如不采取剿抚并举的策略，一味砍头，恐怕不利于战事。所以，我意应准其奏。"奕訢躬身答道。

慈禧太后沉默了好大一会儿才说："杀苗沛霖不可，给官做也不可。拟旨，让苗沛霖只带两千士卒从军，戴罪立功。当他立功之后，按功授职不迟。"

众人哑然。

此时，已移师到鄂东，准备与太平天国西北路军赖文光、张宗禹部进行决战的僧格林沁接到圣旨，不免有几分恼怒。苗沛霖以万余兵马，拥兵自重，给他个总兵他都不那么情愿。让他解散兵马、戴罪立功，这不是分明又把他逼上反叛之路吗？鄂东战役还未展开，后院又要起火哟。

僧格林沁心中憋闷，走到窗户跟前，一把推开了窗户。三月的鄂东草木葱茏，花卉盛开，一股湿润温馨的空气吹了进来。僧格林沁眉头紧皱，轻轻地打了个哈欠。

现在他有时感到浑身酥软、四肢无力。年龄不饶人，毕竟是年过半百的人。有时晚上睡觉，他四肢发凉，很长时间也暖和不过来，心中产生隐隐的悲切。他已征战十余载，常年劳累，但他在众将士面前从不流露疲惫的神情。尤其是他一到军前，看到旌旗蔽日、刀剑林立、阵容整齐、可移山填海的部队，精神立刻大增，浑身充满了力量。不过，他越来越厌恶战争，当看到汩汩流淌或凝成块状的血时，他立刻恶心欲吐。然而，有几日看不到这些的时候，他又觉得缺点儿什么。他祈祷佛祖早日结束这可怕的战争，但是他又觉得，一旦没有了仗打，他又要卷入那永无休止的宫廷争斗之中，那将是比战争更可怕的东西。螳螂捕蝉，黄雀在后，我在前方浴血奋战，不知有多少人在后边嫉恨我、算计我呢。他感到茫然。

人生一世，草木一秋。什么时候是我的归宿，使我安静地躺在生我养我的大地之上，得到一种解脱，永远的解脱。

数日之后，军机处送来了急信。僧格林沁拆开一看叹道："果然不出所料，苗沛霖又反了。"

苗沛霖得知朝廷对他的发落，嘿嘿冷笑两声骂道："你们不仁，不要怪我不义。不给你们点厉害瞧瞧，不知马王爷几只眼。"

苗沛霖又举起反清大旗，四方聚集了几股捻子和被打散的太平军，近数万人马，向正围困南京的曾国荃部运动。

曾国荃感到后顾之忧，请求军机处让僧格林沁再回皖北，先解决苗

沛霖。慈禧太后就以皇上名义下令僧格林沁挥师北上。

因为军情紧急，僧格林沁率大军昼夜兼程。

当大军赶到亳州时，春雨滂沱，地上返浆，道路泥泞，天上下雨一片水雾。僧格林沁被冷雨一浇，又加昼夜奔袭过于疲劳，在亳州城下病倒了。他浑身一阵热一阵冷，头脸发沉，眼皮都抬不起来，后来竟然昏迷不醒。

何建鳌焦急万分，立即让随军医生诊治。

主帅病倒，战事暂缓，舒通额让大军驻扎下来。

僧格林沁昏迷了两天才醒过来。大家见王爷醒了过来，都松了口气。

僧格林沁挣扎着坐起问道："亳州城内捻匪动静如何？"

"大帅，没有什么异常动静。"舒通额回答。

"陈总兵带本部人马进攻亳州。其他各部向苗沛霖的主营河南三垒进发。"僧格林沁喘着粗气说。

"大帅，请你先养好病再进兵不迟。"全顺劝道。

"是啊，大帅，请您先好好静养几天。"其他将领也劝道。

"不，与捻作战宜速，不宜久拖，你们就快快进兵吧。我随中军行动。"僧格林沁挥了挥手，示意各将领赶紧去部署进兵。

总兵陈国瑞所部兵马向亳州进攻，不到一日便攻下了亳州；进城内一看，根本没有捻军尸首。这时，陈国瑞才悄然大悟。守城的是城内百姓。陈国瑞气得命令将士将城内成年男丁全部杀死。一时，亳州城内到处哭号之声，大街小巷横尸遍地，不到半日竟杀死了上千名百姓。

陈国瑞从亳州出发赶上大军时，僧格林沁已连连攻下了十余座捻军营垒，擒斩了捻首陈福等，正与苗沛霖主营对阵。

陈国瑞进主帅营奏报战果。

此时离僧格林沁病倒的日子，已过了一个月。僧格林沁已康复。

"陈总兵，如此快就攻克亳州，又赶到这里，实是可贺。"僧格林沁说。

"大帅，亳州城内五千捻军，如乌合之众不堪一击。让我们杀伤了大部，只有一小股逃散。"陈国瑞说起谎来并不慌张。

僧格林沁并不说话。

坐一旁的舒通额问："陈将军，守亳州的捻子之首是谁？可曾擒获？"

"捻首好像是苗井开，惭愧的是让他逃脱了。"陈国瑞有些感到舒通额话中有话。

僧格林沁亲王

—314—

"哈哈哈！"舒通额突然纵声笑了起来。

陈国瑞感到浑身起了一怪鸡皮疙瘩，因为清军中传有"一怕舒通额咬牙，二怕舒通额笑，一咬一笑就有人头落地"之说。

陈国瑞是总兵，官职和品秩都低都统舒通额两级，但他毕竟是握有军权的总兵，无论如何舒通额不能杀了他的头。不过，陈国瑞心中有鬼，就不免惧怕起来。

他大着胆子问："都统大人，为何笑？"

"这你自己明白。"

"下官实在不明白。"

"那好，我给你挑明了吧。亳州城内捻军，等你攻打城市的前一天就逃走了。而且你说的捻首苗井开，一直在我大军右翼窜进窜出，窥探虚实，他可有分身之术到了亳州？你到亳州不安民抚慰，反而滥杀无辜。今日又以谎言迷惑主帅，冒功领赏，你可知罪？"舒通额说着说着腮帮子鼓了起来。

陈国瑞的谎言被彻底戳穿，吓得他匍匐在地说："请大帅开恩，下官气愤之下杀了城里成年男丁，又一时糊涂说谎冒功，小的有罪。"

僧格林沁严厉斥责道："现在匪患一个接一个，压下葫芦浮起瓢，正是国难当头之时，我们应该忠勇护国，一切为社稷。而你为了区区寸功，滥杀百姓，又谎报战果冒功领赏，全不念及朝廷栽培之恩，理应严加惩处才是。念你作战尚能努力，守高唐有功，这次不予惩罚。望你知罪图功，再不能干这不齿之事。"

"谢大帅恩德。"陈国瑞连叩三个响头站起。

"你回帐休息吧。"

陈国瑞满脸羞地退出后，舒通额对僧格林沁说："大帅，此等败类，应该严惩才是，为什么这样轻易地放过他？"

"舒将军，现在大敌当前，正是用人之时，不能轻易地抓了或杀了。陈国瑞部尚能战斗，我们施以恩德，他必定感激而更加奋力杀敌。"僧格林沁捋了一下颔下的胡须说。

一直在一旁的全顺说："大人，您以君子之心度小人之腹啊。有人有感激报恩之心，但是有的人则是记小仇而不计大义。"

"你们二位不要过于猜疑他人，陈国瑞是我最早提起来的总兵，他不至于……好了，我们还是议怎样打这苗沛霖吧。"僧格林沁制止了他二人

继续想说什么。

全顺不易察觉地晃了晃脑袋。

当晚，僧格林沁从陈国瑞的事联想到不少督剿将领冒功领赏的事，不少将领划地为界，只把叛匪撵出所辖之地便报歼灭战功。结果，各路叛匪越剿越多。他就给朝廷写了个长长的奏折，详禀所知情形，请求各地加以整殇。

第二日，他让儿子博颜讷木祐带奏折回京面呈太后。

"阿爸，我不想回京，我要在你身边。"博颜讷木祐已看出，自上次得病以来，父亲的身体又明显不如以前。他想要留在父亲身边，照顾父亲。

然而，僧格林沁有僧格林沁的打算。

"孩子，你必须回去，我这一生，只愧对两个人，其中就有你的母亲，我没有给过她什么。你回去好好照顾你的母亲和妹妹。我不要紧，我的身体还吃得消。"僧格林沁深深感到这次剿匪战役的艰难和危险。在皖北这块地方骑兵还可展开，以后到鄂东山区后情形就不同了。留儿子在军前，一旦有个三长两短，怎么向他的母亲交代。而且，他只有这么一个儿子。

博颜讷木祐知道父亲的脾气，再急也是没有用的，所以他含着泪点了点头。

送走博颜讷木祐的第二日，僧格林沁向苗沛霖大军发起了进攻。

苗沛霖的义军凭借深沟高垒，坚守营盘。

僧格林沁的部队在舒通额、全顺的指挥下连续发起攻击都未能攻克，人马损失不小。

舒通额肝火大生。

有一日，全顺对舒通额说："舒将军，我们这样一味强攻不行，还须想个计谋。"

"全将军，你这不是废话吗？难道有计谋我不去用？"舒通额瞪大眼睛说。

"舒将军，你先不要急，我已派人探得，苗沛霖三个主营的外围兵马，都不是他自己的原部人马，而都是新聚到他旗下的其他各路捻子。这是苗沛霖让别人给他当炮灰，他好保存自己。其他各路捻首都有意见。你看，我们为什么不利用一下这个机会呢？"全顺说。

"噢，全将军说的是用离间计。"舒通额拍了拍脑门道。

"就是离间计。明天，我们发起进攻后，凡是抓住他们的人，一个也不要杀。而是好言抚慰告诉他们，我们是专门来打苗沛霖的，其他各种捻子只要不给他卖命，我们可以网开一面，不咎以往。这些人回去后，肯定在各营中散布。不怕他们不瓦解。"全顺说出了自己的全盘想法。

"好，全将军就按你的主意办。"舒通额紧皱的眉头一下舒展开来。

这一招果然奏效。有些捻军首领，悄悄地带着自己的人马不辞而别。舒通额、全顺网开一面，并不去追杀他们。

不到几日工夫，苗沛霖的主营暴露在清军面前。

苗沛霖大骂那些溜走的捻首中人奸计、不顾大义；但是人已走了，骂了也没有用。他只好另想办法。

苗沛霖不愧为多年与清军周旋的义军首领。他在一个夜晚，让一股部队穿上清军服装用清军夜间口令,在清军的重重包围之中逃脱了。然后，他采取游击战术，忽东忽西，漂忽不定，牵着清军的鼻子乱转。

舒通额发了急躁，挥动大军穷追不舍。全顺劝他不要这样穷寇，他全然不听。

全顺没有办法，赶到亳州，向在这里统一策划鄂东战役的僧格林沁禀报了前线战况。

僧格林沁听完全顺的禀报后说："苗沛霖乃漏网之鱼、丧家之犬，追究而一举歼灭，也是可以的。但是，不能旷日持久。我们下一步还要到鄂东去对付长毛贼的西北路军呐。"

一听僧格林沁也想用穷追的办法速战速决苗沛霖，全顺心中一惊。

全顺说："王爷，苗沛霖手下还有数万人马。他们地形熟，又得到一些刁民的支持。我们一味穷追，实际是让他牵着鼻子走呢。一旦误入他们的埋伏，那是很危险的。"

"你说得也有道理。但是，用什么办法，快快解决这苗沛霖呢？"僧格林沁反问道。

"王爷,我有一计。我们在亳州狱中关押着在曹州捕获的捻首青皮龙、龚三愣。我们把他纵放出来，对外宣扬他越狱逃脱，并许以官职和军饷，让他们召集旧部。然后,让他们以与苗沛霖联合名义，把苗骗到指定地点，我们在四周设伏，一举擒获。"全顺说出了计谋。

"就怕苗沛霖诡计多端，识破了我们的计谋啊。"僧格林沁有些忧虑。

"这我也想到了，但是苗与青皮龙是最早的拜把子兄弟，二人感情甚厚。青皮龙被捕后，苗还策划过劫狱。只要他肯出来,苗就会深信不疑。"

—317—

全顺分析道。

"事已至此，只好这样试一试看了。"僧格林沁点了点头。

全顺到曹州放出青皮龙，说明了朝廷委以重任的意图，并让他为朝廷戴罪立功，诱捕苗沛霖。

人以群分，物以类聚。曾经与苗沛霖起誓发盟同生死共患难的青皮龙，也像苗沛霖一样在义军中是没有骨气的人。他禁不住高官厚禄的诱惑，同意按计行事。

苗沛霖牵着清军的鼻子到处转悠，想找一个合适的地方设伏，打清军个措手不及。

他十分得意，你僧格林沁虽然消灭太平天国北伐军，又与英法联军数度交锋，杀了无数捻军将领，拿我苗沛霖奈何？我就是不与你硬拼，看你把我怎么样。

正在此时，他接到青皮龙的来信。信中说，他设法买通了看守的官军，从狱中逃了出来，现在又召集旧部，已有近万人。他想要和他联手共同对付僧格林沁，邀他在营山集地方会师。苗沛霖看信后，先是一阵高兴，后又产生了猜疑。现在清军穷追，各股捻军，心怀叵测，人心难测。而且，青皮龙怎么能轻易地越狱成功了呢？这事，还得好好了解了解再说，一招不慎，满盘皆输啊。

苗沛霖派出很多探子打探青皮龙的情况。

探子回来后报告，青皮龙确实聚集了上万人马，声势很大，而且正与清军对峙，情形很险。其实，他们看到的大部分是清军士兵扮的捻军。

苗沛霖一分析觉得有了把握。敢情他是怕又一次被吃掉，想与我联手，躲过灾难。"我沛霖为朋友两肋插刀。现在虽然我们也很险，但是哪能见死不救呢？走，到营山集，先把老弟青皮龙救出来再说。"他对左右说完，就指挥大军向营山集进发。

此时，正是梅雨时节。雨丝犹如挂在天空的薄纱，雾气把天空与地面连成一体，苍苍茫茫。数万捻军冒雨前行。他们还不知道，等待他们的是一口硕大的陷阱。

雨水雾气早把衣衫润透了。湿甲湿衣粘在身上，浑身不舒服。

他们昼夜不停，不到十日便到了营山集。

这日，雨过天晴。难得的一个晴朗朗的日子。

青皮龙在大帐外恭候苗沛霖。二人热情地寒暄一番，苗沛霖左右观察并没有异常现象。

"苗大哥，冒雨赶来，搭救小弟，小弟感激不尽。请大哥快快进帐。"青皮龙躬身请苗沛霖。

"你我还讲这客套干什么。"苗沛霖摆摆手大步走进帐内。

苗沛霖等十数个将领先进青皮龙中军大帐，还未等落座，四周伏兵齐出。苗沛霖等人拔刀不及，个个脖子上架上一把刀，使他们动弹不得，乖乖地被捆了起来。

苗沛霖大骂："青皮龙，我肏你的八辈祖宗！你忘恩负义，不得好死！"

但此时，青皮龙已不在帐中。他根本没有进大帐，而是把他们一个个让进来后，就溜走了。

"苗将军，你可认得我？"全顺走了过来。

"认得，认得，僧格林沁的军师全顺大人，何人不知？只是，你采取这种卑鄙手段诱捕我等，实在是并不高明。"苗沛霖昂起头道。

"苗沛霖，你叛了降，降了又叛，今天这是罪有应得。"全顺道。

"你们朝廷不守诺言，逼迫我重走这条路，这能怪我吗？"苗沛霖喊道。

"你不要吵了，待到僧王那里再说吧。"

全顺把苗沛霖的降卒予以关押后，又押解十几名首领回去向僧格林沁复命。

僧格林沁得到诱捕苗沛霖成功的消息后，十分赞赏全顺的神机妙算。

全顺是难得的将才，打完仗后我一定向太后保举重用他。僧格林沁心想。

僧格林沁把行辕布置得十分庄严肃穆，并下令把苗沛霖等人带进来。苗沛霖等十余名捻军将领被带到大堂后，并不跪下。

僧格林沁与捻军作战多年，抓捕过无数义军将士，知道他威武不屈的性格，所以并不勉强让他们俯首跪下。

"苗沛霖，你不念朝廷宽大之恩，数度反叛朝廷，今天还有何话可说？"僧格林沁开言道。

"僧大人，我要单独与你说话，你先让他们退下。"苗沛霖回顾身后的其他捻军将领说。

"好，先把他们押下。"僧格林沁挥了挥手。

把其他捻军将领押僧格林沁问："你有什么要说的？"

"僧大人，这次我反朝廷是你们不履行诺言，且又解散我的弟兄们，这样我才重新与你们对立。这责任不在我。"苗沛霖辩解道。

这句话说得僧格林沁一时也无言以对。是啊，原来许诺他以总兵衔继续带所部兵马。结果朝廷不准，激他又反。

"事已至此，你就不要说别的了。"僧格林沁只好这样搪塞。

"僧大人，我有个请求，我请大人再给我一次机会。我这次不求什么官爵，只求朝廷恩准我戴罪立功即可。我决不再反。"苗沛霖边说边跪了下去。

"沛霖，你性情不定，重利忘义，再不要有什么求生的妄想了。"僧格林沁想，对苗沛霖，朝中一些大臣上次就进言太后杀掉他。这次，就更不会饶过他的。

"不，大人，我还可以聚起数万人马，我可以替你们打太平军西北路军，再给我一次机会吧。"苗沛霖仍不放弃地恳求道。

"来人，把他押下去！"

一听到儿这，苗沛霖感到彻底绝望了。他站起身瞪着眼吼道："僧格林沁，你不要太得意，你杀人太多，双手沾满了捻军弟兄的鲜血，你会得到报应的。我二十年后仍是一条好汉，你等着！"

一路骂声之中苗沛霖被押进大牢。

押走苗沛霖后，僧格林沁唤来了青皮龙。

"青将军，此次为朝廷立了大功，待本王奏明圣上，一定举你为副总兵。"僧格林沁说。

"僧大人，我不想做什么官了。如果那样，捻军弟兄们会唾骂死我的。这两日我心神不安，我请求大人放我回归故里，就感激不尽了。"青皮龙言语悲切。

"苗沛霖狡诈多变，罪有应得，将军又为朝廷立了大功，理应受赏，就不必多虑了。"僧格林沁安慰道。

"不，大人，我诱捕苗沛霖属一时贪生求荣，做出了终身不安的事情，我再带兵打捻军弟兄们，那就更无颜活在这世上了。"

"将军果然重义气，令我钦佩。但是，为朝廷立功乃是大义，将军只讲这朋友小义而不讲社稷这个大义就不是大丈夫所为了。"僧格林沁说。

"僧大人，我已心灰意冷，无心再卷入残杀争斗。只请大人宽恕我吧。"青皮龙说着说着跪了下去。

僧格林沁一看青皮龙自责过重，已无心为官，就叹了口气说："青皮龙果然以朋友义气为重，本王只好成全你，来人，快去拿五百两黄金。"

仆役们托来五百两光色灿烂的黄金。

"将军，请收下这点薄礼，回去置田安家安度一生吧。"僧格林沁说。

青皮龙举手从托盘之中只拿了一锭金，拱拱手对僧格林沁说："我拿这么多也没有用，只拿这一锭做盘缠即可了。感谢大人的恩典。"说完大步走了出去。

僧格林沁立在那里轻轻地摇了摇头。

青皮龙到市井之中买了些黄纸、供品之类的东西后，到小酒店喝了些酒，待到夜晚，他到郊外，点燃了黄纸，又往火堆里洒酒并跪下叩头道："苗老兄和弟兄们，我青皮龙对不起你们。你们在天有知，我没有做他们的官。我现在给你们认罪了。"青皮龙边说边哭。

他突然止住哭声，从腰间拔出寒光闪闪的刀。在火光中看得清，他的两眼紧闭着。

"苗大哥，你们等着我，我随你们去了。"一声凄惨的哀号，寒光一闪，青皮龙倒在火堆旁。

不远处的一棵树上一只猫头鹰，瞪着黄灿灿的眼睛咕咕叫了两声，俯冲了下来。

解决了苗沛霖部捻军，皖北大部地区基本平定。僧格林沁率大军再次向鄂东进发。

第三十四章　三战皖北

第三十五章　鄂东大战

坐落在鄂东的罗山，峰连峰，岭接岭。人说，山锐则不高，这是从远观而讲的。近看，山锐才显出其峻拔雄伟。罗山峰尖耸入云端，悬崖峭壁突立千仞。山石缝间千年古松倒悬，树上猿猴飞，两峰间的狭长道路上正在蠕动着一支清军部队。

他们拥拥挤挤，刀枪的碰撞声，铠甲的摩擦声，战马的嘶鸣声和战士的喘息声连成一片，在这山谷间产生了一种独特沉闷的轰鸣之音。

因为正值盛夏，太阳从山顶直泻下来，赤裸裸地射在这支部队身上。士兵们松开了领口，有的甚至用头盔扇着风，张着嘴喘息。战马浑身淌着汗，走起来两胯间呱呱直响。

这支部队的首领舒通额都统，骑着一匹黄膘马，在烈日暴晒下仍精神抖擞地走在队伍中间。

进入鄂东作战以来，他一直没有刮过胡子，扎煞的黄胡子把嘴巴封得密密的。这几日连夜追赶捻军赖文光、张宗禹部，他两眼充血，看上去十分可怕。

鄂东战役打响以后，僧格林沁趁太平天国首都南京被攻陷，各地太平军和捻军人心慌乱之机，连战皆捷。

赖文光、张宗禹率捻军以二十万之众大战清军，结果前几次交锋均失利。他们就采取避其锋芒，把僧格林沁部队拖入山区，使骑兵不宜展开运动战。

僧格林沁对赖、张二部穷追不舍，决心乘胜追击，根除朝廷大患，结束这场旷日持久的战争。

该结束了，他想。

从咸丰三年开始，先打长毛北伐军，继后二次大战英法联军，又战这捻匪，前后已十三载。在这马鞍子上长久生活，两腿间已生出了茧子，该快快结束了。那时，可以回去与妻儿团聚，可以回到科尔沁草原上，追寻孩童时的梦，可以给老母亲的坟上添抔新土，还想去找一找孤守青灯古佛的她。

该快快结束了吧。这耗我一生的战争。

僧格林沁命令部队日夜不停地尾追攻打太平军。

此时，已升为内阁学士的全顺，看出了僧格林沁的急躁情绪。

有一日他在行军途中对僧格林沁说："大帅，鄂东战役开始以来，我们快有一年没有休整了。虽然一直打胜仗，士气也很旺盛，但是，战将损失不少，将士劳累，有的已产生厌战情绪。我意应停下来休整两月，然后进兵不迟。总是劳师远袭，恐怕不妥。"

"不，全将军，太、捻被我打得如丧家之犬，正是我军乘胜追击、各个歼灭的良机。如果稍缓，他们就会养精蓄锐、东山再起，那时又费周折了。"僧格林沁不同意全顺的意见。

"大帅，在这鄂东山地，我们地形不熟，骑兵不宜展开，一旦误入匪军埋伏，那后果将不堪设想啊。"全顺以忧虑的口吻劝道。

"我佩服全将军的韬略谋算，但全将军有时过于多虑，反而显得畏首畏尾。现在太、捻各部被打得七零八落而到处乱窜，哪还有设埋伏的本事。此时，正是不能给他一点儿喘息余地的时候，为什么要停军休整呢。"在僧格林沁另一侧的舒通额瓮声瓮气地侧身说。他胸前的铜质护心镜在阳光照射下闪着刺眼的光。

全顺一听舒通额的这番话，心中愈加忧虑。但主帅、副帅都是一致意见，他就不便再说什么了。

这天，舒通额率本部人马追袭太平军到了罗山。傍晚时分，他们在一块较为开阔、平坦的地方安营，埋锅造饭。

舒通额在帅帐之中，从随手中接过一铜壶酒，仰着脖子灌了一半，对全顺说："全顺，这两日我伤口疼得比较厉害，不知道什么缘故。"

"大人，还不是因为过于劳累。我看我们还是停下休整一些日子才是。"全顺不失时机地又劝道。

第三十五章 章鄂东大战

"哎，你又来了不是。我又不是疼得走不动路。"舒通额又灌了口酒说。

全顺瘦削而棱角分明的脸庞，此时更加颧骨突出，眼窝深陷。他历来自感身体素质超过常人，并从自己的疲惫消瘦之中已体会出比他年长的僧王、舒通额的疲劳之深。

"全顺，我这一辈子，不知杀了多少人，我不知道其中有没有冤魂。"舒通额说。

全顺感到有些好笑，舒通额这个铜浇铁铸性格的人，今天怎么还会忽然思考起这种事儿呢？

"大人，我们为朝廷和黎民百姓杀外寇内匪，理所应当，这哪儿还谈得上冤不冤呢。"全顺说完望着舒通额捕捉不定的神色。

"这话应在皇上和其他大臣面前讲。你我生死之交就不必这样讲了。我杀得他们，他们也可杀得我。各为其主互相杀掉对方，这似乎很公平。最近，我却有些觉得不自在——不讲这个了。喝酒。"舒通额把手中的铜壶递了过来。

全顺接过壶呷了一口酒。

舒通额从托盘上抓起一段烤猪腿，咬了一口说："这世间，人是最残忍的，把活生生的动物杀掉，食其肉，寝其皮。这还不算，还互相杀伐不已。草原上的狼残暴贪婪，但是我从来没见过狼群互相攻击残杀的。你说这怪不怪？"

全顺已听出，舒通额心灵深处萌动着一种潜在的压抑了许久的奇怪的念头，超出常理而又在情理之中，这种念头是对自己征战生活的总结，还是厌倦呢？

全顺感到一种悲哀和恐惧。

"全顺，让战士们吃饱喝足了，好好睡上一觉，今晚就不行动了。"舒通额口中吐出一块骨头说。

全顺看了看露营地形周围说："大人，此地过夜不好，两侧山高林密，怕有伏兵。再则，这里地势低洼，现在正是雨季，一旦山洪暴发，我们就会有不战而被大水冲走的危险。"

"全顺，我看了天象，二日内不会有雨。匪们逃都来不及，哪敢还来碰我们。以防万一，多派将士们巡逻防范就是了。"舒通额不听全顺的劝告。

"来，今日我俩一醉方休。"舒通额又把铜壶递了过来。

全顺没有接，而是摆摆手说："大人，你先别介吧，我去布置好了再来陪你。"

"那也行，快去快回。"

全顺到营帐外仰头看了看，确实没有下雨的迹象，心中稍微宽松了一些。他找来了一些将领进行了严密的部署，还感不放心，又派出两股部队到两侧山林之中纵深搜索，想在天完全黑前，弄清有无埋伏。

事情就出在这里，派去搜索的将士们，一是过分劳累，好不容易得到此休息机会，都埋怨全顺过于谨慎。所以，他们没有认真搜索，在山林边上转了转就回来复命说，没有发现可疑迹象。

全顺虽有些狐疑，但他也过分疲惫，加之在舒通额的劝让下喝了几杯酒，夜深人静之时也酣然入睡。

山谷之中死一般的静寂。

不知道什么时辰，传来轰隆隆哗哗的巨响。在半山腰上被围住的洪水，突然决堤一泻千丈向舒通额的营地砸下来。

舒通额的大军还在睡梦之中就被这从天而降的大水淹没了。

这水从何而来？

太平军被追急了，赖文光、张宗禹就想出了这个计，他们派兵很早就在半山腰挖深壕，把山洪蓄阻在那里，然后一步一步诱舒通额大军进他们的设伏区，待夜深之时，掘开了堤壕，水淹舒通额大营，一举成功。

舒通额站在齐胸深的水中。他已感到一切都晚了。但是他仍指挥被浸泡在水中的将士们向两侧山坡移动，然而刚到山坡处的又纷纷被太平军砍杀入水。

"全将军，你在哪里？我悔不听你的话，遭此大难。"

全顺此时已被大水冲走了。

"僧王，我随你征战十几载，从来没有给你丢过脸。这次对不住你了，你的精锐骑兵覆没在我手里。请你原谅我吧。"舒通额在已快到脖子的水中举起双手正了正头盔，从腰间拔出短刀向自己的喉咙刺去。

待大水退去后，清军将士的尸体堆满了山谷、壕堑之中，一时腐败，其臭十数里相闻。

僧格林沁得到舒通额、全顺全军覆没的消息，一下子就晕倒在地。

他苏醒过来后，一连几日一语不发。人们看出他的眼睑下垂，两腮塌陷，目光灰暗。

舒通额、全顺的失去，犹如断了他两个臂膀。此时，他心中的痛苦

—325—

除何建鳌外已无人倾诉了。他感到自己成了个孤老头儿，正在无边无际的战争海洋之中挣扎。

其实，何建鳌的焦急不比僧格林沁差，舒通额是僧格林沁麾下智能双全、屡建奇功的大将。僧王十分信任他，而且他也十分忠实于僧王。全顺是僧王的智囊。是军师。他头脑冷静，深谋远虑，是僧格林沁的一大谋士。这二人的阵亡，使僧格林沁失去了一文一武两个部下。并且，僧王苦心经营多而又所向披靡的骑兵损失大半，他怎么能够不心疼呢？

何建鳌走到僧格林沁病榻前，小心翼翼地说："王爷，人死不能复生，不要太过悲伤，身体要紧啊。"

僧格林沁抬了抬眼皮说："何建鳌，你的心情我明白，但你不要安慰我了。这个遭遇是天帝早已安排好了的。"

"王爷，我们尚有数万兵马，这次失利不算什么，没有毁我根本。我们应吸取教训，进一步厉兵秣马，报这血仇才是。"何建鳌此时已升为总兵，他想在此危难之时立大功。

"建鳌，这次如此惨败，责任在我，我没有听全顺的话。这会儿，我明白了。我想我们就在此地，休整兵马，并派人去与曾国藩联系，让他派兵由东向西会剿赖、张二部。"僧格林沁在极度悲伤之中也没有忘记下一步的战事。

"王爷，这样最好，一来我们可以养足兵马，二来与曾国藩大人取得联系，让他派兵会剿。"何建鳌感到这个主意最好。

"好，就这么办，你亲自到南京找曾国藩。"僧格林沁仍不失其说了就办的性格。

"遵命。"

何建鳌退出后，嘱咐其他将领要好好照顾僧帅，并说明自己要前去南京联络曾国藩。

第二日，何建鳌便带随从急奔南京。

六朝古都南京，虽几经战乱，破坏严重，但是，在断壁残垣、尸坑瓦砾之中，仍存当年繁华锦绣之姿。

攻克南京，取得镇压太平天国军首功的曾国藩，把行辕设在钟粹宫。

他现在任两江总督，继续以钦差身份追剿逃散的各路太平军。

他清癯的面孔上泛着光。

侍从禀报僧格林沁亲王手下的部将何建鳌求见的时候，他已猜出了八九分。

"快请。"他说。

"部总兵远道赶来，本督理应远迎，只是事先未得通知，失礼了。"曾国藩回礼说。

"事情紧急，我冒昧赶到督府。"何建鳌落座后说。

"僧亲王最近身体可好？"

"僧王身体还好，只是战事太紧，有些过于劳累。"何建鳌没有讲僧格林沁得病卧床之事。

"剿太、捻军战事进展顺利吧？"曾国藩问。

"总体上是很顺利。两次皖北大战取胜后，进鄂东地区，几次大战均获全胜，太、捻联军被打得落花流水。已歼灭他二十余万人。但是，前不久在罗山偶有一失，都统舒通额、内阁学士全顺阵亡，损失不少精锐骑兵。"何建鳌把战况简略回禀。

"唉呀！我还真不知道舒都统和全学士已阵亡。我与舒都统也是旧交，他能征善战，是个难得的将才，血洒战场，实在可惜。"曾国藩话中带有悲伤之声。

何建鳌一听曾国藩的态度诚挚，心中感动。

"何总兵，此次前来本督府，必有要事吧？"曾国藩问。

"是啊，总督大人，我是奉僧王之命来的，一是来向总督大人请安。二是，请总督大人派出一部精锐之师，由东向西会剿太、捻联军，尽快剿灭叛匪，使朝廷社稷早日恢复安定。还请曾大人开恩。"何建鳌说明了来意。

"啊呀呀，何总兵说外道话了。僧亲王征战十几年，还不是为了朝廷社稷。我深感他为君忠诚，为社稷肝脑涂地，又智能足备，建立了不世奇功。是我等效仿的榜样。这次他虽小有失利，乃是兵家之常事，而且，剿太、捻匪徒，是我们的共同责任，会剿之事理在应当。本总督即刻派出主力西征，共同剿灭太、捻残匪。"曾国藩赶忙说。

何建鳌一听这话，站起身重新施礼道："下官早闻总督为人爽快，今见果然是，今天我先替僧王感谢了。"

"哪里，哪里。来人，快备酒席款待何总兵。"曾国藩挥手喊道。

仆役们立刻摆上了酒席。

送走了何建鳌，曾国藩在总督府内召集各将领议派兵西征之事。

第三十五章 章鄂东大战

—327—

他扫视左右说:"各位,僧格林沁亲王在鄂东督剿太、捻联军,前不久在罗山失利,损失了精锐骑兵。名将舒通额、全顺阵亡。他派总兵何建鳌来请求本督派兵会剿,我已答应。今天召你们来,就是详议如何出兵之事。"

曾国藩的弟弟曾国荃一听哥哥的话一怔,欲言又止。

总兵耿奎占说:"大人,我们虽然占领了南京,但长江以西的匪患仍未彻底肃清,现在马上分兵向西,恐怕于大局不利。还望大人三思。"他说完,瞅了瞅曾国荃。

曾国荃仍不说话。

江苏巡抚李鸿章清清嗓子说:"曾大人,两江一带匪患刚肃,民心不稳,随时可能引起暴乱。一旦南京空虚,将会前功尽弃。出兵西征之事我看不妥。"

曾国藩一听这几个人没有一个说同意的,他特意以征询的目光瞅了瞅曾国荃。

曾国荃装没有看见。

"国荃,你意如何?"曾国藩只好直接问了。

"总督大哥,这事儿我还没有想好。我看明日再议为好。"曾国荃一脸严肃的神色。

曾国藩平时最有主见,只要他想好或决定的事情,别人想改变十分不容易。但是,他对他这个弟弟颇有些言听计从。这是因为,曾国荃考虑问题周全,官场上的摆布更加圆滑。这几年在错综复杂的斗争之中,曾国荃多次在关键时刻给曾国藩出主意,使他游刃有余,无论是在战场上还是官场都由败到胜,连连得手。但今天他仍有些不解:这老弟为什么一言不发,非要等到明天再说,其中必有缘故。

曾国藩干咳一声说:"既然众将有不同意见,此事明日再说吧,各位回去以后,好好再想一想。"

众人散去后,曾国荃一改矜持的神态对哥哥说:"哥哥,僧格林沁在太后心目中如何?"

"那还用说。他是三朝元老,又是道光皇帝的外甥,当年的顾命大臣,在太后的心目中当然独一无二了。"曾国藩不解弟弟这话的意思。

"大哥,这就对了。他现在,一人之下,万人之上,又因连年胜战之功,权倾朝野,连议政王都让他几分。如果这次会剿成功,那情形将更了不得呀。"曾国荃压低声音说。

曾国藩此时才有所领悟弟弟的意图。他说："你继续说下去。"

"满、蒙历来猜疑汉臣。这次剿长毛贼，首功当推我湘军。但是一些满、蒙大员心中不服，想找一个人来我们的功劳相抵。他们都把希望寄托在僧格林沁身上。就眼下看，僧格林沁既抵外侮又剿内匪，其功在我们之上，这次如果会剿成功，他就更加功盖天下了。到那时，我们湘军剿长毛贼的不世之功，立显黯然。大哥，你想建立汉将威望的苦衷，就会付之东流啊。"曾国荃边说边摇头。

"哦，哦。"曾国藩闭上眼睛沉思。

曾国藩又一次感到弟弟曾国荃的厉害。

"但是，我已答应出兵，如马上改口，会嘲笑我。"曾国藩摊开手说。

"大哥，这事好办，我们派兵前去就是了。"

"你这是什么话？"

"大哥，你今日是怎么了，这样不明白。我们把那在攻陷南京时受重创的部队重新编队，人数凑个五千左右，号称二万大军，派出西征。这样，谁也说不出什么。"

"噢，嗯。"

"但是，这样对僧格林沁未免太说不过去了。他这次督剿太、捻联军战役可能导致失败呀。到时，朝廷怪罪下来，我们也不好办。"曾国藩说完，站起身在屋中踱步。

"不会的，谁也不会怪罪我们。这是因为，我们光复南京了，但是江南仍有大量长毛军在四处活动，我们也面对大敌呀。在这种情形之下，我们还派军西征会剿，谁还会责怪我们呢。那只有僧格林沁一人心中明白，但他对谁去诉说呢。"曾国荃在这类事情上动脑子，确比他哥哥高出一筹。

"事到如今，只好这样了。这事由你去办，对外万不可泄漏天机。"曾国藩说完，坐在太师椅上，向后仰靠，闭上了眼睛。

曾国荃站起身说："大哥，我回去了。"

曾国藩"嗯"了一声。

僧格林沁休整部队，等待曾国藩的会剿大军。此时，他对打胜这场战役又充满了信心。

然而，他看到曾国藩派来的西征军军容后，才知道自己过于天真了。

天啊，不是说"天道酬忠"吗？我僧格林沁难道还不够忠吗？

第三十五章　章鄂东大战

我为什么处处受人愚弄呢？

他的两眼喷出了火，脸上的肌肉在颤抖，两腮一鼓一鼓的。

不，我不靠任何人！我手中还有数万人马，我相信我的科尔沁骑兵还能驰骋疆场。我无须靠别人的支援。而且，到如今，我还指靠谁呢？干吧。我早就料到会有这一天的。

僧格林沁又立即调动大军向太、捻联军在广阔的鄂东地区展开了全面进攻。

一场新的血战就要开始了。

第三十六章 魂断曹州

沿岸树木葱茏,亭台楼阁倒置水中的颐和园昆明湖上,荡着一艘龙船。龙船被打扮得花团锦簇,船上飘出一阵阵悦耳的丝竹之声。

这是慈禧太后在游玩取乐。

圆明园被烧毁后,帝后们就把注意力转向了这颐和园。慈禧太后更是常常到这里,或乘船听戏,或攀山观景,或在树木间甬道上散步,好不快乐。

南方战事进展顺利,曾国藩、李鸿章等人收复南京,僧格林沁在皖北又打胜仗。前不久,在鄂东小失,那算什么,不就是死了几个将军、损失了一些兵马吗?打仗哪有不死人的?下一步,两下会剿,把长江以北地区的太、捻联军全部肃清,我大清朝就万世太平了。那时,谁还敢乱咬舌头,说我牝鸡司晨呢。

初秋的风在湖面上,吹起一个接一个的涟漪。

慈禧太后浑身感到凉爽。她忽然想起了什么,站起身说:"回宫。"

龙船慢慢移到岸上。

慈禧太后直接到了养心殿。

"传旨,让奕䜣和荣禄速来见我。"慈禧太后向太监吩咐。

奕䜣和荣禄不一会儿就赶到。跪下请安。

"二位起来吧。赐坐。"

二人坐下后,慈禧掰着指头说:"你们想过没有,现在离春节只有四个月时光了。我想过一个安安稳稳、太太平平的春节,君臣万民们好好

地快乐一番。但是，山东、湖北一带的太、捻军没有肃清，这春节怎么能快活起来呢。你们二人替我想一想，咋办才好。"

奕䜣和荣禄互相瞅一瞅不知怎样回答才好。

奕䜣转了眼珠子先开口："太后，以奴才之见，最好移湘、淮两军由东向西与僧格林沁会剿，大事可望成功。"说完，他看了看坐在一旁的荣禄。

荣禄在解决顾命八大臣的斗争中立过大功，深受慈禧太后的青睐，是个炙手可热的人物。他故作思虑之状后说："太后，僧格林沁麾下尚有数万精锐兵马，足可以继续进兵，追剿太、捻联军。但他近两个月来，按兵不动，畏敌不前。奴才的意见是，严令他立即调动兵马，克日进剿，务必在春节前扫清匪患，以慰太后凤愿。"

"鄂东开战以来，僧格林沁部损失也不小啊。"慈禧太后通过军机处比较详细地掌握着前线战况。

"太后说得对，鄂东战役以来，僧格林沁所部光大将以舒通额为首就阵亡十几名。他的科尔沁精锐骑兵损失惨重。目前，太、捻联军尚有二十余万兵力，单靠僧格林沁恐难取胜。"奕䜣分析道。

"以我看没有什么问题。现在太、捻军是乌合之众，一触即溃，只要僧格林沁全面追剿万无一失。"荣禄仍坚持己见。

"好，你们二人不要争执了。为了稳妥起见，命曾国藩、李鸿章各派一部兵力会剿太、捻联军。同时命僧格林沁立即起兵进剿，务必在春节前肃清匪患，使朝廷万民过个快快乐乐的节日。"慈禧太后发完旨后欲起身回宫。

奕䜣和荣禄慌忙跪下齐声道："遵旨。"

其实，慈禧太后命令僧格林沁速速进剿的手谕还没有到僧格林沁手中时，他在一气之下已向太、捻联军发起了全面进攻。

曾国藩接到太后的派军会剿手谕后，立即写了个折子说：臣未接到太后手谕前，已派兵西征会剿了。

慈禧太后接到曾国藩的禀报后对左右说："曾国藩顾全大局，真是我大清王朝的忠臣啊。"

鄂东战役打响半年后，僧格林沁终日在马上，右手浮肿已不能提缰了。他只好用绸绳把右手吊在脖子上，继续追剿。

他们把太、捻联军追赶到了山东曹州。

有一日，总兵陈国瑞对僧格林沁说："大帅，太、捻已成惊弓之鸟，肃清在即。但是，我们部队也十分疲劳，士气不振，我意应休整一些时日才是。"

"休整什么，太后有令在正月前肃清匪患。现在都已不到三个月了，我们仍没有全胜。我们哪还顾得上休整呢？僧格林沁用左手提握马缰边行边说。

"这样长期劳师远征，恐怕重蹈罗山之辙呀。"陈国瑞在无意之中说到了僧格林沁的痛处。

"你给我滚开！"僧格林沁猛一勒马缰大喊，同时欲抬右手举马鞭，才感到右手疼痛难忍已无法举起。

陈国瑞自感失言，满面通红，勒住马留在后边。

陈国瑞一语成谶。僧格林沁大军在山东曹州的高楼寨一带误入太、捻联军的埋伏圈。

十倍于官军的太、捻联军层层包围了僧格林沁部队。

僧格林沁命令尚有些战斗力的陈国瑞的部队扼住唯一的一个出口——高楼寨南的山口。

战斗进行得十分惨烈。

僧格林沁部队的士兵一片片倒下。

僧格林沁感到了事态的严峻。他想到趁此时出口在自己手里的机会，必须立即撤退，否则将会全军覆没。

他挥手命令部队原路回撤。

部队退到高楼寨南山口的时候，接应他们的不是陈国瑞，而是太、捻联军张宗禹部。

僧格林沁大惊。

"陈国瑞、陈国瑞在哪里？"僧格林沁大声喊。

"王爷，陈国瑞已带兵撤回曹州。"何建鳌杀得两眼通红，声音沙哑。

"混蛋！我真是瞎了眼，当年提拔他当总兵，如今在这生死攸关之时，釜底抽薪！"僧格林沁从来没有这样暴怒过。

"王爷，生气也没有用了，我们赶快想办法才是。"何建鳌手握刀柄说。

赖文光、张宗禹的部队漫山遍野地压了过来。这些因饥寒交迫甚至生存无望而造反的农民们举起刀枪，毫不犹豫地向他们的敌人冲了过来。

这支农民大军冲进的地方，低洼的盆地立刻填满了，高凸的地方也被他们踩踏得如同平地。

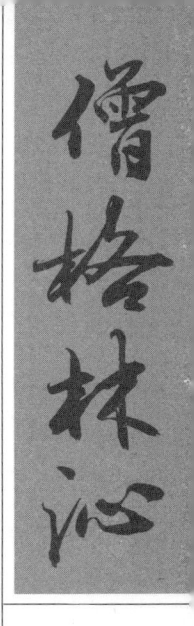

—333—

鲁西这块平原在剧烈地抖动。

被僧格林沁赶杀数年的农民叛贼，一旦得到复仇的机会，他们所爆发出的不仅仅是仇恨，而是一种失衡的快意和疾风暴雨般的凶猛。

僧格林沁的疲弱部队也为生存而拼命地抵抗。他们犹如一只受伤的虎，凭借其往日的雄风，凭借其对因多次战胜农民军而藐视他们的心理状态，前赴后继地搏斗。但是，众寡悬殊，僧格林沁的官兵们一片片倒在血泊之中。当这些穿着清官军服的官兵们倒毙原野变成死尸的时候，与他们的敌人——赤胸裸背、光脚露臀的农民义军们是一样的。

他们的血都是红的，汩汩流出汇成河流以后，谁也看不出这里到底哪个是官军，哪个是义军的血液。

"建鳌，你带健锐营冲出一条血路来。"僧格林沁仍站在一高坡上，望着包围圈越来越小，在他周围的兵越来越少的战场命令道。

"王爷，我不能离开你。要冲我在前边，你随后就过来。我们一起冲过去。"何建鳌说。

"不，建鳌，只要我的大旗不倒，几千将士尚可战斗一阵子，所以，我不能离开这地方。你带将士们冲出去多少算多少。"

"王爷，我是负责你的安全的。我不能离开你！"

"不要多嘴，快执行命令！"

"不，王爷，我不能离开你。"

僧格林沁气得一巴掌扇在何建鳌的脸上低声道：

"你再不走，我先杀了你。"

何建鳌泪流满面，闭上双眼双膝跪下道："王爷，我跟你几十年，今天我确实是不忍离你而去呀。我知道你的心情和用意，但是，一旦你有了不测，我怎么向皇上交代，怎么向福晋交代呀。"

"建鳌，你好糊涂呀，你如果能冲出去，还可以搬救兵，我在这儿再坚持一会儿，就有可能得救。你想过没有？"僧格林沁说。

"王爷，你就不要说了，我走就是了。"何建鳌叩了三个头，说声"王爷多保重，"站起身带了部分人马向义军的包围圈冲去。

何建鳌没有冲出去。

起义农民军的包围圈越来越小了。

僧格林沁仰天长叹一声，只好带着几百名亲兵侍从离开呆了两天的地方，向义军冲了过去。

这些到了绝境的精锐骑兵们，在统帅的率领下，冲入农民队伍中左砍右杀，一时间使狂喜过望的义军纷纷躲避。

赖文光不愧为征战多年的战将，他看出僧格林沁的侍卫亲兵们虽然英勇顽强，但是毕竟人少而疲惫，已经是强弩之末，所以，他立即命各部义军全力扑向这支势孤力单的官军。

僧格林沁的亲兵们一个个地倒在义军铁枪、挠钩、大刀之下。

到了黄昏。僧格林沁的周围只剩下十二名身受不同创伤的亲兵侍卫。

僧格林沁趁暮色躲进了一片树林之中。

夕阳渐渐扯去亮点，树林徐徐拉上了黑幕。

僧格林沁跳下战马，摘下对盔，用衣袖擦了擦脸上的血和汗，口中感到了血的咸味。

一侍卫从腰间摘下酒壶递了过来。僧格林沁咕嘟咕嘟地喝了两口，抹了抹嘴，向四周看了看说："你们随我多年，都是为了朝廷社稷。今日因我指挥无方，累及你们，现在，援兵无望，你们趁这夜色赶紧各自逃生吧。"

"不，大帅，我们要保护你。"几个亲兵喊道。

"不要说傻话了，现在谁也保护不了我。你们还是快快逃生吧。"僧格林沁挥了挥手。

当这十二名亲兵不忍离开他们主帅而去的时候，一支农民义军正在悄悄地朝他们围了过来。

这支义军的首领就是最早与僧格林沁较量的王三杆儿。

王三杆儿此时也年事已高，但是仍不失当年矫健善战的本色。他已探出这片树林之中有股残存的官军，但他根本不知道这股残存的官军之中，竟有他数十年前的对手，当今朝廷"倚为长城"的亲王——僧格林沁。

当他指挥部下突然一声呐喊冲了过去以后，他感到有些沮丧。这股残军，人太少了，只有十几个人。

僧格林沁的亲兵们奋起抵敌。

他们一个个倒在王三杆儿义军的刀下。

当只剩下僧格林沁一人的时候，王三杆儿才看出这是数十万太、捻联军要抓要杀以雪深仇大恨的僧格林沁。

王三杆儿心中大喜。今日真是天赐良机，让我得此次联军大战的首功。

"僧格林沁，真是冤家路窄，你今天撞在我手心。"王三杆儿说。

僧格林沁亲王

王三杆儿在第三次大沽口战役时，想与僧格林沁联手打英法联军未成。但是，他对僧格林沁没有杀他也颇为感激和不解。后来僧格林沁又督五省联军大战太、捻义军。他摇头叹息。

"啊呀，你是王三杆儿。今日，我只身一人，你快动手吧，杀我邀功吧。"僧格林沁连刀都不拔，直挺挺地站在那里淡淡地说。

"僧格林沁，你杀太、捻义军兄弟，恶贯满盈，罪有应得。"王三杆儿说。

"是啊，我杀人太多，但是，我不滥杀无辜。我杀犯上作乱的刁民，我杀侮我中华侵我天朝的洋人。苍天在上，我问心无悔无愧。"僧格林沁说完闭上眼睛，等待王三杆儿动手。

王三杆儿心里一动，并没有马上动手，而是说道："僧格林沁，你就不要为你的罪行狡辩了。"

"我并没有狡辩。我如果滥杀无辜，毫不讲道义，当年绝不会冒险放走你这个朝廷要犯的。"僧格林沁仍微闭双眼道。

王三杆儿心里又一动。

是啊，当年他完全可以抓我杀我，向朝廷邀功请赏，但是，他并没有那么做。他还有良心。我王三杆儿历来讲义气，他当年放我一条活命，我不能不报啊。

"僧格林沁，你听着，我王三杆儿也是个重义之人。你虽然杀我太、捻弟兄太多，但当年你毕竟杀过洋人，你也为大义放过我一条活命，所以今天，我放你走。你快走吧。"说完王三杆儿一挥手，众义军让开了一条路。

僧格林沁万万没有想到这一点。

"王义士，如果真让僧格林沁生还，我僧格林沁再带兵出征时，一定给你退避三舍。"

"不要讲以后了，上次你放了我，今天我放了你，一环报一环，我们两清了。你如再被我抓住，我就不会客气的。你快走吧。"王三杆儿拱手道。

"多谢王义士。"僧格林沁拱手还礼大步走去。不一会儿消失在夜幕之中。

王三杆儿在他身后摇摇头，叹息一声，带着队伍向树林的另一方向撤去。

僧格林沁踽踽独行并没有走出多远。在平明时分，他来到一村庄，正想弄点儿食物的时候，突遇一股捻军。

他赶紧躲在一个矮墙之后，但捻军已发现了他。

—336—

上百人呼啸一声把僧格林沁围在了核心。

"这人是谁？"

"好像是僧格林沁。"

"啊，僧格林沁？"

捻军士兵们七嘴八舌地议论。

僧格林沁已疲惫得站不稳了。他斜靠在矮墙之上。

"僧格林沁，我终于有了为刘大哥报仇的机会了。"一个义军首领说道。

僧格林沁并不明白这话的意思，他瞅了瞅这位首领问："你是什么人？"

"你不一定记得。当年你去高唐州的路上，在镇桥关总兵府，曾有人想杀死你，结果被你杀死。那个小将叫刘挺基，是我的义兄。我叫张皮梗，那晚我在总兵府外接应。刘大哥被杀后，我就偷背出他的尸体掩埋，然后投奔参加捻军，就是为了报这个仇。今天，老天有眼，终于让我找见了你。"张皮梗在马上说出了原委。

"噢，原来是这样。"僧格林沁回忆起来了。

"那好，我成全你。但是，请你答应我这个要死的人一个要求。"僧格林沁说完用企盼的目光望着张皮梗。

"什么要求快说吧。"

"你们稍后退，让我整整衣冠，给皇上、祖先、给我的家人叩几个头。"

"这好办，量你此时长翅膀也飞不走。弟兄们，向后退退。"张皮梗命令道。

僧格林沁用衣襟擦了擦脸，捋了捋头发，然后向北长跪叩头。

皇上、太后，罪臣僧格林沁虽兵败如此，但忠心唯天可表。

文贞，我的爱妻，这一生我给你的温存太少了。我要离你而去了。

乌日娜，我对不住你，只苦了你一个人。我愿我俩来生再做夫妻吧。

萨娜勒、博颜讷木祐，爹对不住你们……

舒通额、全顺、何建鳌、苏日他拉……

张皮梗万没有想到僧格林沁突然拔剑自刎。

他为没有活捉僧格林沁而痛惜不已。

他割下僧格林沁的头。太、捻联军一片欢呼，士气大振。

有一人长长叹息。那人就是王三杆儿。

科尔沁草原的一古寺内，一个四十多岁的老尼突然心惊肉跳。她停下了手中的木鱼梆。两行清泪夺眶而出，滚动在脸上……

第三十六章 魂断曹州

再版后记

1994年9月19日，中华文学基金会、中国作协创联部、文化艺术出版社等单位，在京联合召开本作品研讨会。布赫副委员长莅会讲话，并赠联一幅——"庸中佼佼，铁中铮铮"，勉励我。

端木蕻良老先生欣然作序。

张炯、唐达成、冯立三、特赛音、雷达、陈俊涛等众多文学前辈到会给予很高评价。当时责编刘孝存、沈悦苓亦多有惠见。

特老师、国星兄、兴安弟从出书到研讨会多方奔走玉成美事。

在此一并表示深深感谢！

现在内蒙古文化出版社在丁永才的组织策划下出愚蒙古贵胄系列丛书，为此衷心感谢内蒙古文化出版社以及参与本书出版的所有朋友！

巴　根
2014年7月